LA

SÉPARATION DES POUVOIRS

D'APRÈS

I HISTOIRE ET LE DROIT CONSTITUTIONNEL COMPARÉ

PAR

Edouard FUZIER-HERMAN

Procureur de la République à Segré

CHEVALIER DE LA LÉGION D'HONNEUR

PARIS

LIBRAIRIE DE A. MARESCQ Aîné, ÉDITEUR

20, RUE SOUFFLOT, 20

(Au coin de la rue Victor-Cousin)

—

1880

LA

SÉPARATION DES POUVOIRS

PARIS. — IMPRIMERIE JULES LE CLERE, RUE CASSETTE, 17.

LA
SÉPARATION DES POUVOIRS

D'APRÈS

L'HISTOIRE ET LE DROIT CONSTITUTIONNEL COMPARÉ

PAR

Edouard FUZIER-HERMAN

Procureur de la République à Segré

CHEVALIER DE LA LÉGION D'HONNEUR

PARIS

LIBRAIRIE DE A. MARESCQ Aîné, ÉDITEUR

20, RUE SOUFFLOT, 20

(Au coin de la rue Victor-Cousin)

--

1880

Dans le droit constitutionnel des peuples modernes, il est peu de principes qui occupent une place aussi importante que celui de la « séparation des pouvoirs » ; on peut dire que ces trois mots sont la formule même du problème politique qui, de quelque manière qu'il soit posé, se ramènera toujours à une question d'équilibre, c'est-à-dire à une question de partage et de distribution de forces, c'est-à-dire encore à une juste répartition de la puissance sociale entre les organes chargés de la transmettre et de l'appliquer.

Par l'étendue et la diversité de ses conséquences, ce principe exerce une influence considérable sur toute la législation positive ; la valeur propre de celle-ci sera en raison de la manière plus ou moins intelligente et pratique dont le législateur l'aura accueilli et interprété.

Particulièrement dans la législation française,

la « séparation des pouvoirs » domine notre droit
constitutionnel, gouverne notre droit administratif,
exerce son action sur le droit civil, sur la procédure,
sur le droit pénal.

Et cependant, jusqu'ici, notre bibliographie juridique, si riche en tant de points, ne mentionne sur
un pareil sujet aucune monographie approfondie et
d'une étendue suffisante ; c'est à peine si les traités
généraux de droit public y consacrent quelques
pages, et la plupart des commentateurs, rencontrant sur leur route une question de cette gravité,
se bornent à de vagues allusions et à un hommage
banal rendu à la première constituante qui a su
faire de la « séparation des pouvoirs » la pierre
angulaire de notre état politique (1).

C'est donc une lacune très fâcheuse que l'Académie des sciences morales et politiques a voulu
faire disparaître, en appelant de ce côté l'attention
des hommes d'étude, et lorsqu'elle choisissait pour
matière de l'un de ses concours de 1878 « la séparation des pouvoirs dans le droit français », il lui
était difficile d'indiquer aux chercheurs un filon plus
riche et moins exploré.

L'auteur des pages qui suivent a abordé cette
grande tâche, mais, détourné d'elle trop souvent
par d'autres soins, par les préoccupations de fonc-

---

(1) L'une des meilleures notices à consulter est celle donnée par M. le
professeur Th. Ducrocq dans la 5e édition de son *Cours de Droit administratif*. (Paris, 1877. — Introduction.)

tions actives dont les exigences ne supportent pas d'atermoiement, il ne s'est trouvé en mesure de présenter à l'Institut, à l'heure dite, que quelques chapitres du travail qu'il a eu à cœur de mener d'ailleurs à sa fin. L'Académie a cependant jugé son mémoire digne d'une mention honorable; fort de cette distinction, s'étant consciencieusement attaché à mettre son œuvre à la hauteur de ce suffrage si flatteur, il conjure le public éclairé auquel un pareil livre s'adresse, de lui tenir compte des difficultés de l'entreprise et se trouverait assez récompensé de son labeur, s'il pouvait penser qu'il en sera résulté un peu de lumière sur une des branches les plus touffues du droit français et du droit comparé (1).

Le point de vue historique a dû être traité ici avec une certaine étendue: le passé renferme en toute chose l'explication du présent, et il est impossible d'apprécier la portée d'un principe comme celui que nous étudions sans suivre son développement régulier à travers les âges, dans les faits et dans les idées, depuis les conceptions puissantes d'un Aristote jusqu'aux définitions expérimentales d'un Montesquieu et à la sanction pratique que la « séparation des pouvoirs » a reçue des Assemblées issues de la Révolution; après cette sorte d'introduction dont les proportions inusitées s'expliquent par la nature même du sujet, on a suivi la règle dans toutes les

_____

(1) V. à la fin du volume l'indication des principales additions et modifications apportées au mémoire originaire.

parties du droit où elle se manifeste, en limitant et dégageant les considérations critiques que l'auteur n'a pas cru devoir s'interdire, de manière à ce qu'elles ne devinssent pas nuisibles à la clarté d'un exposé qu'il désirait rendre aussi complet que possible. Enfin, dans une dernière partie, les constitutions et législations étrangères ont été largement mises à contribution. Elles ont leur intérêt propre, et les considérations purement nationales elles-mêmes conseillaient de les consulter, car on ne connaît bien les choses que par comparaison.

PARTIE PRÉLIMINAIRE

INTRODUCTION

Ut cursores vitaï lampada tradunt; les générations, dans leur course rapide vers le Grand Inconnu, se trans·mettent, avec l'indestructible étincelle de la vie, le flambeau des vérités acquises, les trésors de la tradition. Mais si la perpétuité de la race est assurée par la nature même, on voit parfois s'anéantir tout à coup ce patri·moine intellectuel qui résume toute la grandeur de l'hu·manité. Pour continuer la gracieuse image du poète, la torche du progrès, vacillant dans une main débile, échappe à la main hésitante qui cherche à la saisir ; elle tombe, s'éteint, et il se fait dans l'histoire une grande nuit, comme celles qui séparent les diverses civilisations que le monde a vues naître, progresser et disparaître.

Ces vérités perdues, c'est, dans l'ordre moral et poli·tique, la spontanéité de la raison humaine qui les fait surgir à nouveau, et lorsque, dans un âge plus avancé, le développement des études historiques permet d'en re·trouver la trace sous les cendres du passé, en constatant combien les conceptions philosophiques des anciens sont sensiblement identiques à celles des modernes, on ac·cueille avec admiration ce témoignage de l'unité intellec·tuelle de la grande famille humaine et de l'aptitude per·

manente de l'esprit à définir en lois « les rapports nécessaires qui dérivent de la nature des choses ».

Chaque génération n'en a pas moins le mérite de ses
découvertes ou de ses restitutions, et ce mérite, elle le
doit le plus souvent aux hommes de génie qu'elle possède
et que la Providence emploie, aux époques privilégiées,
à transmettre à la foule des mortels comme une révélation intellectuelle. Car, si le talent suffit à développer les
connaissances acquises, au génie seul il est permis de
s'élever d'un coup d'aile à la contemplation des principes éternels et de ravir un peu de ce feu céleste qui
éclaire la voie de nos destinées.

Ces idées se présentent d'elles-mêmes à quiconque,
recherchant l'état de la science politique aux grandes
époques de l'histoire, en vient à comparer Aristote et
Montesquieu. A coup sûr, un observateur superficiel trouverait à l'analogie de certaines de leurs théories une
explication facile, et nous n'ignorons pas que Montesquieu avait lu Aristote, encore que l'on ait pu soutenir,
non sans raison, qu'il l'avait assez mal compris (1). Si
le seul bon sens ne défendait pas de mettre en doute
l'érudition si étendue de l'auteur de *L'Esprit des Lois*,
plusieurs passages de son livre immortel et jusqu'au
titre de certains chapitres (2), montreraient qu'il n'a pas
négligé les sources de renseignements que lui offraient les
œuvres de Platon et de son disciple. Mais notre proposition reste entière et se formule en ceci, qu'Aristote et
Montesquieu sont arrivés aux mêmes constatations par
des voies différentes, et que leur initiative personnelle est
égale. Appartenant tous deux à l'école historique, ils ont

(1) Barthélemy Saint-Hilaire. *Politique d'Aristote*, Préface.
(2) Notamment le chap. IX.

puisé directement, l'un dans l'étude des sociétés politiques de l'antiquité, l'autre principalement dans les faits
modernes, les éléments de leurs doctrines ; à l'exception
de la théorie des trois gouvernements recueillie par lui
dans la tradition et dont Aristote n'est pas l'inventeur,
on peut dire que Montesquieu n'a rien emprunté de
considérable à ce philosophe, qui a eu d'ailleurs, non
seulement sur la société où il vivait, mais encore sur celle
où vivaient nos pères, et presque sur celle où nous vivons
nous-mêmes, une action dont rien n'approche. N'était-il
pas réservé à ce libre-penseur du paganisme de devenir
une des autorités sur lesquelles devait reposer la théologie
chrétienne ? Son enseignement n'a-t-il pas pris place à
côté des dogmes révélés ? N'a-t-il pas bénéficié durant
des siècles du même respect et exercé presque le même
ascendant ? Aristote et les Pères de l'Eglise, ne sont-ce
point là les précepteurs du moyen âge ?

Si nous avions à justifier cette opinion, qui est la
nôtre, sur l'indépendance de Montesquieu à l'égard d'A-
ristote et à montrer que le premier n'avait même pas lu
attentivement le second, il nous suffirait d'ouvrir l'*Esprit
des lois* au chapitre ix du livre XI, intitulé précisément :
Manière de penser d'Aristote ; on y trouve cette affirmation au moins hasardée :

« Les anciens, qui ne connaissaient pas la distribution
des trois pouvoirs dans le gouvernement d'un seul, ne
pouvaient se faire une juste idée de la monarchie. »

Cependant, le principe même de la distinction des trois
pouvoirs se trouve exposé dans la *Politique* d'Aristote de la
façon la plus claire : il y a, dit-il, dans *tout* Etat trois
parties : l'assemblée générale délibérant sur les affaires
publiques (τὸ βουλευόμενον περί τῶν κοινῶν), le corps des
magistrats (τὸ περί τὰς αρχάς), le corps judiciaire (τὸ

δικάζον). Et l'auteur, non content de faire observer
que toutes les différences entre les formes connues du gouvernement dérivent en somme de l'organisation et de la
distribution de ces trois éléments, signale au législateur
que là est vraiment le point délicat de toute constitution.

Les anciens, contrairement à l'assertion de Montesquieu, connaissaient donc la séparation des pouvoirs; ils
la connaissaient non seulement dans le gouvernement
populaire, mais aussi dans le gouvernement « d'un
seul », car au moment où Aristote vient à en parler,
il a passé en revue toutes les formes de gouvernement connues, républiques, oligarchies, monarchies,
et pour résumer les résultats d'un examen aussi complet, il prend précisément comme point de départ cette
distinction de pouvoirs, sur laquelle, d'après lui, tous
les gouvernements réguliers reposent (1).

Voilà pour la théorie pure ; nous rechercherons plus
loin sous quelles formes et à travers quels tâtonnements
la notion dont nous étudions les origines et les développements s'était fait jour dans l'organisation des anciens
peuples.

L'équité amène d'ailleurs bientôt le critique conscien-
cieux à reconnaître qu'il y a un abîme entre la séparation
des pouvoirs d'Aristote et celle de Montesquieu ; au grand
philosophe grec revient la gloire d'une analyse perçante
et d'une intuition profonde ; au grand publiciste français,
outre les mêmes mérites, la gloire d'avoir le premier

(1) Il n'est peut-être pas inutile de rappeler textuellement le début du
chapitre consacré par Aristote à la *Théorie des trois pouvoirs*, § 1. Reprenons maintenant l'étude de *tous* ces gouvernements en masse, et un à
un, en remontant pour ce qui va suivre *aux principes mêmes sur lesquels*
tous *les gouvernements reposent.* »

« Dans *tout* Etat, il est trois parties, etc... » (*Op. c°*, L. VI,
chap. II).

indiqué, en un éloquent passage qui est dans toutes les mémoires (1), l'influence d'une séparation complète sur la liberté politique ; il a le premier, pour parler comme les métaphysiciens et les Allemands, montré « qu'à une *division subjective* des organes doit correspondre une *division objective* des fonctions (2). »

Ainsi, bien que les anciens aient possédé la notion de la séparation des pouvoirs, la connaissance vraiment scientifique des règles qui s'y rattachent et des conséquences qui en découlent est toute moderne ; dans les termes qui nous sont familiers, et bien entendu toujours quant à la théorie, elle a, en outre, une source toute française.

En effet, après avoir emprunté ce principe à Locke, Montesquieu l'a tellement creusé, l'a si bien modifié, éclairé et fait sien, que du « sage » anglais il n'est resté qu'une chose qui était déjà, on vient de le rappeler, dans Aristote et ailleurs, l'idée trinaire.

Locke reconnaissait dans tout état trois pouvoirs : pouvoir législatif, pouvoir exécutif et pouvoir confédératif ; le pouvoir exécutif, comprenant le pouvoir d'appli-

---

(1) « Lorsque dans la même personne ou dans le même corps de magistrature, la puissance législative est réunie à la puissance exécutrice, il n'y a point de liberté, parce qu'on peut craindre que le même monarque ou le même sénat ne fasse des lois tyranniques pour les exécuter tyranniquement. »

« Il n'y a point encore de liberté si la puissance de juger n'est pas séparée de la puissance législative et de l'exécutrice. Si elle était jointe à la puissance législative, le pouvoir sur la vie et la liberté des citoyens serait arbitraire, car le juge serait législateur. Si elle était jointe à la puissance exécutrice, le juge pourrait avoir la force d'un oppresseur. »

« Tout serait perdu si le même homme ou le même corps des principaux, ou des nobles, ou du peuple, exerçait ces trois pouvoirs : celui de faire des lois, celui d'exécuter les résolutions publiques, et celui de juger les crimes ou les différends des particuliers (*Esprit des Lois* L. XI, chap. VI. De la constitution d'Angleterre).

(2) Bluntschli. *Théorie générale de l'état*, trad. de Riedmatten.

quer les lois et de protéger les intérêts privés et publics,
embrassait sans doute le pouvoir judiciaire ; le troisième
pouvoir consistait principalement à faire la paix ou la
guerre et à représenter l'État à l'étranger.

De cette division, une seule chose a survécu ; la science
contemporaine, combinant l'énumération de Locke avec
celle de Montesquieu, reconnaît que les pouvoirs judiciaire et exécutif, bien qu'également primordiaux, ne
sont que deux branches, deux subdivisions du même
élément, auquel on conserve le titre de pouvoir *exécutif*,
qu'il vaudrait mieux, pour éviter toute amphibologie,
remplacer par un autre, comme gouvernement, à moins
qu'on ne préfère appeler pouvoir exécutif, considéré au
sens le moins élevé, *pouvoir administratif ;* cet élément
bipartite a pour essence l'application aux espèces particulières des règles générales formulées par le pouvoir législatif : la conception et l'action, c'est là ce qu'on distingue
d'abord dans les manifestations de l'État. Ceci n'enlève
rien à la nécessité absolue, expérimentale aussi bien que
doctrinale, de séparer le juge de l'agent, de l'administrateur.

Quant au pouvoir confédératif, qui serait plus justement
appelé diplomatique, Locke s'est laissé illusionner par
l'importance qu'il a en fait. Le droit de paix et de guerre
est de sa nature la suprême attribution du pouvoir exécutif, à qui appartient la décision des cas particuliers et
le commandement de l'armée. S'il est facile d'imaginer
et même de voir ce droit conféré aux assemblées nationales, c'est par une dérogation aux principes et bien plus
en vertu du caractère qu'ont celles-ci en tant que représentation politique que comme appartenant au domaine
de la législation.

Montesquieu a su éviter cet écueil ; il a vu plus haut

et plus loin; revenant par un élan de génie à la division
d'Aristote, il en a fait quelque chose de vivant et d'actif,
l'âme même de la liberté; d'un trait de plume il rejette le
pouvoir diplomatique à sa vraie place dans « la puissance
exécutrice des choses qui dépendent du droit des gens »
et, par une opposition vigoureuse rappelant le style des
grands jurisconsultes romains, il définit le pouvoir judiciaire « la puissance exécutrice de celles qui dépendent
du droit civil » (1). Ces quelques mots renferment toute
une doctrine, une barrière infranchissable est désormais
élevée entre la justice et l'administration; les pages qui
suivent ne sont plus qu'un éloquent commentaire où
l'enchaînement des vérités apparaît comme le développement des mêmes prémisses.

Ainsi, malgré les précédents historiques rappelés plus
haut, la thèse de la séparation des pouvoirs, qui a fait le
tour du monde, qui l'a moralement conquis, en pénétrant
toutes les constitutions quelque peu perfectionnées, qui
est enfin la commune mesure, le *criterium* incontesté de
l'excellence des gouvernements, cette thèse est bien française; elle est née de l'observation d'un peuple étranger,
mais née en France. La logique et l'érudition françaises
l'ont fait surgir du chaos des faits. Elle reste indissolublement liée au nom de l'une de nos plus hautes gloires
nationales, et c'est vraiment après avoir écrit son mer-
veilleux chapitre sur la « Constitution d'Angleterre » que
le philosophe de La Brède a pu, renouvelant l'*exegi
monumentum* du poète, inscrire sur son œuvre l'épigraphe:
prolem sine matre creatam.

Car, pour le dire tout à fait en passant, malgré l'autorité de Suard, nous serions disposé à traduire cette

---

(1) L° c°.

devise autrement que M. Nourrisson (1). *Proles sine matre creata,* c'est la descendance que l'éminent penseur doit au seul effort de son génie et qui perpétuera plus sûrement qu'une postérité de chair et de sang son nom jusque dans les siècles les plus reculés. *La Grandeur et la Décadence des Romains* et *l'Esprit des lois* sont ses enfants, de même qu'un autre avait pour filles Leuctres et Mantinée. Quelques privilégiés partagent seuls avec le maître des dieux ce mode sublime de génération, la vérité sort aussi tout armée de leur cerveau.

Cette explication ne fait pas honneur à la modestie du président au parlement de Bordeaux ; mais Montesquieu n'a jamais passé pour modeste, et l'autre version : « Le père c'est le génie, la mère c'est la liberté », pour être moins littérale, n'en est pas moins hautaine. D'ailleurs, nous tous qui vivons dans un siècle où la vanité « coule à pleins bords, » n'aurions-nous pas mauvaise grâce à nous formaliser du légitime orgueil d'un tel homme? Nous le partagerons plutôt, puisque aussi bien sa gloire est notre héritage ; l'étude attentive de la théorie de la « séparation des pouvoirs » présente plus d'une occasion d'admirer dans son ampleur et dans sa pénétration cet éminent esprit qui a eu le rare mérite de semer des germes de vie alors que presque tous ses contemporains, même les plus justement illustres, ne faisaient guère que préparer des ruines.

Paulò minora canamus. On a pu dire, sans friser de trop près le paradoxe, qu'une science n'est autre chose

---

(1) La plupart de nos lecteurs n'auront sans doute pas oublié la fort intéressante discussion qui était engagée, à l'époque où ces lignes ont été écrites, à l'Académie des sciences morales et politiques, sur l'interprétation de l'épigraphe de l' « *Esprit des lois.* » (V. au surplus les comptes-rendus des séances de l'Académie des sciences morales et politiques pour 1878.)

qu'une langue bien faite, ce qui revient à constater l'importance des définitions. Quoique celles-ci soient généralement ce qu'il y a de plus ardu, particulièrement dans les sciences politiques, nous devons dès à présent délimiter le terrain de nos recherches, en précisant, au moins d'une manière succincte, le principe dont nous prétendons poursuivre les vicissitudes et l'épanouissement dans l'histoire. Cette précaution est nécessaire pour assurer notre marche, et, d'autre part, le lecteur, si bienveillant que nous nous plaisions à le supposer, aime sans doute à savoir d'avance où et, autant que possible, par quels chemins on veut le conduire.

CHAPITRE PREMIER.

IDÉE GÉNÉRALE DU SUJET.

L'homme est libre; c'est-à-dire que, soumis relativement à son progrès et à l'accomplissement de sa fin, à des lois, comme tout être dans la nature, il a, suivant la mesure réglée par la Providence, la faculté de s'y soustraire, à ses risques et périls, ou de s'y conformer; bien plus, il a le besoin de les découvrir et le devoir de les chercher. L'instinct, cette alliance inconsciente de l'animal et des choses, lui a été refusé dans la proportion même où la liberté, signe et source de sa dignité, lui était accordée.

Etant libre, il est souverain; nous entendons par là que, considéré en lui-même, il a l'entière faculté de développer tous ses moyens de parvenir à la possession des vérités qu'il est né pour connaître et à la conquête du monde extérieur qui attend un maître en lui. Pour mieux dire, la liberté et la souveraineté se confondent, c'est le droit absolu de disposer de soi.

Mais l'homme n'a pas été placé sur la terre à l'état d'exemplaire unique. La race humaine est nombreuse, rassemblée en groupes par la sociabilité, et toutes ces souverainetés rapprochées se donnent nécessairement des limites les unes aux autres; comme chacun prétend que sa souveraineté propre ne soit pas envahie par celle de son voisin, il est nécesaire qu'un pouvoir supérieur réprime et prévienne les usurpations. Ce pouvoir est l'Etat, l'Etat dont on ne saurait fixer la naissance à aucune époque, car il coexiste avec toute société; il est aussi vieux que la nature humaine qui ne peut se passer de lui.

De quoi se compose la force de l'Etat ? Non pas de la souveraineté de tous les coassociés, mais seulement de la somme des parts de souveraineté que chacun est forcé de dépouiller pour assurer la sécurité du reste. C'est ce pouvoir complexe et essentiellement restreint qu'en vertu d'un abus de langage on appelle la souveraineté politique. Elle est bornée de tous côtés par la libre activité des citoyens. « L'idéal le plus élevé de la société des êtres humains serait l'Etat où chacun se développerait par lui-même et suivant sa propre volonté (1); » l'Etat vaut donc d'autant mieux qu'il apparaît et agit moins.

Ce pouvoir de l'Etat qui est le leur, les citoyens ont le droit d'en surveiller l'usage; il leur sera difficile, s'ils sont nombreux, de le diriger eux-mêmes; ils sont conduits, en général, à le confier à quelqu'un ou à quelques-uns.

S'ils le remettent à un seul, une chose ne tardera pas à se produire; ayant dans ce faisceau de fractions de souveraineté placé entre ses mains à titre de dépôt, une force plus grande que la force individuelle de chacun des associés, ce chef leur ravira ce qu'ils avaient entendu se réserver et deviendra un maître absolu.

Si, au contraire, les mandataires choisis ou acceptés sont multiples et ont des origines différentes et des attributions distinctes, ils opposeront les uns aux autres, au sein même du gouvernement, les pouvoirs dont ils disposent, et tous ces pouvoirs, se neutralisant lorsqu'on serait tenté d'en faire mauvais usage, s'ajouteront

(1) Guillaume de Humboldt. *Essai sur les limites de l'action de l'Etat* (trad. H. Chrétien), ch. II.

s'il s'agit d'augmenter la prospérité du peuple par quelque
mesure reconnue utile. Tel est l'idéal de tout gouvernement pondéré.

Comment opérer cette division de la puissance de
l'Etat? On ne peut le faire arbitrairement; un partage arbitraire serait sans durée, sans efficacité même. Il faut rechercher parmi les éléments de l'autorité publique les
différences vraiment spécifiques et les grouper d'après
ces différences. Les plus intimes, les plus profondes, sont
celles auxquelles on doit s'attacher de préférence.

Or, l'Etat est fait sur le modèle de l'homme; il y a
dans l'Etat comme une raison qui médite, comme une volonté qui agit, comme un sens moral qui ramène tous les
cas particuliers aux règles générales tracées par la raison,
par la conscience.

C'est là, en substance, ce qu'on appelle les trois pouvoirs
législatif, exécutif, judiciaire; en en investissant chez
eux des personnalités distinctes, les peuples arrivent à
éviter le despotisme toujours menaçant comme la suite
ou comme le remède trompeur du mal social, et ils assurent à l'avance, autant qu'il soit possible, le respect de la
liberté des citoyens.

L'expérience universelle l'a démontré; notre ambition
est de faire voir comment cette expérience résulte de l'histoire et est venue confirmer les vérités théoriques émises
par Aristote, reproduites par Locke et formulées par
Montesquieu.

Notre tâche, toutefois, ne se borne pas là; après avoir
montré la règle de la séparation des pouvoirs progressant
dans les idées et conquérant sa place dans les faits, nous
constatero ns son triomphe définitif dans le droit constitutionnel contemporain et nous énumérerons ses nombreuses applications. Sans nous montrer infidèle à la mé-

thode historique qui nous a paru être celle que comman-
dait le sujet, nous consacrerons une *partie* spéciale aux
détails que comporte la séparation des pouvoirs dans la
législation française actuelle; une autre et dernière partie
nous permettra de poursuivre la même étude dans les pays
étrangers.

CHAPITRE II.

Ayant adopté, ainsi qu'il vient d'être dit, la méthode historique pour le développement de notre sujet, nous devons un mot au lecteur sur les grandes divisions sous lesquelles nous avons cru devoir ranger cette étude.

Les exigences de la classification, qui est le principal moyen d'arriver à la connaissance, ont introduit dans le développement de l'histoire une division usuelle, artificielle à coup sûr et vicieuse sans doute; car la prise de Rome par les Barbares et celle de Constantinople par les Turcs ne sont pas en elles-mêmes des faits bien culminants ni ne marquent bien nettement le point de séparation entre un monde qui finit et un monde qui commence. A vrai dire, l'histoire, comme la nature, ne fait point de sauts, et le fait seul de partager une chose continue, le cours du temps par exemple, implique l'arbitraire ou tout au moins la convention. Toutefois le groupement classique des agitations humaines en antiquité, moyen-âge et temps modernes, a un avantage auquel ne réfléchissent pas suffisamment ceux qui le décrient. Bien que les trois parties ainsi distinguées embrassent des durées fort inégales, puisque la première a des limites obscurément lointaines dans le passé, et que les limites de la dernière reculent avec le jour, avec l'heure qui vient de s'écouler, chacune d'elles comprend en nombre sensiblement égal les faits qu'il importe aux gens du monde, c'est-à-dire à tous autres qu'aux érudits, de connaître; de telle sorte qu'un écrivain judicieux, entreprenant, après tant d'autres, de résumer l'histoire universelle, pourra composer trois volumes à peu près équivalents, avec les matières d'un enseignement historique populaire et bien proportionné; il y arrivera à une seule condition, celle d'obéir aux lois de l'optique qui subordonne les dimensions des objets à leur éloignement. Notre auteur s'interdira d'ailleurs d'examiner les choses contemporaines, celles dans lesquelles a vécu la génération actuelle et qui appartiennent plutôt au domaine de la polémique qu'à celui de l'histoire.

Mais, cet hommage rendu à la chronologie scolaire, nous demandons la permission de ne pas la suivre dans l'exposé que nous abordons, parce que nous croyons que la spécialité du sujet admet une division beaucoup plus rationnelle; l'étude des institutions politiques du passé nous paraît, au point de vue où nous nous sommes placés, se séparer tout naturellement, non pas en trois, mais en deux grandes périodes que différencie la présence ou l'absence d'un fait, d'un principe d'organisation sociale dont l'importance est capitale : l'*esclavage*.

« L'esclavage est le fondement de la société antique (1); » nous nous emparons de cet aphorisme que l'Institut a deux fois consacré : une première fois en couronnant le mémoire dont il est le début, plus tard en admettant au titre d'académicien son savant et sympathique auteur. L'esclavage est, en effet, le trait distinctif du premier groupe historique des sociétés; il se distingue nettement de toutes les autres formes de ser-

(1) Wallon. *Histoire de l'esclavage dans l'antiquité*, p. **1**.

vitude, dans lesquelles un homme est bien civilement subordonné à un autre homme, mais le rapport de subordination existe entre deux personnes, non entre une personne et une chose : le propre d'une personne est d'avoir des droits, l'esclave n'en avait aucun (1), et la législation des douze tables, formulant sur ce point la pensée juridique du monde ancien, classe textuellement l'esclave parmi les choses, *res mancipi.* La différence n'est pas moindre au point de vue des origines; si l'esclavage et la servitude de la glèbe sont les conséquences, la première directe, la seconde indirecte de l'état de guerre, ils ne sortent pas l'un de l'autre, et la condition du serf ne saurait être considérée comme étant un adoucissement de la condition de l'esclave, de telle sorte qu'une évolution régulière et ininterrompue aurait amené l'homme de travail de l'esclavage antique à la liberté moderne.

En réalité, à considérer les faits par grandes masses, les choses se sont passées tout autrement : si la transition existait, c'est dans le colonat qu'elle devrait se trouver; or, de toutes les hypothèses auxquelles les colons ont donné lieu, la plus généralement abandonnée est celle qui en ferait d'anciens esclaves attachés d'une manière permanente à un fonds de terre et devenus pour ainsi dire immeubles par destination. Les serfs sont le produit de la féodalité, les colons sont un accident dû au contact des Romains avec les Barbares, du passé avec l'avenir. L'esclave n'est devenu serf qu'en passant par l'affranchissement.

On sent bien la différence en comparant la justification de l'esclavage telle qu'elle est donnée par Aristote,

---

(1) Sinon l'aptitude à la liberté par la manumission.

puis par son éminent commentateur saint Thomas d'Aquin ; le premier le fonde sur l'inégalité naturelle des hommes, le second le fait reposer en outre sur l'idée d'utilité et de protection du plus faible par le plus fort, à qui celui-là abandonnerait en retour son travail et sa personne ; or, ce dernier point de vue est absolument étranger à l'antiquité et spécial au servage que « l'Ange de l'Ecole » avait sous les yeux et qu'il a à tort considéré comme le type de la servitude et confondu en ce point avec l'esclavage (1).

Au contraire, les peuples anciens considéraient l'esclavage comme un de ces principes antérieurs et nécessaires à toute société, qui n'ont pas besoin d'être justifiés et qui occupent dans les théories sociales la place d'un axiome, d'un postulat. Les jurisconsultes et les philosophes en faisaient une institution de droit naturel ou de droit des gens, ce qui revient à peu près au même dans les idées anciennes, et si quelques grands esprits, un Sénèque, un Épictète, s'avisaient d'engager une lutte avec le sentiment populaire en ce qui touchait la légitimité de l'esclavage, c'est sur le terrain du droit naturel qu'ils plaçaient la discussion. Aristote lui-même, ainsi que le fait remarquer l'historien par excellence de la science politique (2), n'a été entraîné à édifier une nouvelle théorie de l'esclavage que parce qu'il voyait que celle qui existait n'était qu'un tissu de préjugés ; il n'a abouti lui-même qu'à une argumentation sans force et remplie de contradictions, qui n'aurait pas pu donner le change à sa rigoureuse logique, s'il n'avait été aveuglé par les opinions unanimes de ses contemporains et s'il n'avait pu compter sur l'assentiment trop facile de ses disciples disposés à

(1) *Summa theologica*, 2. 2. q. LVII, a. 3.
(2) Paul Janet. *Histoire de la science politique*, t. I, p. 250.

considérer comme une chimère toute contestation sur la légitimité de l'esclavage.

Celui-ci n'a disparu que devant le christianisme qui, lui aussi, l'attaquait sur le terrain du droit naturel et non sur celui du droit civil, où la religion nouvelle s'est abstenue de pénétrer pendant les premiers siècles ; ce sont les principes chrétiens et non les préceptes chrétiens qui ont fait succomber l'esclavage : l'Evangile ne défend point d'avoir des esclaves, mais une doctrine donnant à tous les hommes indistinctement le même titre d'enfants de Dieu et leur montrant leur fin commune en Dieu, ne pouvait se concilier avec une doctrine divisant l'humanité en possesseurs et objets de possession. L'une devait disparaître devant l'autre (1). De là les différences de la spéculation et des faits ; tandis que saint Augustin prêchait la légitimité de l'esclavage, conséquence du péché originel comme tous les maux qui nous affligent, l'Eglise, ou plutôt les communautés ecclésiastiques affranchissaient les esclaves dont elles devenaient propriétaires (2).

Déjà, dans la pratique, l'institution de l'esclavage avait reçu des atteintes compromettantes pour l'avenir d'une société reposant sur elle ; le monde romain, avant d'être envahi par les barbares, avait été envahi par les affranchis, l'équilibre nécessaire entre la population libre et la population soumise avait été rompu, et l'empire,

---

(1) La seule religion qui donne une base logique à l'esclavage est celle qui fait sortir tous les hommes d'un dieu, de Vishnou, mais les uns de sa tête, les autres de son bras, d'autres encore de sa cuisse, dans un ordre décroissant de dignité. C'est la forme théologique de la doctrine si faiblement soutenue par Aristote au nom des principes du droit naturel.

(2) C'est donc une injustice et un contre-sens historique, de prétendre, comme M. Emile Acollas, que « le Christianisme a fait de l'esclavage la pierre angulaire de la société et de la famille. » (*Philosophie de la science politique*, p. 36.)

plus sensible désormais aux coups de l'extérieur, devait s'écrouler avec fracas comme cette idole aux pieds d'argile lorsque son soutien s'était décomposé en poussière. De Rome livrée aux affranchis et ne survivant que par le despotisme militaire, date le premier grand exemple du douloureux antagonisme de la liberté politique et de l'égalité ; exemple qui n'a fait que se renouveler dans les temps modernes avec les mêmes données, car la diminution proportionnelle du nombre des esclaves dans le monde romain l'entraînait, politiquement, vers l'extrême démocratie. Espérons (puisque ce sujet vient à passer sous notre plume) qu'il est réservé à notre temps de concilier dans une forme définitive l'alliance de ces deux grandes expressions, l'égalité, la liberté, qu'il importe encore plus d'unir dans le cœur et dans l'esprit des citoyens qu'au fronton des monuments et des constitutions.

Ainsi, et c'est là que nous voulions en venir, le monde antique et l'esclavage ont péri ensemble, l'un par l'autre : ils ne peuvent être compris l'un sans l'autre. Qui les séparerait risquerait de tomber dans de dangereuses erreurs. « On s'est fait illusion sur la liberté chez les anciens, et pour cela seul la liberté chez les modernes a été mise en péril (1). » La fin de l'esclavage coupe l'histoire en deux.

En vain objecterait-on que l'esclavage a existé dans des temps rapprochés de nous et existe encore : ce n'est plus en général qu'un grossier moyen d'exploitation industrielle, un révoltant abus de la force sur des races inférieures, mais

---

(1) Fustel de Coulanges. *La Cité antique*, Introduction.

D'après M. Laboulaye, « ce que les anciens appelaient liberté, est précisément ce que nous appelons aujourd'hui le despotisme de l'État. » (*Introduction* au Cours de Politique constitutionnelle, de Benjamin Constant.)

non une institution sociale. Si quelques peuples attardés dans les limbes de la civilisation, ont conservé l'esclavage dans leur constitution intime, ces peuples-là sont en dehors du mouvement moderne, ce sont les témoins survivants d'un état de choses disparu pour jamais. Il en est des sociétés comme du monde physique où chaque grande époque géologique laisse subsister des traces presque ineffaçables de son passage ; de même la science peut étudier aujourd'hui chez des peuplades hier presque ignorées les mœurs de l'homme primitif.

Il n'y a là qu'une constatation intéressante ; il n'y a pas une raison suffisante pour nous faire renoncer, dans les recherches qui suivent, à notre partage si naturel entre les temps d'esclavage et les temps de liberté, qui n'est en somme que la division marquée par le triomphe du christianisme sur le paganisme. Ajoutons qu'ayant à étudier les modalités dont le pouvoir est susceptible, nous ne saurions ne pas être frappé de ce que l'idée même de *pouvoir* a été profondément altérée pendant des siècles, précisément du fait de l'esclavage.

Ainsi, pour nous (et c'est notre point de départ), toute 'histoire politique des peuples civilisés est comprise dans deux grandes époques : l'antiquité avec l'esclavage, les temps modernes avec la liberté civile, d'abord atténuée par le servage, puis définitivement triomphante en France à la Révolution de 1789 qui ouvre l'ère contemporaine.

PREMIÈRE PARTIE

L'ORGANISATION DES POUVOIRS DANS L'ANTIQUITÉ

CHAPITRE III.

LES TEMPS PRIMITIFS.

Les lignes qui précèdent sur l'esclavage ne sont pas, répétons-le, une pure digression, une simple intempérance de plume, elles se rattachent intimement au fond même du sujet tel que nous l'avons compris.

Au plus loin qu'on aperçoive la trace de l'homme dans les profondeurs du passé, on le trouve en société : l'idée d'un contrat primitif supposant une condition antérieure à toute association n'a pu naître que dans un esprit ivre de spéculation et profondément dédaigneux des enseignements de l'histoire. Or, toute société comporte nécessairement l'autorité ; l'égalité absolue des coassociés est contre nature. Que l'autorité sur un groupe d'hommes n'ait été bien souvent dans les temps primitifs que l'exercice du droit du plus fort, cela n'est pas douteux; mais les hommes, impuissants à détruire l'autorité elle-même, ou pour mieux dire incapables de s'en passer, ont fait ce que dit Pascal : ne pouvant faire que ce qui est juste fût fort, ils ont cherché à faire que ce qui est fort fût juste ; ils ont réglé, limité, divisé l'autorité, et tel a été le commencement de la séparation des pouvoirs, séparation bien autrement épineuse et importante que celle que les modernes ont eu à accomplir et à perfectionner! Car il ne s'agissait pas seulement de distinguer l'un de l'autre le législatif, l'exé-

cutif, le judiciaire; primitivement, le chef, le juge, le
législateur, le prêtre, le père, l'époux, le maître, le propriétaire, tout cela ne faisait qu'un; tous ces rôles, le
même homme les remplissait; tous ces droits reposaient
sur une même tête, et le nombre de siècles qu'il a fallu,
non seulement pour les dégager les uns des autres, mais
pour discerner leurs différences de nature est incal-
culable (1); Rome a consacré jusqu'à la fin l'union
du sacerdoce et du pouvoir politique, le droit de la
Rome primitive nous montre le *mancipium* du chef de
famille, c'est-à-dire la propriété et en même temps l'autorité domestique s'exerçant au même titre, sur les esclaves,
sur les enfants, sur la femme *in manu*; tous ces êtres
humains sentaient planer au-dessus d'eux le terrible droit
de vie et de mort et pouvaient être aliénés comme une
simple marchandise. Qui ne verrait là le souvenir d'une
époque encore récente alors, où le pouvoir, dans les mains
où il résidait, était sans borne et sans contrôle en dehors
de la révolte et de l'assassinat qui pouvaient le déplacer,
mais non en changer les caractères?

Cet état de confusion sociale dans les temps qui n'ont
point d'annales, n'est pas une conjecture gratuite ; on la
sent nécessaire par induction tirée de la constitution des
peuples qu'éclairent les premières lueurs de l'histoire. On
voit ceux-ci arriver péniblement à des définitions, à des
complications organiques plus ou moins heureuses ; ils
décomposent ce poids nécessaire de l'autorité qui répond
au besoin d'obéissance inné chez l'homme. Aussi bien,
l'histoire entière des progrès de l'humanité n'est-elle
qu'un long travail d'analyse : placé tout d'abord en face
des forces confuses et coalisées de la nature, l'homme les dis-

---

(1) Ces idées ne sont pas exclusivement modernes. Elles avaient
cours déjà au temps d'Aristote. (*Op. c*. I, 1ᵉʳ, § 2 et suiv.).

tingue, les partage et par là les soumet, alors qu'elles semblaient devoir l'écraser. Bien plus, en les divisant, il arrive à les connaître, et les connaissant, il s'en sert. Au fond, il n'est pas une découverte ou une notion scientifique qui ne soit due à un travail d'analyse ; car la *natura naturans* n'est rien pour nous ; les choses n'existent à notre égard que par la manière dont elles nous affectent, et nous ne saurions les expérimenter qu'en les isolant et en les classant. De même ne pouvons-nous utiliser les agents physiques qu'en les dégageant de l'ensemble des forces universelles. Ainsi, dans l'ordre intellectuel et dans l'ordre matériel, dans le domaine de l'idée comme dans celui du fait, la maxime humaine par excellence, c'est : « diviser pour régner. »

Ce cumul dans les mêmes mains de tous les genres d'autorité chez les premiers hommes a frappé depuis plusieurs siècles bien des esprits perspicaces : Suarez combattait déjà l'idée consistant à faire d'Adam le premier détenteur de la souveraineté politique, qui se serait transmise ensuite héréditairement ; c'est sur cette hypothèse qu'on prétendait de son temps asseoir la doctrine du droit divin avec toutes les conséquences les plus excessives ; le célèbre jésuite soutenait qu'Adam n'avait reçu de Dieu qu'une puissance domestique et non politique et, précurseur en cela de J. J. Rousseau, il ajoutait que l'Etat ne pouvait naître que du consentement échangé de plusieurs familles. Au siècle suivant, l'Angleterre lettrée se passionnait autour de la controverse élevée sur le même sujet entre Filmer et Sydney, controverse reprise bientôt à titre de réfutation par l'émule fameux de ce dernier, par Locke.

Filmer considérait Adam comme le premier de tous les rois et admettait que, depuis lui, la souveraineté ne pouvait légitimement se transmettre que par une hérédité continue. La multiplicité des monarchies s'expliquerait par un partage du pouvoir, qui ne remonterait qu'à Noé et qui aurait été, dans la suite des temps, compliqué de fractionnements nouveaux, selon la diversité des nations. De là se tiraient, par un raisonnement plus facile que rigoureux, l'explication du droit divin et la justification de l'absolutisme monarchique.

Pour nous, qui sommes indifférents aux querelles que ce système a suscitées, étrangers aux passions qu'il soule-vait et fort éloignés d'en faire une application pratique, il est aisé de discerner le fond de vérité qu'il contient des erreurs de point de vue qui en ont fait l'objet de justes sarcasmes. C'est une idée ridicule, un anachronisme réel et, qu'on nous passe l'expression, encore plus apparent, de donner au premier homme un titre qui évoque des idées toutes modernes et se rapporte à une organisation sociale complexe. Adam, puisque c'est d'Adam qu'il s'agit, n'a pas été institué par Dieu roi de la création, mais les premiers hommes, les premiers chefs avaient bien en eux toutes les natures d'autorité dont un démem-brement devait être le pouvoir politique ; lorsqu'ils se sont rencontrés, on peut supposer qu'ils ont délégué à l'un d'eux ce pouvoir pour la plus grande utilité commune, quoiqu'il soit plus raisonnable de penser que quelques-uns ont violemment confisqué à leur profit le droit des autres; mais on ne saurait admettre que leur réunion ait créé un nouveau pouvoir qui n'aurait pas encore existé en eux, au moins à l'état latent. Chaque homme, considéré indi-viduellement, est son propre souverain, et c'est là même la plus indiscutable des souverainetés; est-il besoin de rappeler que les nécessités de l'état social le limitent seules et forcément ?

Aujourd'hui la science adhère de plus en plus énergi-

quement à la théorie de Filmer ainsi réduite et amendée ;
elle se montre disposée à adopter sur ce point la tradition des
peuples anciens, affirmée par les livres saints de presque
toutes les religions, d'après laquelle la forme patriarcale
serait chronologiquement la première manifestation de
la société humaine. L'état de guerre en trouble d'ailleurs
dès le début les principes et l'organisation. La « lutte pour
l'existence » est de tous les âges du monde, le désir de
s'approprier par la force les fruits du travail d'autrui est
de tous les âges de l'humanité. Caïn, le premier que la
Bible montre versant le sang de son frère, est aussi le
premier-né de l'homme.

Dans la pureté de ce gouvernement rudimentaire,
comme nous l'avons dit tout à l'heure, « le parent mâle le
plus âgé, l'ascendant le plus âgé exerce sur la maison
entière un pouvoir suprême absolu. Il a droit de vie et de
mort, et son autorité sur ses enfants et leurs familles est
sans bornes, comme sur ses enfants ; les troupeaux des
enfants sont les troupeaux des pères... » Telle est l'opinion à laquelle se rattache sir W. Bagehot, après sir Henry
Maine, en produisant de nombreuses preuves à l'appui.

Ces conjectures, autorisées tout au moins par des analogies historiques, sont contradictoires avec d'autres sup-
positions auxquelles manque la sanction de la tradition
aussi bien que l'assentiment du bon sens et qui ont été
mises en avant par des écrivains plus soucieux des intérêts du dogme de l'évolution des espèces que des vrai-
semblances. Nous voulons parler des affirmations de
MM. Mac Lennan, Tylor, John Lubbock et autres publicistes de la même école, lorsqu'ils représentent la promiscuité comme faisant partie des mœurs préhistoriques
et, par suite, la mère comme étant le seul centre possible et la détermination de la famille primitive.

Dans ces conditions, la transmission du pouvoir a été
certainement héréditaire en principe, sauf la part de la
violence, et il paraît extrêmement plausible qu'en un temps
où l'élément pastoral tenait une si grande place dans
l'errante humanité, alors que la terre tout entière s'offrait
à l'homme, qu'il pourvoyait à ses besoins plutôt par l'oc-
cupation que par la culture, les liens de famille ont
été les principaux motifs de se grouper en tribus, puis en
nations.

Les textes de la Genèse sont entièrement d'accord avec
ce qu'on appelle aujourd'hui la « théorie patriarcale » ;
ils nous montrent même le peuple de Dieu vivant encore
sous ce régime alors que d'autres races, les Égyptiens, les
Élamites etc., ont déjà des rois.

Nous le redisons, le gouvernement patriarcal n'est
doux, libéral et régulier que par métaphore. Il a nécessairement été contrarié par les influences d'une époque
qui appartient autant à la géologie qu'à l'histoire et où
les convulsions de la nature et les passions de l'humanité
naissante bouleversaient alternativement le sol et les
sociétés. La loi du plus fort fut longtemps la loi unique ;
elle amena bien des déplacements de l'autorité, mais on
peut affirmer qu'en passant d'un homme à l'autre, celle-
ci ne changeait pas de nature. Lorsque la domination
politique vint à se distinguer de la puissance domestique, les nations commencèrent ; les civilisations se
dessinèrent à l'abri de cette naissante séparation de pouvoirs. Ici notre examen doit forcément se diviser, et nous
devons délaisser le vieux tronc patriarcal pour suivre
d'un regard attentif la croissance de différentes branches
qu'il projette.

Toutefois, il importe de remarquer, avant de poursuivre, que, dès le temps des patriarches, l'autorité d'une

règle indépendante de la volonté arbitraire du chef, se fait jour. En un mot, la *coutume* paraît avoir de tout temps appelé l'obéissance des hommes. Sans doute la coutume elle-même a une origine tant dans des croyances religieuses que dans la constatation empirique de l'utilité de certaines mesures, elle a aussi son fondement dans la conscience. Mais elle paraît contemporaine de l'homme en ce sens que, dès que l'homme entre dans l'histoire, elle y entre avec lui. ...

La civilisation, comme le soleil, est venue de l'Orient pour éclairer le monde ; toute revue consciencieuse des institutions humaines doit en chercher les premiers modèles chez les peuples orientaux. Au premier rang se placent les ancêtres de la race aryenne, les Indous.

CHAPITRE IV.

L'ORIENT.

Passer brusquement des patriarches, tels que la Bible nous en montre quelques types, aux institutions d'un peuple ayant une civilisation aussi spéciale que l'Inde, c'est renoncer de parti pris aux transitions, mais la nature du sujet ne les permet guère et notre dessein est non pas d'entreprendre un cours d'histoire universelle, mais de présenter, à titre d'exemple seulement, quelques-unes des formes de gouvernement que l'antiquité la plus reculée a connues : l'Inde ancienne méritait tout spécialement une mention, car c'est de là que, par l'intermédiaire de la Grèce et de Rome, nous sont venues un grand nombre des notions qui forment le fond de notre civilisation ; tandis que celle-ci, comme la Renommée, allait grandissant en parcourant le monde, l'Inde elle-même se figeait pour ainsi dire dans le régime immuable des castes, et, préservée contre les causes extérieures de destruction qui ont fait succomber la vieille Egypte, devait réaliser dans le monde moderne cette fable d'un vieillard atteint de décrépitude, dont la mort aurait oublié à tout jamais de terminer les misères.

L'Inde ne faisait pas exception au reste du monde antique au point de vue de l'esclavage ; les lois de Manou citaient sept manières de devenir esclave d'un homme ;

en outre, les castes étaient pour tous un véritable esclavage public, c'était la privation absolue de l'initiative, c'est-à-dire de la liberté. En fait, la condition des castes inférieures était et est restée fort dure, aggravée encore par l'impossibilité de l'affranchissement. Le *soudra*, le membre de la dernière caste, n'avait rien en propre ; il n'acquérait que pour son maître ; qui lui devait en retour la subsistance Les humiliations habituelles de l'esclavage étaient dépassées encore pour les *tchandalas*, malheureux produits d'une mésalliance entre une femme de caste supérieure et un homme de caste inférieure ; chassés de la société et tenus à l'écart en témoignage d'un adultère sacrilège, ils étaient réellement esclaves de la peine, *servi pœnœ*, et encore cette peine, n'avaient-ils pas comme compensation ou du moins comme explication le sentiment de l'avoir méritée!

Sur une constitution sociale pareille, un seul genre de constitution politique pouvait exister : une monarchie absolue au sens extrême du mot.

Cependant, on peut remarquer dans les institutions gouvernementales de l'Inde une sorte de séparation de pouvoirs bien digne d'être mise en relief, à côté des tyrannies grossières qui ont pesé sur tant de peuples anciens. Le point de départ, c'est que le roi, représentant de la Divinité, n'en est pas le pontife ; il appartient à la caste des rajahs ou guerriers, tandis que le sacerdoce est dévolu à la classe supérieure des brahmanes. On voit déjà que, d'après l'esprit religieux à l'excès qui domine cette société, le roi ne sera pas le maître de changer à son gré les lois ; celles-ci, en effet, sont des coutumes religieuses confiées comme un dépôt sacré aux brahmanes, chargés d'en donner l'interprétation et pouvant par là les modifier, si toutefois l'idée même de changement n'était pas antipathique à cette masse de philosophes singuliers qui compose le peuple de l'Inde et pour qui la vie, sans valeur par elle-même, n'est que la contemplation du néant final et une étape vers une absorption définitive de la personnalité.

Ainsi, le pouvoir législatif échappe réellement au roi. Quant au pouvoir judiciaire, il le partage avec les brahmanes ; ceux-ci doivent assister le souverain dans tous ses jugements et l'un d'eux peut même le remplacer dans le tribunal. Les lois de Manou, qui pourraient à plus juste titre que tout autre recueil être appelées « le livre », qui règlent la vie religieuse, politique et civile de tout un peuple, ces lois fixent le nombre de brahmanes nécessaires pour rendre une sentence, suivant sa nature et son importance.

Certes, l'observation qui précède ne nous empêche pas de reconnaître que l'état social de l'Inde immobilise le plus odieux despotisme ; mais déjà c'est un despotisme presque consenti, en harmonie avec un caractère national étrangement immuable, ce n'est pas le despotisme d'un seul ; il est mitigé par la suprématie du sacerdoce. Le même tempérament se retrouve dans toutes les races divisées en castes, dans l'ancienne Egypte notamment, où les prêtres avaient également une action considérable sur le gouvernement ; ils limitaient cette autorité royale, si étendue du reste qu'un de ses représentants, installant Joseph comme son premier ministre, lui pouvait dire : « Je suis Pharaon ; nul ne remuera ni le pied ni la main dans toute l'Egypte que par votre ordre (1). »

Il ne paraît pas douteux que les prêtres n'aient eu aussi chez les anciens Perses un rôle important dans la

_____

(1) Genèse, XLI, 44.

direction de l'Etat, bien que le principe de la séparation des castes y fût beaucoup moins rigide que dans l'Inde ; les prêtres n'y pouvaient prétendre aux privilèges des brahmanes (1), mais ils assistaient, au moins comme conseils, comme inspirateurs, le roi, représentant direct, ici comme ailleurs, de la Divinité, ou plutôt constituant la présence réelle sur la terre d'Ormuzd, génie du bien.

Ainsi, en se reportant à ce qu'on connaît du gouvernement des anciens peuples à castes, on voit que cette organisation sociale, en faisant dans la distribution de l'autorité publique une large part à l'élément clérical, apportait la seule atténuation possible au despotisme des anciens âges ; ceux-ci ont connu la séparation des puissances temporelle et spirituelle, en ce sens que le chef civil et militaire n'était pas à la fois chef religieux ; néanmoins ce n'était point là une évolution définitive de l'humanité. Les civilisations à castes, en raison de leur immobilité même, devaient être rejetées hors de la voie suivie par le progrès général de l'humanité ; les unes ont totalement péri, les autres font encore figure dans le monde sans participer au mouvement universel ; ce sont des branches mortes sur un tronc vivant.

Mais quand une civilisation nouvelle, celle à laquelle nous nous rattachons plus directement, a surgi du fond commun de la sauvagerie primitive, elle a débuté par la confusion à laquelle avaient échappé ses aînées, et elle a mis tant de temps à s'en défaire que le dernier empereur païen était encore grand pontife et que le moyen-âge tout entier n'a été qu'un long combat pour dégager le royaume de la terre du royaume du ciel.

A coup sûr, la plus adoucie des anciennes théocraties

---

(1) Paul Janet. L° cit°, p. 37 (t. I).

est celle des Juifs, qui s'appuie du reste sur un régime
social incomparablement moins dur que ceux que nous
venons d'envisager ; un exemple suffit à en témoigner,
c'est l'esclavage : l'esclave *juif* redevenait libre au bout
de sept ans, et cette application qui lui était faite du principe général de la remise septennale donne au droit du
maître sur l'esclave les apparences d'un droit de créance
plutôt que d'un droit de propriété.

Le gouvernement d'Israël a continué a être patriarcal,
lorsque, comme on le voit par maint passage de la Bible,
les nations avec lesquelles les Juifs étaient en contact, soit
par la guerre, soit par la captivité, soit par les formes multiples de l'échange, étaient soumises à des rois. Plus tard
leur foi, cependant vacillante à bien des reprises, leur faisait
accepter comme législateurs et comme chefs les inspirés
de Jehovah, un Moïse ou un Samuel. Dans la suite de
l'histoire sainte, on voit les rois déposés par l'autorité ecclésiastique, on voit les prophètes exercer sur le gouvernement la même influence que sur le peuple. La cérémonie
du sacre donne, du reste, à la royauté un caractère tout
religieux ; les avis impérieux des lévites, les menaces mys-
térieuses et terrifiantes des prophètes servent de contre-
poids ou plutôt de régulateur à un pouvoir royal que rien
de semblable à une constitution ne limite, et qui, conformément à sa nature, tend sans cesse à devenir plus absolu. Par une sorte de réciprocité, le prince exerce une
surveillance incontestée sur les choses du temple ; le livre
des Rois et les Paralipomènes sont remplis de dispositions
par lesquelles les souverains temporels d'Israël et de Juda,
à commencer par David et Salomon, réglementent le
service des autels.

La concentration du sacerdoce dans la seule tribu de
Lévi réagit d'ailleurs sur l'ensemble de la société juive, à

peu près comme l'existence d'une caste sacerdotale réagissait sur le régime des peuples dont l'exemple vient d'être rappelé.

Ces rapprochements ont paru encore pouvoir être faits utilement; ils se rattachent à l'examen extérieur de notre question. En abordant à présent l'antiquité classique, nous entrons en plein dans le courant qui a apporté, comme une alluvion féconde, les notions et les principes sur lesquels notre civilisation s'est fondée.

CHAPITRE V.

Si nous n'étions pressé par les exigences d'un plan limité, nous nous nous arrêterions volontiers sur un sujet que M. Gladstone a rendu facile (1), attrayant même, sur les gouvernements primitifs de la Grèce ; qu'il nous suffise de rappeler que les profondes études du savant homme d'État corroborent pleinement ce que nous avons avancé plus haut sur la manière dont a dû se produire, chez les peuples naissants, la laborieuse distinction entre l'autorité domestique et l'autorité politique. Lorsque cette distinction devient suffisamment claire, la monarchie est le seul mode de gouvernement pratiqué ; la conception d'une république n'apparaît jamais que dans des milieux intellectuels assez développés, c'est la substitution au fait d'une idée, celle d'association (2).

Dans la Grèce primitive se réalise une loi générale : « La monarchie a son fondement dans le droit divin ; le pouvoir des rois vient de Zeus ; ils sont fils de Zeus ; ils

_____

(1) Gladstone. *Studies on Homer and Homeric âge*, London, 3 in-8.

(2) La première reconnaissance de la possibilité d'un gouvernement autre que la monarchie absolue se trouve, croyons-nous, dans Hérodote ; elle est toute spéculative et forme le fond d'une discussion à laquelle sont supposés prendre part Otanes, Mégabyse et Darius, relativement à l'organisation politique de la Perse, après la mort du faux Smerdis.

sont nourris par Zeus. La monarchie est aussi héréditaire, car Zeus la confère comme privilège, non pas à un seul individu, mais à une famille (1). »

Le roi est le chef incontesté de la religion, son pouvoir politique n'est en quelque sorte que l'accessoire de son pouvoir religieux; celui-ci est le plus durable — longtemps après qu'elle eut dépouillé la forme monarchique, Athènes conserva à l'un de ses archontes le nom de roi, avec des attributions purement sacerdotales. — Mais la confusion ou plutôt l'identité absolue de la religion et de l'autorité ne se manifeste pas seulement dans le gouvernement, elle se manifeste aussi dans l'intérieur de la famille, où le centre commun est un autel dont le père est le prêtre. C'est même, comme l'a si bien montré M. Fustel de Coulange (2), la flamme de ce foyer qui éclaire les origines de l'antiquité classique, et s'il peut paraître un peu hardi de rattacher au culte toutes les institutions, tout le droit et les mœurs de la Grèce et de Rome, il est bien certain que les travaux de l'érudition s'accordent à montrer chez ces deux grands peuples, à des époques réculées, l'unité essentielle des autorités religieuse et séculière.

Une autre portion de ce qui, dans nos idées modernes, constitue un attribut essentiel du pouvoir collectif, est restée longtemps aux mains des personnes privées; outre son droit de vie et de mort sur ses esclaves et sur ses enfants, qui dérivait de l'idée de propriété, le père était investi sur les membres de la *familia*, notamment sur sa femme, et jusque sur ses simples clients, d'un droit de justice défini au point que certains délits lui étaient réservés. En tuant sa femme adultère, son fils coupable de

(1) E. Van der Rest. *Platon et Aristote*, Essai sur les commencements de la science politique. Int. p. 7.
(2) *La Cité antique*, passim.

complot contre la république, le père faisait œuvre non de vengeance ou de colère, mais de justice ; il ne pouvait pardonner, car il était le ministre obéissant de l'inflexible loi.

Un autre trait particulier aux cités grecques et très important au point de vue de la répartition du pouvoir, c'est que le nombre des citoyens était assez restreint pour que le gouvernement direct pût fonctionner. Aussi, lorsque la royauté absolue fut tombée en désuétude, les Grecs purent-ils réaliser dans toute sa vérité pratique le principe de la souveraineté nationale. Chaque cité le fit dans une mesure différente, et d'après son génie propre, jusqu'au moment où les conquêtes d'Alexandre passèrent sur le monde entier le niveau du despotisme militaire. Parmi toutes ces constitutions diverses, celles qui méritent davantage de fixer l'attention de l'histoire sont naturellement les constitutions de ces deux villes, Sparte et Athènes, qui résument ensemble toute la grandeur et toute la splendeur de la Grèce antique.

Sparte. — Les lois de Lycurgue n'avaient laissé subsister à Lacédémone que la figure de la royauté, de cette royauté bizarre, à deux têtes, dont l'origine se perd dans la nuit des temps héroïques. Toutefois, la guerre extérieure faisait renaître toute l'ancienne puissance de ces princes si effacés en temps de paix : le peuple acceptait sans difficulté, pour le salut de la patrie, la suspension de tous ses droits ; sur la cité s'établissait instantanément un régime très voisin de ce qu'on appelle aujourd'hui « l'état de siège » ; les rois prenaient le commandement suprême des armées et concentraient momentanément entre leurs mains tous les pouvoirs. Cette acception tacite, par des citoyens habitués à se gouverner eux-mêmes, d'une dictature temporaire rendue nécessaire par les circonstances, est peut être le point le plus remarquable de la constitution spartiate, et celui qui résume le mieux les vertus d'un peuple qui sut (exemple si rare dans l'histoire !) être grand par la guerre et libre au sein de la paix.

En effet, lorsque la campagne était terminée, la royauté, qu'Aristote définit « un généralat inamovible investi des pouvoirs suprêmes (1), » se réduisait à fort peu de chose, à une charge qu'il paraît bien superflu d'avoir partagée en deux : mais cette dualité du prince s'explique historiquement, et c'est encore Aristote qui nous montre dans cette circonstance la principale cause de la durée de la royauté à Sparte : « La royauté se maintient par la modération. Moins ses attributions souveraines sont étendues, plus elle a de chance de durer dans toute son intégrité. Le roi songe moins alors à se faire despote ; il respecte plus dans toutes ses actions l'égalité commune, et les sujets, de leur côté, sont moins enclins à lui porter envie. Voilà ce qui explique la durée si longue de la royauté chez les Molosses. Chez les Lacédémoniens, elle n'a tant vécu que parce que, dès l'origine, le *pouvoir fut partagé entre deux personnes* ; et que plus tard Théopompe le tempéra par plusieurs institutions, sans compter le contre-poids qu'il lui donna dans l'établissement de l'éphorie. En affaiblissant la puissance de la royauté, il lui assura plus de durée ; il l'agrandit donc en quelque sorte, loin de la réduire...(2); » paroles profondes, que nous avons voulu citer en entier, parce qu'elles sont, surtout dans la dernière partie, à rapprocher des termes du dilemme qui semble se poser

(1) Trad^on Barthélemy Saint-Hilaire, L. III, chap. ix, n° 2.
(2) Op. cit°, Liv. VIII, chap. ix, n° 1.

de nos jours à toutes les monarchies : périr ou se faire constitutionnelles.

Les rois, en vertu de la loi observée chez les peuples anciens, restèrent chefs du sacerdoce. Leurs attributions politiques furent bornées, par la création des éphores, à la présidence du sénat.

Les éphores, qui remettaient aux mains de la démocratie la direction d'un gouvernement empreint jusqu'à eux d'un caractère fortement oligarchique, étaient sans contredit les vrais maîtres de Sparte. Investis de la plénitude du pouvoir exécutif par les droits de contrôle et de direction qu'ils avaient à l'égard des magistrats, donnant l'impulsion à l'action législative par la surveillance qu'ils exerçaient sur le Sénat, pouvant arrêter la vie nationale et la marche de la constitution en suspendant les assemblées populaires, ces cinq élus du suffrage universel se réunissaient encore en tribunal pour juger les rois, et leur sentence ne pouvait être réformée que par l'oracle de Delphes ; nouvelle trace du mélange intime de la politique et de la religion. Ils avaient aussi, ce qui est plus important et d'un intérêt plus pratique, la juridiction civile, tandis que les affaires criminelles capitales étaient remises au sénat et que l'organisation judiciaire se trouvait complétée par des tribunaux spéciaux.

Les vingt-huit vieillards, les vingt-huit « gérontes » du sénat avaient pour principale attribution la réalité du pouvoir législatif ; ils présentaient aux assemblées du peuple les projets de loi tout rédigés qui devaient être approuvés ou rejetés d'un bloc, par oui ou par non, sans amendement possible. Il suffisait donc au sénat, dans cette organisation essentiellement plébiscitaire, de ne pas aller ouvertement à l'encontre du sentiment national pour exercer sur la législation une action qui aurait été souveraine sans la surveillance très effective et tracassière des éphores.

Il serait difficile de trouver dans la constitution dont la rapide esquisse vient d'être présentée, le moindre pressentiment de la séparation des pouvoirs telle que nous l'entendons aujourd'hui : le sénat est juge et législateur, les éphores gèrent le gouvernement et la justice, les rois ont une autorité temporelle et spirituelle. Mais on y remarque une certaine division du pouvoir, fondée sur d'autres principes et dans laquelle Aristote fait résider la supériorité des institutions spartiates : chaque classe de citoyens participe à la puissance publique : les rois sont satisfaits de leurs attributions, la classe élevée monopolise les sièges du sénat. Enfin, le peuple dispose des charges suprêmes de l'éphorat. Il y a là une combinaison de monarchie, d'aristocratie et de démocratie qui est bien près de réaliser l'idéal du gouvernement mixte tant poursuivi par les philosophes grecs.

Nous allons retrouver la confusion subjective du législatif, de l'exécutif et du judiciaire dans la constitution franchement démocratique de l'éblouissante Athènes.

Athènes. — Si nous disons franchement démocratique, ce n'est pas que le gouvernement athénien ne soit passé, lui aussi, par les phases monarchique et aristocratique; mais c'est seulement après les avoir franchies qu'Athènes a réalisé sa grandeur propre; les lois de Solon sont comme le point de départ de cette ère glorieuse de l'histoire grecque, dont l'éclat resplendira en un éternel rayonnement sur les générations les plus lointaines; il faudrait que l'esprit humain s'abîmât dans le néant pour que pérît le souvenir d'Athènes et avec lui la tradition d'une constitution qui ne pouvait être pratiquée que par un peuple cultivé, apportant dans les affaires publiques une aménité de mœurs et une ouverture d'intelligence inconnues à d'autre temps et à d'autres lieux.

Nous avons vu, à Sparte, la participation directe des citoyens à la gestion de la chose publique se manifester par l'approbation des projets de loi qu'avait élaborés le sénat. A Athènes, cette participation est bien autrement large; elle porte sur tout : sur la loi, sur la justice, sur l'administration, en sorte qu'appliquant ici une distinction d'apparence toute moderne, on trouve dans chacune des branches du gouvernement la souveraineté « retenue » et la souveraineté « déléguée ».

Mais comment se faisait cette délégation aux fonctions publiques ? C'est encore un point extrêmement remarquable : elle se faisait en partie à l'élection, ce qui est très démocratique, en plus grande partie par le sort, ce qui se rattache à l'ancienne organisation aristocratique dans laquelle le hasard seule pouvait faire un *primus inter pares*; il paraît vraisemblable aussi que le recrutement du personnel politique a été primitivement confié au destin en vertu d'une pensée religieuse : on laissait aux dieux le soin de reconnaître le plus digne.

Quoi qu'il en soit, le tirage au sort entre les candidats aux magistratures a pu être conservé sans grand inconvénient par la démocratie athénienne, parce que le nombre des citoyens restait assez restreint, parce que, passant normalement une partie notable de leur temps à s'occuper du gouvernement, ils étaient tous au courant des affaires, et parce que, pour certaines charges, le tirage au sort ne portait que sur des catégories déterminées de personnes. Enfin, l'épreuve sévère de la *dokimasie* permettait de corriger les erreurs trop lourdes du hasard.

Le sort désignait le corps chargé de préparer les

éléments de l'œuvre législative qui devait s'achever par
la sanction populaire dans l'*ekklesia*. Le conseil des
quatre cents créé par Solon et porté après lui au nombre
de cinq cents membres (ἡ βουλή τῶν πεντακοσίων) élaborait
tous les projets de lois et les citoyens les discutaient
ensuite à l'*agora* dans tous les détails. Ce conseil pouvait
émettre même de son autorité propre certains décrets
dont la force obligatoire était limitée à une année ; il
avait en outre quelques attributions d'un caractère judiciaire.

Le zèle intempestif que les citoyens auraient pu apporter dans l'initiative dont ils disposaient en matière de
législation était refroidi, réprimé par l'intervention des
thesmothètes, c'est-à-dire des six derniers archontes préposés tout particulièrement à la garde des lois existantes,
par les nomothètes et par une institution d'une nature
assez mal définie que M. Georges Perrot (1) appelle les
nomophylaques.

Devant les thesmothètes tout citoyen pouvait porter
l'accusation d'illégalité (on dirait sans doute aujourd'hui
d'inconstitutionnalité) contre toute proposition produite
dans l'*ekklesia* ou dans le sein du conseil des cinq cents.
Enfin, dans les occasions solennelles, l'aréopage avait le
droit d'intervenir avec tout le poids de sa majesté pour
casser une décision du peuple.

Cet aréopage fameux était la clef de voûte de l'organisation judiciaire d'Athènes ; composé des archontes sortis
de charge et inamovibles dans leurs fonctions nouvelles,
ce corps puisait la meilleure part de son autorité dans le
caractère national et dans l'ancienneté de son institution.
Sa compétence s'étendait à la plupart des grands crimes,
meurtre, incendie, sacrilège.

(1) *Essai sur le droit public d'Athènes.*

Au-dessous de l'aréopage, se rangeaient les héliastes, immense jury ne comprenant pas moins de six mille membres et réalisant ainsi, ou peu s'en faut, la participation directe du peuple à l'administration de la justice. Les décisions de cette juridiction étaient sans appel. On ne saurait d'ailleurs y voir un tribunal permanent comme ceux qui fonctionnent sous nos yeux. C'était plutôt le corps judiciaire de la cité où étaient pris pour chaque affaire et, d'après sa nature et sa gravité en plus ou moins grand nombre, les juges appelés à composer le tribunal ; celui-ci était présidé par un magistrat de l'ordre exécutif, mais cette présidence était tout extérieure, n'impliquait pas le droit de vote et se rapproche naturellement du rôle rempli chez nous par le magistrat directeur d'un jury d'expropriation : les archontes étaient les présidents les plus occupés ; chacun d'eux, l'éponyme, le roi, le polémarque, les thesmothètes avaient une compétence clairement déterminée. D'autres magistrats d'ordre inférieur, les stratèges notamment, étaient appelés à diriger les débats dans certaines causes. Un certain nombre de tribunaux spéciaux complétaient l'organisation judiciaire d'Athènes, qui reposait, comme sur une base profonde, sur un usage très fréquent de l'arbitrage.

Ce n'était pas la seule institution des héliastes qui remettait le pouvoir judiciaire aux mains du peuple. Outre la mesure si connue de l' « ostracisme » qui est, à la vérité, plutôt un acte de politique, de haute police qu'un arrêt, l'ekklesia exerçait directement quelques attributions judiciaires ; l'étude détaillée en comporterait des développements trop éloignés de notre sujet et rentre dans le domaine de la pure érudition.

A la tête des magistrats, des fonctionnaires d'Athènes, on retrouve les neuf archontes investis de la direction suprême de l'administration dans toutes ses branches et au sens le plus large du mot : en dehors des résolutions qui doivent être prises de concert entre eux, chacun a sa part propre dans la délégation du souverain : l'éponyme occupe le premier rang et personnifie la majesté de la cité; l'archonte-roi préside au culte, le polémarque gère les choses militaires ; les autres archontes, les thesmo-thètes se distribuent le reste des affaires.

Sous leurs ordres ou à un rang inférieur, se placent une quantité de magistrats issus de l'élection ou du sort et préposés aux les détails de l'administration. Ils sont tous et à chaque instant responsables devant le peuple; tandis que dans les idées romaines le magistrat était pour ainsi dire inviolable pendant la durée de sa magis-trature, à Athènes il pouvait être appelé à tout moment à expliquer ses actes devant l'ekklesia et déposé avant l'expiration du laps pourtant fort court d'un an, pendant lequel devaient normalement durer ses fonctions. A sa sortie de charge, il était astreint à rendre un compte sévère de sa gestion : tant qu'elle durait, il était, quel que fût son emploi, responsable directement devant le peuple, et c'est en vain qu'il aurait cherché, en aucun cas, à se couvrir d'ordres supérieurs qui ne constituaient pas à Athènes, pour le subordonné, d'excuse valable, et qui laissaient les choses entières au jugement du peuple.

Par le fait de cette surveillance continuelle, rigoureuse, tracassière de tous les faits et gestes, de tous les pas et démarches des magistrats et agents, le peuple se trouvait intimement mêlé, non seulement au gouvernement, mais encore à l'administration, à la police de la cité, et nous étions sans doute fondé à dire en commençant que de tous les attributs de la souveraineté il retenait la part capitale, et ne déléguait à des représentants que ce qui ne pouvait être traité sur la place publique.

En résumé, malgré l'avis si recommandable de M. Perrot (1), il est difficile d'apercevoir dans la constitution athénienne une conception très nette de ce qu'on appelle aujourd'hui *séparation des pouvoirs;* mais la confusion est moins complète qu'à Sparte, et à considérer les choses par grandes masses, on pourrait dire qu'à Athènes le pouvoir législatif appartenait au peuple et au conseil des cinq cents, le pouvoir judiciaire à l'aréopage et aux héliastes, le pouvoir exécutif aux archontes et aux magistrats de tout ordre. Cette classification n'est cependant pas assez précise pour frapper les yeux d'un observateur même perspicace, et il a fallu à Aristote un trait de génie pour tirer du chaos des institutions de l'antiquité l'idée analytique des éléments nécessaires de toute souveraineté.

Son illustre maître Platon, malgré l'élévation de ses vues et ses tendances à l'abstraction, ne paraît avoir eu que des aperçus très vagues de cette séparation des pouvoirs, qui devait devenir après lui et rester dans les temps modernes un des principes fondamentaux de la science politique. Ce n'est certes pas dans sa *République* qu'il faut en chercher trace. Le fondateur de l'*Académie* a tout subordonné dans cet ouvrage à la recherche de

_____

(1) *Op. cit*°, p. 315. Dans le sens contraire, une plume distinguée adresse aux Athéniens le reproche suivant : « Dans l'organisation même des gouvernements les plus libres, la confusion des pouvoirs entraînait souvent des abus qui établissaient une véritable oppression. L'exemple le plus éclatant de ce péril et de ce malheur nous est donné par la République athénienne ; le peuple, confondant sans cesse les droits du juge, ceux du citoyen et ceux du magistrat, tantôt faisait des lois contre un particulier, tantôt appliquait ou violait la loi par des préoccupations étrangères à la justice. » (H. Reynald. *Recherches sur ce qui manquait à la liberté dans les républiques grecques.* Paris, 1861, p. 177).

l'unité, bien suprême qu'il apprécie au point d'en faire dériver la suppression de la propriété individuelle et la promiscuité. De plus, la *Politique*, la *République*, les *Lois* nous le montrent poursuivant sa chimère de la souveraineté de la philosophie et des sages, qui finit par se formuler pratiquement dans la thèse de la monarchie absolue : « Donnez-moi un Etat gouverné par un tyran, dit-il (1), que ce tyran soit jeune, qu'il ait de la mémoire, de la pénétration, du courage, de l'élévation dans les sentiments, et de la tempérance, alors il sera très facile en peu de temps de donner à l'Etat une forme de gouvernement qui assurera son bonheur. Mais il faut en outre que, sous son règne, il paraisse quelque grand législateur et qu'un heureux hasard les réunisse ; lorsque cela arrive, Dieu a fait presque tout ce qu'il peut faire quand il veut rendre un état parfaitement heureux. »

Le représentant idéal de la souveraineté est donc pour Platon un tyran sage, éclairé par un conseiller prudent. Toutefois, à peu de distance de là, il condescend à reconnaître les bienfaits de certains gouvernements tempérés et donne même des indications sur l'organisation qui leur convient.

Sans viser directement le principe de la distinction des pouvoirs, il paraît en avoir une sorte d'intuition, et, à la tête de sa cité idéale, il imagine un sénat investi de fonctions purement législatives, un corps de gardiens des lois qui doivent assurer l'exécution de celles-ci, avec le concours des magistrats affectés aux services spéciaux. Enfin, l'attention qu'il apporte à l'organisation judiciaire (arbitres, tribunaux de première instance et d'*appel*, juridictions spéciales), les qualités qu'il exige chez les juges, montrent

(1) *Lois*, Liv. IV.

suffisamment que, dans sa pensée, leur ministère doit être
séparé de celui des autres fonctionnaires, et qu'ils ne
sauraient, comme eux, être recrutés par le tirage au sort,
ni même par une élection sans garanties particulières.

Aristote devait faire surgir de l'étude patiente et approfondie des faits la théorie des trois pouvoirs, dont Platon
avait été impuissant à définir les principes dans ses
recherches d'une cité idéale.

En abordant l'examen des idées du Stagirite sur cette
partie devenue si importante de la politique et du droit
public, on doit se défendre soigneusement, comme nous
avons eu déjà l'occasion de le dire, de toute préoccupation
d'assimilation avec la doctrine de Montesquieu ; le respect
de la vérité le réclame tout autant que l'orgueil national.
Aristote a émis une grande vérité, Montesquieu en a livré
au monde moderne une plus précieuse encore ; le
premier a su discerner dans l'Etat trois modes d'activité,
dont la réunion constitue la souveraineté ; Montesquieu
n'en est pas resté là. Il a dit que ces trois pouvoirs devaient
être placés dans des mains différentes, et que, confondus
même deux à deux entre celles du même individu, ils
mettaient en péril la liberté des citoyens.

Là où Aristote distingue et classe, Montesquieu sépare
et isole. Celui-ci donne une règle politique, celui-là
seulement une énumération scientifique.

Il importe d'ailleurs de remarquer que la répartition
de la souveraineté n'est pas identique dans Montesquieu
et dans Aristote. Le Stagirite reconnaît dans l'Etat, non
pas trois pouvoirs : législatif, exécutif, judiciaire, mais
trois parties : « l'assemblée générale délibérant sur les
affaires publiques, le corps des magistrats et le corps judiciaire. » Le premier terme comprend plus et moins que
la législation, il s'étend à tous les objets qui entraient

dans le domaine de l'assemblée populaire chez les Grecs, et dont Aristote s'empresse de donner le détail.

L'assemblée générale, dit-il (1), décide souverainement de la paix et de la guerre, de la conclusion et de la rupture des traités; elle fait les lois, prononce la peine de mort, l'exil, la confiscation, et reçoit les comptes des magistrats, toutes choses qui, dans les idées dont Montesquieu est l'heureux promoteur, se distribuent entre les trois pouvoirs. D'un autre côté, Aristote appelle « véritables magistrats » ceux qui ont pour fonctions de délibérer sur certains objets, de décider et d'ordonner. On reconnaîtra que cette énumération est insuffisamment limitative, et peut embrasser bien des points que nous n'hésiterions pas à concéder au pouvoir législatif.

En passant et trop rapidement pour l'importance du principe entrevu, Aristote déclare que les pontifes sont tout autre chose que des magistrats politiques Voilà un jour ouvert sur l'avenir, une réflexion neuve qui, dans sa forme concise, mérite toute notre admiration, car c'était une véritable découverte due aux seules lumières d'une raison supérieure, sur une question dans laquelle les philosophes antiques les plus indépendants ont partagé la confusion populaire et traditionnelle entre l'élément religieux et l'élément laïque.

Quant à la théorie de la division des pouvoirs dans la « Politique, » elle est beaucoup moins dégagée de l'influence des idées du temps, et si l'on peut, si l'on doit concéder qu'Aristote a été en ce point, comme en plusieurs autres, le précurseur de Montesquieu, il serait souverainement injuste de présenter le second comme ayant copié, et tout au plus rajeuni la thèse de son devancier; en

---

(1) *Op. cit°*, Liv. VI, chap. XI, n° 2.

toute vérité, il l'a renouvelée, animée, d'une froide classification, il a fait une réalité agissante et efficace.

Sur un point particulier, on voit facilement combien
les vues d'Aristote sont éloignées de celles de Montesquieu ;
suivant ce qui se pratiquait autour de lui, il fait désigner
tous les magistrats et tous les juges directement par le
tirage au sort et par l'élection ; double mode de recrutement qui est en contradiction flagrante avec les nécessités
hiérarchiques auxquelles doit obéir tout organisme exécutif fort et qui compromet surtout au plus haut point l'indépendance du corps judiciaire à laquelle Montesquieu, par
profession et par humeur, attachait le plus grand prix (1).

Aristote considère, lui aussi, l'organisation judiciaire
comme un des objets les plus importants des méditations
du philosophe, ce qui est tout à fait conforme à l'idée-
mère de son œuvre : faire reposer l'Etat sur la justice.
Mais nulle part il n'indique qu'il puisse y avoir une utilité quelconque à ne pas confondre sur la même tête magistrature et judicature ; par ce fait, juges et magistrats
sont tirés du peuple par le même moyen et sans que des
garanties différentes assurent le bon choix des uns ou des
autres.

(1) Montesquieu en disant (L° cit°) : « La puissance de juger peut
être donnée à un sénat permanent, mais exercée par des personnes
tirées du corps du peuple... » avait certainement et spécialement en vue
l'institution du jury criminel. Mais maint passage de ses œuvres
témoigne que, pour lui, le hasard ne pouvait être le pivot de l'organisation judiciaire.

CHAPITRE VI.

LES ROMAINS.

On a pu dire que la *pondération des pouvoirs* avait été le principal ressort de la constitution romaine (1); non pas qu'à Rome la puissance publique fût soigneusement répartie en exécutif, judiciaire et législatif. Mais les magistratures, jalouses de leurs droits respectifs, représentant dans le sein du gouvernement des aspirations et des intérêts divers, plus que cela, des catégories bien tranchées de la population, étaient organisées de manière à se surveiller et à se limiter mutuellement; par là le peuple était protégé autant que possible contre les excès et les bouleversements de l'autorité, et l'un des résultats utiles de notre théorie moderne était obtenu : le pouvoir arrêtait le pouvoir.

C'est surtout sous la république que ces savantes combinaisons portèrent leurs fruits, mais les premières tendances à un état de choses équilibré apparaissent sous les rois eux-mêmes. Rome est sortie de bonne heure de la royauté absolue des premiers âges, et la création du sénat est contemporaine de la fondation de la ville. La monarchie n'était pas, d'après les idées des peuples civilisés de

(1) M. de Valroger, à son cours. 1871-72.

l'antiquité, essentiellement héréditaire (1). En particulier, à Rome ce n'est qu'accidentellement qu'une même famille fournit plusieurs personnages au trône : l'élection du prince était faite par le peuple, approuvée par le sénat, consacrée par les augures (2) ; autant de liens destinés à entraver plus tard sa liberté d'action et à l'empêcher d'atteindre au pouvoir absolu. « Il n'était, à vrai dire, que le délégué d'une certaine aristocratie, en qui résidait réellement la puissance publique (3). » Chef de l'armée, souverain pontife, gardien des lois, il était investi de la plénitude du pouvoir judiciaire, et les sénateurs ne connaissaient que par délégation des affaires qu'il n'estimait pas suffisamment graves pour être retenues par lui. Enfin le droit de convocation du sénat et des comices lui réservait l'initiative du pouvoir législatif.

Ce dernier résidait dans le peuple, qui y joignait le droit de paix et de guerre et la nomination des magistrats. Les Romains ont reconnu dès le début le principe de la souveraineté nationale. Du reste, lorsqu'on a dit qu'une nation, qu'une cité est souveraine chez elle, on n'a presque rien dit, c'est la manière dont cette souveraineté fonctionne qui fait les destinées d'un peuple. On sait comment les comices par curies et les comices par centuries, tout en appelant, les uns et les autres, l'ensemble des citoyens à la direction des affaires publiques, assurèrent la prépondérance à l'aristocratie de race d'abord, ensuite de fortune.

(1) Aristote parle fréquemment de monarchie viagère et définit le mot même de monarchie par cette formule : le gouvernement d'un seul.
(2) V. toutefois, pour les détails historiques, *Esprit des Lois*, Liv. XI, chap. XII, et les passages de Denys d'Halicarnasse cités en cet endroit.
(3) Ch. Demangeat. *Cours élémentaire de Droit romain*. Histoire externe.

Le sénat était, à proprement parler, le conseil du roi, qui demandait son avis sur nombre d'affaires et l'associait à l'administration de la justice. Le sénat exerçait d'autre part une sorte de tutelle sur le peuple, en ce sens que les lois curiates n'étaient exécutoires qu'avec son approbation.

Les magistrats peu nombreux, tant que les Romains restèrent un petit peuple, étaient nommés en grande partie par les comices; cependant le roi lui-même pourvoyait aux charges de tribun des célères, de préfet de la ville et de questeurs des revenus publics.

Tels sont les germes de l'état politique de Rome; la disparition de la royauté n'interrompit pas son développement régulier, car, ainsi que Cicéron le fait remarquer, le sens profond de la constitution de Rome était de remettre le pouvoir au peuple sous l'autorité du sénat. Les Romains « changèrent leur constitution sans la corrompre (1). »

Les deux consuls se partagèrent le fardeau de la royauté, dont ils n'étaient chargés que pour un an. Leur autorité se trouva bientôt limitée par la création du tribunat, arme dont se servirent les plébéiens pour conquérir le pouvoir. Les tribuns pouvaient convoquer les comices et les saisir de leurs propositions; ils avaient un pied dans le domaine du législateur par le droit de *veto*; en même temps, l'élément démocratique pénétrait graduellement dans le sénat et dans toute les magistratures. Enfin l'institution des comices par tribus réalisa à Rome le règne du suffrage universel, atténué par l'adjonction aux tribus urbaines des tribus rurales, qui représentaient plus spécialement l'élément conservateur. Les affranchis étaient, de plus,

(1) *Esprit des Lois*, L. XI, chap. XVI.

relégués dans quelques tribus urbaines, du moins à l'origine ; du jour où, grâce à des tribuns démagogues, ils envahirent toutes les tribus de leur flot toujours grossissant, de ce jour-là on peut faire dater la perte de Rome.

Les comices par tribus faisaient des plébiscites ; pour faire une loi, la réunion des anciens comices par centuries était nécessaire. Il fallait une décision du sénat pour les saisir d'une proposition quelconque, et celle-ci ne pouvait être apportée que par un magistrat de l'ordre des sénateurs, *senatorius ;* sur la même ligne que ces deux sources du droit vinrent bientôt s'en ranger une troisième, le *sénatus-consulte,* applicable seulement, sous la république, à certaines matières dépendant du droit public, puis une quatrième, les *édits des magistrats,* par lesquels les fonctionnaires entrant en charge faisaient connaître, dans les limites établies par la loi, les principes d'après lesquels ils comptaient décider des choses de leur compétence. De nos jours encore, les agents de l'administration font des règlements, prennent des arrêtés, libellent des circulaires. Les droits des préteurs et des gouverneurs de province, quoique de même nature, étaient bien plus étendus ; personne n'ignore quelle importance ont prise les interdits dans le droit privé de Rome, et comment le vieux droit civil a été remplacé presque en entier par le droit prétorien.

L'organisation judiciaire est tout particulièrement digne d'attention : le droit public de Rome ne s'éleva jamais à la distinction de la justice et de l'administration ; au contraire, en principe, tous les magistrats avaient une portion du pouvoir judiciaire. En leurs mains, la *jurisdictio* suivait l'*imperium.* Mais la multiplicité des affaires fit déléguer à des personnages spéciaux, aux préteurs, l'ensemble des fonctions judiciaires des consuls, qui ne gardèrent plus effectivement qu'une compétence accidentelle sur les cas extraordinaires, *extra ordinem*.

La séparation des autorités se fit donc dans les faits bien avant que la doctrine en eût été formulée. C'est aux préteurs, à peu près exclusivement, qu'il appartenait de *jus dicere* en matière civile. L'appréciation des faits, rappelons-le rapidement, était soumise à des *judices*, simples citoyens choisis pour chaque affaire dans certaines catégories.

L'association des membres de la cité à l'exercice de la justice était donc plus intime encore qu'à Athènes, où le corps des héliastes était composé à l'avance par une désignation préalable, tandis que les *judices* étaient pris directement dans la masse composant une certaine catégorie sociale. Les déplacements de l'aptitude aux fonctions de juges, suivant qu'elle a été conférée aux sénateurs, aux chevaliers, aux tribuns du trésor, aux centurions, à l'universalité du peuple, constituent dans l'histoire romaine des révolutions tout aussi importantes que les changements apportés au pouvoir législatif par les formes successives données aux comices.

La justice criminelle fonctionnait d'une manière analogue : les *quæstiones perpetuæ*, composées aussi de jurés, se réunissaient sous la présidence du préteur, qui en dirigeait simplement les débats. Enfin l'appel au peuple, dans certaines affaires capitales, faisait intervenir le souverain au cœur même des choses judiciaires.

Les magistrats, représentant plus spécialement le pouvoir administratif, étaient, comme les consuls, nommés directement par le peuple ; la durée de leurs fonctions était très courte, limitée en général à un an. Pendant ce temps ils avaient un caractère presque sacré et ne couraient pas le danger, comme à Athènes, d'être déposés au cours de leur exercice; ils n'avaient pas à rendre compte, à tout moment, de leurs actes. Le respect des pouvoirs établis était un des éléments de la force du peuple romain et de la vitalité de sa constitution.

Quoique l'idée d'une hiérarchie effective fût à peu près étrangère à l'organisation des pouvoirs à Rome, les divers représentants de l'autorité publique avaient la possibilité de limiter, de modérer l'un par l'autre l'action de chacun : la dualité des charges, expédient assurément moins savant que notre moderne séparation des pouvoirs, tendait au même but : ne pas tout livrer à la même impulsion ; l'éventualité des conflits paraissait préférable à celle de l'arbitraire d'un seul. Le droit de *veto* des magistrats, leur droit d'*intercessio*, l'intervention des tribuns de la plèbe dans l'administration de la cité, étaient autant de garanties pratiques analogues à celles que les peuples modernes recherchent dans des combinaisons plus hautes (2).

Nous n'avons pas à rappeler que l'ordre régulier était brusquement interrompu ; que la cité, mise en présence d'un grand péril, se résignait à voir toutes ses libertés suspendues lorsqu'un dictateur prenait en mains la direction du gouvernement, ou lorsque le sénat avait poussé le cri d'alarme : *Caveant consules !*

Tandis qu'à Rome même régnait un savant équilibre entre les différentes forces politiques, dans les provinces,

---

(1) Parmi les nombreux magistrats de Rome, le censeur mérite une mention toute spéciale. Il avait une grande influence sur le mouvement législatif par son action sur la composition des comices et surtout du sénat.

(2) Sur l'influence de la dualité des magistratures, le *veto* et l'*intercessio*, v. notamment : Laboulaye, *Essai sur les lois criminelles des Romains concernant la responsabilité des magistrats*, et le travail de M. le Bⁿ Desazars, publié par la *Revue générale de Droit* sous le titre de *la Séparation des pouvoirs administratif et judiciaire, ses principes, ses origines, sa situation* (1877-1878-1879).

dès la période républicaine, la toute-puissance de l'État appartenait par délégation à un seul ; Montesquieu appelle les préteurs et les proconsuls les « pachas de la république ». De fait, ils cumulaient tous les emplois civils et militaires, ils réglaient même législativement le sort des populations auxquelles ils étaient préposés. Aucun monument ne permet de penser que le gouverneur, dans sa mission de juger, fût assisté de jurés; au-dessous de lui, il laissait statuer sur les matières peu graves, nous dirions volontiers « de simple police, » les justices municipales dont il recevait les appels. Contre ses propres jugements, il n'y avait qu'un recours possible devant les tribuns qui pouvaient arrêter par leur *veto* l'exécution de la sentence; mais il ne paraît pas que cette ressource suprême ait pu jamais avoir pour les justiciables un caractère très pratique.

Si nous avons réussi à extraire de la constitution de la république romaine tout se qui se rattache à notre sujet, nous sommes parvenus aussi à montrer que les Romains « qu'on ne peut jamais quitter (1) » avaient eu, sinon la notion scientifique, du moins le pressentiment pratique de la division des pouvoirs ; en nous arrêtant quelque temps dans cette recherche, nous espérons ne pas être accusé de digression inutile, puisque Montesquieu, notre illustre guide, a employé plusieurs chapitres (2) à étudier la distribution des pouvoirs à Rome.

A partir d'Auguste les choses changèrent du tout au tout : il usurpa avec une habileté digne d'être racontée par un Tacite (3) tous les attributs de la souveraineté. Il laissa aux empereurs, ses successeurs, la réalité du pouvoir

(1) *Esprit des Lois*, Liv. XI, chap. xiii.
(2) Ibid., Liv. XI.
(3) *Annales*, 1, 2, 8, 9.

absolu déguisée sous les apparences républicaines, et ceux-ci n'eurent qu'à secouer d'un coup de leur robuste épaule la vieille façade pour mettre au jour une constitution relativement durable, sous les fondations de laquelle les libertés traditionnelles étaient à tout jamais ensevelies.

Peu de faits dans l'histoire méritent autant de retenir l'attention que la facilité qu'eurent les doctrines absolutistes à s'établir dans le nouvel empire. Dès les premiers jours, les constitutions impériales furent la principale source de la législation, en attendant que toutes les autres eussent cessé de couler ; cette absorption par le prince, du pouvoir législatif, se fit graduellement, naturellement et sans soulever de protestation. Gaiüs écrivait déjà : *Constitutio principis est quod imperator, decreto vel edicto vel epistola, constituit; nec* unquam *dubitatum est quin id legis vicem obtineat, cum ipse imperator per legem imperium accipiat* (1).

Ainsi cette loi *de imperio*, cette loi *regia*, qui devait être votée à l'avènement de chaque empereur, lui transférait la plénitude de la souveraineté ; la préface du Digeste le dit d'ailleurs en toutes lettres : *Cum enim lege antiqua, quæ regia nuncupabatur, omne jus omnisque potestas populi romani in imperatoriam translata sunt potestatem* (2). Et Ulpien résume la théorie de la toute-puissance en ces termes : *Quod principi placuit, legis habet vigorem : utpote cum* lege regia, *quæ de imperio ejus lata est, populus ei et in eum omne suum imperium et potestatem conferat* (3). Il n'est guère possible de croire que cette loi *regia* fût autre chose qu'une vaine formalité ; elle était sans doute simulée, au début de chaque règne, par la

(1) Commentaires, I, n° 5.
(2) ff. Præfationes, § 7.
(3) *De Const. Princ.* L. I (ff).

comparution des trente licteurs qui représentaient les antiques curies.

L'empereur, ayant tous les pouvoirs, joignait à la législation l'exécution et la justice ; dans la pratique, il déléguait à ses agents cette double nature d'attributions, ne se réservant personnellement, à l'exemple des anciens consuls, que les jugements *extra ordinem* et les appels qui se confondent, à cette époque, avec les réclamations que porte tout administré spolié dans ses droits par un agent de l'autorité, devant l'administrateur hiérarchiquement plus élevé.

Les doctrines de l'empire n'étaient pas, en effet, de nature à obvier à la confusion de la justice et de l'administration ; l'empereur, qui était à la fois législateur presque unique, maître suprême du gouvernement, général en chef, grand juge, souverain pontife, Dieu même (1), se déchargeait à son gré sur tels ou tels fonctionnaires de l'écrasant fardeau de la toute-puissance : par le fait, à Rome, bien que le prince exerçât en général d'une manière effective le rôle de juge, l'autorité du préteur persista, le tribunal des centumvirs continua à être surchargé d'affaires ; dans les provinces, la justice resta intimement unie aux attributions politiques, mais participa, au point de vue de l'organisation, aux perfectionnements que reçut la machine administrative. L'administration impériale fut, en effet, une compensation aux libertés perdues ; et, pendant des siècles, les populations de l'empire qui ne paraissent pas avoir aspiré beaucoup à se gouverner elles-mêmes, tinrent peut-être cette compensation pour suffisante ; l'administration fut, tout au moins, vers la fin de l'empire , suivant la parole d'un éminent histo-

---

(1) V. de très intéressants développements donnés sur les honneurs religieux rendus aux empereurs romains par M. Fustel de Coulanges. (*Histoire des institutions politiques de l'ancienne France*, t. I, chap. II)

rien, « le chef-d'œuvre de la période de décadence. »

Il y avait, du reste, une raison spéciale, puisée dans le droit antique, d'après laquelle le pouvoir judiciaire devait suivre le pouvoir exécutif, c'est que chaque magistrat, en recevant une part d'*imperium*, recevait une part correspondante de *jurisdictio :* «*Imperium aut merum aut mixtum est : merum est imperium habere jus gladii ad animadvertendum in facinorosos homines; mixtum est imperium cui etiam jurisdictio inest, quod in danda bonorum possessione consistit* (1). »

Les gouverneurs de province, sous l'empire, rendaient d'ailleurs la justice avec quelques-unes des garanties dont, nous autres modernes, nous montrons à bon titre le plus jaloux : ils étaient entourés d'assesseurs, leurs audiences étaient publiques, ils prononçaient sur pièces et après plaidoiries, ils entendaient les témoins sous la foi du serment ; leurs jugements étaient susceptibles d'appel devant le préfet du prétoire, et, plus haut, devant l'empereur. Ils révisaient eux-mêmes les sentences de certains juges, qui s'intitulaient *judices pedanei* et qui n'ont laissé que des souvenirs assez obscurs.

Dans l'empire d'Orient, l'empereur cessa presque absolument de rendre la justice lui-même ; les appels portés devant lui furent soumis aux *scarœ cognitiones;* la hiérarchie judiciaire se compliqua, comprenant, de la base au faîte, les *defensores* et juridictions municipales, les *judices ordinarii*, les *præsides* ou gouverneurs de province, les *vicarii*, les préfets du prétoire.

Une distinction intéressante à notre point de vue, fut faite pour la première fois dans l'empire d'Orient, celle des emplois militaires et des emplois civils, dont le cumul cessa d'une manière générale.

(1) Ulpien, ff. II, 1, 2, 3.

Dès l'établissement de l'empire, le sénat s'était trouvé singulièrement amoindri ; par la suite, il demeura sous la main du prince comme un instrument docile et comme une expression traditionnelle, mais désormais vide de sens. Il ne fut plus que la doublure, l'obéissant collaborateur du *sacrum consistorium,* sorte de conseil d'État où donnait entrée la seule faveur du prince.

« On peut résumer en peu de mots, dit D. Serrigny (1), tout ce qui concerne le gouvernement et l'administration centrale civile et militaire. L'empereur possédait la plénitude des pouvoirs ; il faisait seul la loi, sauf à s'éclairer des lumières de son questeur et de son conseil d'Etat. Il la faisait exécuter par les voies administrative, judiciaire et militaire, sans qu'il y eût de résistance organisée pour contre-balancer son autorité. Tous les corps et les dignitaires ou fonctionnaires du gouvernement central n'étaient que de purs instruments de ses volontés : les sénateurs, les consuls, les patrices, les préteurs, les préfets du prétoire, le grand chambellan, le questeur, le maître des offices, les comtes du trésor public et du domaine privé, les maîtres de la milice, les comtes de la cavalerie et de l'infanterie du palais, n'avaient ni indépendance ni pouvoir propre. L'absolutisme était partout et dominait tout. »

Tel était cet Empire dont les plus grands jurisconsultes romains s'étaient faits les théoriciens, et dont les légistes de la Renaissance devaient essayer de ressusciter le prestige en faveur de la monarchie française luttant « pour l'existence » contre la féodalité.

C'était la négation ouverte de toute idée de séparation des pouvoirs, tandis que la république en avait porté dans sa

_____

(1) *Droit public et administratif romain,* t. Ier, ch. XVII, n° 127.

constitution le germe bienfaisant. Ne quittons pas l'antiquité sans rappeler que Polybe et Cicéron avaient compris
tout ce qu'un adroit partage de la puissance publique,
après avoir assuré à la constitution de Sparte une durée
qu'on peut bien dire exceptionnelle, donnait de sécurité
à la grande cité romaine. Cicéron, tout en ayant des préférences personnelles et non dissimulées pour la forme
monarchique, est un admirateur convaincu et passionné
de la république romaine, qu'il a tenu à faire proposer
comme modèle et comme point de repère par le Scipion
de sa *République* (1). Il termine son récit magistral des
révolutions ou plutôt du développement de la constitution romaine jusqu'à son temps par ce bel éloge de la
concorde qui suppose la réunion d'agents divers (2) :

« *Ut enim in fidibus aut tibiis, atque ut in cantu ipso
ac vocibus concentus est quidam tenendus ex distinctis
sonis, quem immutatum aut discrepantem aures eruditæ
ferre non possunt ; isque concentus ex dissimilarum vocum
moderatione, concors tamen efficitur et congruens ; sic ex
summis et infimis et mediis et interjectis ordinibus, ut
sonis, moderata ratione civitas consensu dissimilimorum
concinit : et quæ harmonia a musicis dicitur in cantu ea
est in civitate concordia, arctissimum atque optimum in
omni republica vinculum incolumitatis. ...* »

(1) L. II, n° 39.
(2) *De Re Publica* (L. II §, 42).

CHAPITRE VII.

LES GAULOIS.

Dans un travail historique sur le droit public et même sur le droit privé, c'est par un sentiment de solidarité nationale plutôt qu'en vue d'une utilité scientifique bien démontrée, qu'on se trouve amené à parler de nos ancêtres les Gaulois ; en tout cas, ce qui les touche est de nature à être relégué parmi les curiosités du passé, tant sont ténus et peu visibles les liens qui les rattachent aux institutions françaises (1). La Gaule a transmis à la France des aptitudes et un caractère national très persistant, malgré toutes les superpositions de races ; le type physique s'est également conservé dans les conditions d'une remarquable pureté. Mais c'est tout. Nos lois, nos mœurs nous viennent des Romains, des Germains, du contact de tous les peuples, notre religion et nos philosophies ont des origines faciles à préciser ; c'est en vain qu'on chercherait dans les matériaux de notre vie sociale et intellectuelle rien qui rappelât une tradition celtique.

Bornons-nous donc à constater rapidement comment les Gaulois, qui n'étaient pas étrangers, même avant la

(1) C'est en ce sens que M. de Valroger dit, comme épilogue d'un ouvrage récemment publié : « L'époque celtique n'est donc pas le vrai commencement de l'histoire du droit français ; elle n'en est que la préface. » (*Les Celtes, la Gaule celtique, étude critique*, Paris 1879.)

conquête romaine, à toute culture intellectuelle, avaient compris le problème du gouvernement.

On sait, principalement grâce aux *Commentaires* de César, que la Gaule indépendante était occupée par une foule de petits états indépendants les uns des autres, sauf des cas d'alliances ayant leur contre-partie dans des guerres fréquentes entre voisins. Ces états étaient cependant rattachés les uns aux autres par l'identité du culte et par l'autorité universellement reconnue du clergé druidique, dont l'intervention politique s'est mainte fois manifestée en faveur de la pacification. Outre cet ascendant moral, les druides empruntaient une grande puissance à un véritable droit d'excommunication, que la vivacité des croyances religieuses rendait terrible entre leurs mains. D'après César, c'était le plus grand châtiment connu en Gaule, il retranchait l'excommunié de la société, et était ainsi l'équivalent de la privation de l'eau et du feu pratiquée ailleurs.

Les druides, unis en corps par une forte hiérarchie, joignaient à leurs fonctions sacerdotales la majeure partie du pouvoir judiciaire. Les Gaulois partageaient avec d'autres peuples cette opinion, qui est loin d'être dépourvue de grandeur et de vérité, que la justice est d'essence divine (1) ; juger ou sacrifier, c'était pour eux un

_____

(1) « Certes, c'est une grande chose que de se trouver dépositaire du pouvoir social, et d'influer directement sur l'histoire et sur la destinée d'un peuple ; mais je ne sais si la charge du juge n'est pas encore plus sublime. Il est le seul, en ce monde, que les passions n'atteignent pas, et qui prononce sur tous les intérêts. Pendant que la société est emportée dans d'éternelles révolutions, il demeure impassible et infaillible. Il ne représente ni l'intérêt des particuliers, puisqu'il le contient dans ses limites, ni même celui de l'État, puisqu'il impose à l'État comme au dernier des citoyens le joug de la justice. Cette fonction d'exprimer au milieu des hommes les oracles du droit éternel constitue un véritable sacerdoce ; elle a, elle doit avoir un caractère religieux. » (J. Simon. *La Liberté politique.*)

acte religieux permis aux seuls ministres de la Divinité.

Sauf ces restrictions, la souveraineté de chaque état était entière dans les limites de son territoire ; des peuples habitant côte à côte vivaient sous les régimes politiques les plus divers, républiques, monarchies héréditaires ou électives, sénats consultatifs, magistratures annuelles, etc. Un trait était commun à toutes ces *civitates* : la constitution sociale y était partout profondément aristocratique et reposait sur l'esclavage. Sans cette dernière circonstance, les Gaules auraient constitué une exception unique dans l'antiquité.

Ainsi, les anciens Gaulois avaient les idées les plus variées, et sans doute les plus rudimentaires sur la distribution du pouvoir législatif et exécutif ; quant au pouvoir judiciaire, ils en faisaient l'accessoire de l'autorité religieuse (1).

Mais, encore une fois, tout ceci a disparu sans laisser de traces. Cherchons ailleurs les origines des gouvernements modernes et de nos idées politiques.

(1) Les notions qu'on possède sur ces choses sont si peu nombreuses que M. de Valroger a rempli un chapitre du livre visé plus haut, intitulé : *Constitution politique de la Gaule*, par un tableau des mœurs des Germains.

DEUXIÈME PARTIE

LA SÉPARATION DES POUVOIRS
DANS LES TEMPS MODERNES ET NOTAMMENT
DANS LA MONARCHIE FRANÇAISE

CHAPITRE VIII.

Pour avoir dit du gouvernement constitutionnel : « ce beau système a été trouvé dans les bois (1), » Montesquieu a encouru les sarcasmes de Voltaire et ceux de gens ayant infiniment moins d'esprit ; il n'avait cependant fait en cela qu'exprimer par une formule énergique une vérité que la critique historique la plus sévère devait consacrer après lui. C'est en vain qu'on torturera de toute manière les textes de Tacite, on n'arrivera jamais à donner le change à des lecteurs non prévenus sur les traits essentiels du droit public des Germains. Avant que leurs institutions se fussent altérées au contact de l'Occident envahi, elles offraient un mélange bien remarquable d'autorité et de liberté, une royauté semi-élective, semi-héréditaire, une aristocratie ouverte et sans privilèges écrasants, la participation du peuple entier à la direction des intérêts communs.

Ceux des Barbares qui ont peuplé l'empire romain où ils avaient pénétré, soit par infiltrations lentes, soit par flots irrésistibles, ont été facilement gagnés aux idées d'absolutisme politique; la nécessité d'agrandir et de défendre leurs conquêtes les poussa d'ailleurs à l'exagération du

(1) *Esprit des Lois,* Liv. XI, chap. VII.

principe d'autorité, qui est l'écueil de tout régime trop exclusivement militaire ; les usages de la monarchie mérovingienne, ceux mêmes plus perfectionnés de la monarchie carlovingienne, ne gardent pour ainsi dire plus de trace de ce qui faisait l'originalité et la dignité des aïeux francs. Mais les Barbares qui étaient établis dans la Grande-Bretagne, n'y éprouvaient ni de fortes ni de durables résistances et n'y étaient pas exposés à subir l'ascendant d'une population indigène avancée en civilisation ; aussi purent-ils conserver dans toute leur pureté leurs institutions, et ce sont bien celles-ci qui, sans l'intervention de presqu'aucun texte législatif, mais par un développement régulier et correspondant au progrès général des idées, sont devenues la constitution anglaise. Ce point serait désormais hors de doute, lors même qu'il n'aurait pas fait tout récemment l'objet, en Angleterre même, d'un intéressant travail, dû à la plume d'un publiciste assurément recommandable et sérieux, à qui on ne saurait reprocher que le ton un peu trop lyrique sur lequel son patriotisme aime à se produire (1).

Assurément, il ne faut rien exagérer. Voltaire fausse intentionnellement la pensée de Montesquieu, lorsque, pour avoir motif de le railler, il feint de supposer qu'il considère la Chambre des pairs, la Chambre des communes et les autres rouages de la constitution anglaise, comme ayant existé dans la « Forêt-Noire ». Il suffit qu'au lieu du régime patriarcal et absolu qui paraît avoir été celui de presque tous les peuples non civilisés, Tacite ait pu relever dans les mœurs des Germains de son temps les indices indiscutables de la participation du peuple aux mesures du gouvernement.

(1) Edward A. Freeman. *Le Développement de la Constitution anglaise* (traduit par M. Alexandre Dehaye).

Or, c'est là ce qui résulte non seulement des témoignages de Tacite, de César, de Strabon, mais des recherches dont ils avaient indiqué la direction et qui ont porté, en nos temps justement curieux des origines, sur l'état social de ceux qui devaient arracher à la première race latine le sceptre du monde. Quoique la multiplicité des peuplades, des unités nationales dût entraîner chez les Germains une grande diversité de coutumes, ils paraissent avoir été soumis en grande majorité à des constitutions monarchiques. Ils choisissaient leurs rois dans des familles déterminées, ou peut-être dans une seule qu'on croyait perpétuer le sang des dieux, et, dans la pratique, les choix populaires devaient vraisemblablement consacrer l'hérédité, ou à peu de chose près. Comment se refuser à voir là le germe de la royauté anglaise qui, en fait, est héréditaire, mais dans laquelle chaque prince, d'après l'esprit de la constitution, est réputé régner par délégation du parlement, c'est-à-dire de la nation? Le pouvoir du roi n'est ni illimité ni arbitraire : *nec regibus infinita aut libera potestas* (1). Les Germains ne souffraient pas l'oppression ; parmi eux, les Goths ont le gouvernement le plus autoritaire, mais ils ne vont pas jusqu'à supporter un maître : *Gothones regnantur, paulo jam adductiùs quam ceteræ Germanorum gentes, nondum tamen supra libertatem* (1). »

Autour de ce roi se groupait une noblesse nombreuse : le noyau en était formé par des familles dont l'ancienneté immémoriale les rattachait aux dieux et qui se confondaient comme dignité avec la famille régnante. Mais à ce groupe illustre venaient se réunir les compagnons du prince, les guerriers placés au premier rang par leur

---

(1) Tacite, *de Mor. Germ.* n° 7.
(2) N° 44.

valeur, qui, à leur tour, faisaient souche de nobles.
N'est-ce point encore là l'aristocratie ouverte qui fait la
grandeur de l'Angleterre et assure la perpétuité de son
gouvernement? Tandis que notre noblesse fermée, sortie
d'un régime féodal aveugle, s'est desséchée comme un
arbre dans lequel la sève s'est tarie et que doit briser le
premier vent d'orage.

Chez des peuples guerriers comme l'étaient les Germains, les magistrats sont remplacés par des chefs militaires. Ceux-ci sortaient bien du libre choix de leurs compagnons d'armes, qui ne se laissaient, en les désignant,
influencer par aucun prestige traditionnel, mais cherchaient seulement les plus braves : *duces ex virtute su-
munt* (1).

*De minoribus principes consultant, de majoribus
omnes* (2). Cette phrase tant de fois reproduite prouve
que les Germains faisaient dans le mode de gestion de
leurs affaires une division qui se retrouve dans tous les
gouvernements réguliers, et qui, au point de vue des
mesures générales à ordonner, est précisément la distinction du législatif et de l'exécutif ; c'est au peuple de faire
la loi par lui-même ou par ses représentants, c'est aux
conseils de la couronne, à l'administration, aux magistrats ou fonctionnaires qu'il appartient de rédiger les
règlements et de veiller aux détails de l'application. Partout la loi est complétée ou, dans de certaines limites,
suppléée par les décrets et les sénatusconsultes.

Quant aux séances en plein air dans lesquelles la foule
des guerriers prenait une résolution importante, le plus
souvent sur une campagne à entreprendre, Tacite en

(1) N° 7.
(2) N° 11.

décrit encore, dans son style bref et énergique, le fonctionnement et le cérémonial, rappelle qu'elles se tenaient
sous la présidence d'un prêtre, que l'assemblée était saisie
par les propositions des chefs, et il indique les manifestations imposantes qui tenaient lieu de votes pour ou contre:
M. Fustel de Coulanges (1) a animé ce tableau malheureusement si rapide : « Nous devons, dit-il, nous représenter ces assemblées partagées en deux groupes bien
distincts; dans une plaine, la foule des guerriers; sous
une tente ou sur un tertre élevé, le roi entouré des
prêtres, des chefs, de tous les grands. La petite assemblée a délibéré plusieurs jours à l'avance, et quand la
grande est enfin réunie, elle ne peut que marquer son
assentiment ou sa désapprobation. » Sauf les différences
tenant au génie national et surtout au degré de civilisation, c'est le sénat romain soumettant aux comices un
projet de loi, ce sont les cinq cents d'Athènes ou leur
délégation saisissant de quelque proposition d'un intérêt
capital le peuple réuni sur le Pnyx.

Les prêtres exerçaient sur le gouvernement une grande
action; ils y étaient mêlés par plus d'un point, comme
chez tous les peuples anciens, lors même que le caractère
sacerdotal et l'autorité du magistrat et du père de famille
n'étaient pas entièrement confondus. Nous avons vu que
leur participation au pouvoir législatif consistait dans la
convocation du peuple au « mall », à l'assemblée. Ils
détenaient, en outre, une portion de l'autorité judiciaire. Le
reste appartenait à l'assemblée populaire pour les grands
crimes passibles de la peine de mort, et pour les délits de
moindre importance à des chefs qui, dans les limites de
leur territoire, se transportaient dans quelques centres de

(1) *Inst. pol.* L. I, p. 839.

population et y tenaient des assises périodiques avec l'assistance d'une « centaine » (1) d'habitants de canton. C'est le principe même du jury, ou notre erreur est grande.

Il faut d'ailleurs ne pas perdre de vue que les Germains se faisaient de la justice et du droit une idée qui s'écarte sensiblement des notions modernes. Le désir de vengeance causé par tout préjudice était sanctionné par la coutume, considéré comme légitime, et c'est sans doute parce que la trahison, la lâcheté, l'impudicité honteuse (2) portent atteinte à la dignité, à l'honneur national lui-même que le conseil du peuple prononce la peine; mais les crimes privés, le meurtre par exemple, ouvrent entre le coupable et la famille de la victime une guerre privée, *fœda*, à laquelle la famille du meurtrier se trouve mêlée en vertu d'une solidarité imposée par les mœurs. La famille de la victime pouvait être satisfaite par le versement d'une certaine indemnité fixée d'avance pour tous les cas semblables, en sorte que le ministère du juge se bornait généralement à l'application d'un tarif de compensation. La société intervenait en prélevant sur ces dommages-intérêts ce que Tacite appelle la *pars mulctæ* et ce que d'autres auteurs nomment le *fredum*, sorte d'impôt de justice représentant confusément le droit de police de l'Etat.

Tel est le résumé très bref des institutions à la fois supérieures comme esprit et grossières comme fonctionnement de ces Barbares qui pressaient de toute part le peuple romain, leur proie prochaine, et que la Providence destinait à renouveler une race vieillie ; en quelques siècles, le mélange se fit si complet qu'on ne saurait vrai-

---

(1) N° 12.
(2) « ... *Corpore infames... mergunt.* » Tacite, *ibid.*

ment dire ce qui l'emporte dans la population française, du Celte, du Romain ou du Frank, et que si nous avons des antipathies nationales trop justifiées, c'est dans les faits historiques et non dans une séparation ethnologique bien tranchée qu'il faut en chercher l'origine.

Les Barbares, qui pénétrèrent si lentement dans les Gaules devenues romaines, y trouvèrent une population unifiée, très avancée en civilisation et dont les mœurs les avaient déjà gagnés. Ils subirent l'ascendant moral des vaincus, et le pouvoir politique des chefs franks, qui a longtemps coexisté avec le pouvoir politique impérial, se modela sur celui-ci. Les conquêtes de la Grande-Bretagne par les Saxons, les Danois, les Normands eurent un tout autre caractère. Les Romains n'avaient pas réussi à s'installer dans tout le pays, leurs établissement y avaient été précaires, la population autochtone avait été par eux soumise, mais non assimilée, et elle avait moins d'affinités avec eux qu'avec leurs successeurs. Aussi le droit public germanique s'établit-il sans résistance sur le sol de l'Angleterre ; il s'y développa, y porta ses plus beaux fruits, tandis que l'évolution historique de l'Allemagne, berceau de la liberté, la ramenait à des régimes dans lesquels la force prime le droit. Montesquieu avait raison de dire que la constitution anglaise était née dans les forêts d'outre-Rhin. Détachée du rameau qui l'avait produite, elle est venue s'échouer sur les côtes de la Grande-Bretagne, comme une de ces semences fécondes qui sont longtemps le jouet des éléments, avant d'être déposées par eux sur un sol favorable qu'elles doivent pénétrer de leurs racines et ombrager plus tard d'une puissante et luxuriante frondaison.

CHAPITRE IX.

LES DYNASTIES MÉROVINGIENNE ET CARLOVINGIENNE.

Les bandes barbares étaient établies depuis longtemps sur nombre de points de l'empire, que les empereurs romains conservaient encore une autorité nominale sur les populations, qui en réalité subissaient le joug des envahisseurs ; il y eut comme un partage consenti de la souveraineté, jusqu'à ce que Rome elle-même tombât sous les coups de ses obligés : « Cette situation, dit M. Guizot (1), était à peu près la même que celle des chefs de Tartares errants dans l'empire russe, élus par les hommes de leur tribu, recevant un titre et une certaine juridiction de l'empereur de Russie, conservant leur vie indépendante, et tenus en même temps à un service militaire et à quelques tributs en fourrures. Après la chute de l'empire romain, les rois barbares continuèrent à accepter en quelque sorte la suprématie des empereurs d'Orient, et tout le monde sait avec quel empressement les premiers rois francs se paraient des titres honorifiques qu'il plaisait au gouvernement de Byzance de leur concéder. Ce n'était pas simple coquetterie de sauvages demandant à la civilisation du clinquant et des oripeaux ; c'était aussi pour eux, il faut le croire,

_____

(1) *Histoire des Origines du gouvernement représentatif en Europe,* t. I, 8ᵉ leçon.

un moyen de prendre sur les populations gallo-romaines un ascendant que rien ne préparait, sinon la force ; or, sans réveiller les antiques querelles de l'abbé Dubos et de Boulainvilliers, sans en revenir aux théories de Mlle de Lezardière et de M. de Montlosier, on ne peut se dispenser de rappeler ici que la science moderne paraît avoir concilié les opinions extrêmes sur les caractères de la conquête de la Gaule par les Franks. *In utrumque tene,* c'est la devise même de la vérité historique : les Gallo-Romains furent réellement soumis, ils le furent par le fait avant la date officielle assignée à la conquête franque ; le droit pénal des Franks, considérant le Gallo-Romain comme *debilior persona,* protégeant moins sévèrement sa vie que celle d'un Barbare, marque nettement la séparation des vainqueurs et des vaincus. Mais cette séparation dura moins longtemps que ne l'aurait comporté une conquête cruelle, la réduction en servitude de tous les défavorisés de la lutte. A l'époque carlovingienne, il n'y a plus de traces d'inégalités de races, au moins dans le droit public ; on ne voit plus que des inégalités de classes, et dans la nouvelle aristocratie, d'où devait sortir le corps féodal, les Gallo-Romains eurent leur place ; ce qui réduit à néant les systèmes complaisants d'après lesquels la noblesse française et la roture auraient représenté des races différentes.

Nul doute que ce travail d'unification rapide n'ait été aidé par les progrès du christianisme ; celui-ci, par le caractère territorial de sa diffusion et par l'universalité de sa doctrine, créait entre les hommes un lien pour la formation duquel la contiguité géographique, la communauté de la vie sprituelle avaient plus d'importance que les traditions de race.

Aussi les rois franks cherchèrent-ils de ce côté encore

une colonne pour leur puissance ; ils s'appuyèrent sur l'Eglise, comme l'Eglise s'appuya sur eux ; dans les luttes de Clovis contre les Visigoths et les Burgondes, on ne sait quel sentiment l'emporte, la soif des conquêtes ou la haine des Ariens. Les Francs furent véritablement l'épée du christianisme : *Gesta Dei per Francos.* L'épiscopat sut reconnaître les services rendus en aidant, en facilitant, en adoucissant l'établissement politique des Franks ; c'est en ce sens que Gibbon a pu dire que la monarchie franke a été fondée par les évêques (1).

Le couronnement de l'empereur Charlemagne par le pape marque l'apogée de cette alliance intime de l'Eglise et du pouvoir politique, qui, pour avoir été poussée trop loin, devait produire des suites funestes, comme tout ce qui est contre nature. L'immense querelle des investitures, la plupart des luttes du moyen-âge, quelques-unes des agitations modernes et même contemporaines, ont leur origine dans ces profondeurs de l'histoire.

L'état politique de la monarchie française sous les deux premières races est la résultante de deux forces opposées : les traditions germaniques avec leur caractère libéral, les tendances absolutistes des rois qui cédaient facilement aux exemples de l'Empire ; ils se conformaient également, en exagérant leur puissance, à la nature de leur autorité, qui restait presque exclusivement militaire et s'étendait d'une manière disproportionnée avec les conditions des anciennes peuplades germaines. Ils obéissaient encore, comme l'a si bien montré M. Guizot (2), à un besoin de centralisation qui était le plus urgent que ressentît cette grande agrégation, encore si peu cohérente, d'éléments

(1) A rapprocher de la fameuse déclaration des hauts barons : « Ce ne sont pas les évêques avec leurs mômeries, etc. »
(2) *Op. cit°*, Leçon XI.

disparates. Ils poursuivaient l'unité, en dépit de causes de dissolution qui devaient finir par l'emporter.

L'une des plus graves était le partage du royaume, à la mort du roi, entre ses divers enfants mâles ; cette coutume a ensanglanté toute la première partie du moyen-âge, a arrêté la formation de la nation, réduit le génie de Charlemagne à produire des fruits éphémères et engendré la féodalité. Elle avait sa cause dans un faux point de vue, qui faisait considérer le pouvoir royal comme une sorte de propriété, comme un patrimoine ordinaire susceptible de division ; or, il faut le rappeler, le pouvoir royal, après l'établissement des Franks en Gaule, tout en restant électif en droit, était devenu héréditaire en fait dans la famille de Mérovée. Au sacre de Pépin le Bref, le peuple abdiqua ses droits anciens et jura de ne pas prendre de roi en dehors de la famille carlovingienne.

On voit bien les Mérovingiens tenir de grandes assises aux champs de Mars et de Mai ; l'archevêque Hincmar nous apprend bien que Charlemagne convoquait deux assemblées, l'une au printemps, l'autre en automne ; mais il faudrait tout l'enthousiasme peu éclairé d'un François Hotman (1) pour considérer ces réunions presqu'exclusivement militaires comme la manifestation d'un véritable gouvernement représentatif. continuant le *mallum* germanique et préparant les états-généraux. L'édit de Piste, qui remonte à Charles le Chauve, rappelle bien ce grand principe : *Lex populi consensu fit et constitutione regis*, mais ce n'est là qu'un hommage peut-être inconscient rendu à des usages disparus. En réalité, les Mérovingiens ont tendu, comme devaient le faire leurs successeurs immédiats, à continuer les empereurs romains ;

----

(1) *Franco-Gallia*, passim.

leurs actes législatifs conservèrent les titres d'édits, de décrets, de constitutions ; c'est à la longue seulement que l'expression *capitulaire* se généralisa. Leur volonté était la loi même, et rien n'indique qu'elle ait jamais éprouvé de résistance fondée sur le droit populaire ; tout au plus les capitulaires mentionnent-ils quelquefois la collaboration des grands, des leudes, qui ne sont d'ailleurs que des fonctionnaires royaux.

Les Mérovingiens, ayant laissé tomber l'exercice du pouvoir entre les mains des maires du palais, furent détrônés par ceux-ci. « Il valait mieux, dit un chroniqueur du temps, avoir pour roi celui qui avait la force (1). » Les Carlovingiens ne songèrent qu'à exercer la puissance souveraine avec plus de vigueur que leurs devanciers ; ils ne changèrent point la nature du gouvernement, et quand la couronne impériale fut posée sur la tête de Charlemagne, ce prince illustre personnifia les traditions gouvernementales de Rome.

Quant aux champs de Mars et de Mai, — et cela est vrai pour la seconde race comme pour la première, — le régime militaire d'alors n'était autre que la nation armée, et il paraît acquis à la science que ces réunions étaient presque toujours des concentrations de troupes, des revues générales passées au retour de la belle saison, et préludant le plus souvent à quelque expédition de guerre. C'était aussi l'occasion pour les chefs de famille d'apporter au maître les dons volontaires qui, avec les frais de justice, alimentaient pour la plus grosse part le trésor royal. Il est toutefois très croyable que les rois, et surtout celui d'entre eux qui eut les vues les plus hautes et le cœur le plus doux,

_____

(1) V. Fustel de Coulanges. *Le Gouvernement de Charlemagne* (Revue des Deux Mondes, 1er janvier 1876).

Charlemagne, profitaient des champs de Mai pour se rendre
compte des intérêts des populations, et préparer, après avoir
consulté les représentants de celles-ci, les mesures législatives
ou administratives jugées utiles ; mais il est prudent de
ne pas attribuer à la nation une participation plus active
dans les affaires de l'Etat. Il résulte d'ailleurs clairement
des récits de l'archevêque Hincmar et d'autres documents, qu'en ce qui concerne personnellement le grand
empereur, des deux assemblées qu'il continuait à tenir
chaque année pour obéir à la tradition, la première, celle
du printemps, ne comprenait que des personnages éminents, ecclésiastiques et laïques, assistés de *scabini,* sorte
de notables qui personnifient vaguement les origines du
gouvernement représentatif. Dans la seconde, dont l'objet
principal était pour le souverain de recevoir les dons populaires, quoique la nation entière fût convoquée, la délibération était restreinte dans un seul groupe composé en
grande majorité des officiers de cour ou de fonctionnaires
à la dévotion du prince.

Les capitulaires portaient aussi bien sur les matières
que nous appellerions administratives que sur celles que
nous nommerions législatives. La distinction ne s'est fait
jour qu'au bout de bien des siècles. Ils se ressentaient
aussi de la confusion entre les pouvoirs spirituel et temporel : les choses civiles et ecclésiastiques y sont mêlées,
comme elles le sont du reste dans les actes des conciles du
temps. Ils furent sous les deux premières races la seule
source du droit ; les règles qu'ils posèrent furent obligatoires pour les populations, au même titre que les coutumes germaniques et les textes encore en vigueur du
droit romain. Mais tandis que chaque sujet obéissait à sa
loi personnelle d'après sa nationalité, les capitulaires s'imposaient, sauf exception, à tous les résidents ; ce fut un

premier passage à la territorialité du droit, la substitution de la *ratio loci* à la *ratio personæ*, l'agent énergique de la fusion des races.

Les Carlovingiens, de même que les représentants de la dynastie précédente, étaient considérés sans difficulté aucune comme investis de la plénitude du pouvoir judiciaire, toute justice émanait d'eux. Dans la pratique, le roi se réservait la connaissance des causes intéressant les évêques, les personnes élevées en dignité (*potentiores*) ; il siégeait entouré de sa cour de justice, qui comprenait un grand nombre de hauts dignitaires revêtus des charges de sa maison ou de la direction de certaines branches du service public; c'était une sorte d'assemblée consultative pour l'administration et pour la justice, dans laquelle Henrion de Pansey a vu avec raison l'origine première du Conseil d'Etat (1).

La justice était rendue au peuple au nom du roi, par les fonctionnaires mêmes chargés de l'administration ; c'est toujours l'idée romaine de l'*imperium*. Ils étaient délégués du roi et révocables par lui *ad nutum*. C'étaient, à partir du plus bas degré de l'échelle, les centeniers, les vicomtes, viguiers ou vicaires, les comtes, véritables gouverneurs de province, et enfin les ducs qui, dans certaines parties seulement de l'empire, étaient superposés au comte et commandaient à de vastes régions. Subordonnés les uns aux autres en tant qu'administrateurs, ces différents officiers royaux, chose remarquable, ne l'étaient pas en tant que juges ; chacun avait sa juridiction réglée d'après le territoire, l'importance des affaires et la qualité des parties. En principe, les jugements prononcés étaient définitifs. Les *missi dominici*, inspecteurs généraux per-

---

(1) *De l'Autorité judiciaire.* Introduction, chap. II.

manents des services publics, pouvaient seuls les modifier, bien plutôt dans un intérêt administratif que pour faire droit aux réclamations des parties. Enfin, un jugement considéré comme inique pouvait être déféré à la cour du roi. Mais il ne faudrait voir là rien d'analogue à l'appel tel que nous le comprenons. On se rapproche davantage de la vérité en considérant l'exercice de cette faculté comme une prise à partie du premier juge pour déni de justice (1). L'appel suppose deux juridictions bien distinctes l'une de l'autre. Or, sous les deux premières races, le roi était réputé juger toutes les causes; on ne pouvait donc que solliciter du roi, mieux informé, le redressement d'une décision surprise à la mauvaise foi ou à l'ignorance d'un intermédiaire indigne.

Le centenier, pas plus que le comte, ne jugeait seul; l'un et l'autre, lorsqu'ils tenaient leur mall, qu'ils occupaient leur tribunal, étaient entourés de conseillers, *scabini*, ou échevins, qui étaient comme eux des fonctionnaires dépendants, à la nomination des *missi dominici*.

La justice royale, organisée ainsi qu'il vient d'être dit, avait d'abord une compétence universelle. En toute matière, elle appliquait les capitulaires, en droit civil les lois barbares ou le droit romain, suivant la nationalité des parties. En droit pénal, elle fixait le taux des compositions pour les délits privés, prononçait l'amende, la confiscation, le bannissement, la peine de mort, pour les crimes considérés comme attentatoires à l'ordre public, et recourait peut-être, à l'égard des Gallo-Romains, à quelques pénalités romaines qui avaient survécu dans l'usage.

Mais l'autorité royale voyait grandir près d'elle et de

_____

(1) M. de Valroger, à son cours (1871-72).

son consentement, la juridiction ecclésiastique qui devait prendre un si prodigieux développement, et exercer sur le moyen-âge une action bienfaisante que nous sommes loin de contester. Elle n'en avait pas moins son fonde-ment dans une confusion grossière, celle du temporel avec le spirituel; elle servit d'atténuation à une confusion plus grave encore, celle de l'autorité publique avec la propriété, qui domine toute la féodalité et l'ex-plique.

Contemporaine des persécutions, cette juridiction n'avait eu d'abord d'autre caractère que celui d'un arbi-trage confié aux évêques par des coreligionnaires qui, en se présentant devant le préteur, auraient eu à redouter un déni de justice, ou même les supplices si souvent infligés à leurs frères dans la foi. Les empereurs chrétiens accordèrent à l'exécution de ces sentences arbitrales le secours du bras séculier. Considéré sous la monarchie franke comme constituant une catégorie tout à fait à part de la population, le clergé conserva facilement son droit et sa justice spéciale, dans un milieu où était reconnu le principe de la personnalité des lois. Ce n'est point ici le lieu de rappeler combien par la suite, et surtout à l'époque féodale, elle prit d'extension tant *ratione personæ* que *ratione materiæ*.

Ce n'est pas seulement en rendant la justice que le clergé pénétrait dans la sphère réservée par la nature des choses à l'autorité séculière; il ne tarda pas à prétendre à avoir la haute main sur le pouvoir politique : pour ne pas dépasser les temps que nous étudions, on se souvient que Louis le Germanique fut déposé par des évêques qui délièrent ses sujets de la fidélité; que d'autres évêques rendirent à Charles le Chauve le trône d'où le mécon-tentement populaire l'avait chassé; par la suite, les papes devaient aller bien plus loin, et s'imposer comme les dispensateurs de toute puissance en ce monde.

La royauté franke renfermait dans sa constitution même des germes de corruption que rien ne pouvait étouffer ; « l'empire des Carolingiens était né pour passer vite (1), » et, en s'effondrant dans l'anarchie, il entraîna avec lui l'idée de la souveraineté ; il laissa la place à un régime plein de vitalité, singulier autant que nécessaire, car la féodalité était une conséquence logique du passé ; elle se trouva fondée par la force des choses sur un terrain préparé par une organisation de la propriété qui n'avait qu'un pas à faire pour aboutir au fief et à la censive, et par un état social d'où sortirent tout naturellement le servage et la vassalité.

----

(1) Aug. Thierry. *Considérations sur l'histoire de France*, en tête des *Études mérovingiennes*, p. 106.

CHAPITRE X.

LA FÉODALITÉ.

En partant, en 877, au secours du pape menacé par les Sarrazins, Charles le Chauve signa, en quelque sorte, l'abdication de la monarchie. Le capitulaire de Kiersy peut, en effet, être considéré comme la charte primitive de la féodalité en France. Non seulement les officiers de la couronne chargés de gouverner les provinces, les titulaires de bénéfices, les seigneurs, en un mot, obtinrent le droit de construire des châteaux-forts qui devaient leur servir à soutenir la lutte plutôt contre le pouvoir légitime que contre l'ennemi étranger, mais l'hérédité des offices se trouva consacrée. Non pas qu'elle fût clairement définie en règle de droit par ce document célèbre, mais par là même que le roi, que l'empereur décide que tout comté venant à vaquer par décès du titulaire recevra un administrateur provisoire, jusqu'à ce que lui, souverain, ait pu reconnaître si le fils du défunt est digne d'être investi de l'office, l'hérédité est reconnue comme un usage qui va bientôt s'universaliser : par une véritable interversion de titre, les comtes, les ducs, vont exercer pour leur propre compte l'autorité qu'ils tenaient du prince. Ce qui se passait entre le roi et ses officiers se reproduira entre ceux-ci et leurs lieutenants, vicomtes ou viguiers, et voilà la France couverte de *seigneuries titrées* qui ne conservent plus de l'ancienne subordination entre elles et à l'égard de la couronne qu'un lien *sui generis*, le lien féodal bientôt confondu avec les servitudes résultant de la hiérarchie des terres. Dans les mailles de ce réseau déjà si serré, les chartes d'immunité créèrent une foule de seigneuries inférieures, les justices seigneuriales, et la liberté du sol, aussi bien que la liberté des individus, devint si rare qu'une des maximes de vieux droit coutumier fut : nulle terre sans seigneur.

Dans le régime féodal, l'unité, la « monade, » ce qu'il faut avant tout considérer et comprendre, c'est le fief : le seigneur y est maître de la terre, il y a la seigneurie directe, il est en même temps souverain des hommes qui y habitent, il exerce sur eux tous les droits qui se rattachent à la souveraineté, sans aucun recours : « Entre toi, vilain, et ton seigneur, il n'y a de juge fors Dieu. » Dire que le seigneur était souverain, ce n'est même pas assez, il avait sur la population serve presque les droits d'un propriétaire ; comme le dit Chantereau-Lefèvre, « la féodalité mit les esclaves en liberté et les libres en servitude. » De toute part, les hommes libres, poussés par le besoin de protection universel dans l'anarchie sanglante qui marque les règnes des derniers Carlovingiens, vinrent se mettre à l'abri sous les hautes tours d'un castel; elles échangeaient, dans leur misère, la liberté contre la sécurité.

Mais si le pouvoir du seigneur n'avait en bas aucune limite, il en avait en haut : il était lui-même sous la dépendance d'un autre suzerain, à l'égard duquel il était tenu d'obligations étroites. Celui-ci avait lui-même un suzerain plus élevé, et ainsi de suite, avec un nombre de degrés très variable, jusqu'au suzerain des suzerains, jusqu'au roi de France, le « grand fieffeux ».

Ce qui rattachait toute cette hiérarchie, c'était la foi

et l'hommage, c'est-à-dire la reconnaissance du principe
même de la subordination de tout seigneur à l'égard
de son suzerain ; les services nobles, dus comme conséquences de la foi et de l'hommage, étaient le service
militaire, les subsides et le devoir de figurer dans la cour
de justice du suzerain.

Ce que le roi gardait d'autorité comme suzerain était
bien éloigné sans doute du caractère de l'autorité du
prince sous un régime réellement monarchique ; sa souveraineté, sa seigneurie directe en était venue à presque
rien. Les derniers Carlovingiens n'avaient plus que la
ville de Laon. Les Capétiens devaient commencer avec le
duché de France. Aussi l'impuissance royale était-elle
arrivée à un point que les rois fainéants de la première race
eux-mêmes n'avaient pas connu.

Toutes ces choses ont été décrites cent fois, et cent fois
mieux que nous ne saurions le faire ; mais il fallait bien les
rappeler dans une étude qui, au fond, a pour objet le sort
de la souveraineté dans les différentes périodes de notre
histoire.

Le pouvoir monarchique n'était donc plus qu'une
ombre vaine ; il était réduit à chercher en dehors de lui-
même un moyen d'action sur les évènements du temps ;
le dernier acte législatif des Carlovingiens, un capitulaire
de 884, offre un saisissant tableau de la France à cette
époque : la violence et l'oppression règnent partout, il n'y
a de sécurité ni pour les personnes ni pour les biens, et un
émouvant appel est fait à l'Eglise, la seule force modératrice
existante, pour qu'elle arrête le débordement des crimes.

C'est que la souveraineté des seigneurs à l'intérieur de
leurs fiefs comprenait le droit de guerre privée, qui fut le
plus grand fléau de la féodalité, et qui (est-il besoin de le
répéter?) avait de profondes racines dans les traditions

d'un peuple où l'élément germanique a été certainement prépondérant un moment, sinon dans le sang, du moins dans les mœurs.

Or les mœurs et les lois, il n'est sans doute pas hors de propos de le faire remarquer de nouveau, se confondirent pendant plusieurs siècles dans notre pays comme dans beaucoup d'autres. On peut dire que pendant la longue éclipse que subit la royauté, le pouvoir législatif cessa de fonctionner. Le pays ne connut plus qu'une règle fixe, la tradition, la coutume, ce qui était un grand bien au milieu de grands maux, car sans l'attachement de la noblesse et du peuple au vieux droit, qui donnait du moins à la société une base solide, elle se fût dissoute comme un monceau de sable éparpillé par la tempête.

Quant au pouvoir exécutif, ou du moins quant à l'ensemble d'attributions que nous entendons aujourd'hui par ce mot, il était entre les mains du seigneur qui, en dehors des services dus à son souverain, agissait et gouvernait à sa guise. Ce point fixé, peu importent les détails de l'administration intérieure des fiefs ; elle avait cependant ceci de remarquable, qu'elle suivait presque partout un modèle uniforme ; dans les grands fiefs, à l'époque du plein épanouissement du régime féodal, on voit les baillis ou sénéchaux surveillant des prévôts qui remplissent des fonctions à la fois militaires, financières, de police et judiciaires. Près du haut seigneur, sa cour est à la fois tribunal suprême, cour des comptes et conseil d'Etat, en même temps qu'elle reste le pâle reflet de la Représentation nationale. C'était à tous les degrés une confusion de compétences des plus complètes.

Au milieu de ces obscurités, il y a toutefois un point qu'il importe de fixer : c'est l'idée que le régime féodal se faisait de la justice.

Il fallut les longs et opiniâtres efforts des légistes, l'énergie des rois de France marchant à la conquête de leur couronne perdue, pour que la justice fût de nouveau considérée comme un attribut de la souveraineté.

Pendant des siècles, elle resta inféodée, elle fut l'accessoire de la propriété noble. Cet état de choses s'était établi par deux voies : d'abord la noblesse titrée, les grands officiers devenus seigneurs héréditaires et leurs représentants exercèrent la justice en vertu de leur ancienne délégation dont le caractère s'était perdu dans l'ignorance du moyen-âge ; le principe des autres justices seigneuriales, des plus nombreuses, se trouve dans les chartes d'immunité délivrées, comme Marculphe en donne des exemples, par les Mérovingiens eux-mêmes à des membres de l'aristocratie laïque et surtout à des abbayes. Ces chartes n'impliquaient d'abord qu'une exemption d'impôts, puis elles portèrent délégation des droits du fisc, à l'exclusion des officiers royaux, sur un certain territoire ; par suite, les immunistes percevaient les amendes pour violation de ban, les compositions pénales ; de là à s'emparer de la justice elle-même la transition fut facile, grâce au chaos des évènements et à l'absence de toute donnée théorique au début du régime féodal.

D'autre part, Montesquieu fait très bien voir (1) l'importance de l'antique *fredum*, ou composition pénale sur le développement des justices seigneuriales. Ce *fredum* n'était pour les ancêtres germains que le paiement de la protection accordée au coupable contre le droit de vengeance de la famille de la victime ; n'était-il pas tout simple, dès lors, que le *fredum* se payât entre les mains de celui qui avait la puissance de protéger ? Voici les pou-

---

(1) *Op. cit*°, Liv. XXX, chap. xx.

voirs militaire et judiciaire indissolublement liés jusqu'à la rénovation totale des idées.

Le droit appliqué, à l'origine, par les juridictions seigneuriales était fort simple : dans presque toutes les affaires contradictoires, on s'en remettait, pour discerner de quel côté étaient les prétentions fondées, de quel côté l'imposture, au jugement de Dieu, au duel judiciaire. Malgré les protestations de l'Eglise, malgré des tentatives de réformes dont la plus ancienne remonte à Luitprand, roi des Lombards, ce vieil usage germanique, puisant dans les mœurs nationales une vitalité puissante, persista chez nos pères à travers les deux premières races et tint lieu, pendant les premiers siècles du régime féodal, de code civil et de code de procédure.

Les justiciables, fuyant ces apparences grossières et trompeuses de la justice, se réfugiaient devant les tribunaux ecclésiastiques et y cherchaient les garanties résultant aussi bien du droit appliqué, fondé sur les canons des conciles, les décrétales et le droit romain, que des lumières des juges et de la procédure suivie, laquelle, étant conforme à la justice et à l'équité, formait le plus éclatant contraste avec les usages sanglants et absurdes de la juridiction séculière. Aussi tout le monde se faisait-il tonsurer pour bénéficier des avantages de la justice ecclésiastique (1).

Le grand fait qui donne à la fin du moyen-âge une physionomie si nouvelle, l'émancipation des communes, apporta dans l'organisation judiciaire un élément de diversité de plus, les justices municipales ; que les villes dussent leur affranchissement à une insurrection heureuse, à une charte bénévolement octroyée ou plus souvent achetée à beaux deniers sonnants, elles consentirent rarement à

(1) L'abbé Fleury. 7ᵉ discours sur l'Histoire universelle.

rester soumises à l'autorité judiciaire du prévôt, du seigneur ou du roi. Le droit de juger leurs propres habitants fut une partie intégrante de leur autonomie. Les conditions de l'exercice de ce droit, son plus ou moins d'étendue, la compétence territoriale, les recours ouverts, tous ces points étaient réglés dans l'acte d'affranchissement et variaient à l'infini. Le seul trait commun à toutes les villes municipales, c'était l'élection des magistrats sans intervention de l'ancien seigneur.

A l'avènement de la troisième race, la royauté n'était qu'un titre. Hugues Capet apportait son duché. Dans les autres pays sur lesquels l'assemblée de Noyon, en l'élisant roi, lui avait conféré la suzeraineté suprême, le gouvernement était l'accessoire de la propriété territoriale, la justice était partagée entre celle-ci, l'Église et les communes. Ses successeurs, pour la lutte séculaire qu'ils devaient engager en vue de conquérir la souveraineté ainsi usurpée de toute part, trouvèrent un point d'appui solide dans le principe de l'indivisibilité de la couronne.

Les carlovingiens avaient été appelés au trône en vertu de la vieille tradition germanique d'après laquelle la dignité royale était, non pas héréditaire, mais élective.

La race capétienne inaugura un autre principe : le fils aîné du roi était associé à son gouvernement et lui succédait à sa mort. La monarchie devenait à la fois indivisible et fermement héréditaire, c'est-à-dire qu'elle réunissait les conditions nécessaires pour montrer de l'esprit de suite ; elle en montra en effet, c'est ce qui l'a sauvée et la France avec elle.

Cette assemblée de Noyon qui renverse une dynastie et en fait surgir une autre est un vestige des anciennes assemblées nationales ; elles ont commencé par comprendre tout le peuple, elles n'ont plus été composées ensuite que des grands de la nation, enfin elles se réduisent à quelques nobles et à quelques prélats. Il n'y aura plus, jusqu'aux premières réunions des états généraux, que des assemblées de barons, qui peuvent être négligées dans la recherche de l'origine de nos institutions parlementaires, sans grand dommage pour l'histoire.

CHAPITRE XI.

C'est généralement au milieu du xvᵉ siècle qu'on fait commencer la lumineuse époque de la renaissance, et c'est avec raison lorsqu'il s'agit des arts et des lettres. La renaissance du droit, qui a préparé l'autre, a commencé près de deux siècles plus tôt. Le règne de saint Louis en indique sinon l'apogée, du moins la période brillante : ce prince illustre a laissé la France grande ; à vrai dire, bien du terrain gagné a été reperdu, le « roi de Bourges » à son tour, vit devant lui tout son royaume à conquérir ; mais ce qui ne devait pas périr, c'étaient les principes que les légistes puisaient dans les textes du droit romain, ensevelis avant eux sous les ruines qui encombrent le moyen-âge ; ces principes devaient assurer le triomphe et la grandeur de la monarchie, et ne céder que lorsqu'une nouvelle évolution de l'esprit humain aurait montré que la souveraineté réside en réalité dans la nation, qu'elle ne peut être exercée que par sa délégation et sous son contrôle.

Comment s'effectua cette œuvre immense de la dynastie capétienne, qu'on ne doit appeler ni plus ni moins que la création de l'unité nationale? Les évènements militaires d'abord, les traités, les mariages augmentèrent la surface des pays d'*obéissance le roi*, de ceux que la couronne gouvernait directement et réellement ; le jeu même des institutions féodales concourait à l'agrandissement du royaume : chaque fois, en effet, que la famille d'un grand vassal venait à s'éteindre, le fief faisait retour au roi qui le recueillait comme suzerain et se gardait d'en faire une concession nouvelle (1).

Mais l'agrandissement territorial n'était qu'un des côtés de la question : le plus important, peut-être, était la centralisation du pouvoir, le rappel à la couronne des droits que la doctrine du temps, tout imprégnée de jurisprudence romaine, qualifiait avec vérité de *régaliens*. Le roi de France voulait être « empereur en son royaume » ; il avait à reprendre par lambeaux le pouvoir monarchique, dont la meilleure part était aux mains de l'aristocratie, des communes et de l'Église.

C'est par la justice que l'entreprise fut commencée, et c'est surtout par la justice que les légistes s'attachèrent à recouvrer tout le reste.

Il faut dire que, même du temps où le duel judiciaire était le plus généralement en faveur, il arrivait parfois que certaines causes fussent jugées sur des dépositions de témoins ou selon une jurisprudence grossière née de plusieurs décisions conformes de la même cour ; cette manière plus rationnelle de décider envahit lentement « l'arène » judiciaire, et les beaux ouvrages de Beaumanoir et de P. Défontaines ne sont en réalité que des recueils de pratique judiciaire ; nul doute, du reste, que ces usages n'aient eu la plus grande influence sur la formation des coutumes et n'aient aidé puissamment au passage de la personnalité à

(1) Ce qui distinguait le roi de France de l'empereur d'Allemagne. Quand un fief faisait retour à celui ci, il était tenu par la constitution (coutumière sans doute comme les lois ordinaires) de le concéder de nouveau et immédiatement.

la territorialité des lois. Mais cette modification graduelle dans l'exercice de la justice augmentait le prix de la science et du temps ; aussi les seigneurs se déchargèrent-ils de la plus grande partie des affaires : ils furent obligés de conserver les causes des nobles, qui devaient être jugés directement par leur suzerain et leurs pairs ; mais les causes des roturiers passèrent de plus en plus, dans chaque fief, aux prévôts, qui siégeaient entourés de *prud'hommes* et devinrent rapidement assez indépendants de leur seigneur, parce que leurs charges, ayant d'ailleurs un caractère principalement fiscal, ne tardèrent pas à s'affermer (1).

Voilà donc l'ennemi, c'est-à-dire l'homme de loi, le légiste, introduit au centre même de la citadelle féodale et tendant une main secourable à ceux qui en commençaient l'investissement.

Dans la justice royale, les légistes, favorisés par le prince, avaient pénétré en foule avant même le célèbre « établissement » par lequel saint Louis abolit le duel judiciaire dans le territoire encore assez restreint des *pays d'o-béissance-le-roi.* Grâce à la substitution du droit à la force, d'une procédure compliquée à une lutte bestiale, les tribunaux royaux durent de plus en plus se peupler de gens intelligents, savants, rompus aux affaires ; on vit les seigneurs ignorants se retirer avec dégoût de la cour du roi, qui allait bientôt changer son nom contre celui de Parlement ; les prélats en furent éconduits, sous prétexte que la royauté se faisait scrupule de les détourner des soins spirituels. De telle sorte que non-seulement la justice royale, étant plus éclairée, remplit mieux son ministère, mais encore elle se trouva armée de forces redoutables

---

(1) Les évêques réalisèrent un changement analogue dans la juridiction ecclésiastique par la création des officialités.

pour la guerre acharnée qu'elle se préparait à engager contre toutes les juridictions rivales.

Les légistes, n'étant pas possesseurs de fiefs, n'avaient pas séance dans l'assemblée politique ; ils se confinèrent dans la section judiciaire du Parlement, qu'ils ne tardèrent pas à remplir.

Quant aux seigneurs qui finirent par déserter en masse le Parlement, ils manquaient ainsi à leur devoir féodal, mais le roi se garda bien de les gourmander et de leur faire payer les amendes qu'encourait leur négligence. Au contraire, il laissa les récalcitrants en paix dans leurs domaines, et, ne comptant plus que sur un petit nombre de membres nobles du Parlement, prit l'habitude de composer parmi ceux-ci des listes annuelles de service.

Cette mesure si simple eut de graves conséquences ; d'une part, elle devait entraîner la désuétude du *jugement par les pairs*, l'un des privilèges auxquels l'aristocratie féodale attachait le plus de prix ; d'autre part, la liste de service permettait l'exclusion de tous les vassaux directs du roi auxquels jusqu'alors leur seule qualité avait ouvert les rangs de la cour. Le roi prenait dorénavant en main la désignation du haut personnel judiciaire et préparait la réalisation du principe que toute justice émane de lui.

Mais de toutes les réformes sur lesquelles nous insistons, la plus considérable peut-être au point de vue des principes, en ce sens qu'elle est réellement créatrice du pouvoir judiciaire tel que les temps modernes l'ont compris, eut lieu dans la procédure vers le milieu du xiii⁰ siècle. Par suite d'une tradition remontant aux deux premières races, alors que le roi décidait arbitrairement des affaires judiciaires en s'éclairant seulement de l'avis de son conseil, les jugements de la cour étaient libellés comme directement émanés du roi, ainsi que les chartes ou tout autre acte que nous rangerions aujourd'hui parmi les manifestations du pouvoir exécutif. Au contraire, les arrêts recueillis dans les *Olim* sont présentés comme étant l'œuvre de la cour, *curia judicavit*. Le nom du roi n'apparaît que pour rappeler que toute justice est sa délégation et pour assurer l'exécution du dispositif. A saint Louis revient l'honneur d'avoir trouvé la formule vraie et définitive qui convient aux actes de la justice, pouvoir émané de la souveraineté, mais absolument indépendant dans sa sphère d'action.

Peu après avoir échangé le nom de Cour du roi contre celui de Parlement, le corps judiciaire suprême devint permanent, ce qui fut pour lui un grand élément de force. Il s'était réuni, dans le principe, irrégulièrement où et quand il plaisait au roi de le convoquer. Puis on profita pour le réunir des grandes fêtes, Noël, Epiphanie, Pâques, Pentecôte, qui étaient, ainsi qu'il résulte d'une charte donnée en 1108 par le roi Robert et rapportée par Pardessus (1), l'occasion pour le prince de se présenter au peuple en appareil somptueux et d'offrir des repas à ses principaux vassaux. Les sessions se prolongeaient pendant plusieurs jours, plusieurs semaines ; elles en vinrent, par l'augmentation des affaires tant politiques et administratives que judiciaires, à se rejoindre : l'une se terminait à peine que la suivante commençait ; la Cour, le Parlement tint ses assises, sans interruption notable, d'un bout de l'année à l'autre, et son siège fut fixé à Paris, qui était décidément la capitale du royaume.

La couronne se trouvait alors puissamment armée pour entreprendre une longue campagne contre les juridictions rivales de la sienne.

---

(1) *Essai historique sur l'organisation judiciaire et l'administration de la justice depuis Hugues Capet jusqu'à Louis XII*, p. 74.

Les justices municipales furent les plus ménagées au début : d'une part, c'étaient les moins gênantes ; d'autre part, la royauté avait besoin de s'appuyer sur le peuple et plus spécialement sur les communes pour combattre les puissances féodales. Plus tard, les communes ne firent pas grande résistance à se laisser dépouiller de leurs juridictions, en vertu du raisonnement suivant, qui était celui des légistes et qui renferme un mélange de vérité doctrinale et d'inexactitude historique vraisemblablement intentionnelle ; le roi, disait-on, possède seul le pouvoir judiciaire, seul il peut donc le déléguer ; dès lors, l'origine des justices municipales ne doit pas être cherchée dans les chartes par lesquelles les seigneurs ont affranchi les villes, mais bien dans la confirmation de ces chartes par le roi (qui les avait approuvées, en réalité, comme suzerain, en raison de l'*abrégement* de fief auquel elles donnaient lieu).

« Mais si les justices municipales émanaient du roi, si lui seul avait pu les créer, il pouvait incontestablement les abolir : cette conséquence ne pouvait échapper. Aussi voit-on plusieurs suppressions de ces justices ordonnées par le roi, tantôt sur la demande des communes elles-mêmes, tantôt pour les punir d'avoir abusé de leurs privilèges ; et lorsque, par l'art. 71 de l'ordonnance de Moulins, Charles IX enleva la connaissance des affaires civiles à toutes les justices municipales, on ne vit dans cette grande mesure qu'un exercice légitime de la prérogative royale (1) ».

Le géant à abattre, c'était la justice des seigneurs.

Pour y réussir, la couronne arbora deux formules théoriques : 1° *Toute justice émane du roi ; 2° Fief et justice n'ont rien de commun ;* les moyens pratiques

(1) Henrion de Pansey, *op. cit°*, Introduction, chap. IV.

employés furent les cas royaux, les avoueries et l'appel.

Définir les cas royaux, c'est-à-dire les causes dont il était interdit à la justice du fief de connaître, serait d'autant plus difficile que la couronne s'est constamment, et pour cause, refusée à les définir elle-même; lorsque la noblesse la pressait de déterminer d'une manière limitative les caractères constitutifs du *cas royal*. « La royale majesté, était-il répondu, est entendue ès cas qui de droit ou ancienne coutume peuvent et doivent appartenir à souverain prince et à nul autre (1) ».

On comprend tout le parti qui pouvait être tiré, au point de vue de l'extension des pouvoirs des juges royaux, d'une formule aussi élastique; ce n'était point assez, on imagina encore la *prévention;* les affaires civiles ou le plus souvent criminelles dans lesquelles l'ordre public paraissait intéressé en quoi que ce fût, étaient réclamées par le bailli avant que l'information en eût été commencée par le seigneur, sous prétexte que le soin de l'ordre public exigeait toute célérité. De même, les baillis avaient attiré à eux les attentats contre les personnes et les propriétés comme troublant la paix du royaume.

Tandis que ces artifices développaient la compétence réelle des juges royaux, les *avoueries* étendaient leur compétence personnelle. La qualité de bourgeois du roi n'avait pu être obtenue, à l'origine, que comme conséquence de l'acquisition du domicile dans une ville royale. La protection du roi prit un prestige de plus en plus imposant, exerça sur les populations une attraction grandissante; la noblesse craignit de voir ses terres transformées en véri-

---

(1) Réponse de Louis X aux seigneurs de Champagne; V. Mably, *Observations sur l'histoire de France,* chap. I, note 6.

La définition donnée, beaucoup plus tard, dans l'ordonnance de 1670, n'est guère plus satisfaisante.

tables déserts, et il suffit désormais à tout homme ayant
la libre disposition de sa personne, c'est-à-dire indépendant de la servitude de la glèbe, de *désavouer* son seigneur
et de s'*avouer* bourgeois du roi, pour s'assurer, sans déplacement, tous les avantages d'un changement de résidence.
Le roi gagna ainsi un nombre considérable de justiciables,
et le mouvement s'accentua même d'une façon si rapide
que force fut à l'aristocratie féodale de supplier Philippe
le Bel de réglementer les modes d'acquisition de la bourgeoisie.

Les cas royaux, les avoueries ont énormément aidé au
progrès de la justice royale, et ont présenté un intérêt
d'actualité qui ne saurait échapper à personne ; l'institution de l'appel en France mérite encore mieux de retenir
l'attention, parce qu'elle devait avoir des suites durables,
et opérer dans l'administration de la justice un perfectionnement définitif. Le double degré de juridiction, tel
qu'il était connu à Rome, avait été conservé par l'Église ;
les décisions de l'évêque pouvaient être réformées par le
métropolitain. Mais il ne servirait de rien de rechercher
de ce côté la source de l'appel dans les justices royales.
Pour bien comprendre l'enchaînement historique des
réformes, il faut ne pas s'arrêter aux apparences d'appel
qu'on trouve antérieurement à Louis IX ; elles sont vides
de tout esprit systématique. Du temps même du pieux
monarque, il importe de distinguer entre les pays d'obéissance-le-roi et les autres.

La suppression du combat judiciaire dans les pays
d'obéissance-le-roi ne permettait plus au condamné de
fausser la cour, suivant l'usage antérieur, en appelant
en champ clos chacun des juges ; mais les Etablissements,
dans un sentiment de prévoyance qui a porté les meilleurs
fruits, permirent de la fausser autrement, c'est-à-dire sans

injurier les juges, sans les accuser d'avoir sciemment
manqué à la justice, à la vérité, à l'honneur, mais en
prétendant seulement qu'ils s'étaient trompés. On put
fausser le jugement sans mauvais cas. C'est le germe déjà
bien formé de l'appel moderne (1).

Lors donc qu'un jugement avait été rendu par un
vassal direct du roi, il était tout simple que l'appel en
vînt devant sa cour, devant son parlement ; mais dans les
pays *hors l'obéissance-le-roi,* la même théorie aurait
arrêté les procès à la cour du suzerain, du grand vassal, et,
pour les attirer plus haut, il fallut encore un autre détour.

On le trouva dans les visites que le roi de France avait
l'habitude de faire de temps à autre dans les terres de
ses grands vassaux ; alors les convenances, résultant des
mœurs féodales, ne permettaient pas au seigneur de
rendre lui-même la justice, tandis qu'il offrait l'hospita-
lité à son suzerain ; celui-ci tenait les assises à sa place ;
l'esprit envahissant des légistes ne devait pas manquer de
tirer parti de cet usage. On en vint à prétendre que, si le
roi pouvait se transporter dans la cour de son grand vassal
avec ses conseillers pour rendre la justice, il pouvait tout
aussi bien, sans quitter la capitale, recevoir les appels de
cette cour, ce qui revenait à substituer un tribunal à un
autre. Les grands vassaux ne firent presque point de résistance, tant était vive la répulsion mêlée de terreur qu'inspiraient à ces hommes d'épée la science et la rouerie des
légistes.

Contre les justices ecclésiastiques, la couronne fit usage
d'une arme presque identique aux cas royaux ; nous voulons parler des *délits privilégiés.*

_____

(1) « Saint Louis introduisit l'usage de fausser sans combattre, changement qui fut une espèce de révolution. » (Montesquieu, *Op. c°,*
L. XXVIII, chap. XXIX.)

La royauté n'avait, du reste, pas pris l'initiative des attaques contre la juridiction ecclésiastique ; tout le monde connaît la déclaration des hauts barons que nous avons déjà rappelée et où « l'arrogance des clercs » est opposée à la « sueur des hommes d'armes » qui a réellement « conquis le royaume » (sic). Un peu plus tard, Philippe IV, sans attaquer directement l'institution, invita par une ordonnance de 1287 tous les possesseurs de justices seigneuriales à ne plus employer de clercs comme baillis ou prévôts ; cette ordonnance était assez sagement motivée sur cette considération, que les officiers de justice pouvaient commettre des méfaits dans l'exercice de leur charge, et que, s'ils étaient clercs, ils échappaient à tout pouvoir disciplinaire autre que l'Eglise.

En ouvrant la campagne contre la justice ecclésiastique, la royauté était soutenue par l'opinion générale ; cette juridiction était devenue odieuse de bénie qu'elle avait été, à cause de l'extension exagérée de sa compétence, de la création des officialités, ainsi que de cet abus de l'excommunication et autres peines spirituelles qu'on peut reprocher à l'Eglise, lorsqu'on étudie sa part dans la marche des affaires temporelles à la fin du moyen-âge et au commencement des temps modernes.

Tous les crimes ou délits des clercs étaient originairement jugés par le tribunal ecclésiastique. Saint Louis avait déjà investi les juges royaux du droit de réviser les sentences de mort prononcées par les juges ecclésiastiques; après lui, l'on vint à détacher de cette juridiction, sous le nom de *crimes privilégiés*, les faits délictueux intéressant plus ou moins l'ordre public. La compétence ecclésiastique criminelle fut bientôt ruinée.

La compétence civile succomba peu à peu sous les coups du parlement, qui, aussitôt qu'il se sentit en mains les forces du gouvernement, n'eut pas de tâche plus chère que de ruiner la justice ecclésiastique. L'ordonnance de Villers-Cotterets acheva de la dépouiller et, en 1789, les officialités ne connaissaient plus que de matières spirituelles et de discipline ecclésiastique, et des questions de mariage, au point de vue de la validité du sacrement seulement.

C'est dans les luttes de la justice royale contre la justice ecclésiastique qu'est né l'appel comme d'abus.

A l'excès des condamnations spirituelles prononcées par l'Eglise en vue de soutenir ses tribunaux, les juges royaux répondaient par la saisie du temporel (1).

Mais les conflits entre l'Eglise et la royauté ne se localisèrent pas sur le terrain judiciaire : la sécurité du trône, les fondements mêmes de la souveraineté étaient constamment menacés par la papauté. La royauté ne réussit pas sans peine à secouer le joug théocratique.

Au milieu des désordres de la féodalité, l'Eglise avait pris sur la société un ascendant inouï : sa protection était la force des faibles, sous le poids de ses anathèmes les têtes superbes se courbaient. Elle seule avait pu, par la trêve de Dieu, obtenir que les guerres privées laissassent au moins un peu de répit aux peuples; on se pressait en foule à la barre de ses tribunaux où la justice semblait s'être réfugiée. Mêlée trop intimement au siècle par ses bienfaits mêmes, elle avait le sort de tous les pouvoirs devenus absolument prépondérants : elle tendait à l'oppression; elle manquait en cela à son propre principe, et se mettait en opposition avec les plus éminents de ses docteurs.

(1) V. pour plus de détails : W. Belime, *Des anciennes juridictions ecclésiastiques.* (Revue étrangère et française, 1843, p. 786, et 1844, p. 130.)

Le beau précepte : « Rendez à César ce qui est à César, » n'avait pas cessé, en effet, de former la base de l'enseignement catholique sur les relations des fidèles considérés individuellement, ou dans leur communauté spirituelle, avec l'Etat, ou plutôt, pour ne pas employer une expression prématurée, avec les puissances de l'ordre laïque.

Le grand saint Bernard, plus tard, et dans une certaine mesure saint Thomas d'Aquin, ont soutenu la saine et primitive doctrine (1). Mais les papes ne manquèrent pas, d'autre part, de ces flatteurs nés pour perdre ceux qui les écoutent.

Un moment, des deux glaives remis à saint Pierre, ses successeurs parurent apprécier plutôt celui qui fait couler le sang dans les combats engendrés par les passions de la terre, que celui qui tranche les entraves du péché. La suprématie temporelle de l'Eglise fut prêchée, soutenue, pratiquée avec cette âpreté particulière aux prêtres qu'inspirent d'autres ambitions que celle du salut des âmes et de la gloire de Dieu ; tous les raffinements de la théologie scolastique et de la dialectique furent employés à parer le mensonge des dehors de la vérité, on ne recula même pas devant la fraude ; on fabriqua de fausses décrétales et l'on refit sans pudeur l'histoire *ad demonstrandum*. Les prétentions des papes furent d'avoir sur les puissances temporelles « l'institution et la juridiction », comme le dit un des plus ardents apologistes de leur autorité politique, Hugues de Saint-Victor ; c'est le sacerdoce qui confère le pouvoir royal par le sacre, à lui appartient de juger comment il est exercé et d'en déposer le

_____

(1) Saint Thomas insiste à toute occasion sur la distinction des pouvoirs spirituel et temporel, qui avait fini par échapper complètement à beaucoup de théologiens.

titulaire indigne. « Le prince, dit Thomas Becket, est le ministre du prêtre, exerçant à sa place des fonctions de l'autorité, qui, quoique saintes, paraissent indignes des mains de celui-ci (1). » Cet esprit enflamma les longues querelles de Grégoire VII et de ceux qui occupèrent après lui la chaire pontificale, avec les empereurs d'Allemagne ; il dicta les mesures hostiles prises à l'égard de Philippe-Auguste, coupable d'avoir déclaré, de concert avec ses pairs, que, pour le temporel, le roi de France ne rendait compte qu'à Dieu seul. L'ambition d'un pontife ardent vint se briser contre la fermeté et le patriotisme d'un saint. Louis IX est le vrai fondateur de l'Eglise gallicane ; quant aux droits des papes sur les princes, il disait lui aussi : « Li rois n'a point de souverain ès choses temporiens, ne il tient de nului que de Dieu et de lui (2). »

Cependant la crise recommença et les conflits entre Philippe le Bel et Boniface VIII en marquent le maximum d'acuité. Le pape prétendait faire résulter sa domination non seulement de son pouvoir spirituel, mais de son caractère supposé de successeur, comme donataire, des anciens empereurs romains. Philippe « sentit la nécessité de lui opposer plus qu'un roi du XIVe siècle, et il lui opposa la société elle-même, telle qu'elle commençait à se développer » (3). A la convocation, par son adversaire, d'un concile général qui avait mission de faire son procès, le roi répond en réunissant une assemblée des députés des trois états. Les attaques incessantes de la cour de Rome ont politiquement créé la nation fran-

---

(1) « Le monde, disait d'autres polémistes, est éclairé par deux grands luminaires, mais l'un n'est que la réflexion de l'autre. »

(2) *Etablissements de St Louis*, L. II, chap. XIII.

(3) Laferrière. *Essai sur l'histoire du Droit français*, L. V, section 1re, 1re période.

çaise, par le besoin de résistance; les états généraux assureront l'union du peuple et de la couronne; on approche du moment où, suivant la belle expression d'Augustin Thierry, « notre histoire sociale, dégagée de ses origines et complète dans ses éléments, se déroule comme un fleuve qui, né de plusieurs sources, forme en avançant une seule masse d'eau contenue entre les mêmes rives » (1).

On sait, d'ailleurs, que l'attitude énergique du roi et des états produisit à Rome une véritable consternation, et que Boniface en vint à désavouer toute revendication de suzeraineté sur les royaumes chrétiens.

Nous ne pouvons terminer ce qui touche à cette intervention de la théologie dans les affaires séculières, l'un des tourments du moyen-âge, sans rendre hommage aux idées exprimées sur les matières politiques par saint Thomas d'Aquin, dont le tumulte des passions en conflit permit trop rarement d'entendre la voix. Il faut savoir combien était vaste le génie de ce grand homme, combien sa raison était haute, et quelles inspirations il avait trouvées dans l'étude approfondie d'Aristote, pour s'expliquer qu'il ait pu devancer d'aussi loin son temps par la justesse des aperçus et la sûreté des théories.

Le Docteur angélique proclame bien haut que le pouvoir politique est de *droit humain*, ce qui ruine, avec la thèse du droit divin, celle de la suprématie temporelle du pape. La souveraineté appartient à la multitude, à tous, et un homme ne peut l'exercer que par une délégation expresse. La forme idéale de gouvernement, celle qui serait, d'après saint Thomas, la plus conforme à ces principes, serait ce gouvernement mixte, tant loué, tant

_____

(1) *Essai sur l'histoire du Tiers-État*, chap. ii.

poursuivi par les philosophes de l'antiquité. La royauté, l'aristocratie *ouverte, personnelle* même, la démocratie pesant sur les affaires publiques par son vote, auraient chacune leur action distincte, et leur résultante serait le bien de l'Etat (1). Saint Thomas est donc, à sa manière, partisan de la séparation des pouvoirs. Il pense qu'il faut que « le pouvoir arrête le pouvoir. »

Un autre commentateur d'Aristote, Marsile de Padoue, qui vivait au xive siècle, reprit cette thèse de la souveraineté du peuple et la soutint hardiment. D'après lui, le législateur, c'est l'universalité des citoyens, et cela non seulement à l'origine, mais toujours. Elle seule, par l'élection directe, peut désigner valablement le prince et les autres officiers ; elle peut aussi les déposer, les révoquer. Ainsi le pouvoir législatif et le pouvoir exécutif sont nettement distingués. Le premier appartient au peuple, est inaliénable ; le second au contraire doit être délégué, être exercé par mandataires.

Le monde ne pouvait marcher si vite. Les temps n'étaient pas mûrs pour ces vérités pressenties. Les légistes, guides et soutiens de la royauté, ne firent que remettre en honneur les principes du droit public romain, tels qu'ils existaient à l'époque des grands jurisconsultes. Ils reconstituèrent la souveraineté dont la féodalité s'était partagé les lambeaux ; ils la défendirent contre les convoitises de la papauté et fondèrent la France moderne; plus tard, en pénétrant dans les états généraux, comme ils avaient pénétré dans les parlements et dans les conseils du gouvernement, ils concoururent bien à assurer la participation de la nation qu'ils représentaient, à l'œuvre législative; mais ce fut indirectement, peut-être à leur insu.

---

(1) *Summa theol.* passim.

La tâche qu'ils ont accomplie dans l'intérêt de la couronne, expression suprême de la patrie, est assez grande, assez belle pour leur attirer, malgré quelques ombres inévitables dans le tableau de leur gloire, la reconnaissance de la postérité. Félicitons-nous qu'ils aient trouvé de nos jours un historien distingué; nous regretterons seulement que, dans son livre, une trop grande place ait été accordée à certaines biographies d'un intérêt un peu local, au détriment des considérations générales, qui y sont présentées habituellement avec une vigueur et un éclat peu communs (1).

La rédaction des coutumes eut une grande importance en ce qu'elle fixa, pour un temps, dans quelques groupes d'hommes, la réalité du pouvoir législatif. Il résida pendant un moment, dans une certaine mesure, dans les assemblées de bailliage chargées de recueillir la loi coutumière; était-il possible de le faire sans y ajouter, sans y modifier un peu, sans y user, pour le moins, d'une sorte de faculté d'interprétation législative?

En principe, le droit de faire des lois appartient désormais absolument au roi : *quod principi placuit...* Le roi a répudié le terme suranné d'*établissements*, qui rappelle la féodalité. Il manifeste sa volonté par des *édits*, des *lettres patentes*. Bientôt il prendra des ordonnances, après avoir examiné les vœux de son peuple, sur toutes les matières de gouvernement. Puis les autres parties du droit public, le droit privé lui-même, seront envahis, et le vieux droit coutumier, inébranlable comme le roc, sera bientôt recouvert partout d'une alluvion législative.

_____

(1) A. Bardoux. *Les Légistes et leur influence sur la société française.*

Les premiers actes de souveraineté des rois de France furent pour sceller leur alliance avec le menu peuple ; désolé par l'affreux fléau des guerres privées, il salua avec bonheur l'institution de la *quarantaine le roi*.

———————

CHAPITRE XII.

M. Guizot, appréciant le rôle qu'ont joué dans notre pays les états-généraux, portait principalement son attention sur « l'échec définitif qu'a rencontré en France cette tentative vers la liberté, après trois siècles d'efforts, tandis qu'en Angleterre la même tentative vers le même but a été couronnée de succès. Pourquoi cette différence? » ajoutait l'illustre historien.

« C'est qu'en Angleterre les divers éléments de la société, la grande et la petite noblesse, la bourgeoisie et les francs-tenanciers, étaient à peu près d'accord sur les garanties essentielles de la liberté et se sont concertés pour les obtenir. En France, au contraire, les diverses classes de la société, loin de s'unir pour atteindre ce grand but, se sont souvent querellées et ont fini par succomber toutes sous l'effort de l'autorité royale (1). »

En France, en effet, les différentes classes sociales n'ont jamais pu, avant 1789, non seulement se fusionner, mais même se mettre d'accord en vue de la poursuite des intérêts communs. Cela tient peut-être un peu, comme tant de gens se plaisent à le répéter, au ca-

(1) Rapport sur le concours du prix Bordin, séance de l'Académie des sciences morales et politiques du 19 février 1870.

ractère national ; cela tient surtout, selon nous, à ce
que la féodalité a persisté, encore puissante, jusqu'à une
époque où sa signification historique avait été totalement
oubliée et où, loin [de répondre à un besoin social, elle
entravait le passage de la société à une condition indis-
cutablement meilleure. Cela tient encore à ce que notre ancienne noblesse était fermée ; les anoblissements par le
roi, l'admission des roturiers à quelques privilèges féodaux
ont été insuffisants pour lui faire perdre ce caractère : les
Français rangés en castes qui avaient leur vie particulière
sans d'autre communication entre elles que l'oppression
imposée et subie, ne se sont jamais trouvés, lorsqu'il s'est
agi de défendre leur liberté, unis dans cette puissante
cohésion qui exigerait une certaine communauté de substance et des attaches fortifiées par des sympathies mutuelles. Ballottée par des courants démagogiques et par
des courants féodaux, la patrie qui, comme tous les pays
du monde, ne pouvait trouver la paix que dans un régime
mitigé, allait après chaque nouvelle tempête, échouer
en fin de compte au port trop sûr du pouvoir absolu.

Il serait excessif de dire, toutefois, que les efforts de
nos pères pour obtenir la possession d'eux-mêmes aient
été, même avant la catastrophe qui a englouti l'ancien
état de choses, absolument dénués de succès. Bien des
points importants nous ont été acquis pour toujours par
les états généraux et les parlements. Même là où ils n'ont
pas réussi d'une manière définitive, rien n'est plus émouvant, plus attachant que de suivre les aspirations des
siècles depuis longtemps passés, vers la vérité politique
dont on sentait que la réalisation résidait dans la participation du pays à son gouvernement. C'est notre sujet que
nous poursuivons, car il s'agit, en somme, du principe de
la séparation des pouvoirs, qui, sans être encore for-

mulé, cherche à prendre dans les institutions la large place qui lui revient.

Lorsque Philippe le Bel convoqua pour la première fois, en 1302, les trois états de France, il suivait une tradition immémoriale, en consultant sur des affaires d'une haute gravité la noblesse et le clergé. C'est dans ces catégories de personnages que ses prédécesseurs avaient recruté leurs conseillers, et elles devaient d'ailleurs, en vertu des théories féodales, être réunies pour le vote des subsides extraordinaires, des *aides*. Il y associa les représentants des « bonnes villes, » en partie pour tenir compte de la grande importance que les communes avaient récemment prise, en partie pour s'assurer, en cas de conflit des deux autres ordres, un tiers pour les départager et un tiers que tout indiquait devoir être favorable aux résistances de la couronne à l'égard de la papauté.

De ces malheureuses querelles, une chose resta, plus importante que la solution même qu'elles reçurent. La représentation nationale avait fait son entrée sur la scène politique et devait y tenir pendant longtemps grande figure. Appelée à donner son avis dans toutes les circonstances, elle ne tarde pas à attirer à elle l'autorité suprême en matière d'impôts; elle devient un rouage indispensable du gouvernement. Le moment approche où s'épanouira pour un triomphe éphémère ce qu'on a appelé par une heureuse anticipation « la monarchie parlementaire de 1357 (1), » mettant en plein relief une étonnante physionomie, gâtée par de sanglantes éclaboussures, ce grand

---

(1) Gabriel Debacq. *Libéraux et Démagogues au moyen-âge.*
Augustin Thierry avait déjà dit : « Les résolutions de cette assemblée (Etats de 1355) auxquelles une ordonnance royale donna sur-le-champ force de loi, contiennent et dépassent même, sur quelques points, les garanties modernes dont se compose le régime et la monarchie constitutionnelle. » (*Histoire du Tiers-Etat*, chap. II).

homme, cet Etienne Marcel, qui a eu comme une vision des principes auxquels le monde moderne devait obéir, et qui a perdu le repos, la vie et un peu de son honneur à les vouloir appliquer avant l'heure. Belle révolution qui, avant de s'être accomplie en entier, est allée se perdre dans les sanglantes émeutes de la jacquerie. L'ébranlement produit par les crises purement politiques doit-il donc toujours se terminer par l'explosion d'un grossier socialisme, et les théories d'un Marcel doivent-elles fatalement préparer la voie aux élucubrations malsaines d'un Wickleff (1) ?

Ce sont encore les légistes qui préparèrent et étendirent la suprématie des états généraux où le discrédit dont fut atteinte la noblesse après la bataille de Poitiers agrandit leur influence. Malgré ce qu'en pourraient faire penser des apparences toutes superficielles, ils ne se montrèrent pas en cela inconséquents avec eux-mêmes. Dans la première partie de leur tâche (que nous avons racontée) ils s'étaient attachés à débarrasser la royauté des entraves humiliantes que lui imposaient les seigneurs féodaux et le clergé. Mais cette royauté isolée et ayant entre les mains les attributs de la pleine puissance, ils songeaient à la mettre sous la tutelle de la classe moyenne où, alors comme en tout temps, dominaient le bon sens et la modération. Du reste, les légistes ne cessèrent pas de respecter les maximes romaines, en ce sens que le pouvoir législatif resta nommément aux mains du prince, bien qu'il écrivît ses grandes ordonnances sous la dictée des états.

Les malheurs des temps firent beaucoup pour le pouvoir naissant des états généraux ; l'idée même de la patrie

---

(1) Ces premières doctrines socialistes étaient nées en Angleterre, mais elles prirent en France une extension immense. Ce fut la plus désastreuse des importations de l'ennemi étranger.

paraissait perdue, elle s'était seulement réfugiée dans leur enceinte; le roi captif, la noblesse discréditée leur laissaient une prépondérance inouïe, dont ils profitèrent pour organiser un régime qui ne devait pas avoir de durée, mais qui n'en était pas moins savamment combiné. Le grand conseil, ou conseil du roi, avec des attributions purement politiques et administratives, s'était dès lors séparé du parlement qui n'avait conservé qu'une compétence judiciaire. Ils prétendirent choisir et désigner ces familiers du prince; c'était donc comme un conseil d'État moderne, dont les membres (cela s'est vu récemment chez nous) seraient choisis par l'assemblée législative. Ils s'arrogèrent le droit de se réunir spontanément où et quand il leur plairait; trente-six députés formaient une commission de permanence, nouvel organe de surveillance imposé à la cour. La direction supérieure de l'administration, la perception de l'impôt, le contrôle des monnaies, c'est-à-dire le soin de guérir une des plaies les plus hideuses du moyen âge, leur furent remis.

Un moment, « les états étaient tout-puissants, et le conseil des trente-six, qui possédait une délégation de leur autorité, devenait le véritable et unique souverain. » (1) La révolution municipale dirigée par Marcel devait consacrer et assurer cette accession du pays à la direction des affaires publiques; cet illustre chef de parti avait rêvé d'amener au trône une branche nouvelle de la dynastie, qui aurait dû son élévation à une sorte de charte dans laquelle auraient été réglés l'alliance du prince et du peuple et le partage des pouvoirs. Il ne fut pas compris, et, comme il arrive à tant de réformateurs, il fut débordé. Après sa mort, la France, au lieu de l'ère de sécurité et de grandeur qu'il avait rêvée pour elle, fut ra-

(1) Georges Picot. *Histoire des Etats Généraux*, t. I, p. 101.

vagée par les Jacques et les Maillotins, alliés terribles et peut-être inconscients de l'ennemi du dehors. La réaction se fit, et l'on sait combien elle fut violente ; elle remit aux mains de la royauté toute l'autorité que celle-ci avait été contrainte de céder.

C'en était fait des états généraux comme pouvoir permanent et comme institution fondamentale et indispensable. Leur rôle était toutefois loin de finir dans l'histoire, il commençait à peine. Ils restèrent la ressource suprême de la royauté, son conseil et son appui aux jours de péril.

Ils conservèrent la réalité du vote de l'impôt jusqu'au règne de Charles VII, qui sut rendre perpétuelle la *taille* votée à titre passager (1). Enfin, ils eurent la direction du grand mouvement législatif qui marqua la transition de la féodalité aux temps modernes. Il est peu d'ordonnances capitales qui ne se rattachent aux vœux et doléances exprimés par les états au nom des populations et qui n'y puisent leur force. Écoutons le résumé de l'œuvre des états et particulièrement du tiers, fait par un homme qu'on ne saurait trop citer.

« De 1355 à 1789, les états, quoique rarement assemblés, quoique sans action régulière sur le gouvernement, ont joué un rôle considérable comme organe de l'opinion publique. Les cahiers des trois ordres furent la source d'où, à différentes reprises, découlèrent les grandes ordonnances et les grandes mesures d'administration, et, dans ce rôle général des états, il y eut une part spéciale pour le troisième. La roture eut ses principes qu'elle ne cessa de proclamer avec une constance infatigable, principes nés du bon sens populaire, conformes à l'esprit de

---

(1) Sauf aussi les abus de Charles V continuant à lever des taxes établies à titre purement transitoire.

l'Evangile et à l'esprit du droit romain. Le renouvellement des lois et des mœurs par l'infusion de la liberté et
de l'égalité civiles, l'abaissement de toutes les barrières
élevées par le privilège, l'extension du droit commun à
toutes les classes de personnes, tel fut le plaidoyer perpé-
tuel et, pour ainsi dire, la voix du tiers-état. On peut
suivre cette voix grandissant d'âge en âge, à mesure que
le temps marche et que le progrès s'accomplit. C'est elle
qui, durant cinq siècles, a réuni les grands courants de
l'opinion. L'initiative du tiers-état en idées et en projets
de réforme est le fait le plus intime du mouvement social
dont nous avons vu, sinon le dernier terme, du moins
une phase glorieuse et décisive, mouvement continu sous
d'apparentes vicissitudes, et dont la marche ressemble à
celle de la marée montante que l'œil voit avancer
et reculer sans cesse, mais qui gagne et s'élève toujours (1). »

On vit plus d'une fois reparaître dans les discours des
orateurs des états généraux les théories libérales dont
ces assemblées étaient comme le premier essai, et l'idée de
la souveraineté du peuple. Personne peut-être ne les
exprima plus nettement que ce membre de la noblesse,
le sire de la Roche, qui, au lendemain du règne bienfaisant pour l'avenir, mais despotique pour le présent, de
Louis XI, rappelait à ses auditeurs étonnés que la
royauté était un « office » et non un héritage, que la souveraineté résidait dans le peuple, que le prince était son
délégué, et qu'aucun pouvoir n'était légitime, s'il ne
reposait sur le consentement au moins tacite du peuple ;
pour lui, le peuple était l'universalité des habitants du
royaume et les états, *dépositaires de la volonté com-*

(1) Augustin Thierry. *Histoire du Tiers-Etat*, chap. II in fine.

124   SÉPARATION DES POUVOIRS.

mune, pouvaient seuls donner aux faits force de loi (1).

Les états généraux ne possédèrent jamais, toutefois, ce pouvoir législatif direct que des esprits hardis et justes considéraient comme étant leur attribut naturel. Mais leurs doléances, on ne saurait trop le répéter, exercèrent une influence considérable sur la législation. Un point les préoccupa particulièrement à toute époque, ce fut l'organisation judiciaire, à laquelle il nous faut encore revenir, puisqu'il s'agit d'un des grands pouvoirs de l'Etat qui se dégage lentement, qui va se fortifier au point de dépasser sa sphère propre d'activité, et que la révolution seule aura la puissance de remettre à sa vraie place.

Ce n'est point le cas d'entrer dans les détails : la portion principale de l'œuvre qui n'était que la continuation de celle entreprise par Louis IX et ses premiers successeurs, consistait à rétablir l'unité de juridiction, c'est-à-dire à faire disparaître les derniers vestiges de la juridiction ecclésiastique sur le temporel, et surtout à supprimer les justices seigneuriales, beaucoup plus vivaces et tenaces, puisqu'il en existait encore assez à la veille de la Révolution pour motiver l'édit de 1788 qui porta aux survivantes d'entre elles un coup dont elles ne devaient pas se relever. Mais tout avait été fait pour diminuer et leur compétence et le nombre de leurs justiciables. Les rois en étaient venus à supprimer de ci et de là des justices seigneuriales, sans qu'aucun murmure s'élevât autre qu'un murmure de satisfaction, un soupir général de soulagement. De jour en jour, on se rapprocha de ce principe que la justice est une forme de la souveraineté.

Dès les premiers successeurs de saint Louis, s'était

----

(1) De même les Etats de Pontoise et de Blois émirent l'opinion que le roi ne pouvait faire la guerre sans l'assentiment des états.

produit dans la cour du roi le dédoublement qui avait créé le parlement. Tandis que celui-ci monopolisait la haute autorité judiciaire, le *grand conseil* restait investi des attributions administratives (et nous avons vu comment les Etats de 1356 avaient voulu le réformer).

La séparation s'était faite graduellement ; le parlement lui-même avait enfanté la chambre des comptes. Mais, à peine devenu corps distinct, le grand conseil n'avait pas tardé à empiéter même sur le domaine judiciaire ; il alla jusqu'à prendre, sous ce rapport, le pas sur le parlement, comme étant une émanation plus directe encore de la souveraineté. D'abord, il s'attribua les conflits de juridictions, puis il se reconnut le droit de casser des arrêts pour violation des lois et poussa l'exagération jusqu'à recevoir les pourvois fondés sur une simple erreur de fait, mais alors le roi se bornait à faire examiner l'affaire en conseil et mandait, s'il y avait lieu, au parlement de réviser son arrêt et de procéder à une nouvelle instruction.

Les évocations étaient pour le conseil une source plus abondante et plus irrégulière encore d'attributions judiciaires : le roi, se considérant comme ayant en lui-même la plénitude du pouvoir judiciaire, *évoquait* en son conseil des affaires déjà pendantes devant le parlement ou devant d'autres tribunaux. Les évocations s'obtinrent avec une grande facilité, et les parties qui se croyaient « bien en cour », en firent un tel abus que, dès 1370, Charles V crut nécessaire de les prohiber pour les *petites causes*. En 1483, les états généraux fondèrent un de leurs principaux griefs sur le scandale de ces évocations. Elles continuèrent cependant, et furent appliquées d'une manière systématique à une vaste catégorie d'affaires. Les états d'Orléans revinrent à la charge en 1560, et reçurent une apparence de satisfaction dans l'ordonnance de Moulins.

En 1576 et en 1588, tout fut à refaire par les états de Blois. C'est seulement sous Henri IV que son grand ministre Sully s'appliqua avec sincérité à supprimer l'abus.

La constitution même du conseil du roi ne laissa pas que de préoccuper les états. C'est sur leur initiative que Charles VII et Louis XII le réformèrent.

Sur la même ligne que le parlement issu de la cour du roi, l'annexion de la Normandie à la couronne avait placé l'Echiquier; l'immense et lointaine province de Langue-doc, après avoir dû longtemps se borner à être représentée à Paris par des auditeurs de langue d'oc, eut son parle-ment à Toulouse. La réunion d'autres grands fiefs pro-voqua des créations nouvelles; à l'avènement de Louis XIV, les cours régionales devaient être au nombre de treize. Mais le parlement, qu'il fût encore unique ou multiple, ne cessa d'occuper l'attention des états généraux qui en firent à juste titre le centre des réformes judiciaires.

Les parlements, lorsque leur juridiction eut pris toute son extension et fut arrivée à être clairement définie, con-naissaient des appels qui leur étaient portés des justices royales intermédiaires, des bailliages, soit même parfois, *omisso medio,* des tribunaux inférieurs, des prévôtés ou des justices seigneuriales et de quelques juridictions spé-ciales ; en premier et dernier ressort, certaines affaires étaient appelées devant eux à raison de leur nature et de la qualité des parties. Ils jugeaient notamment les *appels* ou *recours pour abus* qui ont été attribués par nos cons-titutions modernes à la juridiction administrative ou politique.

Les personnes qui pouvaient apporter, tant comme défendeurs que comme demandeurs, leurs affaires au parlement, sans passer par les juridictions inférieures, étaient celles en grand nombre qui jouissaient du privilège accordé par le roi sous le nom de *committimus* ; ce privilége n'existait qu'au civil et était susceptible de deux degrés : les *committimus au petit sceau* rendaient compétent en premier et dernier ressort le parlement qui n'aurait été compétent sans cela qu'en appel ; les *committimus au grand sceau* amenaient les affaires au parlement de Paris.

Ce n'était pas là le seul point de supériorité que le parlement de Paris prétendît avoir sur les compagnies similaires des provinces ; il se considérait aussi comme constituant seul la *cour des pairs*, et, au point de vue des précédents historiques, il n'avait pas tout à fait tort. Quoi qu'il en] fût, tous les parlements connaissaient des causes criminelles des pairs ; ceux-ci avaient seulement le droit d'exiger que la cour qui devait les juger fût suffisamment *garnie de pairs*. C'est un vestige des anciennes mœurs : mais la pairie elle-même avait bien changé depuis le le moyen-âge ; au xviie siècle, ce n'était plus qu'un titre purement honorifique, dont le roi disposait à son gré, même en faveur de simples gentilshommes, sous condition d'instituer un majorat.

Telle était la compétence normale des parlements ; nous étudierons un peu plus loin les empiètements qu'ils tentèrent souvent et réalisèrent parfois sur les domaines législatif et administratif. On a compris déjà que les *committimus*, si contradictoires avec le principe même de la justice, l'égalité, constituaient une source d'abus contre lesquels les états généraux ne pouvaient manquer de protester : dès le règne du roi Jean, ils s'indignèrent contre l'infâme commerce pratiqué par certains nobles qui achetaient des créances sur de petites gens et les contraignaient à payer, en les menaçant de les traîner du fond de leur province à la barre du parlement. En 1413, en 1483, les états généraux firent restreindre le nombre de personnes à qui ce privilège pût être conféré. En 1576, en 1588, nouveaux efforts qui aboutirent enfin à des réformes sérieuses en 1597 et 1629.

Les rangs inférieurs de la hiérarchie judiciaire étaient occupés par les prévôtés et les bailliages.

La prévôté ne jugeait jamais qu'à charge d'appel; elle était le premier degré de la justice royale, en toutes matières *non exceptées* ; ainsi les causes des nobles lui échappaient et allaient directement au bailliage : elle recevait elle-même, toujours sauf exceptions, l'appel des *justices seigneuriales,* hautes, moyennes ou basses. Cette dernière division n'a d'intérêt qu'au point de vue de la gravité des peines que les seigneurs pouvaient infliger, mais n'implique d'autre subordination entre les différentes justices que celles résultant du lien féodal.

Le bailliage recevait les appels de la prévôté, il était saisi au premier degré de la plupart des affaires qui échappaient à la prévôté par nature ou à cause de la qualité des parties ; il ne jugea lui-même en toute matière qu'à charge d'appel, jusqu'à la création des présidiaux.

Henri II accorda, en 1551, à certains bailliages et à la prévôté de Paris le droit de juger en dernier ressort les affaires dont l'intérêt n'était pas supérieur à 250 livres tournois de capital ou 10 livres de rente; de plus, les nouveaux tribunaux purent attacher l'exécution provisoire à leurs jugements lorsque l'intérêt de l'affaire était au plus de 500 fr. de capital ou de 20 livres de rente. Un édit de novembre 1774 devait augmenter considérablement le taux de la compétence.

Tels étaient les cadres réguliers des tribunaux royaux. Bien des juridictions spéciales, imaginées par la couronne *utilitatis causa,* vinrent troubler le cours de la justice, entre autres ces terribles commissions extraordinaires dont plusieurs ont attiré les malédictions de l'histoire. Elles furent l'objet de l'opposition persistante des états, depuis ceux de Tours qui firent rendre gorge aux pseudo-magistrats instruments des vengeances de Louis XI, jusqu'à l'assemblée des notables réunis à Rouen en 1596, qui continua les mêmes traditions et obtint de Sully l'abolition des jugements par commissaires. Les états généraux cherchaient d'ailleurs à fonder l'unité au sein des juridictions royales ; après avoir ramené à la couronne toute la justice, ils auraient voulu en simplifier l'administration. Ils réussirent peu dans cette entreprise. A la veille de la Révolution, les juridictions spéciales étaient si nombreuses que la science même d'un Laferrière (1) recule devant l'impossibilité de les énumérer toutes sans omission.

Cette justice, que les états voulaient faire si forte, sentant bien que la justice sans force et la force sans justice sont les plus grands maux qu'une société puisse avoir à subir, il fallait qu'elle fût éclairée et surtout pure et indépendante. Le bon recrutement du corps judiciaire est un problème bien ancien, et cependant toujours jeune et toujours capital.

Les prévôtés, vicomtés et greffes, à cause des émoluments qui y étaient attachés, à cause de leur côté fiscal, étaient d'ancienne date, *baillés en ferme* ; pour le dire en passant, à l'époque où ces charges comprenaient encore des attributions administratives et militaires, il résultait de là, pour ceux qui en étaient investis, une trop grande indépendance à l'égard du gouvernement central et de leurs supérieurs hiérarchiques. Un autre inconvénient plus grave

_____

(1) *Essai sur l'histoire du Droit français*, livre VI, sect. 3e, 3e branche.

encore, c'est que les officiers ne songeaient qu'à faire
rendre, au capital engagé, le plus possible et accablaient
les plaideurs d'exigences et de frais frustratoires ; l'attention des états de 1356 se porta déjà sur ce vicieux
état de choses; Charles V, à la suite des doléances des
états de Chartres, défendit d'affermer quelques charges
qu'il remit en *garde* à des personnages touchant des
appointements fixes; Charles VI, en 1413, généralisa la
mesure et décida que les juges de rang inférieur seraient
désignés « en parlement ». Les charges devinrent en
réalité héréditaires, mais la vénalité reprit le dessus,
surtout sous Louis XI, avec la complicité de la couronne
qui y trouvait son profit. Quelques sièges de judicature
étaient donnés à titre gracieux par le roi à des favoris,
mais aucune garantie de capacité n'était exigée.

Les états de Tours auraient voulu que les juges de tous
les degrés fussent élus par les compagnies judiciaires.
L'inamovibilité aurait été le complément nécessaire de ce
mode meilleur de recrutement. Enfin, les juges, au lieu
de toucher des *épices*, auraient été rétribués directement
par le trésor. La plupart de ces réformes furent réalisées,
non pas, comme on l'entend souvent répéter, par Louis XI,
mais par Charles VIII et surtout par Louis XII.

Mais sous François Ier, sous Henri II, le mal reparut
avec d'effrayantes proportions ; la justice se vendait
comme le titre même du juge. Le chancelier L'Hospital
s'épuisa dans de vaines tentatives pour revenir aux principes et au droit. La propriété des offices, entraînant
l'hérédité et la vénalité, fut admise dans la loi en 1568 ;
les états de Blois de 1576 obtinrent un nouveau retour à
une doctrine plus rationnelle. L'ordonnance décida que les
magistrats seraient nommés par le roi sur la présentation
des corps judiciaires. Les candidats devaient remplir des

conditions déterminées d'âge et de stage, après examen constatant leur aptitude et enquête établissant la moralité de leurs antécédents.

Mais il est des maladies qui s'enracinent dans la constitution et qui ne finissent qu'avec le malade : l'ordonnance de 1579 resta sans exécution, et les nouveaux états de Blois de 1588 eurent à reprendre les mêmes réclamations. En 1614 seulement, la vénalité est supprimée pour reparaître quelques années plus tard. Elle fut dès lors fortifiée par le célèbre impôt de la *paulette*, qui en était la reconnaissance par l'État. Il suffisait à tout personnage titulaire d'un office de payer chaque année au fisc le soixantième de la valeur vénale de cet office ; à cette condition, il en restait propriétaire, sauf un droit de retrait rarement exercé par la couronne, lorsque l'officier venait à décéder ou qu'il désignait son successeur. Les hautes charges de premier président et de procureur général étaient exceptées et laissées à la nomination du roi.

Evidemment il est contraire à tous les principes, contraire même à la saine raison, que la tâche sainte de rendre la justice ne soit pas confiée aux plus dignes, mais que le hasard de la naissance en désigne les dispensateurs. Rappelons-nous avec quelle amertume Voltaire s'écriait : « La fonction divine de rendre la justice, de disposer de la fortune et de la vie des hommes est un métier de famille (1) ! » Il est plus révoltant encore que les emplois judiciaires puissent faire l'objet d'un commerce, être traités comme une marchandise vulgaire. Toutefois, à apprécier les choses en tenant compte des circonstances historiques, on ne saurait méconnaître quelle immense influence la propriété des charges a donnée aux corps

_____

(1) Correspondance, 21 juin 1739.

judiciaires, au point d'en faire la seule force qui ait pu protéger nos pères contre les excès de la monarchie absolue;
elle a donné naissance à cette noblesse de robe qui a tenu
dans nos annales une place presqu'aussi brillante que celle
remplie par la noblesse d'épée et qui a rendu au pays de
bien autres services que son aînée. Au point de vue spécial
de la séparation des pouvoirs, c'est le régime des offices
qui a permis aux parlements d'en dessiner le principe, et
si, dans l'application, ils l'ont souvent méconnue en empiétant sur les attributions du législatif et de l'exécutif, ils
en ont au moins fait sentir et comprendre l'importance (1).
Les temps modernes perfectionneront dans un tout
autre sens les institutions judiciaires sorties de la révolution ; ils recruteront les tribunaux par des modes plus en
harmonie avec les vraies règles du droit public. Ils ne
peuvent guère espérer de posséder une magistrature plus
éclairée que celle du xviie siècle, ils n'en sauraient désirer
une plus indépendante. Non pas que l'indépendance des
anciens parlements nous paraisse très méritoire, sauf
certains moments de crise où les représentants des
familles parlementaires ont eu à payer de leur personne
pour la défense du droit. Ils étaient soutenus par la sécurité absolue de leur situation et de leur rang, par l'esprit
de corps et quelquefois par les sympathies de l'opinion
publique. La lutte, le plus souvent, a été pour les parlements sans péril, et la reconnaissance due aux personnes
s'en trouve allégée d'autant. Mais qu'importe ? Les institutions sont précisément destinées à obvier aux faiblesses
humaines et à permettre aux bons penchants de notre
nature de se développer en paix. En particulier, l'hérédité

(1) « Chose étrange, dit Ch. de Rémusat, la vénalité des charges était
aussi une conquête de l'égalité. La noblesse voyait avec jalousie cette
investiture d'un nouveau genre, qui lui fermait, disait-elle, l'entrée des
cours souveraines. » (*Politique libérale*, p. 32.)

des charges a fait de la magistrature une puissance à part et, au point de vue qui domine cette étude, nous ne saurions oublier qu'elle seule, historiquement, a détaché définitivement l'autorité judiciaire du pouvoir exécutif.

La vénalité des offices, comme toutes les institutions puissantes, a laissé pendant longtemps certains regrets et a eu, même dans des années récentes, certaines velléités de résurrection qui sont fort curieuses à plus d'un titre (1).

La vénalité, l'hérédité des offices ont réalisé et appliqué le principe de la séparation des pouvoirs ; mais si l'on nous demandait d'assigner à cette séparation un point de départ précis dans l'histoire constitutionnelle de la France, nous dirions qu'elle a été tracée, non pas, comme le dit M. Bardoux (2), lorsque le parlement et la chambre des comptes furent devenus indépendants l'un de l'autre et de la cour du roi, mais du jour où l'appel a été régulièrement organisé; car, ce jour-là, l'autorité judiciaire s'est trouvée nettement distincte du pouvoir administratif ; elle a eu sa constitution spéciale, des modes de recours et une hiérarchie qui n'appartenaient qu'à elle et qui étaient fondés sur cette proposition que la justice est un droit pour le justiciable, tandis qu'un acte administratif est une faveur concédée ou une charge imposée par l'autorité qu'on pourrait appeler *active*. La séparation n'était pas encore complète dans les personnes, *subjectivement*, elle se dessinait dans les choses, *objectivement*.

. . . .

___

(1) Ainsi, à titre de curiosité uniquement, nous reproduisons en annexe une circulaire du garde des sceaux, de 1832, faisant allusion à des usages aussi bizarres qu'irréguliers, auxquels se laissaient aller à cette époque certains vieux magistrats, et qui n'avaient pu se perpétuer que grâce à de fâcheuses complaisances ministérielles.

(2) *Op. cit.*, chap. 1er, no 5.

Nous sommes en pleine renaissance; c'est dire que les idées ont autant d'importance que les faits, et qu'il faut chercher les principes plus encore dans les livres que dans les institutions.

On ne trouve nulle part, dans les temps que nous étudions, une définition, une formule de la séparation des pouvoirs; Locke sera le premier à la tenter en Angleterre, Montesquieu le premier à la donner en France. Mais la doctrine elle-même a été pressentie par des écrivains bien antérieurs; elle est au fond de toutes les aspirations libérales : tous les publicistes, réclamant la participation du peuple aux affaires publiques, c'est-à-dire le partage de la souveraineté, se posent par là même en champions plus ou moins conscients de la séparation des pouvoirs. Nous nous attachons à eux comme à des précurseurs et à des auxiliaires. D'ailleurs l'esprit n'a pas de frontières et nous sortirons quelquefois de chez nous pour savoir ce qui se pense partout où l'on commence à penser.

Le moyen-âge a été rempli des conflits de la papauté et des rois. Leurs discussions, leurs prétentions ont agité le monde; on a mis pour ou contre eux en mouvement tous les textes de l'Écriture sainte, autorité alors universellement reconnue, mais dont l'interprétation n'était apparemment pas sans difficulté, puisque, dans toutes les luttes de doctrine où on la fit intervenir, elle manqua rarement de fournir des arguments à tous les partis. Les intelligences, portant leur application sur les droits et l'indépendance de la souveraineté séculière, étaient naturellement amenées à en étudier la nature et quelques écrivains en décrivent les bases telles qu'ils les pressentent. Tandis que l'auteur de la *Divine Comédie*, ne trouvant sans doute pas encore les hommes assez gouvernés, rêvait la monarchie universelle, Marsile de Padoue, un polémiste presque ignoré, laissait là la Bible et s'inspirait d'Aristote, en adhérant formellement à sa doctrine politique et à la souveraineté du peuple. L'universalité des citoyens ou *la plus saine partie d'entre eux,* tel est le seul vrai légis- lateur ; le pouvoir exécutif doit lui être subordonné (donc distinct), et la délégation qui constitue le seul titre des officiers publics, y compris les rois, peut être révoquée à chaque instant.

Voilà qui est bien hardi ; l'École ira plus loin, et on entendra un cordelier, Jean Petit, soutenir, en s'autorisant des livres saints, la thèse du tyrannicide.

Cette thèse est-elle plus répugnante que la hideuse apologie de la tyrannie qu'allait publier, en pleine renaissance italienne, Machiavel, conseiller de tous les crimes, parce qu'il était dévoré de toutes les convoitises ? Que d'autres cherchent des explications et des atténuations à ses doctrines, qu'ils opposent ses ouvrages les uns aux autres pour faire ressortir de cette comparaison quelques circonstances atténuantes ; Machiavel est pour nous l'un des hommes qui ont le plus déshonoré l'humanité. A peine est il possible d'accorder un instant d'attention aux banalités qu'il reproduit sur les avantages des gouverne- ments modérés, aux préférences qu'il accorde en passant aux républiques sur les monarchies et à son prétendu zèle pour la liberté qu'il voudrait asseoir par la terreur. Ce sont des anomalies peu importantes dans son livre. Sa théorie personnelle, c'est que la souveraineté s'ac- quiert par le crime ou par le consentement populaire ; les deux moyens sont équivalents et la légitimité de l'un ou de l'autre lui paraît chose indifférente ; il n'y pense même pas. Laissons Machiavel dans l'oubli qui entoure désormais, sinon son nom, du moins ses œuvres. L'histoire l'a enseveli sous un monceau de justes malédictions : qu'il

dorme roulé dans le même linceul sanglant que son modèle, que son *Prince*, que César Borgia !

Il n'y a rien à gagner, quant à la sûreté et à la précision des opinions, près des nombreux écrivains qui se
sont inspirés de Machiavel et ont renchéri sur le maître
en faisant de la science politique une collection de conseils
empiriques, de considérations adaptées à des cas particuliers, et non pas un corps de doctrines. Il faut arriver
en toute hâte aux initiateurs de la réforme. Le grand
souffle qui réveilla alors les âmes, inquiéta les puissances
dans leur trompeuse sécurité et finit par allumer l'incendie aux quatre coins du monde chrétien, remuait
toutes les idées. C'est que toutes étaient encore groupées
autour de la théologie, la science maîtresse, et la théologie
ébranlée mettait en péril l'équilibre intellectuel de la
société.

Ce serait, du reste, une grande erreur de croire que le
protestantisme répandit partout le libéralisme; rien
n'était moins libéral que les premières formes qu'il
revêtit; la réforme, loin de faire une large part à la
conscience individuelle, chercha d'abord à détourner
l'autorité religieuse à son profit ; les dogmes nouveaux
qu'elle présenta au monde étaient généralement em-
preints d'un sombre caractère : en particulier, la liberté
humaine était complètement absorbée par la grâce.
A peine les églises réformées avaient-elles pris quelque
force, qu'elles rangèrent parmi leurs moyens d'action la
persécution dont elles avaient tant souffert et dont elles
devaient tant souffrir encore. Le meurtre de Servet trouva
un apologiste dans un ami de Calvin, Théodore de Bèze,
qui consacra un long travail à établir que l'hérésie était
un crime digne du dernier supplice et rentrant dans la
compétence du juge séculier. C'est la théorie même de

l'inquisition soutenue par les mêmes arguments. C'est une nouvelle confusion, et des plus dangereuses, entre le spirituel et le temporel. Mais, cette fois, l'Église occupe pour ainsi dire le rang inférieur, puisqu'elle est protégée par le pouvoir laïque auquel elle abandonne le droit de pénétrer dans les mytérieuses profondeurs de la conscience individuelle.

Luther lui-même, à l'exemple des premiers apôtres du christianisme, conseillait à ses adhérents le respect de toutes les puissances et l'obéissance absolue. La révolte n'est permise contre aucun gouvernement, et c'est même le plus dur, le plus oppresseur qui aidera le mieux les âmes à arriver au salut par le sacrifice et la souffrance. Ce sont aussi là les idées de Calvin.

Les anabaptistes, secte d'illuminés et d'insurgés, s'inspirèrent de sentiments tout opposés ; ils prêchaient, entre beaucoup d'autres nouveautés, la suppression des magistratures. Mélanchton entreprit de les ramener à un point de vue plus vrai.

Dans une seconde période, la Réforme, poussée aux extrémités par la Saint-Barthélemy, adopta une politique bien différente, pénétrée, celle-ci, d'un esprit réellement démocratique.

C'était un protestant que ce François Hotman, auteur d'un ouvrage intitulé *Franco-Gallia*, dans lequel il s'efforçait d'établir par l'histoire que le partage de la souveraineté entre la couronne et le peuple était la tradition même de la monarchie française. Il suivait son idée depuis les origines de la monarchie franke jusqu'aux jours où il vivait, déplorant le despotisme, accidentel suivant lui, qui opprimait la France, et adjurant la royauté de revenir à l'ancienne et permanente constitution ; il était obligé, pour appuyer son système de quelques apparences

de preuves, de prêter aux champs de mars, aux champs
de mai, au conseil du roi et aux états généraux une importance qui ne leur avait jamais appartenu; il en déduisait
la continuité de l'Assemblée nationale. La thèse était
hardie, elle était fausse, mais convenons qu'elle était
bien appropriée aux tristes circonstances du temps, et
que, œuvre d'une érudition qui n'avait pas alors à redouter la critique, elle présentait un côté fort spécieux.

Un autre protestant, bien plus zélé pour ses idées
religieuses, emprunte à l'Ecriture sainte les éléments
d'une politique complète, qui cependant n'a rien de
commun avec celle que Bossuet devait plus tard rechercher aux mêmes sources.

Dans le *Vindiciæ contra tyrannos*, Languet s'attache à
établir que la puissance publique résulte d'un premier
contrat entre Dieu, le roi et le peuple, et d'un second
entre le roi et le peuple seulement. Du premier, il déduit
le droit pour le peuple de déposer le prince et de résister
aux ordres injustes. Mais ce droit n'est pas la révolte
directe; le peuple manifestera sa résistance par l'organe
des magistrats qu'il a nommés, de ses représentants. Voici
la théorie parlementaire qui se fait jour.

L'idée du second contrat sert à Languet à corroborer
les affirmations qu'il vient d'émettre et encore à démontrer que le roi est soumis à la loi, de même que ses sujets.
Grande pensée qui appartient au droit moderne et qui se
trouve en opposition directe avec les maximes des légistes.
Citons encore une distinction juste et savante entre le
trésor du prince et le *trésor du fisc*, c'est-à-dire entre le
domaine du prince et le domaine public.

Dans le camp opposé, chez les catholiques, le jésuite
Suarez (*De Legibus*) arrive, en suivant les errements de
saint Thomas d'Aquin, à des conclusions à peu près aussi

avancées. La souveraineté, pour lui aussi, réside dans la masse des hommes. Les hommes, en s'associant, forment un groupe politique et se créent un gouvernement — ce n'est pas Jean-Jacques Rousseau qui parle, c'est un jésuite du xvi⁰ siècle. — Le peuple ainsi constitué délègue l'autorité ; il fait plus, il l'aliène entre les mains du prince à tout jamais et, normalement, ne peut plus la ressaisir. Nous sommes ramenés à la théorie de l'empire romain.

Sur la question de savoir si la loi doit être faite par le peuple ou par le roi, Suarez se dispense de prendre parti et renvoie aux constitutions particulières qui distribuent de diverses manières le pouvoir législatif entre le prince et les sujets ou citoyens.

Quelques esprits sont parvenus, au sein des tourmentes de la réforme et de la ligue, à rester dans ce juste milieu qu'aime le sage et qui est la vraie place pour juger de tout sainement. Outre les catholiques et les protestants, hommes de parti, il y avait des philosophes et des savants, il y avait d'honnêtes gens indignés des spectacles sanglants et honteux tour à tour dont abondèrent les règnes des derniers Valois. Dans cette catégorie se classe la Boétie, l'ami de Montaigne, qui écrivit un des plus vigoureux pamphlets qu'ait produits notre langue à l'âge où Arouet devait, pour des vers satiriques à l'adresse du pouvoir, être mis à la Bastille. Le discours sur la *Servitude volontaire* n'est pas un livre d'érudition, un traité *ex professo*, mais une suite de réflexions sur la tyrannie et sur la déplorable facilité avec laquelle les hommes se soumettent au pouvoir d'un seul, oubliant que les souverains ce sont eux et que les prétendus bienfaits du prince sont une partie de leur propre richesse usurpée : « Mais ils veulent servir pour gaigner des biens ; comme s'ils pouvoient rien gaigner qui ne fust à eulx mesmes ; et comme si aulcun pouvoit rien avoir de propre soubs un tyran, ils veulent faire que les biens soyent à eulx, et ne se soubviennent pas que ce sont eulx qui lui donnent la force pour oster tout à touts, et ne laisser rien qu'on puisse dire estre à personne. » Tel est le fond du discours sur la servitude volontaire. Les hommes ne se laissent dominer par un tyran que par faiblesse et par lâcheté ; la puissance qu'il exerce lui est abandonnée par le peuple qui seul possède naturellement la souveraineté. La satire est donc dirigée contre la « couardise » des sujets aussi bien que contre les vices des princes.

De nos jours, on a voulu, dans un intérêt de parti, représenter La Boétie comme un « républicain » et un « démocrate » (1) ; il n'était pas si fort en avance sur son temps. Démocrate, il ne l'était certainement pas dans le sens le plus moderne du mot. Il appartenait à la magistrature et tout ce que l'on sait de lui le montre très attaché aux privilèges et à la suprématie de la noblesse de robe. Pour la forme du gouvernement, il déclare, dès en débutant, s'en désintéresser entièrement : « Si ne veulx je pas, dit-il, débattre cette question tant pourmenée, à sçavoir : Si les aultres façons de republicques sont meilleures que la monarchie » ; plus loin il distingue, parmi les « meschants princes » qu'il blâme, trois sortes de tyrans : « les uns ont le roïaume par l'eslection du peuple ; les aultres par la force des armes ; les aultres par la succession de leur race. » La Boétie n'aurait donc pas été plus partisan de la Convention que de la royauté absolue dont il avait sous les yeux de si tristes modèles. La vérité, pour nous, se rapproche davantage de la vraisemblance : La Boétie appartient au grand mouvement rénovateur qui relie les

_____

(1) V. notamment la préface de M. Vermorel à la petite édition de *la Servitude volontaire*, publiée par la Bibliothèque nationale.

états généraux aux parlements. On cherche la monarchie modérée et contrôlée, le gouvernement mixte, la pondération des éléments de l'État ; on cherche, en un mot, la séparation des pouvoirs. La Boétie et ses contemporains ont eu le pressentiment de ce principe ; ils l'ont aperçu un peu confusément, comme Moïse embrassant d'un regard mourant la terre de Chanaan où il ne lui sera pas donné de pénétrer.

C'est à la même école qu'appartient, avec beaucoup plus de science, de profondeur et de calme, Jean Bodin, l'auteur de la *République*, qui n'a pas craint de reprendre et de refaire, en y introduisant plusieurs idées nouvelles, l'œuvre politique d'Aristote. Pour lui la souveraineté est « la puissance absolue et perpétuelle d'une république (1).» Il admet qu'elle réside dans le peuple et, si elle n'est pas exercée par le peuple lui-même, elle ne peut l'être que d'après sa délégation. Suivant qu'elle est pratiquement aux mains de tous, de plusieurs ou d'un seul, on se trouve en présence d'une démocratie, d'une aristocratie ou d'une monarchie, et ici reparaît la théorie des trois gouvernements d'Aristote. Bodin recommande de mélanger les éléments de l'aristocratie et de la démocratie pour constituer le meilleur état de choses, qui, d'après lui, doit avoir à son sommet une monarchie, et cette monarchie est bien près d'être absolue dans ses procédés ; car, aux yeux du grand théoricien politique du xvie siècle, le souverain, quel qu'il soit, donne des lois aux sujets sans leur consentement et n'est pas tenu d'obéir à celles qu'il a faites. Le Sénat « est l'assemblée légitime des conseillers d'Estat pour donner advis à ceux qui ont la puissance souveraine en toute république; » (1) mais il n'a aucune part

(1) Livre I, chap. viii.

au pouvoir législatif. Faisant une application au gouvernement de la France, il ne reconnaît aux états généraux que ce simple office de conseils, de « requêtes et supplications, » et il réduit le parlement, dont les prétentions usurpatrices se révélaient déjà de son temps, à n'être qu'un corps purement judiciaire. C'est de la saine séparation de pouvoirs.

Bodin attache d'ailleurs à la justice une importance sans égale ; à ses yeux, elle est l'objet même de la société : « Les rois ne furent onques establis que pour faire justice (1). » Descendant dans les détails, il examine « s'il est expédient que le prince juge les subjects et qu'il se communique souvent à eux. » C'est la question de la justice retenue ou déléguée ; il ne la résoud point catégoriquement et nous paraît omettre les vraies raisons de décider ; voici une des curieuses considérations qu'il fait valoir :

« Davantage les officiers bien souvent font injustice aux subjects, s'arrestant aux clauses, aux mots, aux syllabes de la loy, qu'ils n'osent franchir estans liés et asservis à icelle : et s'ils font conscience de juger selon la loy, il faut qu'ils envoyent leurs remonstrances aux princes, et qu'ils attendent les responses et déclarations des edicts, faire selon l'advis des autres officiers, lesquels bien souvent veulent voir au fonds du sac... » (2)

Il finit par s'arrêter à cette solution que, si tous les rois

(1) L. IV, chap. VI.
(2) Bodin dit encore, ailleurs : « Si ceux-là qui ont la souveraineté veulent entreprendre sur la charge du Sénat et des magistrats, ils sont en danger de perdre la leur. Et ceux-là s'abusent bien fort qui pensent rehausser la puissance du souverain quand ils lui montrent ses griffes et qu'ils lui font entendre que son vouloir, sa mine, son regard, doit être comme un édit, un arrêt, une loi, afin qu'il n'y ait personne des sujets qui entreprenne aucune connaissance qui ne soit par lui renversée ou changée. »

étaient vertueux et aimables, ils devraient rendre la justice en personne, mais qu'il faut craindre qu'un monarque imparfait n'étale ses infirmités morales devant tous.

Combien plus vigoureuse et plus vraie est cette simple phrase :

« Il n'y a point encore de liberté si la puissance de juger n'est pas séparée de la puissance législative et de l'exécutrice. Si elle était jointe à la puissance législative, le pouvoir sur la vie et la liberté des citoyens serait arbitraire ; car le juge serait législateur. Si elle était jointe à la puissance exécutrice, le juge pourrait avoir la force d'un oppresseur (1) ».

(1) *Esprit des Lois*, Liv. XI, chap. vi.

CHAPITRE XIII.

LES PARLEMENTS.

L'absolutisme des rois de France n'avait trouvé dans l'intervention des états généraux qu'un correctif et un contre-poids insuffisants. Ces assemblées n'apparaissent dans l'histoire que par intervalles et sans régularité. Elles n'ont jamais pu saisir ces éléments de force tant désirés par elles, la permanence et la périodicité. La couronne, ayant su s'arranger pour avoir de l'argent sans eux, cessa de les réunir et espéra ainsi se débarrasser des remontrances d'un mentor gênant. Cependant les revendications populaires, les aspirations libérales trouvèrent d'autres champions. Il semblerait, si l'on négligeait l'histoire, que les parlements fussent sans autorité pour continuer la lutte contre le despotisme envahissant ; car les états généraux, si restreinte que fût leur participation au gouvernement des affaires publiques, avaient pour s'y mêler un mandat de la nation ; les parlements, au contraire, étaient dans leur nature, dans leur essence même, de simples corps judiciaires et ne représentaient à aucun titre la masse des Français ; tout au plus et en forçant un peu la vérité, pouvaient-ils se réclamer du « conseil des princes et barons qui, de toute ancienneté, étaient près de la personne des rois, voire avec l'État (1) », prétendre qu'ils tenaient la

(1) Remontrances du Parlement à Louis XIII, en 1615.

place de cette antique institution et qu'ils avaient le même droit d'agir, par initiative, surveillance et correction, sur le maniement des affaires publiques. Mais la forte constitution du corps judiciaire, son indépendance à l'égard du pouvoir, l'étroite cohésion qu'il devait à l'hérédité des charges et à la direction commune des idées de ses membres, lui permirent l'esprit de suite, qui est le grand levier des choses humaines. Sans aller jusqu'à faire de la persévérance une vertu, puisqu'elle peut être mise au service d'un mauvais dessein aussi bien que d'une entreprise salutaire, on peut, tout au moins, affirmer que c'est, dans l'ordre d'importance, une des plus hautes qualités des individus et des corporations. Le succès lui échappe rarement, parce qu'elle emprunte quelque chose de la force du temps, qui est le maître suprême.

Avant d'entrer, autant que le comporte notre sujet, dans l'étude du rôle politique des parlements, nous devons nous attacher à la partie normale de leurs attributions, examiner si, au XVIIe siècle, ils avaient, comme ils auraient dû l'avoir, la plénitude du pouvoir judiciaire, et, d'une façon plus générale, comment la justice était administrée en France, à cette époque.

La compétence des parlements a été déjà indiquée en quelques lignes : en principe, ils étaient réputés détenir la plénitude de l'autorité judiciaire. Ils étaient « cours souveraines, » et il semble qu'ils auraient dû tout au moins dominer, en vertu de ce titre, l'ensemble des juridictions. Mais il en fut autrement en réalité, et les empiètements qu'ils se sont souvent permis sur le domaine du gouvernement ne furent que la contre-partie des empiètements du gouvernement sur leur domaine propre. Les tribunaux spéciaux s'élevaient de tous côtes et ne respectaient souvent que les formes de la justice. De la part de la couronne, ces

créations de juridictions exceptionnelles se rattachaient
à une ligne de conduite préméditée; elle y cherchait surtout un instrument politique : rendue, par le sentiment
de son intérêt, fidèle à la thèse des premiers jours, elle
ne voulut jamais considérer le pouvoir judiciaire, attribut
de la souveraineté, que comme une chose qu'elle pouvait
retenir ou déléguer à son gré.

Quant au point de vue utilitaire, Tocqueville l'a admirablement mis en relief dans ce beau passage de l'*Ancien Régime et la Révolution* : « Il n'y avait pas de pays
en Europe où les tribunaux ordinaires dépendissent
moins du gouvernement qu'en France; mais il n'y en
avait guère non plus où les tribunaux exceptionnels fussent
plus en usage. Ces deux choses se tenaient de plus près
qu'on ne l'imagine. Comme le roi n'y pouvait presque
rien sur le sort des juges; qu'il ne pouvait ni les révoquer,
ni les changer de lieu, ni même, le plus souvent, les élever
en grade; qu'en un mot, il ne les tenait ni par l'ambition
ni par la peur, il s'était bientôt senti gêné par cette indé-
pendance.Cela l'avait porté, plus que nulle part ailleurs, à
leur soustraire la connaissance des affaires qui intéres-
saient directement son pouvoir, et à créer, pour son usage
particulier, à côté d'eux, une espèce de tribunal plus
dépendant, qui présentât à ses sujets quelque apparence
de la justice, sans lui en faire craindre la réalité. » Les
représentants traditionnels et vénérés de la justice avaient
donc leurs sosies, rendant plus de services que d'arrêts;
les plus odieux d'entre eux furent ces commissions criminelles dont le génie puissant mais implacable de Richelieu
fit un si déplorable abus, et qui couvrirent tant de fois d'un
manteau semblable à celui de la justice les crimes de la
vengeance personnelle et de l'arbitraire déguisé sous le
titre de raison d'Etat. En outre, des juridictions perma-

nentes de toute nature absorbaient à leur profit de nombreuses catégories de contestations, que des considérations étrangères et souvent opposées à l'intérêt de la justice avaient fait soustraire à la compétence des tribunaux ordinaires. Les énumérer serait aussi fastidieux qu'inutile. Disons seulement qu'à nos yeux, c'est là qu'il faut chercher les origines de notre contentieux administratif, bien plutôt que dans les principes politiques de la Révolution et que dans les plans constitutionnels du premier consul. L'ancien régime a laissé à la France un état judiciaire extrêmement complexe ; la première république a commencé à le simplifier, en supprimant la plupart des tribunaux d'exception. Il ne reste à faire que le dernier pas, il est réservé à notre époque de le franchir. Le principe sainement entendu de la séparation des pouvoirs l'exige ; l'idéal à réaliser (et il est déjà près de nous) c'est l'unité en cette matière ; il ne doit y avoir qu'une justice, comme il n'y a qu'une loi.

La compétence ordinaire des parlements était restreinte elle-même par les évocations et la cassation des arrêts, qui, peu à peu, avaient amené, grâce à de singuliers abus de raisonnement, au conseil du roi, le contrôle, et même en partie l'exercice de l'administration du pouvoir judiciaire. Au XVIIe siècle, sa participation à l'administration de la justice était de tous les instants ; elle provoqua, sous Louis XIV, au sein du conseil d'Etat, un démembrement d'où résulta la création du conseil des parties, qui s'attacha exclusivement à remplir le rôle de Cour de cassation.

Les recours en cassation, alors comme aujourd'hui, étaient généralement fondés sur la violation des coutumes, ordonnances, édits et déclarations. Cependant il y avait parfois lieu à cassation en matière civile, pour simple *mal jugé*, particulièrement quand le procès portait sur les *droits du roi*, causes du fisc, intérêts domaniaux ou dans le cas d'erreur *énorme* (1).

En matière criminelle, le recours en cassation ou, pour mieux dire, en révision, était plus largement ouvert; il suffisait au condamné d'accuser, devant le conseil du roi, ses juges d'injustice évidente, et il pouvait se prévaloir, non seulement des nullités de procédure, mais encore de toutes les présomptions propres à établir son innocence.

Quand la cassation avait été prononcée, le conseil pouvait retenir par devers lui l'affaire *pour y faire droit*. Souvent il renvoyait à une autre juridiction et il choisissait le plus volontiers celle des *requêtes de l'hôtel*, composée à l'origine de ceux des maîtres des requêtes qui étaient restés attachés au conseil du roi lorsque le Parlement s'en était séparé.

C'est surtout au moyen des évocations que la couronne pratiquait sa déplorable théorie de la *justice retenue*. Les évocations portaient principalement sur certaines catégories d'affaires, qui seraient classées aujourd'hui dans le contentieux administratif; mais ces catégories n'étaient point limitativement indiquées, il suffisait, dans la pratique, qu'une affaire se rattachât aux droits ou prétentions du pouvoir exécutif, qu'elle intéressât la personne du roi ou de ses courtisans, pour que le cours régulier de la justice fût interrompu. « La compétence du roi en son conseil était illimitée en droit, dit fort justement M. Dareste (2), et on pourrait donner de nombreux exemples de procès civils ou criminels, évoqués ou jugés au conseil d'État; » ils y étaient jugés au fond ou étaient renvoyés devant les requêtes de l'hôtel ou toute autre

---

(1) Pothier. *Traité de la Procédure civile*, 3e partie, sect. III, art. 2.
(2) *La Justice administrative en France*, 1re partie, chap. IV.

juridiction, même devant une simple commission, mais surtout devant le grand conseil.

C'est, en effet, comme tribunal spécial d'évocation que le grand conseil avait été réorganisé par l'ordonnance du 2 août 1497 ; il subit depuis bien des vicissitudes, mais il était encore debout en 1789, malgré les réclamations exprimées à diverses reprises par les états généraux sur les abus des évocations. En dehors de cette destination spéciale, le grand conseil connaissait des causes bénéficiales et des procès sur les offices royaux et enfin des contrariétés d'arrêts entre cours souveraines.

Au point de vue de la séparation, ou plutôt de la confusion des autorités judiciaire et administrative, l'institution des intendants a une grande importance ; elle fut sinon créée, du moins perfectionnée et fortifiée, transformée même par Richelieu et Colbert, ces deux illustres centratralisateurs qui ont achevé dans l'administration l'œuvre commencée par Louis IX dans la législation et dans la politique. Le premier rendit les anciens *commissaires départis* sédentaires d'ambulants qu'ils étaient ; le second étendit démesurément leurs attributions et fit d'eux le rouage principal du gouvernement.

Pour trouver des bornes à leurs attributions, il faudrait rechercher avec soin, point par point, comment elles s'exerçaient dans la pratique ; en théorie, elles étaient illimitées : le roi réunissait en lui-même tous les attributs de la souveraineté ; les intendants étaient les représentants de celui qui pouvait dire : « L'État, c'est moi. » A l'aide de leurs subdélégués, ils réalisaient le mystère de l'omniprésence royale, ils étaient les rayons de ce soleil que l'orgueil de Louis XIV avait pris pour symbole : en principe ils pouvaient tout, et s'ils ont eu parfois le dessous dans leurs luttes avec les parlements, ce n'est pas qu'ils fussent arrêtés par la doctrine encore mal formulée de la séparation des autorités, mais parce que la politique a des nécessités qui s'imposent même aux souverains absolus.

Le titre seul de ces officiers indique l'universalité de leurs fonctions; ils s'appelaient *intendants de justice, police et finances, et commissaires départis dans les généralités du royaume pour l'exécution des ordres du roi;* on voit que le commandement militaire est la seule branche des pouvoirs publics qui ne leur soit pas nominativement déléguée, et encore participaient-ils à la justice militaire.

L'intendant était un simple agent à la disposition, à la discrétion des ministres et du roi; il n'en avait pas moins des attributions de juge, et c'est le côté scandaleux de l'institution. En dehors des innombrables questions contentieuses qu'il était appelé à trancher en matière d'impôts, de droits domaniaux, de voirie, etc., l'intendant avait aussi un pied dans la justice ordinaire, dans la grande justice ; il était le centre et le président naturel de ces commissions que le conseil du roi créa mainte fois pour connaître à charge d'appel devant lui-même ou en dernier ressort de causes soustraites par évocation à la justice ordinaire. Il était aussi fréquemment chargé de faire sur place l'instruction des affaires que le conseil se réservait. Il se transportait, quand bon lui semblait, dans les présidiaux et autres sièges royaux et prenait la présidence de l'audience (1).

En créant les intendants, c'est-à-dire en remettant de parti pris dans les mêmes mains des pouvoirs administratifs et des pouvoirs judiciaires, nos derniers rois faisaient

---

(1) V. ms. de M. d'Aube, reproduit par extraits par M. Dareste (*Op. c°*, 1ʳᵉ partie, chap. v).

reculer le droit constitutionnel bien au delà de saint Louis, jusqu'à l'époque à demi sauvage que les Carlovingiens ont occupée dans la chronologie ; l'absolutisme de Charlemagne était une nécessité sociale, l'absolutisme de Louis XIV n'a été qu'une réaction fâcheuse contre les progrès réalisés sous le règne de Henri IV ; nous touchons au côté sombre d'un siècle qui a mérité d'être appelé le grand siècle, qui fut en effet grand par les armes et par les lettres, qu'on serait tenté de traiter aussi de grand par la politique et par l'administration, si l'histoire n'était remplie des ruines qu'il a laissées derrière lui.

L'animosité des parlements à l'égard des empiètements des intendants entra pour beaucoup dans leur mémorable lutte contre la couronne ; de cette lutte nous n'avons point à faire le récit détaillé, nous voulons seulement rappeler quelles armes ont servi à la résistance et un peu à l'attaque ; afin de faire voir quelles sont les causes qui ont modifié et compromis, pendant plus de deux siècles, l'équilibre des pouvoirs.

En premier lieu, les parlements avaient de toute antiquité la police de leur ressort ; cette attribution si vaste leur donna une force considérable précisément dans leurs interminables conflits avec les intendants ; ceux-ci, se sentant appuyés par le roi et son conseil, étaient animés, de leur côté, d'un esprit d'envahissement peu douteux, et c'était à qui non seulement maintiendrait intacte sa propre autorité, mais encore s'ingérerait dans les fonctions de l'adversaire ; les parlements avaient la prétention de contrôler constamment l'administration des intendants, ils allaient, lorsqu'ils les citaient devant eux à raison de leurs ordonnances, jusqu'à les décréter de prise de corps. Ces hauts fonctionnaires trouvaient, à leur tour, de puissantes ressources dans l'évocation et la cassation, dont l'usage devint si fréquent sous Louis XIV et sur lesquelles nous avons plus haut appelé l'attention du lecteur.

Les parlements ne se bornaient pas à décider sur les causes particulières à eux soumises ; ils faisaient aussi des arrêts de règlement. Tous ces points sont généralement connus, et si nous les rappelons, c'est poussé par la nécessité de bien fixer les idées. — Les parlements commencèrent par — à propos d'une espèce née et existante — fixer d'avance la jurisprudence à suivre pour les espèces analogues qui pourraient leur être soumises ultérieurement, puis ils en vinrent à faire des règlements sans procès : le parlement de Normandie, par exemple, publiait périodiquement ses *placitœ* pour l'interprétation de la coutume. Les arrêts de règlement furent longtemps l'une des sources les plus abondantes de la législation.

Mais les abus les plus graves se rattachent à la formalité de l'enregistrement, et la crise qu'ils amenèrent atteignit son maximum d'acuité à l'époque où le droit des ordonnances, se superposant au droit coutumier, cherchait à renouveler la face du pays.

De tout temps, les actes législatifs de la couronne, une fois décrétés, étaient transmis aux autorités judiciaires et administratives, afin qu'ils pussent être exécutés et appliqués ; de bonne heure aussi, les rois, admettant que leurs conseillers avaient pu leur inspirer des résolutions contraires aux précédents, voulant également mettre leurs juges en garde contre l'hypothèse de fausses ordonnances, de textes apocryphes n'émanant pas en réalité de la « pleine science royale (1), » autorisaient les cours souve-

---

(1) L'en-tête des anciens édits portaient la formule : « De nostre certaine science, pleine puissance et autorité royale... »

raines et même les juridictions inférieures à leur faire des remontrances et à suspendre la transcription du nouveau document sur le registre *ad hoc*, jusqu'à ce que des *lettres de jussion* exprimassent la volonté du roi de le voir enregistré et observé dans sa teneur, avec ou sans modification. Il y a plus : souvent le roi n'était pas fâché de trouver, dans ses cours de justice, des alliés cachés qui arrêtassent à mi-chemin des faveurs personnelles accordées à des sollicitations importunes.

Sans changement dans la législation, les parlements réussirent à faire considérer l'enregistrement des ordonnances comme la sanction sacramentelle des lois ; au xviiᵉ siècle, leur formule sur le pouvoir législatif était la suivante : *les états proposent*, la royauté statue, le parlement *contrôle*.

La royauté, par contre, ne pouvait admettre ce pouvoir de contrôle avec l'interprétation large qui était celle des parlements et qui consistait à dire qu'une ordonnance jugée inopportune pouvait être tenue indéfiniment en échec par le défaut d'enregistrement. L'ordonnance de Moulins, un édit de Richelieu de 1641, enfin la grande ordonnance de 1667 réglèrent au moins théoriquement la situation : il fut décidé qu'un parlement ne pouvait refuser l'enregistrement d'un acte apporté par le roi ou par son délégué porteur d'ordres écrits ; c'était l'entérinement par *lits de justice ;* mais, dans ce cas, les parlements admettaient en jurisprudence que l'enregistrement, ayant été imposé par la force, était nul, et ils laissaient tomber en désuétude les lois ainsi reçues.

Une déclaration de 1673 coupa momentanément le mal dans sa racine, en décidant que les remontrances n'auraient lieu qu'après l'enregistrement, non pas avant. Mais le régent, ayant besoin de flatter le parlement de

Paris, laissa renaître l'usage des remontrances préalables ; l'audace des parlements alla jusqu'à faire des remontrances spontanées sur la ligne de conduite suivie par le gouvernement ; ils unirent enfin leurs résistances contre la couronne par la théorie des *classes*, en vertu de laquelle il était admis que tous les parlements n'étaient que des classes d'un même corps. Le règne de Louis XV fut rempli par une longue agitation parlementaire et le malheureux essai de réorganisation judiciaire du chancelier Maupeou, qui devait mettre fin à cette agitation, n'en fut qu'un incident. Les parlements réinstallés appelèrent de tous leurs vœux bruyamment manifestés la réunion des états généraux, dont le premier soin fut de les mettre en vacances *jusqu'à nouvel ordre.*

C'est que les parlements étaient restés fort en arrière du mouvement général des idées : l'opinion publique, qui avait été avec eux dans bien des circonstances, s'était tournée contre eux lorsqu'il avait été bien constaté que les compagnies judiciaires avaient toujours agi moins en vue du progrès général qu'en vertu d'un esprit de corps assez exclusif et peu sympathique aux aspirations de la foule. Cet esprit était loin d'être démocratique ; il était même, en un certain sens, franchement aristocratique ; les parlements étaient plus soucieux de la liberté que de l'égalité, et l'égalité était devenue en France, à la veille de la Révolution, un engouement, une passion presque universelle.

Il se passa donc entre les parlements et le peuple ce qui se passe tous les jours, au milieu des compétitions de la politique, entre des partis différents qui se sont unis, pour une campagne déterminée, dans une tactique uniforme. Tant qu'on cherche à détruire, la bonne harmonie subsiste, mais à peine la victoire apparaît-elle comme prix des efforts communs que les groupes se séparent et vont où les attirent leurs aspirations respectives. Seulement, en 1789, le peuple ou plutôt ses représentants, ivres d'un succès dont la gestation avait été laborieuse et dont l'enfantement devait être si douloureux, tombèrent dans l'excès de ceux-là mêmes qu'ils venaient de renverser; ils ne pouvaient supporter aucune puissance à côté de la puissance populaire. L'ancienne organisation judiciaire cessa d'exister.

Ceci n'entame en rien la gloire propre des parlements. Ils ont pendant longtemps figuré le pays et favorisé l'essor des principes nouveaux. Tout en défendant, à chaque occasion, l'indépendance de la couronne à l'égard, par exemple, de l'autorité ecclésiastique, de la papauté, ils ont voulu rendre la couronne elle-même dépendante de la justice, de la modération et de l'opinion(1). Ils ont cherché à *séparer les pouvoirs* qu'elle retenait dans ses mains. En cassant le testament de Louis XIV, le parlement de Paris croyait sans doute prononcer l'oraison funèbre de l'absolutisme monarchique. Malheureusement celui-ci avait été si solidement implanté en France par l'alliance du trône et du menu peuple, lorsqu'il s'était agi de défaire la féodalité, qu'il aurait pu résister à des coups plus rudes encore; sa chute devait être celle du monde ancien. Toutes les attaques, toutes les protestations semblaient donner à ce régime politique une vigueur nouvelle, car lorsqu'il eut abattu ses ennemis et fait partout le silence, il s'écroula de lui-même, entraînant avec lui la société. Après les grandeurs qui avaient marqué les ministères d'un Richelieu et d'un Colbert, la royauté, cessant

____

(1) « Tous les progrès de la magistrature, dans le sens de son indépendance de l'autorité royale, s'accomplissent sous les gouvernements les moins portés à subir le contrôle parlementaire. » (F. Mérilhou. *Les Parlements de France*, p. 306.)

d'être étayée par un homme de génie, tomba dans les folies de l'intolérance religieuse et dans les hontes qui précédèrent le règne de Louis XVI, victime expiatoire de tant d'abus dont la suppression définitive, pour avoir été trop long-temps refusée, devait s'accomplir dans le crime.

. . . . : . . . .

L'absolutisme monarchique (faut-il s'en étonner?) eut ses publicistes et ses théoriciens. Tandis que les plus brillants représentants des lettres profanes entouraient Louis XIV de basses flagorneries, le plus grand génie qui ait illustré la chaire française, celui-là même qui a le premier reven-diqué les libertés de l'Eglise gallicane, compulsait la Bible, ce *livre* où l'on trouve tout, et y recueillait pieu-sement, avec une bonne foi évidente, les maximes pou-vant conduire à un certain idéal politique : le roi maître absolu de l'Etat, des peuples et des biens, n'inclinant sa majesté que devant la majesté plus haute des lois di-vines : « O rois, vous êtes des dieux (1)! » Tel est le résumé doctrinal de la *Politique tirée de l'Ecriture sainte.*

Pour Bossuet, le principe de la souveraineté est en Dieu même; à ce titre, tous les gouvernements sont de droit divin. Il reconnaît cependant que, dans l'origine, et d'après les apparences purement humaines, la multitude livrée à l'anarchie se donne un gouvernement grâce au sacrifice que fait chaque individu d'une part de sa liberté, ou plutôt de sa force. Mais c'est à ce moment seulement que naît la souveraineté; elle n'existait pas auparavant, même à l'état latent, et voilà quelque chose qui sort de rien ; inclinons-nous devant ce mystère, puisqu'aussi bien il s'agit presque de matières de foi.

---

(1) *Politique tirée de l'Ecriture sainte,* L. V, art., IV, prop. I.

En somme, aux yeux de l'éminent précepteur du dauphin, l'utilité du gouvernement se confond avec sa légitimité. C'est ce qui inspire à M. Nourrisson (1) ces réflexions si justes : « Après avoir assis les gouvernements sur la base instable des faits, Bossuet, et c'est là le second vice radical de sa politique, prétend les pétrifier, quels qu'ils soient, bons ou mauvais, excellents ou barbares et odieux, dans une fixité invariable... » Et plus loin cette appréciation, cette explication si vraie : « C'est la monarchie telle qu'elle est, on dirait presque c'est le prince tel qu'il est, que Bossuet célèbre, qu'il voudrait et qu'il espère perpétuer. Les plaies de cette monarchie, qui évidemment ne peuvent toutes lui échapper, les faiblesses de ce prince qui lui sont connues mieux qu'à tout autre, lui apparaissent comme autant d'infirmités inséparables des choses humaines. Offusqué par le spectacle d'une réalité toujours défectueuse, ce sublime esprit ne soupçonne pas d'idéal plus pur ni plus relevé. »

Le Prince de Bossuet a tous les pouvoirs de l'État ; il en a même qui en saine doctrine ne sauraient appartenir à l'État. Ainsi, le gouvernement seul crée tous les droits, y compris le droit de propriété. Ainsi encore, « Au prince seul appartient le soin général du peuple, c'est là le premier article et le fondement de tous les autres ; à lui seul les ouvrages publics, à lui les places et les armes, à lui les décrets et les ordonnances, à lui les marques de distinction ; nulle puissance que dépendante de la sienne, nulle assemblée que par son autorité. C'est ainsi que, pour le bien de l'État, on en réunit en un toute la force. Mettre la force hors de là, c'est diviser l'Etat, c'est ruiner la paix publique, *c'est faire deux maîtres* (2). »

(1) *La Politique de Bossuet*, chap. VII.
(2) Bossuet. *Op. c*°, Liv. IV, art. I, 3° prop.

On voit que Bossuet est un adversaire décidé de la séparation des pouvoirs. « De même que c'est le prince seul qui finalement fait la loi, c'est aussi, en somme, le prince seul qui l'applique, immédiatement ou par délégation. Les juges sont sous lui, *les affaires difficiles lui sont réservées.* » Le roi est d'ailleurs personnellement supérieur à toutes les lois.

Telle est la théorie, telles sont les applications de la politique de droit divin. On en trouvera les maximes complaisamment reproduites et augmentées d'exemples appropriés dans les *Mémoires de Louis XIV*.

Les idées de Bossuet trouvaient, non pas leur contre-partie, mais leur atténuation, dans celles d'un autre prêtre, d'un autre précepteur de prince, et volontiers nous dirions d'un autre homme de génie, dont la douce physionomie, rapprochée de celle du fougueux évêque de Meaux, semble opposer la mansuétude et l'esprit de persuasion à la force et à l'esprit d'autorité. Bossuet et Fénelon ont été en conflit sur presque toutes les matières, dans presque tous les domaines de la pensée. Une seule chose pouvait les réunir un instant : leur adhésion commune aux dogmes imposés à une foi également vive chez l'un et chez l'autre ; hors de là, ces deux grandes intelligences étaient trop antipathiques de nature pour ne pas suivre spontanément des voies différentes, sinon des directions contraires.

Dans les œuvres de Fénelon, maint passage se rapporte à la politique ; sa correspondance traite en plus d'un endroit de cette science si importante ; nous possédons le plan de ses leçons au duc de Bourgogne ; enfin l'Écossais Ramsai s'est attaché à coordonner et à résumer les idées politiques de l'illustre prélat. Il est donc facile, à l'aide de ces documents, de reconstituer le système que Fénelon considérait comme l'idéal du gouvernement.

Fénelon ne se séparait pas de Bossuet sur les questions d'origine ; selon lui aussi, l'autorité vient de Dieu et le droit à la révolte est toujours un mensonge ; ils professent une égale prédilection pour la monarchie, mais Fénelon trouve que la véritable force de cette dernière réside dans la modération et qu'elle doit faire au pays une part dans la gestion des affaires publiques.

Ecrivant au roi pour lui décrire les malheurs de ses sujets : « La sédition, insistait-il, s'allume de toute part. Ils croient que vous n'avez aucune pitié de leurs maux, que vous n'aimez plus que votre *autorité* et votre gloire (1). »

Cette autorité, Fénelon estime qu'elle doit être limitée de plusieurs manières ; d'abord, de sa nature, elle n'est pas universelle ; ainsi le roi ne peut agir que sur les actions des hommes, non sur leur volonté intérieure ; la liberté de conscience est par là proclamée, à l'égard du moins du pouvoir temporel.

Le roi, d'après Fénelon, ne doit pas faire les lois seul, mais avec le concours obligatoire d'une assemblée de conseillers pris dans les rangs de l'aristocratie (2). Le peuple n'est pas assez éclairé pour avoir part au pouvoir législatif, il doit cependant être appelé à voter lui-même ou par ses représentants attitrés les subsides exceptionnels dont le roi a besoin pour le service de l'Etat. Pour les revenus annuels et réglés, la perception en rentre dans les prérogatives de la couronne.

(1) Lettre de Fénelon à Louis XIV (*Œuvres de Fénelon*, Ed. 1835. t. III, p. 443).
(2) L'auteur de *Télémaque* fait ainsi parler Mentor exposant à son élève les lois de Minos : « Je lui demandai en quoi consistait l'autorité du roi, et il me répondit : Il peut tout sur le peuple, mais *les lois peuvent tout sur lui*. Il a une puissance absolue pour faire le bien, et les mains liées dès qu'il veut faire le mal. » (Livre V.)

Voilà de bien grandes concessions aux idées libérales, voilà de bien grandes espérances, de bien graves enseignements pour un élève princier. Fénelon ne néglige pas les détails, mais il y est moins heureux. Dans ses plans de gouvernement concertés avec le duc de Chevreuse pour être proposés au duc de Bourgogne, il étudie les réformes les plus urgentes à introduire en France. Il insiste particulièrement sur la nécessité de rétablir les états généraux et de leur donner une existence régulière et permanente ; il en indique la composition, le recrutement, et exige surtout que les élections soient libres. Il maintient, malgré son faible pour l'aristocratie, les trois ordres dans l'assemblée et organise une sorte de hiérarchie entre les états généraux, des états provinciaux créés au nombre de vingt au moins, et même des diètes cantonales établies en vue de l'assiette de l'impôt.

Certaines parties des projets de Fénelon peuvent être traitées de chimériques, on peut lui reprocher aussi d'avoir souvent confondu avec l'amour de la liberté ses prédilections pour l'aristocratie. Fénelon n'en a pas moins le mérite d'avoir reconnu que les pouvoirs législatif et exécutif ne devaient pas être confiés aux mêmes mains ni exercés de la même manière. C'est donc bien un des prophètes de notre principe, et, par ce côté, l'on peut dire de lui : « Il est le lien naturel du xviie siècle au siècle suivant ; grâce à lui, l'esprit ne passe pas sans transition de Bossuet à Montesquieu (1). »

À l'étranger, la question se posait également, dans les faits comme dans les doctrines, entre l'absolutisme monarchique et la liberté qui cherchait à pénétrer les institutions pour les ramener au type de la monarchie tem-

_____

(1) Paul Janet. *Op. c°*, t. II, Liv. IV, chap. iv.

pérée. L'Angleterre, au sol déjà trempé du sang royal criminellement répandu, touchait à la révolution de 1688 et les controverses sur la souveraineté alimentaient la fermentation des esprits. Hobbes y fut le théoricien de l'absolutisme de l'Etat, et développa, avec une habileté consommée, des théories qui, au fond, ne sont autres que celles de Bossuet. L'un et l'autre, d'ailleurs, cherchaient à établir scientifiquement la légitimité de leurs intérêts de parti : Bossuet était le familier de Louis XIV, Hobbes le familier des Stuart.

Bossuet cherche en vain, dans ses traités politiques, à distinguer l'autorité de son prince du pouvoir arbitraire que Hobbes accorde au sien : il soumet, à la vérité, les actions du monarque au frein religieux ; mais ce correctif de la religion est tout intérieur et ne se rattache pas à l'organisation des institutions. Le prince doit user avec sagesse et modération de ses droits ; mais ses droits n'en sont pas moins illimités. Les différences entre Hobbes et Bossuet sont donc de pures questions de mesure, elles ne sont point spécifiques.

C'est encore par le côté religieux que se distinguent les considérations fondamentales sur lesquelles les deux grands publicistes font reposer les idées de société, de gouvernement, de souveraineté. Aussitôt que Bossuet a réuni les hommes en un groupe d'associés, il fait intervenir parmi eux le droit divin ; le principe de l'autorité descend du ciel, comme les langues de feu de la Pentecôte, et le despotisme de l'Etat est à tout jamais sanctifié. Il est certain qu'une notion aussi haute donne au pouvoir social un caractère tout particulièrement respectable. Hobbes, au contraire, prend pour point de départ les hypothèses d'une philosophie grossière et tout utilitaire ; à ses yeux, l'état naturel de l'humanité est la guerre de tous contre

tous ; on dirait aujourd'hui la « lutte pour l'existence ».
Le pur instinct de la conservation pousse les hommes à
rechercher la paix, à prendre un maître, à organiser un pouvoir civil ; celui-ci, en posant à ses commettants des règles
de conduite, crée véritablement et arbitrairement le droit
et la justice ; mots qui, en dehors de la loi positive, ne
répondent à aucune réalité. Le pouvoir de l'Etat résultant de cette abdication nécessaire et définitive des
volontés individuelles, est absolu, quelle que soit la forme
particulière du gouvernement. C'est un leurre de prétendre que des assemblées chargées de faire les lois et
d'en déterminer la sanction peuvent servir de remède au
pouvoir absolu, elles s'en empareront elles-mêmes et on
n'a pas plus de garanties contre le pouvoir de plusieurs
que contre le pouvoir d'un seul. Il faut remarquer qu'à
l'appui de ce paradoxe, Hobbes émet cet aphorisme que
la souveraine puissance ne saurait être divisée. Il se pose
donc en adversaire résolu de la séparation des pouvoirs.

Il va sans dire qu'avec de pareilles tendances, Hobbes,
tout en admettant la possibilité des différentes formes de
gouvernement, accorde toutes ses préférences à la monarchie. Le despotisme est plus maniable par un seul homme
que par plusieurs.

Nous n'avons pas, au moins quant à présent, à faire la
critique du système de Hobbes ; qu'il nous suffise de rappeler le nom des hommes qui, au xviiᵉ siècle, ont suivi ou
combattu ses doctrines.

Le hollandais Grotius y opposa la meilleure des réfu-
tations en créant sur des bases sérieuses, grâce à une discussion serrée, la science du droit naturel (1) et du droit
des gens. Il s'attacha à prouver qu'il est possible de tirer
directement, de l'observation de la conscience humaine,

_____
(1) Grotius. *De jure pacis et belli.*

certaines règles politiques qui, loin d'être le résultat des lois écrites, en sont l'origine et le fondement. Ce qui lui paraissait essentiel dans l'état de nature, ce n'était pas l'instinct de la guerre, mais l'instinct social ; sa théorie de la souveraineté, partant de semblables prémisses et développée avec la science d'un jurisconsulte de premier ordre, avait nécessairement une tout autre physionomie que celle de ses prédécesseurs. Le grand Leibnitz fut en quelque sorte le second fondateur du droit naturel pour lequel Spinosa avait, lui aussi, cherché des formules. Celui-ci considérait que la fin de l'Etat est la liberté, et il prônait, comme le meilleur système de gouvernement, une monarchie mitigée par la présence, autour du roi, d'un conseil dont la coopération aurait été nécessaire pour la confection de la loi et la décision des grandes mesures d'administration ; les ministres de la couronne auraient été responsables devant ce conseil, auquel il aurait aussi appartenu de ratifier les sentences judiciaires portées par une autre assemblée exclusivement composée de jurisconsultes. Spinosa distinguait donc assez clairement les pouvoirs législatif, exécutif et judiciaire, en rattachant au premier les deux derniers par une subordination, par une dépendance trop étroite. Pour se garder toutefois d'exagération, il faut remarquer que, d'après le plan de Spinosa, les membres des deux conseils auraient été à la nomination du roi, astreint néanmoins à prendre un conseiller dans certaines familles. Cela est nécessaire, d'après le célèbre panthéiste, pour que la monarchie ne dégénère pas en démocratie, et cela suffit, d'autre part, pour « que tout dépende de la volonté du roi, mais que toute volonté du roi ne soit pas le droit. »

En Angleterre même, Hobbes avait trouvé un émule dont nous avons eu occasion de parler. Filmer était également tisan de l'absolutisme monarchique, mais, esprit très religieux, il prétendait, comme Bossuet, faire dériver cette forme de gouvernement du droit divin. Seulement, au lieu de placer, avec l'évêque de Meaux, l'origine du droit divin dans une sorte de révélation dont aurait bénéficié toute société naissante, il en recherchait le principe dans l'histoire ou plutôt dans une légende inventée de toutes pièces et présentée pour de l'histoire ; il aboutissait à cette théorie bizarre de la souveraineté confiée à Adam par Dieu dans le paradis terrestre et se transmettant à tout jamais par hérédité ; de sorte que toute la légitimité d'une race royale aurait reposé sur des preuves généalogiques, qu'il eût sans doute été fort difficile à aucune de faire.

La réfutation des excentricités de Filmer fut entreprise et menée à bien par Algernon Sidney, qui recourut contre lui aux textes de l'Ecriture sainte autant qu'aux arguments de la raison ; lorsqu'il laisse à ses idées personnelles la liberté de se faire jour, il admet la souveraineté du peuple et combat la monarchie absolue.

Celle-ci avait, au xviie siècle, en Angleterre, toute une pléiade d'adversaires convaincus : c'était Milton, le poète républicain, c'était Harrington qui, ayant le sentiment de la séparation des pouvoirs, regardait comme indispensable à la liberté l'existence de deux assemblées, une populaire et un sénat, dont les tendances s'atténueraient mutuellement et protégeraient le pays contre le despotisme. C'était enfin celui qu'on pourrait appeler le père du libéralisme théorique, le véritable précurseur de Montesquieu, le grand John Locke.

L'influence de ce philosophe sur le xviiie siècle fut immense, mais nous n'avons à étudier que ses doctrines politiques et encore sur un point déterminé. C'est dans son

livreintitulé : *Two Treatises of government*, que la théorie
des trois pouvoirs se trouve exposée.

Locke part de ce principe que la société politique existe,
par là que les particuliers se sont dépouillés du droit de
punir, de venger eux-mêmes leurs injures et l'ont remis
à l'être moral qui constitue précisément la société. On
voit donc que pour Locke, comme pour d'autres illustres
penseurs, la justice (1) est la fin même de la société et du
gouvernement, et on peut s'étonner dès lors que, dans son
analyse des pouvoirs élémentaires de l'Etat, il ne réserve
pas une place au pouvoir judiciaire; il faut croire que
le « sage » Anglais aura reculé à représenter comme une
partie seulement du gouvernement ce qui en était, d'après
lui, l'essence. Quoi qu'il en soit, il reconnaît le pouvoir *législatif,* le pouvoir *exécutif* et le pouvoir *confédératif.* Nous
avons dit notre pensée sur ce dernier pouvoir, que Montesquieu a très justement rejeté de sa propre énumération
et qui se compose d'emprunts faits aux deux autres, surtout à l'exécutif. Il faut ajouter, du reste, que, dans la suite
de son exposé, Locke ne s'occupe plus guère que des
rapports du législatif et de l'exécutif. Nous venons de
dire combien il paraît singulier que Locke passe sous
silence le pouvoir judiciaire; ce n'est pas que nous considérions que celui-ci ait scientifiquement une indépendance absolue. Il n'existe qu'en vertu d'une sous-distinction,
et ce serait, à notre avis, mal comprendre même les idées
de Montesquieu que de considérer l'exécutif et le judiciaire comme essentiellement étrangers l'un à l'autre. Dans
l'Etat théorique on aperçoit tout d'abord deux grandes
fonctions, celle qui détermine la règle, celle qui veille à la

---

(1) Qu'il considère plus loin comme identique avec la *conservation des
propriétés.*

subordination des faits particuliers à cette règle fixe, à ce que les Allemands appellent, depuis Kant, la « subsumption ».

Il faut, croyons-nous, élargir de la sorte l'expression « pouvoir exécutif » pour bien comprendre ce que Locke en dit.

Le peuple est souverain en droit; en fait, le véritable souverain est le pouvoir législatif institué par lui, mais cette souveraineté est limitée, en ce sens qu'elle s'applique seulement à ce que les hommes ont été obligés par la force des choses de mettre en commun, et en ce sens aussi que, contrairement aux idées de Hobbes et de toute son école, le peuple conserve perpétuellement un droit de contrôle sur son gouvernement, aussi bien sur le pouvoir législatif que sur le pouvoir exécutif.

Celui-ci est évidemment et, en raison de son nom même, subordonné au premier, qui a le droit d'en blâmer, d'en punir et d'en changer le titulaire; mais c'est une subordination lointaine et entourée de garanties : en cela consiste la séparation. L'exécutif doit avoir une grande liberté d'action, qui, pour emprunter une expression à la constitution anglaise, constitue la « prérogative » royale. Cette latitude lui permet de travailler au bien public en tout ce qui n'est pas défendu par les lois: il peut même laisser par moment sommeiller les lois, il peut en adoucir la rigueur, c'est-à-dire faire grâce, et c'est ici que se serait utilement produite la sous-distinction entre l'exécutif proprement dit et le judiciaire.

Dans l'organisation constitutionnelle de l'Angleterre, la séparation subjective des deux pouvoirs n'est pas complète sous un certain rapport; le chef du pouvoir exécutif participe à la confection de la loi, qui ne devient parfaite que par son consentement; de plus, il a la mission de convoquer le pouvoir législatif. Cette attribution ne lui confère aucune prééminence et lui est confiée comme un dépôt nécessaire permettant d'éviter les inconvénients de la permanence des assemblées.

Ce sont là des exigences de la pratique constitutionnelle; mais, d'une manière abstraite, le principe de la séparation des pouvoirs, perdu pour la science depuis Aristote, est posé de nouveau par Locke dans des conditions différentes. L'initiative d'un grand génie, que la France revendique avec orgueil, va faire de cette vérité le fondement même du droit public moderne.

CHAPITRE XIV

LE XVIIIe SIÈCLE.

La loi suprême qui fait de la nature un cercle
éternel (autant que cette idée d'éternité puisse être
à la portée de notre esprit), c'est que la mort engendre la
vie; de la dissolution de la matière, dépouillant une
forme passagère, surgissent en foule d'autres formes dont
la durée est également limitée d'avance; l'intensité géné-
ratrice se développe proportionnellement à l'intensité de
la corruption. Dans les champs de bataille récents où
mûrit une première moisson, on reconnaît à une végé-
tation plus luxuriante les places que le sang humain a
trempées.

On serait vraiment tenté de croire qu'il en est, à ce
point de vue, des états comme de la nature, de la décomposition morale comme de la décomposition physique;
tout au moins le XVIIIe siècle, voyant s'agiter les idées nouvelles sur le cadavre gangrené du passé, semble suivre avec
anxiété l'éclosion des vérités à venir, prêtes à sortir de la
repoussante chrysalide où les enveloppe l'absolutisme
hébété, usé, agonisant de Louis le Bien-Aimé. Vit-on
jamais plus de hontes dans les faits, plus de grandeur
dans les conceptions?

Ce n'est pas que nous ayons le moindre penchant à
adhérer aveuglément à ce qu'on peut appeler les

doctrines du xviiiᵉ siècle, quoiqu'elles présentent assez de
variété pour qu'il soit difficile d'en former un corps
homogène ; à d'autres époques de l'histoire, toutes les
intelligences se sont trouvées portées dans la même direction par des aspirations communes, et on pouvait saisir alors
un vrai corps de doctrines. Le xviiiᵉ siècle est par excellence, au contraire, le siècle de la discussion, et nous allons
rencontrer, plus vive encore qu'ailleurs, la discussion, la
controverse, dans les matières qui touchent à la politique
et à la science sociale.

Les tendances libérales inaugurées en France par
Fénelon allaient en se prononçant, et, si l'expression est
correcte, en s'élargissant : le célèbre *Club de l'entresol*
agitait les plus hautes questions de manière à inquiéter le
gouvernement et à s'attirer ses rigueurs ; l'abbé de Saint-
Pierre mêlait à ses rêves de paix perpétuelle des vues
très remarquables sur l'utilité de substituer l'action de
conseils délibératifs à l'arbitraire des ministres de la
monarchie, qu'il distinguait, suivant son degré de modération, en *vizirat* et *demi-vizirat*.

Le marquis d'Argenson, répudiant tout préjugé de
caste (1), traitait le régime féodal d'usurpation et d'ini-
quité ; il demandait l'abolition de la noblesse et de la
vénalité des charges. Enfin, Montesquieu voyageait, étu-
diait, méditait, écrivait, et l'année 1748 vit paraître le
traité le plus complet de politique et de généralisation du
droit qui ait été conçu depuis la *Politique* d'Aristote.

Ce livre est si beau, si pénétré d'harmonie, si supérieur
par cette qualité primordiale de toute œuvre éminente :
donner à penser, qu'il est presqu'impossible d'en résumer
le contenu sans tout gâter. Une analyse en dégénère bien

_____

(1) *Considérations sur le gouvernement de la France.*

vite en commentaire, comme nous l'a fait voir M. Destutt de Tracy, et il y a de ces livres que la moyenne des hommes ne peut commenter qu'en les rapetissant pour les mettre à leur hauteur. N'étant point de taille à embrasser d'un seul regard la structure et l'ensemble de l'*Esprit des lois*, nous nous bornerons à examiner respectueusement les passages où notre sujet se trouve plus spécialement traité.

Montesquieu, toujours si modéré dans la forme, est cependant dominé par une passion aussi vive que louable : la haine du despotisme. Il avait puisé ce sentiment dans les traditions parlementaires de sa famille et l'avait avivé dans les luttes soutenues contre la couronne par les corps judiciaires, alors qu'il en faisait partie lui-même ; l'observation des faits et, en particulier, l'étude du fonctionnement des rares constitutions libérales alors existantes, l'avait confirmé dans ses convictions : la haine du despotisme apparaît dans tous ses ouvrages : les *Lettres Persanes* en sont pour ainsi dire saturées. Dans la *Grandeur et décadence des Romains*, elle perce à chaque page ; à chaque page aussi apparaît cette idée que la seule barrière solide contre les envahissements de l'absolutisme, c'est la répartition de l'autorité publique entre diverses personnes, non pas hostiles, mais opposées les unes aux autres, en ce sens qu'elles représentent des tendances diverses parmi les aspirations et les intérêts qui agitent le corps social.

« Les lois de Rome, lit-on au chapitre XI, avoient sagement divisé la puissance publique en un grand nombre de magistratures qui se soutenoient, s'arrêtoient et se tempéroient l'une l'autre ; et, comme elles n'avoient toutes qu'un pouvoir borné, chaque citoyen étoit bon pour y parvenir ; et le peuple, voyant passer devant lui plusieurs personnages l'un après l'autre, ne s'accoutumoit à aucun d'eux. Mais dans ce temps-ci le système de la république changea : les plus puissans se firent donner par le peuple des commissions extraordinaires, ce qui anéantit l'autorité du peuple et des magistrats et mit toutes les grandes affaires dans les mains d'un seul ou de peu de gens. »

Dans d'autres passages du même ouvrage, Montesquieu insiste sur le principe salutaire qui a assuré l'existence de la république romaine par la balance des magistratures et des assemblées, mettant en présence dans le gouvernement les forces de l'aristocratie et de la démocratie, de la richesse et du génie. C'est déjà la séparation des pouvoirs qui apparaît ; car, dans les hautes régions de la pensée, cette doctrine a le même point de départ que celle des gouvernements mixtes : « le pouvoir arrête le pouvoir » ; voilà l'essentiel ; parmi les distinctions possibles, celle du législatif, de l'exécutif et du judiciaire a seulement l'avantage d'être conforme à ce qu'il y a de plus intime dans la nature du gouvernement et d'être applicable sous toutes les formes politiques connues et imaginables, à l'exception, bien entendu, du despotisme qui n'est pas un type, mais une dégénérescence.

La valeur scientifique de Montesquieu réside en grande partie dans cette majestueuse indifférence qu'il observe entre les formes normales, régulières de gouvernement ; il en énonce les lois, il en décrit le jeu, mais il paraît penser, dans un esprit de sagesse dont nos modernes hommes de parti s'inspirent trop rarement, que tout gouvernement peut produire de bons fruits, à condition d'être approprié au milieu où il existe, et à condition aussi de se conformer à certains principes communs et nécessaires à tous les états politiques. Nul doute que Montesquieu, interrogé dans l'intimité sur ses préférences, n'ait été disposé à répondre, ainsi qu'un homme d'État de la

moderne Angleterre : « Je regarde le problème abstrait de
la meilleure forme de gouvernement comme purement
idéal, et comme n'ayant aucun rapport avec la pratique.
Quant à la révolution, je ne prendrais jamais un billet
dans sa loterie, à moins d'avoir d'excellentes raisons de
croire que je gagnerais le gros lot (1). » Montesquieu, en
effet, n'était point révolutionnaire, il était plutôt évolu-
tionniste, et, quant à cette préoccupation de gagner le gros
lot, il ne l'aurait indiquée, comme le publiciste que nous
venons de citer, qu'à titre de boutade et pour mettre en
relief le mobile secret de la plupart des agitateurs. Montesquieu n'a jamais songé à renverser dans son pays la
monarchie, mais bien à la perfectionner et à l'amender ; il
pouvait y arriver grâce à ces « canaux moyens par où
coule la puissance, » et qui, bien qu' « intermédiaires,
subordonnés et dépendants », n'entrent pas moins dans la
« nature du gouvernement monarchique (2) ». D'ailleurs
l'exemple de la constitution anglaise, qu'il avait toujours
sous les yeux, ne lui montrait-il pas comme un idéal
réalisable l'alliance de la monarchie et de la liberté?

Non, Montesquieu n'est pas révolutionnaire, et c'est ce
qui explique son peu d'action sur la révolution française.
A peine son influence se manifeste-t-elle dans une phrase
purement doctrinale de la « Déclaration des droits », puis
le courant républicain se dessine dans le sens des principes d'autres théoriciens d'esprit plus absolu, jusqu'à ce
qu'enfin les gouvernants se livrent en jouets à leurs propres
passions et aux passions de la foule.

Mais Montesquieu est le plus puissant des généralisa-
teurs : « il cherche surtout à saisir le point d'équilibre

(1) G. Cornewall Levois. *Quelle est la meilleure forme de gouvernement?* (Trad. Mervoyer) in fine.
(2) *Esprit des Lois*, L. II, chap. IV.

entre les hommes et les institutions, entre les mœurs et les lois. Cette disposition de son esprit lui a fait apercevoir la vérité de certains faits politiques bien au delà des circonstances de son temps (1) ».

L'idée de la séparation des pouvoirs est un des plus beaux exemples de cette faculté d'abstraction et de synthèse. Nous venons de parler de certains principes que tout gouvernement quelconque doit observer pour vivre ; la séparation des pouvoirs en est un ; elle est de tous les temps, de tous les pays, elle ne se rattache à aucune forme particulière. Déduit de l'observation du passé, ce théorème devait être la base des institutions modernes ; inspiré principalement par l'exemple de la monarchie, il devait constituer de nos jours la meilleure chance de salut des républiques.

A cette question qui a été posée (2) : « Montesquieu a-t-il trouvé cette doctrine dans les pratiques de l'ancienne monarchie? », nous répondrons par une distinction : à coup sûr, la complète séparation des pouvoirs, telle que l'a entendue Montesquieu et que la comprennent les écoles modernes, n'a jamais existé en France sous l'ancien régime : jamais les états-généraux n'ont eu la plénitude du pouvoir législatif ; ils n'y ont même participé que d'une façon secondaire, les rois en ont partagé la réalité avec la puissance anonyme des coutumes ; jamais les parlements non plus n'ont eu la plénitude du pouvoir judiciaire ; maintes juridictions spéciales ont empiété sur leurs attributions, et d'ailleurs il a été, jusqu'au dernier jour de la monarchie traditionnelle, reçu en doctrine que

(1) Le Cte Sclopis. *Montesquieu et Machiavel* (Revue historique et droit français et étranger, 1856).

(2) Programme adopté par l'Académie des sciences morales et politiques pour le concours sur la *Séparation des Pouvoirs*.

la justice appartient à la couronne et qu'elle peut être
presqu'indifféremment déléguée ou retenue. En revanche,
les corps judiciaires ont envahi le domaine de la politique,
au désavantage moins encore de la politique elle-même
que de leur propre considération et de leur propre impartialité. Enfin, le représentant naturel du pouvoir exécutif
a toujours dépassé de beaucoup les bornes de ce pouvoir,
sauf la période féodale, pendant laquelle il s'est trouvé
dépouillé de toute attribution sérieuse.

Mais, d'un autre côté, la séparation des pouvoirs a été
de tous temps dans les tendances de la société française, et
peut-être ne serait-il pas exagéré de dire que cette tendance continue a été la loi même et la détermination de
son progrès. C'est ce que nous nous sommes appliqué à
établir par des développements qui, nous voulons l'espérer, n'auront pas été trouvés trop longs. Ce fil conduc-
teur que nous avons suivi d'un pas incertain, c'est celui
qui avait assuré la marche de Montesquieu ; la séparation
des pouvoirs lui est apparue comme la résultante définitive
de l'histoire de nos institutions nationales, et, en ce sens, on
peut dire que le spectacle des efforts et des agitations de
notre ancienne monarchie n'a pas peu contribué à l'assiette
de sa théorie. Il a pu dégager l'idéal que les générations
avaient poursuivi sans en avoir bien nettement conscience,
de même qu'un historien raconte et décrit une bataille
dont les acteurs, isolés dans des épisodes particuliers,
n'ont pas saisi l'ensemble et dont ils n'ont connu les
péripéties et l'issue qu'après la lutte.

Constatons, du reste, non pour diminuer le mérite du
plus grand des théoriciens politiques modernes, mais pour
montrer, au contraire, avec quelle prudence il ne recom-
mandait jamais que les combinaisons dont la possibilité
pratique lui était démontrée, qu'il avait dans la constitu-

tion anglaise un modèle sûr ; il y voyait réalisée, au moins
quant aux principes généraux, une sérieuse séparation des
pouvoirs (1), et il discernait que de là venaient la prospérité
politique et la paix intérieure de la Grande-Bretagne, cette
paix animée si différente de la paix funèbre que le despotisme peut procurer et que Tacite stigmatise d'un trait
sévère (2). Montesquieu était un admirateur enthou-
siaste mais éclairé de la constitution anglaise ; il l'a si bien
comprise que des publicistes anglais, entre autres Blackstone, en ont emprunté, sur beaucoup de points, à Montesquieu, le commentaire. Il ne s'était pas contenté de lire
les œuvres des publicistes anglais, de se pénétrer de
Locke, il ne lui avait pas suffi de s'instruire aux conversa-
tions de lord Chesterfield et d'autres insulaires éminents ;
il avait aussi visité l'Angleterre, avait quelque temps vécu
de sa vie et avait suivi en spectateur attentif et ému les
délibérations de la Chambre des Communes (3). Du reste,
l'influence de la constitution anglaise sur ses idées, Montesquieu la proclame lui-même, et bien hautement, en
plaçant toute sa théorie de la séparation des pouvoirs dans
un chapitre sur cette constitution. L'Angleterre est prise
pour type et l'état politique de tous les États anciens et
modernes est mesuré au sien.

Il est vrai qu'une voix d'ordinaire autorisée (4) a prétendu que Montesquieu s'était fait, sur la marche du mécanisme politique anglais, des illusions profondes, que

(1) Ceci sous certaines réserves qui seront développées plus loin.
(2) Ubi solitudinem fecerunt, pacem appellant (*Annales*, liv.).
(3) On trouvera des détails intéressants touchant cette période de la
biographie de Montesquieu dans le recueil d'anecdotes, que M. Louis
Vian a récemment publié sur ce grand homme : *Histoire de Montesquieu,
sa vie et ses œuvres*, 1878.
(4) Léon Faucher. *Études sur l'Angleterre*.

l'équilibre des pouvoirs « a été le roman de la constitution, au lieu d'en représenter l'histoire (1). »

Pour le développement de cette thèse deux catégories d'arguments sont employées. D'abord, dit Léon Faucher, un régime dans lequel les pouvoirs se tiendraient mutuellement en échec, aboutirait à l'inaction; il semble que Montesquieu ait prévu cette objection, puisqu'il a fort bien fait voir que le mouvement était une nécessité inhérente aux choses humaines et que la neutralisation des pouvoirs aurait simplement pour résultat d'assurer au progrès de l'Etat une direction moyenne et une marche régulière. Léon Faucher ne connaissait-il pas cette loi de la mécanique d'après laquelle toute action produit une réaction égale? Est-ce que l'immobilité en résulte dans la nature?

Blackstone, qui, apparemment, était pleinement instruit de la constitution de son pays, ne s'embarrasse pas de si peu; il voit que, dans la direction générale des affaires, aucun pouvoir ne peut dépasser ses limites naturelles, et de là résulte que tous les intérêts du corps social, arrivant indirectement à faire sentir leur action dans des proportions légitimes, reçoivent également satisfaction. Tel est le sens réel de la séparation des pouvoirs.

L'autre classe de considérations émises par Léon Faucher est plus spéciale à l'état des mœurs de l'Angleterre. Le célèbre économiste ne voit pas que le pouvoir exécutif et les deux Chambres aient des tendances opposées; il y aurait dans les mœurs nationales une telle unité, si bien reproduite par la couronne et les Chambres, « qu'il n'existerait, dans le parlement aussi bien que dans le pays, qu'une seule force, qui s'y fait représenter sous plusieurs faces et par diverses combinaisons. »

_____

(1) T. II, chap. dernier (Ed. Guillaumin, 1856).

Heureuse nation que celle où règne une si touchante harmonie, où l'esprit public est si unanime! Mais enfin l'équilibre peut se rompre ; en tout cas, est-on bien sûr que la conscience qu'a chacun d'être représenté à la barre du gouvernail de l'Etat ne contribue pas pour beaucoup à ce précieux accord? L'esprit public en Angleterre est, encore de nos jours, profondément aristocratique ; l'influence de l'aristocratie est prépondérante dans la direction des affaires publiques, mais c'est une prépondérance consentie par tous, ce n'est pas une prépondérance oppressive, comme elle le serait si la Chambre des Communes n'était là pour exprimer l'adhésion populaire aux institutions traditionnelles.

Léon Faucher pense aussi prendre Montesquieu en flagrant délit de contradiction lorsque, rappelant cet aphorisme de l'*Esprit des lois* qu' « il n'y a point de liberté si la puissance de juger n'est pas séparée de la puissance législative », il fait remarquer que la Chambre des lords possède une part du pouvoir judiciaire. Cette circonstance n'est pas très topique, car on n'a jamais soutenu que la constitution anglaise réalise *absolument* la séparation des pouvoirs ; c'est seulement celle qui s'en rapprochait davantage au xviiie siècle, *quoique* la chambre haute eût quelques attributions judiciaires et non *parce qu'elle* les possédait. Pour justifier cette dernière anomalie, on pourrait dire que, dans les sphères les plus élevées de l'action judiciaire, la détermination du droit se confond avec l'interprétation législative des textes. Mais la vraie raison est tout historique : le parlement anglais se rattache par les liens de la tradition à l'ancienne *curia regis*, le pendant de notre ancienne *cour du roi ;* il a conservé quelques lambeaux de son antique juridiction, et si la constitution ne s'est pas encore mise en harmonie avec les principes sur ce point, il faut

l'attribuer au mode de formation de cette constitution ; les principes sont une belle chose, une grande
garantie, surtout le principe de la séparation des pouvoirs;
le respect que professe un peuple pour ses traditions nationales est plus admirable encore, et cette
qualité constitue, à vrai dire, la plus grande force du
peuple anglais. Le progrès n'est sûr qu'à condition d'être
le fruit du temps et d'avoir passé par l'opinion avant d'entrer dans les institutions.

L'auteur des *Etudes sur l'Angleterre* aurait pu relever chez nos voisins une autre exception à la doctrine de la
séparation des pouvoirs. Les juges de paix sont mêlés à la
direction des affaires administratives : c'est que les Anglais
n'ont pas considéré du même côté que nous la nécessité de
séparer la justice et l'administration ; ils se sont plutôt
préoccupés d'exclure les administrateurs de la justice
que les juges de l'administration. « Il y a séparation de la
justice et de l'administration seulement dans ce sens que
les fonctionnaires administratifs proprement dits n'exercent point de fonctions judiciaires (1) ».

Montesquieu n'a pas puisé uniquement dans l'étude
directe de la constitution anglaise les éléments de sa célèbre
distinction; il l'a trouvée préparée dans les œuvres de Locke ;
mais combien il a étendu ces formules premières, un peu
sèches et confuses à la fois, au point d'en faire un
véritable traité de droit public! Et que de différences! Il
supprime un des pouvoirs de Locke, le confédératif, et en
fait surgir de la réalité un nouveau, le judiciaire. Peut-être
l'une des causes qui ont empêché Locke d'apercevoir
le pouvoir judiciaire tient-elle à la grande place qu'occupe
en Angleterre le jury ; de là il résulte que : « la puissance

_____

(1) Ed. Fischel et Ch. Vogel. *La Constitution anglaise*, t. I, p. 345.

de juger, si terrible parmi les hommes, n'étant attachée
ni à un certain état, ni à une certaine profession, devient,
pour ainsi dire, invisible et nulle (1) ». Mais ce n'est là
qu'une simple apparence, et le pouvoir judiciaire a une si
grande importance dans la société, que la distribution de
la justice peut être considérée comme étant l'objet même
de la société politique.

Quant aux souvenirs d'Aristote, nous persistons à croire
qu'ils ont été absolument indifférents pour l'assiette de la
théorie de Montesquieu ; nous n'en voulons comme preuve
que les trois chapitres qui suivent celui sur la « Constitu-
tution d'Angleterre » et qui font un retour sur l'antiquité.

L'idée fondamentale de la séparation des pouvoirs, qui
tire tout son prix, aux yeux de Montesquieu, de ce qu'elle
est la meilleure garantie de la liberté, c'est le besoin de
limite extérieure commun à toutes les formes des facultés
humaines et auquel n'échappe pas le pouvoir politique :
« Qui le dirait? La vertu même a besoin de limites (2). »
Il faut donc partager le pouvoir et le partager de la manière

---

(1) *Esprit des Lois*, L. XI, chap. VI.
Quelques écrivains ont cru pouvoir conclure de cette phrase
que Montesquieu ne reconnaissait en réalité que deux pouvoirs, le législatif et l'exécutif. Montesquieu n'aurait donc, le premier, distingué le
pouvoir judiciaire que pour en nier l'existence ? La vérité est que, par
opposition aux deux autres pouvoirs qu'il propose de confier à des corps
permanents, Montesquieu pense qu'il vaut mieux charger de l'exercice de la justice (et c'est surtout la justice criminelle qu'il a en vue)
des citoyens tirés, pour chaque affaire, de la masse du peuple ou d'une
classe déterminée. C'est l'idée même du jury. Il nous semble du reste
que toute équivoque se dissipe, si l'on prend la peine de lire la phrase
jusqu'au bout : « On n'a point continuellement des juges devant les
yeux, et l'on craint *la magistrature* et non les magistrats, » du même
coup se trouve expliquée cette affirmation identique qui se trouve
dans le même chapitre, quelques lignes plus loin : « Des trois puissances dont nous avons parlé, celle de juger est en quelque façon
nulle. »
(2) *Ibid.*, L. XI, chap. IV.

la plus conforme à sa nature intime. Montesquieu part de
cette idée qu'il n'énonce pas, pour entrer dans des développements que tous les esprits éclairés connaissent ; nous
nous garderons de les reproduire, ne voulant ni remplir un
inutile rôle de copiste ni risquer de déparer et d'alanguir,
par un *compte-rendu parallèle,* un des plus beaux mor-
ceaux de la langue française.

La séparation des pouvoirs implique le régime représentatif, et celui-ci implique la souveraineté nationale en faveur
de laquelle Montesquieu se prononce énergiquement. Il
n'admet pas le suffrage universel jusqu'à ses dernières
couches ; il excepte du vote « ceux qui sont dans un tel
état de bassesse qu'ils sont réputés n'avoir point de volonté
propre. » Il n'admet même pas que les suffrages des électeurs, ainsi appelés à exprimer leur sentiment, doivent
être la seule base de la représentation nationale ; dans une
société, il y a autre chose que le nombre, et, dans les deux
Chambres qu'il propose pour modèle et qui ne sont autres
que l'image du parlement d'outre-Manche, l'une sera aristocratique, l'autre populaire; car Montesquieu est partisan
du régime des deux Chambres, il y voit comme une sous-
distinction de pouvoirs dont l'existence est, à ce degré
aussi, indispensable à la liberté.

En exposant les conditions du pouvoir judiciaire, Montesquieu décrit en quelques mots le jury. Il avait surtout
en vue, comme les expressions employées l'indiquent, la
justice criminelle ; rien ne donne à penser qu'il ait aspiré
à voir cette institution se généraliser jusqu'à embrasser la
compétence civile. D'autres passages des œuvres de Montesquieu contiennent des vues fort différentes sur la constitution du corps judiciaire (1), et nous avons d'ailleurs, ici,

---

(1) Ainsi Montesquieu était partisan de la vénalité des charges.

plutôt une exposition du régime anglais qu'une théorie générale (1).

La thèse de la séparation des pouvoirs, comme toutes les grandes choses, a suscité d'ardentes contradictions. Parmi les contemporains de Montesquieu, parmi les philosophes et publicistes qui partageaient avec lui l'empire intellectuel, la direction des esprits, nous ne voyons pas que Voltaire l'ait combattu sur ce point particulier. Ce grand démolisseur s'est moqué de Montesquieu, comme il s'est moqué de tout et de tous; mais la doctrine du gouvernement représentatif a échappé à ses sarcasmes. Il était d'ailleurs plus sympathique qu'hostile à la modération dans le gouvernement et à la participation des citoyens aux affaires publiques; pour lui, le gouvernement civil est « la volonté de tous exécutée par un seul ou par plusieurs, en vertu des lois que tous ont portées. »

Toute autre a été, à l'égard de cette théorie célèbre, l'attitude du véritable précurseur et précepteur de la révolution, Jean-Jacques Rousseau. Lui et Montesquieu étaient destinés à ne jamais se rencontrer; ils étaient chefs de deux écoles opposées. Celui-ci considérait l'histoire comme l'institutrice du genre humain, et, en particulier, le meilleur professeur de science politique; il n'admettait aucune proposition au rang des vérités réalisables, si elle ne résultait, à titre de synthèse, de la pratique des peuples et de l'observation de leurs institutions.

---

(1) Nous ne prétendons pas avoir analysé complètement, dans les pages qui précèdent, tout le fameux chapitre sur la constitution d'Angleterre et ceux du même ouvrage relatifs au même sujet. Nous avons cru pouvoir nous borner ici à résumer rapidement les idées de Montesquieu sur le point précis de la *Séparation des pouvoirs*; ce qui touche à la *constitution* des pouvoirs ne pouvait nous arrêter au même titre; mais nous aurons lieu de revenir à l'*Esprit des Lois* lorsque nous nous attacherons à décrire, dans leur organisation et leur fonctionnement, chacun des pouvoirs législatif, exécutif et judiciaire.

Il regardait avec raison les sociétés humaines comme des organismes dont on ne peut connaître les lois qu'en les étudiant directement. Celui-là, entraîné par une imagination ardente, par une confiance orgueilleuse et souvent peu fondée dans la rectitude de son jugement, méprisait l'étude et substituait à l'expérience pénible qu'elle procure, les déductions d'une logique inflexible suivant rigoureusement les conséquences d'un point de vue unique, souvent faux. C'est l'excès du raisonnement qui lui fait méconnaître la nature et les bienfaits de la séparation des pouvoirs et, plus que cela, les conditions nécessaires de tout édifice politique : la souveraineté, suivant Rousseau (et nous sommes bien d'accord avec lui sur ce premier point), réside dans la volonté générale, mais la volonté générale, s'empresse-t-il d'ajouter, ne peut errer (1) ; à quoi bon, dès lors, des combinaisons savantes en vue de la protéger contre ses propres égarements? cette souveraineté, de plus, est inaliénable : les citoyens en qui elle réside ne peuvent, si souverains qu'ils soient, la déléguer à des mandataires. Le gouvernement direct pratiqué par les petites cités grecques est non seulement le modèle à rechercher, mais le seul régime compatible avec les principes émis dans le *Contrat social*. Le régime représentatif est rejeté parmi les iniquités, les antiquités, les débris du régime féodal (2).

. « La souveraineté ne peut être représentée, par la même raison qu'elle ne peut être aliénée ; elle consiste essentiellement dans la volonté générale, et la volonté ne se représente point : elle est la même, ou elle est autre ; il n'y a point de milieu. Les députés du peuple ne sont

(1) *Contrat social*, L. II, chap. III.
(2) L. III, chap. XV.

donc ni ne peuvent être ses représentants; ils ne sont que ses commissaires; ils ne peuvent rien conclure définitivement. Toute loi que le peuple en personne n'a pas ratifiée *est nulle*. Le peuple anglais pense être libre, il se trompe fort; il ne l'est que durant l'élection des membres du parlement : sitôt qu'ils sont élus, il est esclave, il n'est rien. Dans les courts moments de sa liberté, l'usage qu'il en fait mérite bien qu'il le perde (1). »

D'autre part, la souveraineté n'est pas seulement inaliénable, elle est, par les mêmes raisons, indivisible, car « la volonté est générale ou elle ne l'est pas (2) ». La séparation des pouvoirs est donc un non-sens ; les politiques qui la prônent « font du souverain un être fantastique et formé de pièces rapportées ; c'est comme s'ils composaient l'homme de plusieurs corps, dont l'un aurait des yeux, l'autre des bras, l'autre des pieds, et rien de plus». Tout ce qu'on peut accorder d'utilité à cette prétendue règle dominante du droit public, est de l'employer pour atténuer les imperfections d'un régime politique vicieux qu'on ne se sent pas la force de ramener au type parfait : « Le gouvernement simple est le meilleur en soi, par cela seul qu'il est simple. Mais quand la puissance exécutive ne dépend pas assez de la législative, c'est-à-dire quand il y a plus de rapport du prince au souverain que du peuple au prince, il faut remédier à ce défaut de proportion en divisant le gouvernement ; car alors toutes ses parties n'ont pas moins d'autorité sur les sujets, et leur division les rend toutes ensemble moins fortes contre le souverain (3).»

Que deviennent dans tout cela, demanderons-nous, les attributions normales de ce que des gens sans malice

(1) L. III, chap. xv.
(2) Liv. II, chap. ii.
(3) Liv. III, chap. viii.

appellent le pouvoir exécutif ? Car enfin, chaque citoyen
ne peut faire sa police lui-même, veiller à l'entretien des
édifices publics, ni recevoir et appliquer l'impôt qu'il aura
lui-même payé.

C'est à ce sujet que le révolutionnaire paraît sous le
pamphlétaire ; abaisser ce qu'on a entendu jusqu'à lui par
principe d'autorité, ce qu'on a jusqu'au dernier jour
entouré de respect, paraît être sa principale préoccupation. Le prince ou le corps qui est à sa place
prend à lui seul le nom de « gouvernement », mais il ne
participe pas à la puissance publique initiale ; il est le
simple mandataire du souverain, du peuple, qui peut
limiter, modifier et reprendre les attributions qu'il lui a
confiées. Ce commis n'a aucune autorité propre ni aucune
indépendance. Même ce rôle effacé, Rousseau explique
qu'il vaut mieux le confier à une réunion d'individus
qu'à un seul homme. La Convention saura se rappeler
cette idée et, cherchant à réaliser dans les conditions possibles les idées de Rousseau, elle fera administrer la
France par des comités pris dans son sein, tandis qu'en
se mettant en relation constante avec les clubs, elle se
rapprochera du gouvernement direct du peuple, de la
populace, pour parler plus juste.

Les idées que nous venons de résumer n'appellent sans
doute pas une réfutation en règle ; il suffit de retirer des
profondeurs du raisonnement l'hypothèse première qui
est fausse, pour que l'édifice entier s'écroule. C'est l'inconvénient des systèmes sortis de toutes pièces d'un
cerveau humain. S'ils ne sont l'expression d'une grande
vérité, c'est un enchaînement de sophismes ; pas de milieu.
Que plus sûres et plus sereines sont les leçons de l'histoire ! Tout le monde, répète-t-on souvent, a plus d'esprit
que Voltaire. L'humanité entière, envisagée dans l'en-

semble de son évolution sociale, a plus de bon sens que Rousseau.

Après le nom de Rousseau, nous devons citer celui d'un autre Génevois, de Lolme, dont les travaux sont loin d'être restés sans influence sur la politique intérieure de la France et notamment sur les idées des constituants. Adversaire décidé de la plupart des théories absolues de son illustre compatriote, des doctrines du *Contrat social*, de l'*Inégalité des conditions*, il avait habité l'Angleterre pendant quinze ou vingt ans (*grande humanis ævi spatium*), et s'était adonné presque exclusivement à l'étude des institutions politiques de ce grand pays; il en présenta le tableau dans un ouvrage publié pour la première fois en français, en 1771, sous ce titre : « La Constitution de l'Angleterre ou l'État du gouvernement anglais, dans lequel il est comparé à la fois avec la forme républicaine de gouvernement et avec les autres monarchies. » Les nombreuses éditions que ce livre eut en peu de temps témoignent de son importance et de son intérêt d'actualité.

De Lolme n'a certes pas, tant s'en faut, la puissante envergure de Montesquieu, mais là où celui-ci se bornait à rechercher, à extraire l'essence même des principes, il étudie leur mode d'action sur la vie publique et en éclaire la véritable nature par le spectacle de la pratique; il aboutit à un exposé d'une grande lucidité, dans lequel la séparation des pouvoirs occupe naturellement le premier rang. Frappé de ce que le roi, en Angleterre, n'a pas, comme dans les autres monarchies, le pouvoir législatif entre les mains, il n'hésite pas à signaler cette condition comme la véritable cause de l'originalité et de l'excellence du gouvernement britannique : « En limitant les pouvoirs du roi, ils (les Anglais) se sont trouvés plus conformes à l'étymologie : ils sont aussi plus conformes à la raison, en

ne laissant pas les lois à la disposition de celui qui est,
d'un autre côté, le dépositaire de la force publique, c'est-
à-dire de celui qui a le plus d'intérêt à s'en affranchir. »

« La base de la constitution d'Angleterre, le grand principe auquel tous les autres tiennent, c'est que c'est au
parlement seul qu'appartient la puissance législative,
c'est-à-dire le pouvoir d'établir les lois, de les abroger, de
les changer, de les expliquer (1). »

Quant au roi, en dehors de la participation qui lui est
accordée au pouvoir législatif en matière de promulgation,
et comme « chargé de l'administration publique, il n'est
que magistrat » ; les lois « l'obligent aussi bien que ses
sujets », il est en outre « la source de tout pouvoir judiciel » ; « les juges sont regardés comme étant ses substituts (2). » Sa subordination au pouvoir législatif est
assurée par ce moyen que, bien qu'il ait le droit d'ordonner
telles mesures d'exécution qu'il juge convenable, au parlement seul il appartient de voter les subsides nécessaires
pour qu'elles puissent être appliquées. A son tour, il est
préservé dans sa dignité personnelle contre le parlement,
parce que sa liste civile est une fois votée pour toute la
durée du règne.

Le roi, tout en étant la source du pouvoir judiciaire, ne
l'exerce pas lui-même. De Lolme développe longuement
les considérations qui ne permettent de le laisser aux
mains ni de l'autorité exécutive ni du Corps législatif. Les
raisons sont d'autant plus fortes dans un pays de suffrage
restreint où la portion du peuple qui détient le pouvoir
législatif et qui n'oserait pas opprimer ouvertement par
des lois le reste de la nation, pourrait s'en rendre maîtresse
par ses jugements. En somme, « le pouvoir judiciel doit

(1) Édition de Genève, 1788, t. I, chap. III, p. 55.
(2) Ibid., chap. IV, p. 65.

absolument résider dans un corps subordonné et soumis,
non dans ses actes particuliers, à l'égard desquels il doit
être comme un sanctuaire, mais par rapport à ses principes et à ses formes, que c'est à la puissance législative à
lui prescrire (1) ».

Peut-on demander une détermination plus précise de la
place du pouvoir judiciaire dans l'Etat ?

En d'autres passages de son livre, de Lolme explique
que le pouvoir exécutif doit être *un*, que le pouvoir législatif doit être *divisé*, et insiste sur ce point fort important,
que ceux en qui le peuple place sa confiance « ne doivent
avoir aucune part au pouvoir exécutif ». Toutes ces propositions sont appuyées d'exemples historiques fort bien
choisis, de comparaisons entre l'Angleterre et les autres
gouvernements, et de l'ensemble résulte, pour un lecteur
attentif, une théorie fort complète de la « séparation des
pouvoirs ».

Parmi les hommes qui, au XVIIIᵉ siècle même, s'écar-
taient de Montesquieu en ce qui concerne la séparation
des pouvoirs, ou qui, du moins, étaient avec lui en divergence sur certains détails, nous citerons l'économiste
Mercier de la Rivière (2). Cet auteur estime, par des
raisons identiques à celle qu'il trouvait dans l'*Esprit des
lois*, que le pouvoir judiciaire doit être soigneusement
séparé des deux autres ; il n'en est pas de même de ceux-
ci entre eux ; selon lui, ils doivent rester unis pour former
entre les mains d'une seule personnalité individuelle ou
collective ce que, dans son école, on appelle le *despotisme
légal.* Ses arguments sont au nombre de deux, dont l'un est
sans force et le second simplement subtil : D'abord, dit-il,
« dicter des lois positives, c'est commander ; et par la

(1) *Ibid.*, chap. XI, p. 158.
(2) *De l'ordre naturel et essentiel des sociétés politiques.*

raison que nos passions sont trop orageuses pour que le
droit de commander puisse exister sans le pouvoir de se
faire obéir, le droit de dicter des lois ne peut pas exister
sans le pouvoir physique de les faire observer ». Cette
conclusion n'est pas amenée, pensons-nous ; on voit seulement une chose : que la souveraineté, pour agir sur les
hommes, doit comprendre le pouvoir législatif et le pouvoir
exécutif, mais on ne se rend pas compte de la raison qui
peut les empêcher de résider dans des mains différentes.
Mercier poursuit en niant la possibilité des contre-forces :
si les pouvoirs se pondéraient exactement, on aboutirait à
l'immobilité ; cette objection se reproduira bien des fois
jusqu'à nos jours. Enfin, si les prescriptions de la loi et les
ordres du pouvoir exécutif sont en désaccord, à qui obéir ?

La question semble résolue par cette considération que
le pouvoir exécutif, en saine doctrine, bien que séparé du
pouvoir législatif, lui reste naturellement subordonné
comme le particulier au général. On ne peut guère imaginer l'hypothèse des commandements contradictoires
qu'en admettant une véritable usurpation, et une constitution peut bien, jusqu'à un certain point, prendre des
précautions contre l'usurpation (1), mais elle ne peut pas
la prévoir ni compter avec elle.

Continuant ses déductions, Mercier accorde que le souverain peut être un seul homme, quelques-uns ou tous ;
ce sont les trois formes connues des gouvernements ; ses
préférences, toutefois, appartiennent à la monarchie, par
ce motif, empreint d'une certaine bonhomie, que n'admettre
que la volonté d'un seul est le meilleur moyen d'obtenir
l'unanimité dans les résolutions. Le prince sera d'autant

(1) Dans les constitutions modernes, le refus du budget est l'arme
défensive suprême du pouvoir législatif contre les empiétements de
l'exécutif.

plus dévoué au bien de ses États que celui-ci se confondra davantage avec ses intérêts personnels; en ce sens, la monarchie héréditaire est la meilleure.

Mably, l'abbé autoritaire et communiste, le futur babouviste, ne croyait pas plus, dans sa jeunesse, aux gouvernements libres, qu'il ne croyait à la légitimité de la propriété; il était digne de devenir ce qu'il est devenu, Jacobin. Car d'un partisan du droit divin absolu à un partisan du [droit populaire absolu, il n'y a pas si loin qu'on pourrait le croire (en théorie s'entend); le tempérament les rapproche et les idées se rattachant aux personnes diffèrent plus chez eux que les idées se rattachant aux principes. Cependant, en ce qui concerne la personne de Mably, on remarque dans sa vie une courte période pendant laquelle [il semble avoir ressenti les avantages de la modération. A ce moment, il a pris contre Mercier de la Rivière la défense de la théorie des contre-forces, et c'est cette circonstance qui a amené son nom sous notre plume. Il a également, dans son livre intitulé *la Législation*, admis que le peuple doit être son propre législateur, mais que le suffrage ne doit pas être universel. En somme, il paraît avoir été, par éclairs, pris d'un engouement pour Montesquieu; engouement qui devait être de courte durée et céder la place à des procédés de raisonnement plus en accord avec les tendances absolutistes de cet esprit dévoyé.

Après avoir insisté sur les thèses soutenues par les premiers adversaires de Montesquieu, nous pouvons passer plus rapidement sur les publicistes de son école; ils ont ajouté peu de chose à sa belle théorie de la séparation des pouvoirs. Exceptons, toutefois, l'illustre Beccaria, qui, dans son *Traité des délits et des peines*, développe, pour son propre compte, les règles de détail qui doivent isoler le pouvoir judiciaire des deux autres.

Les peines, estime-t-il, ne peuvent être fixées que par la loi, le juge n'en peut créer ni aggraver aucune. Le législateur ne peut, de son côté, qu'émettre les règles générales ; l'application au cas particulier est l'œuvre proprement réservée au juge. « En effet, dans le cas d'un délit, il y a deux parties : le souverain qui affirme que le contrat social est violé, et l'accusé qui nie cette violation. Il faut donc qu'il y ait entre eux un tiers qui décide la contestation; ce tiers est le magistrat, dont les sentences doivent être sans appel (1), et qui doit simplement prononcer s'il y a un délit ou s'il n'y en a point. » Ces idées nous paraissent absolument élémentaires, mais il faut tenir compte, pour en apprécier l'opportunité et la portée, du milieu dans lequel se produisaient les revendications souvent justement indignées de Beccaria, et songer au fléau des peines arbitraires contre lequel il avait entrepris de lutter.

Filangieri s'est fait, pour ainsi dire, l'apôtre des doctrines de Montesquieu, qu'il a répandues en Italie; la *Science de la législation* n'est guère qu'une imitation, qu'une adaptation de l'*Esprit des lois*. Il n'a pas eu le temps, dans sa trop courte carrière, ni peut-être la force d'y ajouter rien de réellement neuf. Cependant, il reprend Montesquieu sur son commentaire de la constitution anglaise et prétend que celle-ci recouvre le despotisme sous le masque de la liberté. Les dangers lui paraissent provenir principalement de la concentration des forces de l'Etat entre les mains du représentant du pouvoir exécutif. N'est-il pas possible que cet homme, susceptible comme tous et plus que tous d'ambition et de mauvaise foi, s'insurge et empiète sur les droits de l'Assemblée ? Que faire alors? on ne

_____

(1) Il faut comprendre, croyons-nous, sans appel à un autre pouvoir que le pouvoir judiciaire. On sait que Beccaria n'était pas partisan du droit de grâce.

pourra le déposer, car il fait lui-même partie du parlement
grâce au *veto*, et le vote de sa propre déchéance ne peut
avoir force de loi que par son consentement. Le pays n'a
de choix qu'entre le despotisme et l'insurrection.

Hélas ! l'histoire fournit des exemples conformes à
l'hypothèse redoutée par Filangieri ; mais, en premier
lieu, comme le fait si justement remarquer M. Paul
Janet (1), la responsabilité ministérielle est ici un préservatif
important ; et puis, encore une fois, une constitution ne
saurait prescrire de remèdes pour le cas où elle serait
violée. La séparation des pouvoirs est ce qu'on a trouvé
jusqu'ici de mieux pour assurer la perpétuité des gouvernements. Mais ce n'est point une panacée ; la perfection
n'est pas de ce monde et, en somme, « tous les plans de
constitution qui offrent une garantie spéciale contre chaque
sorte de maux, sont du domaine de l'imagination, non de
de la réalité. La meilleure forme de gouvernement, c'est
la moins mauvaise (2). »

L'analyse de la constitution anglaise qui figure dans le
Commentaire sur les lois anglaises de Blasckstone, est,
avons-nous dit, empruntée presque en entier à Montesquieu,
et c'est un grand honneur pour ce Français, c'est le plus
flatteur des hommages rendus à son génie. Il a été suivi
de même par beaucoup d'autres commentateurs anglais
plus obscurs, et par un Ecossais éminent, Ferguson, qui,
dans un livre resté justement célèbre (3), adopte la plupart
des idées de Montesquieu. Il témoigne, comme ce dernier,
d'une aversion vigoureuse pour le despotisme et d'un
amour ému, plein de sollicitude, pour la liberté. Il n'en

---

(1) *Op. C°*, L. IV, chap. vi (tome 2).
(2) Cornewall Lewis. *Op. C°*, p. 157.
(3) *Histoire de la société civile.*

redoute pas, il en désire même les agitations salutaires, il
en place, lui aussi, les meilleures garanties dans un régime
où les pouvoirs sont savamment pondérés et les envahissements de la puissance exécutive sagement prévenus ; il
les place surtout, ces garanties, dans le cœur et dans la
volonté des citoyens.

On peut encore classer parmi les hommes du xviii⁰ siècle
un philosophe qui a illustré l'Allemagne jusque dans les
premières années du siècle actuel. Emmanuel Kant est
mort seulement en 1804 ; mais, retenu dans une petite
ville paisible par l'enseignement et l'étude désintéressée, il
est resté toujours tellement isolé du reste de l'univers, et
a été si peu atteint par le grand tourbillon révolutionnaire,
qu'il paraît tout naturel de le ranger, scientifiquement
parlant, dans la génération antérieure à celle qui a bouleversé le monde des faits. Kant, outre le mérite de l'originalité, a celui de l'universalité ; dans le domaine des
sciences morales et politiques, il semble avoir pris comme
maxime le *nil humani a me alienum puto* du poète ;
métaphysique, recherches des lois de l'âme humaine,
morale, généralisation religieuse, philosophie de l'histoire,
essence du droit, droit naturel, public et des gens, il a
tout embrassé, partout il a porté son criticisme puissant
et sa méthode rigoureuse. En politique, il est exclusivement théoricien ; ce sont les hauts principes qui le
préoccupent, il ne considère que secondairement et accidentellement les moyens empiriques de conduire les
hommes au meilleur état social. Aussi, en empruntant
à Montesquieu l'idée de la séparation des pouvoirs, il ne
recherchera pas précisément si la liberté publique en
dépend plus ou moins, il en fera seulement un principe
de classification et un article important de ses déductions
logiques.

Partisan du système du *Contrat social*, il le présente cependant avec une réserve qui constitue Kant en progrès sensible sur Jean-Jacques Rousseau. Le contrat social, d'après le philosophe allemand, est un pur procédé de raisonnement qui permet de *penser l'Etat*, mais ne comporte nécessairement aucune réalité historique. Le contrat social a pour effet de faire passer les hommes de l'état non juridique, dans lequel personne n'est sûr du « sien » contre la violence, à l'état juridique consistant essentiellement dans la justice publique. L'Etat, la cité a pour fin d'assurer le règne de la justice, et elle se décompose entre les trois pouvoirs que nous connaissons ; le système de Kant est le suivant :

« Chaque cité renferme en soi trois *pouvoirs*, c'est-à-dire la volonté universellement conjointe en une triple personne (*trias politica*) : le *souverain pouvoir* (*souveraineté*) en la personne du législateur, le *pouvoir exécutif* (d'après la loi) dans la personne du gouvernement, et le *pouvoir judiciaire* (comme reconnaissance du mien de chacun suivant la loi) dans la personne du juge (*potestas legislatoria, rectoria et judiciaria*). Ce qui correspond aux trois propositions d'un raisonnement pratique : à la majeure, ou principe, qui contient la *loi* d'une volonté ; à la mineure, qui contient le *précepte* de conduite en conséquence de la loi, c'est-à-dire le principe de la *subsumption* à la loi ; et enfin à la conclusion, qui contient la *sentence*, ou ce qui est de droit dans les différents cas (1) ».

Cette disposition syllogistique est familière à Kant. On la rencontre dans un grand nombre de ses théories. On a fait

_____

(1) *Principes métaphysiques du Droit* (trad. J. Tissot, **2ᵉ** partie, droit public, n° 48).

remarquer avec raison qu'elle était employée mal à propos
ici et qu'elle dépassait la vérité : M. Bluntschli (1) traite
cette méthode d'erreur presque puérile ; M. Stahl, dans le
chapitre de son grand ouvrage, que nous avons traduit et
reproduit en annexe, prétend tirer de la singularité de ce
syllogisme une démonstration du peu de fondement du principe de la séparation des pouvoirs dont il est l'adversaire :
« Qu'on s'en rende compte ou non, dit-il, on est amené
par cette division tripartite à identifier la souveraineté
avec les termes d'un syllogisme (majeure, mineure et conclusion). Alors, dans tout acte public comme dans tout
syllogisme, les trois termes, les trois pouvoirs devraient se
ranger dans la même subordination, c'est-à-dire que
partout la loi devrait parvenir à l'exécution par le moyen
de la justice, tandis que, dans la réalité, à l'exception de
l'administration de la justice, les pouvoirs suivent des
voies parallèles ; spécialement, toutes les lois et, en particulier, les lois constitutionnelles sont appliquées sans
l'intervention de la justice, et presque toute l'administration s'exerce en dehors de la loi. »

Ces dernières réflexions ont quelque chose de juste ;
mais la critique atteint Kant et non la théorie qu'il soutient.
A l'entendre, on croirait que *tout* acte de souveraineté
résulte nécessairement du concours des trois pouvoirs. Ce
n'est point exact. La distinction des pouvoirs définit les
organes de la souveraineté, mais ils ne sont pas plus tenus
d'agir chaque fois qu'il y a acte de vie politique que notre
corps tout entier ne participe à chacune de nos actions
personnelles. En effet, tout acte détermine bien dans
l'ensemble de notre être une influence harmonique,
mais (qu'on excuse la trivialité de l'expression) nous

(1) *Op. C°*, L. VII, chap. VII.

n'avons pas besoin de remuer les jambes pour manger ou
d'agiter les bras pour penser; cependant, notre individualité
constitue bien une unité matérielle et intellectuelle, la
pensée et l'alimentation sont bien des actes de ce « moi »
souverain chez lui.

Lorsqu'il s'agit de déterminer les détenteurs des différents pouvoirs, tous les développements auxquels se livre
Kant montrent ses préférences scientifiques acquises au
gouvernement représentatif. La loi ne peut venir que de
la réunion des citoyens : « La volonté concordante et
conjointe de tous, en tant que chacun décide pour tous et
tous pour chacun, la volonté collective du peuple, dis-je,
peut seule être législatrice (1). » Dans la pratique, la
volonté populaire est exprimée par des représentants et le
droit de suffrage est tout ce que l'homme en société a
conservé de sa souveraineté personnelle et originelle. Le
suffrage est le signe distinctif du citoyen.

L'État, lorsque l'exécutif et le législatif sont pleinement distincts, est *républicain,* autrement il est despotique; cette forme, ajoute le philosophe, implique contradiction.

On doit savoir gré à Kant d'avoir restauré le principe de
l'autorité et du respect si fâcheusement compromis par
Jean-Jacques. Pour lui, tout représentant de la puissance
publique est assurément soumis à un supérieur universel,
le peuple entier, mais à l'égard de chaque membre de la
multitude considéré comme sujet, il a des relations de
chef à subordonné.

On voit encore, dans les théories fort abstraites de
Kant, que la volonté du législateur par rapport à ce qui
concerne le mien et le tien extérieur, est *irrépréhensible ;*

(1) Ibid. n° 46.

que le pouvoir exécutif du gouvernement est *irrésistible* et que la sentence du juge *suprême* est *sans appel*.

Ce sont là des choses trop subtiles et trop spéciales pour être rappelées autrement que par des citations.

Nous en avons fini avec les controverses doctrinales du XVIIIe siècle. L'ère révolutionnaire est à son début et nous allons avoir à suivre nos principes, non plus dans les discussions académiques, mais dans les lois.

TROISIÈME PARTIE

LA SÉPARATION DES POUVOIRS
DANS LE DROIT CONSTITUTIONNEL CONTEMPORAIN

CHAPITRE XV

LA RÉVOLUTION.

Tout a été dit sur la Révolution française; tout est encore à dire. Jamais on ne la louera assez pour ses bienfaits, jamais on ne la blâmera trop pour ses crimes. Le grand malheur de notre pays a été le manque d'élasticité des anciens corps sociaux, le défaut de souplesse de l'organisation politique. Aux progrès de la raison répondait l'immobilité des institutions; l'écart devint tellement grand entre le fait et le sentiment du droit, que le divorce éclata, violent, douloureux, cruel. Le génie de la liberté sortit de sa prison, mais en la brisant et en brisant tout autour d'elle; il se trouva sans asile, sans guide, sans défenseurs, et faillit succomber sous les coups de ceux-là même qui l'avaient aidé à rejeter ses chaînes rouillées. Qu'on nous permette une figure souvent employée, mais toujours juste : un fleuve dont le cours est barré, grossit, gronde et s'irrite contre l'obstacle ; lorsqu'il arrive à le renverser, il se précipite et ruine tout sur son passage. inonde les campagnes en répandant, avec les germes de fécondité que recèlent ses eaux troublées, la mort et la dévastation. Plus tard seulement, lorsque sa fureur s'est dissipée, les alluvions déposées par lui développent les richesses du sol et le nom de l'ennemi terrible naguère n'appelle plus que les bénédictions. Si le fleuve avait pu couler sans effort entre ses rives, suivant la pente naturelle, il aurait doucement versé la richesse dans la vallée; il aurait désaltéré les êtres vivants et prêté ses eaux bienfaisantes à l'agriculture et à l'industrie. C'est la leçon de l'histoire ; les peuples ont leur destinée. que rien ne peut les empêcher d'accomplir. Eux aussi suivent une pente fatale qui les mène à ce but lointain, entouré de nuages, qu'on appelle le progrès. Suspendre leur marche est une illusion et un crime, la régler est un devoir et une nécessité.

Il y a à distinguer dans la révolution, au point de vue de la notion du droit comme à celui des actes et des événements, deux époques de caractères bien opposés : dans la première, occupée par la Constituante, l'esprit de réforme domine : de grands citoyens s'efforcent de faire bénéficier la foule de leurs compatriotes des vérités reconnues par les grands esprits du xviiie siècle; dans la seconde, à laquelle la Convention a laissé son nom sanglant, cette foule, sans éducation politique, étonnée des droits qu'on lui livre en une fois et dont elle ne méritait pas encore la complète possession, cette foule s'abandonne à ses appétits et à ses ivresses; elle se rue indistinctement sur ce qu'elle devrait maudire et sur ce qu'elle devrait aimer; elle frappe en aveugle ses oppresseurs d'hier et ses libérateurs d'aujourd'hui. C'est, pour continuer l'image de tout à l'heure, la période torrentueuse de la Révolution.

Il est clair que la Constituante et la Convention n'eurent pas sur la direction politique et sociale du pays les mêmes idées; puisant l'une et l'autre dans le fonds commun des richesses intellectuelles du xviiie siècle encore en cours, ces deux assemblées y firent un choix très différent : « L'Assemblée constituante... est la fille de la bonne phi-

losophie du xviiie siècle ; la Convention ne représente
que la mauvaise (1) ».

La Constituante. L'Assemblée constituante elle-même et
dans son ensemble avait plus de penchant pour l'idéologie
de Rousseau que pour le génie pratique et modéré de Montesquieu que Mirabeau traitait d'aristocrate. Mais Mirabeau
lui-même était un modéré ; Lafayette, Siéyès, Mounier,
Malouet, les politiques de l'Assemblée étaient des modérés ;
c'étaient, de plus, des hommes éclairés, et ils surent prendre
de Montesquieu tout ce qui était compatible avec les passions
du temps. Mirabeau, lui aussi, avait étudié sur place le mécanisme de la Constitution anglaise, et il en connaissait
tous les ressorts, même les plus cachés. On ne peut donc s'é-
tonner de voir, à l'art. 16 de la première *Déclaration des
droits de l'homme,* le principe de la séparation des pouvoirs formulé dans des termes dignes de l'*Esprit des lois.*
« Toute société, y est-il dit, dans laquelle la garantie des
droits n'est pas assurée ni la séparation des pouvoirs
déterminée, n'a pas de constitution. » Mais, lorsque, pour le
fonctionnement de la Constitution qui a pris la date du
14 septembre 1791, les lois sur l'organisation électorale,
administrative et judiciaire prétendirent appliquer la
séparation des pouvoirs, les constituants avaient ouvert
leur esprit à des doctrines et à des souvenirs auxquels
Montesquieu est fort étranger.

Déjà les cahiers, écho des doléances du peuple passion-
nément désireux d'une constitution, c'est-à-dire d'une
protection inviolable contre l'arbitraire, laissaient voir
quelle place la notion de la séparation des pouvoirs, sans
être encore formulée en termes précis, tenait dans les idées
nationales. La conservation du régime monarchique, avec

(1) A. Bardoux. *Op. cit°,* chap. vi, n° 1.

cette restriction que le roi, investi de la plénitude du pouvoir exécutif, ne participerait que dans une proportion
restreinte au pouvoir législatif exercé par les représentants
de la nation, tel était le programme d'un droit public tout
nouveau dont les états généraux avaient mandat de doter
la France. M. de Clermont-Tonnerre, en présentant à
l'Assemblée nationale, au nom du comité de constitution,
le résumé des cahiers relatif à cette partie des réformes à
accomplir, en mettait le sens général au grand jour :
« ... Ils vous ont, disait-il, donné tous les pouvoirs nécessaires pour créer une constitution et asseoir sur des principes certains, et *sur la distinction et constitution régulière
de tous les pouvoirs*, la prospérité de l'empire français (1). »
Il ajoutait un peu plus loin, en invoquant un précédent
dont nous ne nous arrêterons pas à discuter la portée :
« Quant au pouvoir législatif, la pluralité des cahiers le
reconnaît comme résidant dans la représentation nationale,
sous la clause de la sanction royale, et il paraît que cette
maxime ancienne des Capitulaires : *Lex fit consensu
populi et constitutione regis*, est généralement consacrée
par vos commettants. »

L'acte constitutionnel du 3 novembre 1789, qui a été
versé en entier dans le texte définitif de la Constitution (2),
règle les pouvoirs publics suivant la pure doctrine de la
séparation des pouvoirs ; il aboutit à substituer à la monarchie absolue, que la France jusqu'alors avait seule connue

---

(1) Séance du 27 juillet 1789.
(2) L'œuvre constitutionnelle de l'Assemblée se composait de décrets
qui furent mis en vigueur successivement, à mesure qu'ils étaient votés,
et plus tard fondus et coordonnés, sur le rapport de Thouret, pour former la constitution de 1791. Il nous a paru préférable de suivre l'ordre
des travaux des constituants, afin d'étudier plus facilement la progression
de leurs idées, plutôt que de commenter l'ensemble de leur œuvre définitive.

avec des palliatifs passagers et insuffisants, une monarchie tempérée qui, sauf qu'elle est essentiellement démocratique, se rapproche par plus d'un point de celle pour
laquelle les Anglais ont conservé un culte patriotique (1).
Tous les pouvoirs émanent de la nation, il n'y a point
d'autorité supérieure à la loi, c'est par elle que le roi règne.
Celui-ci peut refuser sa sanction aux projets votés par
l'Assemblée; c'est le droit de *veto* admis par presque toutes
les constitutions monarchiques et qui ne peut être considéré comme un empiètement de l'exécutif sur le législatif,
mais bien plutôt comme le témoignage de leur cohésion
et de leurs égards mutuels. On ne veut pas imposer tout
d'abord au représentant actif du gouvernement l'obligation de faire observer une loi qu'il désapprouve; c'est,

---

(1) M. Thiers explique par la surexcitation des passions du temps
que la constitution anglaise, désirée par Mounier, par Necker et le
parti qui soutenait son ministère, n'ait pas été alors transplantée tout
d'une pièce en France : « Cette constitution, proposée par l'évêque de
Langres avant l'établissement d'une seule assemblée et refusée par les
premiers ordres, était devenue impossible. La haute noblesse ne voulait
pas de deux chambres, parce que c'était une transaction ; la petite noblesse, parce qu'elle ne pouvait entrer dans la chambre haute ; le parti
populaire, parce que, tout effrayé encore de l'aristocratie, il ne voulait
lui laisser aucune influence. Quelques députés seulement, les uns par
modération, les autres parce que cette idée leur était propre, désiraient
les institutions anglaises et formaient tout le parti du ministre, parti
faible, parce qu'il n'offrait que des vues conciliatoires à des passions
irritées, et qu'il n'opposait à ses adversaires que des raisonnements et
aucun moyen d'action. » (*Histoire de la Révolution française*, 13ᵉ édᵒⁿ,
t. II, L. II.) Et ailleurs : « ... Cette forme de gouvernement est une
transaction entre les trois intérêts qui divisent les États modernes, la
royauté, l'aristocratie et la démocratie Or, cette transaction n'est possible qu'après l'épuisement des forces, c'est-à-dire après le combat, c'est-
à-dire après la révolution. En Angleterre, en effet, elle ne s'est opérée
qu'après une longue lutte, après la démocratie et l'usurpation. Vouloir
opérer la transaction avant le combat, c'est vouloir faire la paix avant
la guerre. Cette vérité est triste, mais elle est incontestable ; les hommes
ne traitent que quand ils ont épuisé leurs forces. La constitution anglaise n'était donc possible en France qu'après la révolution. » (Ibid.,
note 5.)

dans des conditions tout à fait déterminées et constitutionnelles, le pendant de l'ancien droit d'enregistrement,
reconnu aux parlements et dont ils ont tant abusé. Mais,
comme le principe de la séparation des pouvoirs ne doit
pas, ainsi que ses détracteurs le soutiennent, aboutir à
l'immobilité, et que celle des autorités qui émane plus
directement de la souveraineté nationale doit prendre le
dessus en définitive, le *veto* est simplement suspensif et
l'effet en cesse si, dans un laps de temps déterminé, la
résistance royale n'a pas modifié les vues de l'Assemblée.

Cette combinaison neuve et inspirée par une saine philosophie politique n'a cependant pas réussi à fixer, fût-ce
pour quelques années, le régime du pays. D'illustres publicistes, Thiers, Benjamin Constant attribuent la ruine rapide
de l'œuvre de la Constituante à ce qu'elle était un compromis entre la monarchie et la république. N'est-il pas plus
naturel de penser que rien ne pouvait résister à la force du
courant révolutionnaire, grossi des aspirations de tout un
peuple comprimées pendant de longs siècles ?

Le roi, d'après la constitution de 1791, est détenteur du
pouvoir exécutif suprême ; le décret du 12 septembre 1791
l'intitule « le premier fonctionnaire public ; » il peut faire
des « proclamations », c'est-à-dire ordonner des mesures
générales pour assurer l'observation des lois et y rappeler
les citoyens. Enfin la justice se rend en son nom, bien
qu'il y reste absolument étranger de sa personne. Il n'y a
plus de justice retenue, elle est tout entière déléguée ; mais
il résulte de la construction même de l'art. 167 et dernier du décret du 3 novembre 1789, où se trouve consacrée
cette grande règle, que, dans les hauteurs de la théorie, les
pouvoirs judiciaire et exécutif proprement dit ont un chef
commun. La présence du nom du roi dans les jugements
n'a point de sens, si ce n'est celui-là. Le texte définitif de

la Constitution développe, du reste, cette idée, en dispo-
sant que les juges, élus par le peuple, seraient institués
par lettres patentes du roi, hommage tout platonique, du
reste, rendu aux principes, puisque le texte s'empresse
d'ajouter que le roi ne pourra refuser ces lettres (1).

Cette première organisation politique remettait le pouvoir législatif à une Chambre unique ; c'était une expérience faite en sens inverse de celle qui avait si bien réussi
à l'Angleterre et toute nouvelle, car jusque-là, dans les
assemblées que la France avait connues, la distinction des
trois ordres avait été, en quelque sorte, l'équivalent de la
division en Chambres. La théorie des deux Chambres fut
soutenue par les meilleurs esprits de la Constituante, mais
échoua en somme et pour longtemps.

On crut compléter l'édifice, et peut-être appliquer jusqu'au bout l'idée de la séparation des pouvoirs, en déclarant, le 7 novembre 1789, les fonctions de député incompatibles avec celles de ministre (2). La plupart des pays
constitutionnels n'ont pas pensé manquer aux principes en
faisant, au contraire, du parlement la pépinière du ministère. Par là est assuré le contrôle incessant de la représentation nationale sur la direction du gouvernement et
l'équilibre est rétabli par l'inviolabilité, par l'irresponsabilité dont le chef de l'Etat est investi.

La loi des 22 décembre 1789-8 janvier 1790, sur les
administrations départementales, est le début des erreurs
de l'Assemblée constituante en matière de séparation des

_____

(1) Mêmes dispositions dans la loi du 16-24 août 1790.

(2) M. Thiers, qui s'y connaissait, a dit au sujet des appréhensions
des constituants sur les relations entre le pouvoir législatif et les ministres : « Ces craintes n'étaient pas raisonnables, ce n'est point par
leurs communications publiques avec les chambres que les ministres cor-
rompent ordinairement la représentation nationale. » (*Op. cit°*, L. III,
t. 1.)

pouvoirs; elle n'y voit pas un principe essentiel et primordial à établir, mais un moyen empirique d'empêcher le
réveil d'un passé récent. Ce ne sont pas les leçons de Montesquieu qu'elle a devant les yeux, c'est le souvenir des
parlements qui l'obsède.

Les parlements qui, quelques années avant la révolution, avaient dû à leurs dernières résistances contre la
couronne un regain de popularité, étaient tombés dans un
discrédit profond du jour où ils avaient prétendu soumettre la convocation des états généraux aux formes surannées suivies en 1614. Les parlements étaient visiblement hostiles à beaucoup des idées modernes; les privilèges nobiliaires leur étaient restés sympathiques, parce
qu'ils en bénéficiaient; ils avaient cherché à entraver certaines réformes fort sages, entre autres celles proposées par
Turgot, puis avaient exhalé, avec leur dernier soupir, le
programme de leurs prétentions et de leurs rancunes dans
la déclaration de mai 1788 (1).

Les constituants n'entendaient point que leur œuvre, à
eux, pût être gênée par les résistances des corps judiciaires;
ils cherchèrent à mettre loin de la portée de ceux qu'ils
créaient, les armes qui avaient servi à leurs aînés; dans
toutes les dispositions législatives fixant les rapports entre
la justice et l'administration, les constituants n'ont jamais

---

(1) « La France est une monarchie gouvernée par le roi suivant les
lois ; de ces lois plusieurs sont fondamentales, embrassent et consacrent
le droit de la maison régnante au trône, de mâle en mâle, par ordre de
primogéniture, à l'exclusion de leurs filles et de leurs descendants ; le droit
de la nation d'accorder *librement* les subsides par l'organe des états
généraux régulièrement convoqués et composés, les coutumes et capitu-
lations des provinces, l'inamovibilité des magistrats, le droit des cours
de vérifier dans chaque province les volontés du roi, et n'en ordonner
l'enregistrement qu'autant qu'elles sont conformes aux lois constitutives
de la province ainsi qu'aux lois fondamentales. » (Arrêté du Parlement
de Paris, les pairs y séant.)

songé qu'à une chose : empêcher l'esprit parlementaire de renaître parmi les juges nouveaux.

C'est ainsi que l'art. 7 (sect. III) de la loi que nous étudions proclame que les administrations de département et de district ne pourront être troublées dans l'exercice de leurs fonctions administratives par aucun acte du pouvoir judiciaire. La contre-partie de ce précepte n'existe malheureusement pas et nous allons voir les fonctionnaires administratifs changés en juges (1).

Une autre hérésie contenue dans la première organisation départementale consiste à avoir subordonné l'administration exécutive aux assemblées locales et à avoir confié à celles-ci l'élection du personnel administratif. Le pouvoir actif ne peut être fortement constitué et répondre à ce qu'on attend de lui que si toute la hiérarchie des fonctionnaires est dans sa pleine dépendance. Cet inconvénient ne cessera que lorsque, par la création des conseils généraux, on aura distingué l'autorité de la gestion des intérêts locaux et lorsque se sera calmée cette fièvre électorale qui faisait, pendant un temps, du suffrage populaire, la source immédiate de toutes les fonctions. On retrouve d'ailleurs partout, dans cette première organisation, la même confusion entre les fonctions administratives exercées au

---

(1) L'art. 1, chap. V de la Constitution dispose que « le pouvoir exécutif ne peut être exercé ni par le corps législatif ni par le roi ; l'art. 2, chap. IV, sect. 2, que « les administrateurs ne peuvent rien entreprendre sur l'ordre judiciaire. » Mais les lois organiques omettent de faire l'application de ces principes. On sait jusqu'à quel point le législateur y a manqué en créant le contentieux administratif. La seule garantie effective donnée aux corps judiciaires contre les séductions et l'action du pouvoir exécutif, en dehors, bien entendu, de leur origine élective, consiste à avoir interdit aux membres du tribunal de cassation et aux hauts jurés les fonctions de ministre, comme aussi de leur avoir défendu de recevoir du même pouvoir exécutif aucune faveur pécuniaire ou autre pendant la durée de leur mandat et deux ans après son expiration.

nom du gouvernement et la représentation des intérêts locaux, confusion encore persistante dans le double caractère conservé aux maires par la législation actuelle.

Les citoyens pourvus d'une place de judicature pouvaient être élus dans les conseils administratifs, mais non être appelés à faire partie du directoire de district ou de département.

Nous arrivons à la célèbre loi des 16-24 août 1790 sur l'organisation judiciaire. Il était urgent que l'Assemblée, même avant d'avoir terminé la Constitution, avisât à assurer le service judiciaire. Les populations avaient hâte de voir se réaliser les promesses faites dans cette célèbre nuit du 4 août 1789, plus brillante que les plus beaux jours; les justices seigneuriales y avaient été abolies en principe, mais elles devaient continuer à fonctionner jusqu'à leur remplacement. D'un autre côté, les parlements avaient été envoyés en vacances et les chambres de vacations, débordées par les affaires, les expédiaient lentement, au milieu de l'hostilité et de la méfiance des justiciables. Du reste, dès le 24 mars 1790, l'Assemblée avait décrété que l'ordre judiciaire serait *reconstitué en entier*.

Au point de vue de la séparation des pouvoirs, le législateur est toujours et exclusivement inspiré par l'idée de tenir la magistrature à l'écart de l'administration : « Les fonctions judiciaires sont distinctes et demeureront toujours séparées des fonctions administratives. Les juges ne pourront, à peine de forfaiture, troubler, de quelque manière que ce soit, les opérations des corps administratifs, ni citer devant eux les administrateurs pour raison de leurs fonctions » (art. 13). Fort bien ! Mais soyez complets et, si vous êtes des élèves sincères de Montesquieu, appliquez ses doctrines comme il les comprenait; défendez le domaine judiciaire contre l'envahissement des administrateurs. Cette nécessité s'imposait; Tocqueville l'a depuis admirablement définie : « L'intervention de la justice dans l'administration ne nuit qu'aux affaires, tandis que l'intervention de l'administration dans la justice déprave les hommes et tend à les rendre tout à la fois révolutionnaires et serviles (1). »

La disposition de la loi de 1790, dont nous avons cru devoir rappeler le texte, est le seul argument théorique que fassent valoir de nos jours les partisans de la juridiction administrative. Nous verrons plus loin combien sont abusives les déductions qu'ils en tirent, *utilitatis causa*.

Il n'y a, au contraire, qu'à applaudir aux précautions adoptées par le législateur pour empêcher l'envahissement du domaine législatif par le pouvoir judiciaire. Les principes alors posés sont encore ceux qui dominent notre législation (2); dans le nombre, la question d'*interprétation* des lois comme des actes du gouvernement et de l'administration prête à des difficultés sur lesquelles nous aurons à insister.

Cherchant les bases d'une nouvelle organisation judiciaire, la Constituante avait agité avec passion la question du jury civil, que Duport et Barnave voulaient établir; le sens pratique des Lanjuinais et des Tronchet le fit rejeter. On maintint le principe de l'appel qui avait été fort menacé.

Mais, une fois la vénalité des charges de judicature rejetée avec horreur de l'organisation nouvelle, il était nécessaire de fortifier l'indépendance des juges. La Constituante, presqu'aussi hostile à tout autre mode consa-

_____

(1) *L'Ancien Régime et la Révolution*, L. II, chap. IV.

(2) Art. 10. Les tribunaux ne pourront prendre directement ou indirectement aucune part à l'exercice du pouvoir législatif, ni empêcher ou suspendre l'exécution des décrets du corps législatif, sanctionnés par le roi, à peine de forfaiture.

Art. 12. Ils ne pourront point faire de règlements, mais ils s'adresseront au corps législatif toutes les fois qu'ils croiront nécessaire soit d'interpréter une loi, soit d'en faire une nouvelle.

14

crant l'inamovibilité des magistrats, crut pouvoir résoudre le problème par sa méthode favorite, en confiant aux justiciables l'élection des juges. Mounier avait cependant montré, au cours des discussions préparatoires, que le pouvoir judiciaire ne devait pas être confié au peuple sous peine de lui remettre une force supérieure à celle même des lois. On perdait aussi de vue (bien que cette vérité eût été rappelée au cours des débats), que le pouvoir judiciaire fait doctrinalement partie intrinsèque du pouvoir exécutif.

Le principe du jury criminel fut adopté d'enthousiasme; la loi des 16-29 septembre 1791 l'organisa; tous les privilèges en matière de juridiction furent abolis et l'égalité devant la justice proclamée. Il fut, de plus, écrit dans la loi que « l'ordre constitutionnel des juridictions ne pourra être troublé ni les justiciables distraits de leurs juges naturels, par aucune commission, ni par d'autres attributions ou évocations que celles qui seront déterminées par la loi (art. 17); » c'est la seule protection accordée aux citoyens contre les usurpations du pouvoir politique sur les choses de la justice. La Constituante, il est vrai, supprima les tribunaux spéciaux, mais, la plupart du temps, pour les rétablir sous un autre nom.

La seconde loi du 7-11 septembre sur l'organisation judiciaire fonde la juridiction administrative en confiant aux directoires de district et de département le contentieux en matière de contributions directes et de travaux publics, la loi des 25-27 mars 1791 leur attribua le contentieux électoral sous une distinction. C'était une compétence destinée à faire « la boule de neige ». La Constituante, malgré l'élévation d'idées qu'on trouve partout dans ses délibérations, ne sut pas parvenir d'un bond à la conception de l'unité de juridiction; subissant, suivant la loi humaine par excellence, l'influence du milieu, elle se contenta de supprimer quelques juridictions spéciales, tandis qu'elle eût dû en abolir jusqu'au principe.

Cette création de tribunaux, si contraires à la saine interprétation des doctrines de l'*Esprit des lois,* est une dernière preuve du sens tout actuel attaché par la Convention au principe de la séparation des pouvoirs : pour elle, il s'agit d'entourer le pouvoir politique d'une barrière que le pouvoir judiciaire ne pourra franchir. C'est tout.

Par la loi du 19 juillet 1790, en organisant un tribunal de police municipale composée d'officiers municipaux, l'Assemblée laissa voir clairement sa pensée et se sépara définitivement des théories de Montesquieu.

La loi du 14 octobre 1790, posant un des principes les plus délicats comme fonctionnement que renferment nos codes, place en dehors du ressort des tribunaux les « réclamations d'incompétence à l'égard des corps administratifs » ; c'est dire que les tribunaux, dans l'application qu'ils font des actes administratifs, n'ont pas le droit d'examiner si ces actes sont inconstitutionnels, contraires aux lois ou entachés d'excès de pouvoir. La connaissance des recours que cette question peut faire naître, est réservée « au roi, chef de l'administration générale, » et au Corps législatif, dans le cas où ce serait aux ministres eux-mêmes qu'une décision illégale serait imputée.

La loi des 8 avril-25 mai 1791, renouvelant un acte précédent, chercha à sauvegarder l'indépendance indivi-duelle des membres du Corps législatif contre les séduc-tions du pouvoir exécutif, en leur interdisant d'accepter de lui aucune faveur ni fonction, y compris celle de ministre.

La loi des 27 avril-25 mai 1791 organise précisément les attributions des ministres qui ont été jusque-là pure-ment et simplement les subordonnés du roi; elle fait de la réunion des ministres un conseil d'Etat, qui joint dès lors (faute irréparable ou plutôt irréparée jusqu'ici !) le caractère de tribunal d'appel en matière contentieuse administrative à celui si naturel de comité consultatif du gouvernement. La responsabilité ministérielle commence à se faire jour dans les institutions françaises par le droit que s'arroge le pouvoir législatif de mettre les ministres en accusation; ils deviennent solidaires entre eux. Quant à la responsabilité des agents de l'administration, la loi du 14 octobre 1790 s'est occupée de la régler (art. 2), après le décret du 22 décembre 1789 (art. 7, sect. III) et le décret du 16 août 1790 (art. 13, t. II); aucun administrateur ne peut être traduit devant les tribunaux, à raison de ses fonctions, à moins qu'il n'y ait été renvoyé par l'autorité supérieure; c'est la règle même que nous avons vue survivre jusqu'à une date toute récente, sous l'étiquette de la constitution de l'an VIII (art. 75).

Il ne restait plus à l'Assemblée, pour avoir terminé sa tâche, qu'à organiser l'autorité législative elle-même, en vertu du pouvoir constituant qu'elle possédait, que l'histoire lui a reconnu, que Louis XVI avait à peine songé un moment à lui contester, et dont elle s'était engagée, par le serment du Jeu de paume, à user jusqu'au bout. La loi des 28-29 mai 1791 fit nommer les députés par le suffrage à deux degrés. La loi des 13-19 juin 1791 établit la permanence de l'Assemblée nationale, composée d'une seule Chambre et renouvelable intégralement. Elle règle les incompatibilités d'une manière assez sévère. L'Assemblée vérifie elle-même les pouvoirs de ses membres; ceux-ci sont inviolables. C'est une exception nécessaire et toujours maintenue depuis au principe de l'égalité de tous devant les mesures de la police judiciaire.

L'Assemblée, nous l'avons dit, est permanente pendant

la durée de son mandat. Le roi n'a ni le droit de dissolution, ni le droit d'initiative ; il ne peut que soumettre au Corps législatif certains projets et en solliciter la prise en considération. Toute sa participation au pouvoir législatif se borne au *veto* purement suspensif.

Avant de se séparer, l'Assemblée voulut réunir dans un ensemble définitif toutes les parties de son œuvre ayant un caractère constitutionnel. La déclaration des Droits de 1789 sert de frontispice à la Constitution des 3-13 septembre 1791. Quant aux principes et aux règles pratiques qui s'y trouvent consacrés, nous venons de les examiner successivement, en suivant, presque jour par jour, les travaux de la Constituante. Voici les textes qui visent particulièrement la séparation de la justice et de l'administration :

(Chap. V, art. 3) : « Les tribunaux ne peuvent ni s'immiscer dans l'exercice du pouvoir législatif, ou suspendre l'exécution des lois, ni entreprendre sur les fonctions administratives, *ou citer devant eux les administrateurs, pour raison de leurs fonctions* ».

(Ibid., art. 4) : « Les citoyens ne peuvent être distraits des juges que la loi leur assigne, par aucune commission, ni par d'autres attributions et évocations que celles qui sont déterminées par la loi. »

Notons encore, dans la Constitution de 1791, le titre VII qui distingue formellement le pouvoir constituant du pouvoir législatif ordinaire. Après avoir hésité sur le principe des plébiscistes, la Constituante le repoussa absolument et s'arrêta à la formation d'une chambre de révision, qui ne pourrait être convoquée que sur la déclaration, reproduite par plusieurs législatures successives, qu'il y a lieu de réformer le pacte fondamental.

La proclamation de cette Constitution de 1791 fut accompagnée des premiers grondements du tonnerre :

elle fut acceptée par un roi prisonnier et convaincu d'avoir
cherché à rétablir le pouvoir absolu de ses pères avec
l'assistance des armes étrangères. De nouveaux conflits,
d'affreux massacres remplirent la courte existence de
l'Assemblée législative, le royal dépositaire du pouvoir
exécutif fut suspendu de ses fonctions et la Convention
nationale fut convoquée.

Mais « l'Assemblée législative l'investit sans droit d'un
pouvoir universel et absolu, à la fois constituant et législatif. C'était la violation de la Constitution de 1791;
c'était un coup d'Etat (1) ».

La Convention. Nous pouvons passer plus rapidement
sur la Convention que sur l'Assemblée constituante, qui a
posé dans notre pays les principales bases sur lesquelles
nos institutions reposent encore. La Convention, au contraire, a légué peu de chose au droit public général ; elle
a tout bouleversé, s'est écartée en politique des théories
raisonnables, et a, par exemple, supprimé absolument la
séparation des pouvoirs (2) pour aboutir au plus odieux
despotisme qui fut jamais. Elle a troublé la conscience
humaine par le spectacle le plus effrayant qui puisse lui
être offert, celui du crime légal.

Le premier soin de la Convention fut de supprimer la
royauté, le second de supprimer le roi. Elle supprima
ensuite ce qui restait de justice et de liberté.

Elle fit, contrairement au droit, renouveler le personnel

---

(1) Faustin-Adolphe-Hélie. *Les Constitutions de la France*, p. 328
(art. xcvi.)

(2) Un exemple indiquera quel cas la Convention, à ses débuts, faisait
de la séparation des pouvoirs. Comme, au cours de la séance du 10 mars
1793, Buzot s'élevait avec indignation contre les tendances de la majorité et s'écriait : « Je veux sauver ma mémoire du déshonneur en m'opposant au despotisme de la Convention. On veut que vous confondiez
dans vos mains tous les pouvoirs, » il faut agir *et non bavarder*, répondit une voix.

de tous les corps judiciaires, administratifs, municipaux dont le mandat n'était pas expiré. Le 11 mars 1793, elle supprimait toutes les garanties accordées aux citoyens par la Constituante contre les tribunaux extraordinaires. Entrant plus largement dans la voie déjà ouverte par la Législative, lorsqu'avait été créé le tribunal dit du 17 *août* (1), elle établit un tribunal criminel pour en faire le sanglant instrument de ses instincts sauvages (2) ; elle se réserva d'en désigner tous les membres et les plaça, pour plus de sûreté, sous la surveillance spéciale d'une commission prise dans son propre sein. L'institution d'un comité de salut public (de sinistre mémoire) plaça entre ses mains le pouvoir législatif, et la Terreur suivit son cours.

La constitution du 24 juin 1793 est précédée, elle aussi, d'une « déclaration des droits de l'homme et du citoyen » qui permet d'apprécier tout le chemin parcouru depuis 1789 (3). Pas plus que le corps même du document, elle ne fait allusion au principe de la séparation des pouvoirs. Les articles qui organisent le législatif, l'exécutif et leurs rapports entre eux, en sont la négation absolue : les

(1) Pour le jugement des crimes commis dans la journée du 10 août 1792 et tous ceux s'y rattachant *directement ou indirectement.*

(2) Voici le texte de la décision de la Convention relative à cette nouvelle et abominable juridiction : « Décrète l'établissement d'un tribunal *criminel extraordinaire*, pour juger sans appel et sans recours au tribunal de cassation les conspirateurs et les contre-révolutionnaires.... » (Séance du 9 mars 1793.)

On sait que ce tribunal a pris plus tard le titre plus exact de *tribunal révolutionnaire*, au moment où toutes les formes et jusqu'au droit de défense en disparurent.

(3) C'est cette déclaration que M. Emile Acollas, un homme à qui la science du Droit est cependant redevable d'œuvres sérieuses, qualifie : « Le plus haut monument législatif de la philosophie politique, le texte le plus considérable qui ait été promulgué dans aucun temps, chez aucun peuple, l'étonnante formule qui a résumé au dernier siècle les efforts de la pensée humaine durant deux mille ans, et qui contient les bases essentielles de toutes les transformations de l'avenir. »

députés sont élus pour un an seulement, c'est-à-dire que l'assemblée devient le hochet des caprices de la foule, le peuple est d'ailleurs appelé à l'exercice direct du pouvoir législatif (1). Le corps législatif ne devait rendre que des décrets qui seraient soumis à la ratification au moins tacite du peuple; cet essai de gouvernement direct a été trop court, trop insignifiant pour qu'il y ait lieu de s'y arrêter.

Toutes les institutions sont d'ailleurs sous la menace de changements perpétuels; il suffit qu'un nombre infime d'assemblées primaires demandent la révision de la Constitution pour qu'il y soit procédé. Le pouvoir exécutif, administré par un comité que le Corps législatif compose sur des listes présentées par les assemblées secondaires, est absolument dépendant; la justice tant civile que criminelle est livrée, dans des conditions réellement dérisoires, à un jury annuellement renouvelé.

C'est l'instabilité même et la consécration de l'anarchie. Mais à peine cette étrange constitution avait-elle été ratifiée par les suffrages populaires et inaugurée par une fête somptueuse, où figurait pour la première fois l'appareil mythologique de la Révolution (2), que, sous l'influence des dangers extérieurs, le gouvernement fut déclaré, le 19 vendémiaire an II, franchement révolutionnaire. La Convention fut proclamée centre unique de l'impulsion du gouvernement et le comité de salut public exerça la dictature; toutes les branches de l'autorité furent confiées à des commissions (L. 12 germinal an II). Au lieu de la séparation des pouvoirs que la Constituante avait fondée dans des conditions, sinon parfaites, du moins salutaires, la France avait le conflit incessamment renaissant de deux, disons même de trois despo-

---

(1) Art. 10 : Le peuple souverain délibère sur les lois.
(2) Le 10 août 1793.

tismes : la Convention, la Commune de Paris, les clubs. On sait quel affreux désordre sortit de tout cela, jusqu'à ce que la Constitution de l'an III vînt mettre un terme au vertige révolutionnaire auquel la France était livrée et qu'avaient éclairé, comme autant d'intervalles lucides, les victoires de nos armées. Ces victoires sont le rachat de la Convention devant l'histoire : « Pour elle, il n'y a qu'un fait à alléguer, un seul, et tous les reproches tombent devant ce fait immense : elle nous a sauvés de l'invasion étrangère (1). »

Le Directoire. Le pouvoir législatif fut divisé en deux chambres, ce qui était un progrès sérieux et presque définitif. Il fut renouvelable partiellement, ce qui était pour le pays un gage de paix et pour le développement calme des institutions une promesse que les événements ne devaient pas réaliser. Les directeurs, comme origine, émanaient du pouvoir législatif, et on retomba, en ce qui les concerne, dans l'erreur consistant à donner plusieurs chefs au pouvoir exécutif ; elle s'explique par l'esprit soupçonneux qui domine trop souvent dans les républiques et a trouvé sa réfutation dans cette parole du premier consul : « ... agir est le fait d'un seul. »

Le pouvoir exécutif ne reçut aucune action sur le pouvoir judiciaire, car les juges continuèrent à être élus, mais leur mode d'élection assura au corps judiciaire un meilleur recrutement ; ils furent déclarés indéfiniment rééligibles, contrairement à ce qui se produisait pour la plupart des fonctionnaires (2).

(1) Thiers. *Hist. de la Révol.*, t. VII, L. XXX, in fine.
(2) Les conséquences de ce mode de nomination des juges sont appréciées ainsi qu'il suit par un auteur d'une incontestable compétence qui a dernièrement écrit sur la question : « La même cause produisit encore les mêmes effets ; déterminés le plus souvent par la politique seule, les choix s'égaraient sur des hommes incapables de remplir leur difficile mission, et si la vie et la liberté des citoyens n'étaient plus comme sous

Pour faire du principe nouvellement adopté, des deux chambres, une vérité, on exigea des candidats au conseil des Anciens d'autres conditions d'éligibilité que pour le conseil des Cinq Cents. Les deux corps n'eurent pas non plus exactement une même part dans le pouvoir, le conseil des Cinq Cents eut seul l'initiative et le conseil des Anciens fut privé du droit d'amendement.

Le titre XIII du texte que nous analysons traite du pouvoir constituant qui est exercé par le conseil des Anciens, sous condition que tout projet de modification sera ratifié par les Cinq Cents. Aucune proposition ne peut être prise en considération si elle n'a été reproduite trois fois en neuf ans.

Sauf le vice résidant dans la composition du pouvoir exécutif, cette constitution était assez sagement organisée pour vivre et se développer, si les circonstances l'avaient permis (1).

la terreur, à la merci d'un odieux arbitraire, leurs intérêts civils se trouvaient sérieusement compromis. » (Ch. Louandre. *Les Origines de la magistrature française*. Revue des Deux Mondes du 15 juillet 1879.)

(1) Comment la même Convention, coupable de tant de folies et auteur de la constitution de 1793, est-elle revenue aux idées de modération, de pondération, qui dominent dans la constitution de l'an III? Voilà l'explication qu'en donne un esprit aussi distingué que libéral : « Un grand changement s'était opéré dans les opinions politiques. Successivement frappés, sous le prétexte banal de salut public, les royalistes, les constitutionnels, les républicains modérés, les républicains extrêmes, les terroristes mêmes avaient pu se convaincre, par une triste expérience, que toute sécurité, toute liberté, toute justice, sont incompatibles avec l'existence d'un pouvoir unique, et que là où ce pouvoir existe, les déclarations de droits sont de vaines paroles, et les garanties individuelles de purs mensonges. On en revenait donc, sans oser encore en convenir, à ces idées d'équilibre, de pondération, de contrôle réciproque, sur lesquelles naguère on déversait tant de dédains, et l'on sentait la nécessité de se prémunir, non seulement contre la tyrannie d'un individu, mais contre celle d'une majorité et des hommes qu'elle investit capricieusement et momentanément de la toute-puissance. » (Duvergier de Hauranne, *Histoire du gouvernement parlementaire en France*, t. Ier, p. 338.)

Mais, si la Convention avait fini dans le sang, le Directoire devait finir dans la corruption. A partir du coup d'Etat du 18 fructidor an V, la Constitution ne continua à fonctionner que par la violation de son principe fondamental, le consentement populaire ; les clubs reprirent leur influence grâce au désordre des esprits et à la faiblesse de l'autorité, usée par les divisions intestines du Directoire et par les attaques des conseils ; les coups d'Etat se succédèrent et, le 18 brumaire, il ne restait plus, dans l'enceinte du pouvoir, que des débris trop faciles à balayer.

Quoi qu'il en soit, la constitution du 5 fructidor an III, comme son aînée de 1791, rend hommage au principe de la séparation des pouvoirs dans les termes suivants empruntés à la « Déclaration des droits et devoirs de l'homme et du citoyen », qui lui sert de préambule : « Art. 22. La garantie sociale ne peut exister si la division des pouvoirs n'est pas établie, si leurs limites ne sont pas fixées, et si la responsabilité des fonctionnaires publics n'est pas assurée. »

Elle renouvelle d'ailleurs la prohibition et les menaces de ses devancières, ayant pour objet de protéger l'administration contre toute ingérence des corps judiciaires ; mais, plus complète en ce point que celles-là ne l'avaient été, elle donne la contre-partie de cette disposition. L'art. 189 interdit aux administrations départementales et municipales de « s'immiscer dans les objets dépendant de l'ordre judiciaire ; » l'art. 202 décide que « les fonctions judiciaires ne peuvent être exercées ni par le corps législatif ni par le pouvoir exécutif; » l'art. 203 complète l'ensemble, en garantissant le pouvoir législatif et les agents de l'administration contre les empiètements des corps judiciaires ; enfin, l'art. 204, visiblement rédigé pour répudier les erreurs d'un passé tout récent, accorde aux justiciables la meilleure des garanties en posant le principe que « nul ne peut être distrait des juges que la loi lui assigne, » et en s'opposant à la création de toutes commissions spéciales ou déplacements des compétences déterminées par les lois organiques alors en vigueur.

La loi du 16 fructidor an III, développant les prémisses posées par la constitution, fit « défenses itératives aux tribunaux de connaître des actes d'administration, de quelque nature qu'ils soient, aux peines de droit. » Ces peines trouvèrent leur place dans le code des délits et des peines du 3 brumaire an IV, dont l'art. 644 précisait, pour la première fois, les conditions et la répression de la forfaiture.

Le décret du 22 fructidor an III avait institué sur les conflits une compétence et une procédure assez singulières, décelant l'hésitation des esprits sur les principes mêmes de cette matière (1). En cas de conflit d'attribution entre les autorités judiciaire et administrative, il devait être sursis jusqu'à la décision du ministre, confirmée par le Directoire exécutif qui en référerait, *s'il en était besoin*, au Corps législatif; le Directoire n'éprouva ce besoin qu'une fois (décret d'ordre du jour du 23 fructidor an VII), et profita d'une occasion pour faire connaître la pensée qui guidait son administration sur un ordre de question aussi grave : Le Directoire, était-il dit dans un arrêté du 26 floréal an V, estimait que le référé devait être transmis au Corps législatif, seulement lorsqu'il se présentait de véritables doutes à éclaircir, des questions sérieuses à résoudre, et qu'il

---

(1) On trouve des allusions nombreuses à ces indécisions dans un message adressé par le ministre de la justice Merlin au Corps législatif, inquiet des empiétements du Directoire; ce document est la première étude théorique qui ait paru sur les conflits.

était de son devoir de ne point se rendre, auprès du
corps législatif, l'interprète des référés qui ne présen-
teraient aux législateurs rien qui fût digne de leur attention et qui ne tendraient qu'à consumer en pure perte
leurs précieux instants. M. de Cormenin a fait un saisissant tableau des abus qui se produisirent sous ce
régime, au mépris des droits des citoyens, des principes
constitutionnels les mieux définis et des garanties les
plus saintes de la justice (1).

Les questions qui se rattachent aux conflits constituent
d'ailleurs un des côtés les plus intéressants de notre sujet
et nous ne manquerons pas, le moment venu, de les examiner avec toute l'étendue qu'elles méritent.

(1) Rapport présenté, en 1828, à la commission nommée par le ministère Martignac pour la réglementation des conflits (nᵒˑ 7 à 30).

CHAPITRE XVI.

Au point où nous sommes arrivés de notre revue historique, on peut dire que la séparation des pouvoirs est devenue et restera un des principes fondamentaux du droit public national. S'il n'est pas expressément rappelé dans tous les actes constitutionnels, partout on le sent présent et dominant, et la seule étude intéressante à suivre est de rechercher dans quelle mesure il est appliqué sous chaque régime et de quel côté, vers laquelle des trois autorités penche la balance gouvernementale.

Consulat. Sous le consulat, et plus encore sous l'empire, c'est assurément au pouvoir exécutif qu'appartient la prépondérance. Il ne faut point en chercher la cause seulement dans le caractère, l'ambition et le génie de l'homme que la victoire plaçait à la tête de l'Etat. La France inclinait d'elle-même vers la centralisation de l'autorité; la liberté, on l'a dit, n'est pas une tente dressée pour le sommeil, et le pays, agité si longtemps par de douloureuses convulsions, cherchait le repos, un repos éclairé, comme dans un beau rêve, par les splendeurs de la gloire militaire. L'Assemblée constituante avait pressenti les conditions de la liberté politique, mais les masses populaires n'étaient pas encore en état d'en apprécier l'austère saveur et n'en désiraient même pas l'avènement; peut-être prenaient-elles pour la

liberté les luttes sanglantes dont tous les genres de tyrannie avaient déchiré le sein de la patrie pendant plusieurs
années, et elles repoussaient avec horreur la continuation
d'un pareil état des choses. L'égalité civile était conquise
à tout jamais, et c'était là une récompense suffisante des
premiers efforts. De plus, pour que la liberté règne dans
un pays, il faut que l'agitation des partis puisse se produire sur un terrain commun, qu'il existe au moins un
petit nombre de principes admis par tous et constituant
une sorte de catéchisme national, Or, après la chute de
l'ancien régime, après la terreur, après le Directoire, les
Français étaient divisés en races ennemies, que les ruis-
seaux de sang versés dans les guerres civiles et sur l'écha-
faud séparaient comme des abîmes infranchissables. Il
fallait fusionner ces populations hostiles, refaire l'unité
morale du pays, et une telle tâche ne pouvait être remplie
que par une main vigoureuse et solidement armée; ce n'est
donc pas un paradoxe d'avancer que la mission historique
de l'empire était de préparer la France pour la liberté:
l'empereur ne découvrit toute l'étendue de cette mission
que lorsqu'il était trop tard pour lui, que lorsque le vertige des conquêtes l'eût emporté à l'exil et à la captivité.
Il est plus que douteux d'ailleurs qu'il ait jamais pu être
l'homme qu'il fallait pour en accomplir la seconde partie.
Ce qu'il a fait suffit à remplir l'histoire de son nom.

Siéyès fut, sous la réserve des corrections introduites
par Bonaparte, l'inspirateur de la constitution de
l'an VIII. Ce travail fut pour lui l'occasion de développer
les idées trop exclusivement théoriques qu'il avait déjà
émises lors de la constitution de l'an III et qu'il avait
mûries depuis par une méditation solitaire. L'objectif de
Siéyès était la séparation des pouvoirs, mais une séparation tellement absolue qu'elle en était impraticable et

eût provoqué les conflits au lieu de les conjurer. Pour agir dans des sphères absolument distinctes, les pouvoirs n'en doivent pas moins être subordonnés et accordés en vue de leur fin commune : le bien de l'Etat, et il faut toujours que l'un d'eux ait au besoin le « dernier mot ». Si la constitution ne confère à personne le droit de le prononcer, ce dernier mot, il faudra bien que, par la force des choses, quelqu'un le prenne, et les chances sont assurément, en cas de lutte, pour le pouvoir exécutif, qui a sous les mains tous les moyens d'une action immédiate et énergique. Une division trop absolue des pouvoirs conduit donc fatalement au despotisme ; Mounier le sentait bien, lorsqu'il disait, dans la discussion sur la constitution de 1791 : « Pour que les pouvoirs soient à jamais divisés, il ne faut pas qu'ils soient entièrement séparés. »

Siéyès poussait l'amour de la division jusqu'à celui du fractionnement. Ainsi dans la représentation nationale, il distinguait, par une analyse plus subtile que sûre, trois éléments :

1° La volonté *constituante* du peuple qu'il y avait lieu de faire exprimer par un collège de conservateurs, chargé de contenir les divers pouvoirs dans leurs limites respectives et de réprimer toute atteinte à la constitution ;

2° La volonté *pétitionnaire* exprimée par un tribunat chargé de faire valoir, contradictoirement avec le gouvernement, les vœux du peuple et de discuter les lois sans les voter ;

3° La volonté *législative* ayant pour organe une sorte de tribunal législatif chargé d'écouter silencieusement les plaidoiries du gouvernement et du tribunat, de peser les raisons pour et contre et votant les lois sans les discuter.

A peine est-il besoin de montrer combien ces distinctions sont artificielles ; 'il est utile, à la vérité, d'organiser le

pouvoir constituant de manière à mettre le pacte fondamental à l'abri des fluctuations passagères de l'opinion publique, mais bien évidemment le peuple, en déléguant à des
représentants le droit de faire des lois, leur remet à la fois les
éléments indivisibles d'une volonté raisonnée, la discussion,
l'appréciation contradictoire des motifs et la décision.

Ce système fut cependant celui qui présida à l'organisation du pouvoir législatif, à la création du Sénat, du
Corps législatif et du tribunat; mais leur mode de nomination, imaginé aussi par Siéyès, leur enlevait toute
réalité comme représentation nationale (1). Par application de cette formule favorite du « Lycurgue des
temps modernes » : *La confiance doit venir d'en bas,
le pouvoir doit venir d'en haut,* la participation du peuple
à la direction de la chose publique se réduisait à dresser
des listes de notabilité sur lesquelles étaient obligatoirement choisis les *fonctionnaires* des ordres législatif, judiciaire, exécutif; les choix appartenaient aux grands corps
de l'Etat ou aux conseils, et, pour la première organisation,
comme il n'existait pas encore de listes de notabilité, le
gouvernement fit toutes les désignations.

Le pouvoir exécutif, dans la Constitution de l'an VIII,
était fort comme attributions, plus fort encore par son organisation intime. Hiérarchisé de manière à mettre toute l'activité dirigeante entre les mains du seul premier consul,
investi, à l'exclusion des corps délibérants, de l'initiative
et de la proposition des lois, il était assisté, pour la préparation des projets législatifs et pour l'administration pro-

(1) « Annihiler le pouvoir du peuple, tout en ayant l'air de le maintenir, voilà le but. » (Dalloz, *Répertoire*, v° Droit constitutionnel, n° 53.)
Le *préambule* de la Constitution de l'an VIII n'en porte pas moins :
« La constitution est fondée *sur les vrais principes du gouvernement représentatif,* sur les droits sacrés de la propriété, de l'égalité, de la
liberté... »

prement dite, de ministres non solidaires et d'un conseil
d'Etat.

L'organe de l'autorité napoléonienne a été le conseil
d'Etat et, à ce titre, il nous paraît exact de le considérer
comme le centre du gouvernement, du consulat et de
l'empire. Même avant 1804, il était vraiment l'axe, le
pivot autour duquel tout devait se mouvoir. Dans son
sein étaient concentrées toutes les activités législative,
politique, administrative, et là elles recevaient l'impulsion
de celui qui devait conquérir l'Europe et attacher son
nom au plus important de nos codes. Bien que le conseil
d'Etat ait été composé à l'origine d'hommes éminents et
ayant des habitudes d'indépendance, ce grand corps devint
bientôt un instrument entre les mains du premier consul,
qui exerçait autour de lui une fascination dont M. Thiers
rend compte én ces termes : « Tous les hommes spéciaux
dont il s'était entouré, qu'il avait écoutés avec attention,
souvent éclairés eux-mèmes par la justesse et la prompti-
tude de ses aperçus, qu'il avait en outre protégés contre
des résistances de toute espèce, ne sortaient d'auprès de
lui que subjugués, saisis d'admiration (1). »

Le conseil d'Etat fut réellement omnipotent en matière
législative, tant qu'il se trouva placé en présence d'un sénat
inerte, d'un corps législatif muet et d'un tribunat dont
l'opposition commandée par la Constitution tenait plus de
la comédie que de la politique. Aussi le fond de notre
législation est encore l'œuvre même du conseil d'Etat
du consulat et de l'empire ; ses avis interprétatifs sont
chaque jour invoqués comme la loi même.

Au point de vue administratif, sa puissance n'était pas
moindre : il était consulté pour toutes les grandes mesures
à prendre, la rédaction des règlements d'administration

_____

(1) *Histoire du Consulat et de l'Empire*, t. Iᵉʳ, L. Iᵉʳ.

publique lui appartenait, le fameux art. 75 remettait entre ses mains une précieuse arme défensive et lui permettait de rendre illusoire la responsabilité des fonctionnaires, qui est la première garantie de la liberté des citoyens.

Enfin le conseil d'Etat était le tribunal administratif suprême; il l'est resté depuis, et nous l'étudierons à ce point de vue. Il décidait des conflits de juridiction (1); de la sorte, il avait un pied dans les trois pouvoirs.

La réorganisation administrative du pays commença par la substitution de la circonscription de l'arrondissement à celle des municipalités de canton; chaque département eut un préfet assisté d'un conseil de département, chaque arrondissement un sous-préfet assisté d'un conseil d'arrondissement, chaque commune un maire assisté d'un conseil municipal. Par là fut fondée, en théorie du moins, la distinction entre l'autorité active représentant le pouvoir central et la gestion des intérêts locaux. Nous ne dirons pas qu'elle fût dès lors pratiquement suffisante, car le préfet eut dans ses attributions bien des choses que leur nature appelait entre les mains des conseils. Et puis, comme ceux-ci n'étaient pas élus par les populations, les populations avaient encore tout à gagner, d'un côté comme de l'autre.

La loi du 28 pluviôse an VIII est le code du contentieux

(1) En vertu non pas de la Constitution, mais d'un simple arrêté des consuls du 5 nivôse an VIII. La procédure ne fut réglementée que par un second arrêté du 13 brumaire an X. Les commissaires du gouvernement près des juridictions ordinaires devaient requérir le renvoi devant l'autorité administrative des affaires qui s'engageaient à la barre, et paraissaient excéder la compétence judiciaire. Si ces réquisitions étaient rejetées, le préfet déclarait le conflit et il était statué, suivant un choix assez arbitraire, par l'une des sections de l'intérieur, de législation ou du contentieux qui, par leurs formes de procéder, présentaien aux parties des garanties très inégales. Le conflit pouvait se produire en toute matière, en tout état de cause, devant toutes les juridictions, et l'on vit même des arrêts de cassation annulés par le conseil d'Etat.

administratif. Elle est, à notre sens et en tout ce qui touche aux fonctions judiciaires du conseil de préfecture, directement opposée au principe de la séparation des pouvoirs. Il n'est peut-être pas inutile d'insister dès à présent sur le texte de cette loi de pluviôse, dont on n'aurait qu'une idée très fausse si l'on s'en tenait, pour la juger, au célèbre exposé de motifs de Rœderer. Cet homme d'Etat présente le projet qu'il était chargé de soutenir comme opérant une scission complète entre l'action et la juridiction et comme créant de véritables tribunaux administratifs ordinaires (1).

(1) Voici le passage de l'exposé de motifs auquel il est fait allusion :
« Remettre le *contentieux de l'administration à un conseil de préfecture* a paru nécessaire : — pour ménager au préfet le temps que demande l'administration : — pour garantir les parties intéressées de jugements rendus sur des rapports et des avis de bureaux ; — pour donner à la propriété des juges accoutumés au ministère de la justice, à ses règles, à ses formes ; — pour donner tout à la fois à l'intérêt particulier et à l'intérêt public la sûreté qu'on ne peut attendre d'un jugement porté par un seul homme ; car tel administrateur, qui balance avec impartialité des intérêts collectifs, peut se trouver prévenu et passionné quand il s'agit de l'intérêt d'un particulier, et être sollicité par ses affections ou ses haines personnelles à trahir l'intérêt public ou à blesser des droits individuels (séance du Corps législatif du 18 pluviôse an VIII).
Voici maintenant le texte adopté :
« Art. 4. Le conseil de préfecture prononcera, — sur les demandes de particuliers tendant à obtenir la décharge ou la réduction de leur cote de contributions directes ; — sur les difficultés qui pourraient s'élever entre les entrepreneurs de travaux publics et l'administration, concernant le sens ou l'exécution des clauses de leurs marchés ; — sur les réclamations des particuliers qui se plaindront de torts et dommages procédant du fait personnel des entrepreneurs et non du fait de l'administration ; — sur les demandes et contestations concernant les indemnités dues aux particuliers, à raison des terrains pris ou fouillés pour la confection des chemins, canaux et autres ouvrages publics ; — sur les difficultés qui pourront s'élever en matière de grande voirie ; — sur les demandes qui seront présentées par les communautés des villes, bourgs et villages ; pour être autorisées à plaider ; — enfin, sur le contentieux des domaines nationaux. »
« Lorsque le préfet assistera au conseil de préfecture, il présidera ; en cas de partage, il aura voix prépondérante. »

Ce sont de grands principes invoqués pour un maigre résultat *much ado about nothing*. — En vérité, les conseils de préfecture ne sont que des tribunaux d'attribution et tout ce qu'une jurisprudence bienveillante a pu faire pour eux, c'est d'étendre par analogie leur compétence à toutes les matières contentieuses ayant appartenu aux anciennes administrations de département ; de plus, le préfet a toujours été le maître du conseil de préfecture qu'il préside avec voix prépondérante, quoiqu'il soit, pour ses propres actes, justiciable de ce corps ; à la fondation, les garanties présentées par les conseils de préfecture au point de vue de l'indépendance et du bon recrutement de ses membres, ainsi qu'au point de vue de la procédure, étaient nulles ; de nos jours, elles sont encore insuffisantes. Beaucoup de réformateurs contemporains se contenteraient de voir se réaliser les promesses de Rœderer, auxquelles l'œuvre pratique des législateurs d'alors donne un si éclatant démenti.

La loi du 27 ventôse an VIII introduisit dans l'organisation judiciaire des progrès très appréciables, le principe de l'appel fut rétabli, le tribunal de cassation fut maintenu, les tribunaux d'appel, les tribunaux de première instance d'arrondissement, les tribunaux criminels départementaux furent institués ; malheureusement, après l'attentat de la rue Saint-Nicaise (machine infernale), la régularité de ce bel ensemble devait être rompue par la résurrection de tribunaux criminels extraordinaires (L. 18 pluviôse an IX). Ce crime donna prétexte au gouvernement d'entrer bien plus avant dans l'arbitraire ; le 14 nivôse, au mépris de la Constitution que le peuple venait à peine de ratifier, un simple arrêté des consuls, précédé d'un rapport de Fouché et revêtu de l'approbation empressée du sénat, déporta sans jugement, au milieu du silence général,

cent trente personnes appartenant au parti jacobin,
« peu dignes de pitié pour la plupart, mais innocentes du
crime qui les avait fait proscrire (1). »

Le sénatus-consulte qui suivit le vote populaire conférant le consulat à vie à Napoléon Bonaparte, d'abord
nommé pour dix ans, opéra des modifications assez importantes à la Constitution ; le sénat, investi du devoir de
l'interpréter pour la conserver, s'était, en effet, arrogé le
droit de la changer. A cette époque, comme on le lit dans
les mémoires et les histoires du temps (2), il se fit un retour
d'opinion vers la Constitution anglaise, mais ce ne fut
qu'une velléité, et les institutions penchèrent de plus en
plus vers le pouvoir personnel, dont le sénat surtout était
destiné à devenir l'auxiliaire zélé ; aussi reçut-il le pouvoir qu'il avait déjà irrégulièrement exercé de « compléter » la Constitution, en avisant à tout ce qui, n'ayant
pas été prévu par elle, était cependant nécessaire à sa
marche. L'art. 55 du sénatus-consulte du 16 thermidor
an X, dont voici le texte, l'investissait d'attributions
bien autrement exorbitantes : « Art. 55. Le sénat, par des
actes intitulés sénatus-consultes : 1° Suspend pour cinq
ans les fonctions de juré dans les départements où cette
mesure est nécessaire ; 2° Déclare, quand les circonstances
l'exigent, des départements hors de la Constitution ;
3° Détermine le temps dans lequel les individus arrêtés en
vertu de l'art. 46 de la Constitution doivent être traduits
devant les tribunaux, lorsqu'ils ne l'ont pas été dans les
dix jours de leur arrestation ; 4° *Annule les jugements des
tribunaux, lorsqu'ils sont attentatoires à la sûreté de
l'Etat ;* 5° Dissout le corps législatif et le tribunat ;

(1) Duvergier de Hauranne. *Op. cit*°, t. I°ʳ, p. 489.
(2) Thiers. *Consulat et Empire*, livre XIV.
V. la brochure de Camille Jordan, publiée en l'an X, sous le titre :
Vrai sens du vote national.

6° Nomme les consuls. » Il nomme encore les membres du corps législatif et du tribunat, les membres du tribunal de cassation sur des listes dressées par les collèges électoraux, dont le mécanisme remplace dorénavant celui des listes de notabilité.

Les second et troisième consuls conservaient leur charge à vie comme le premier consul, au profit de qui on établissait une sorte d'hérédité en lui conférant le droit de désigner son successeur. L'institution du conseil privé (1), la forte organisation donnée an conseil d'Etat augmentaient la puissance des ressorts placés entre les mains du gouvernement.

Le même sénatus-consulte complète les institutions judiciaires, principalement en organisant la discipline ; les membres du tribunal de cassation étaient dès lors nommés par le sénat, tous les autres juges par le gouvernement, y compris les juges de paix dont les fonctions avaient jusque-là continué à être électives. Les commissions de tous étaient à vie, ce qui constituait un progrès

---

(1) « Le sénatus-consulte du 16 thermidor an X avait créé deux mécanismes législatifs bien distincts : le premier composé, comme précédemment, du conseil d'Etat, du tribunat et du corps législatif ; le second, composé du conseil privé et du sénat. Quand il s'agissait de lois ordinaires, elles étaient préparées par les sections du conseil d'Etat, communiquées aux sections correspondantes du tribunat ; puis, après un semblant de séance publique au tribunat, portées au corps législatif qui les adoptait ou les rejetait sans mot dire. Quand il s'agissait, au contraire, de lois importantes ou affaires d'Etat, elles étaient délibérées dans un conseil privé, présidé par le premier consul, et portées directement au sénat, sous forme de sénatus-consulte, d'arrêté ou de règlement général. Les lois importantes et les affaires de l'Etat se trouvaient ainsi soustraites, non seulement au corps législatif, mais encore au conseil d'Etat. *Le grand ministère de la nation,* comme disait le rapporteur de l'an X, servait donc à rendre plus faciles ou à couvrir d'un voile les usurpations du pouvoir exécutif, et à réduire les autres pouvoirs à des attributions purement nominales. (Duvergier de Hauranne, *Op. cit°,* p. 517.)

véritable et un acheminement vers l'inamovibilité. Pourquoi faut-il que de si sages combinaisons aient été troublées, contredites par une violation directe du principe de la séparation des pouvoirs, par cette censure du sénat sur les jugements des tribunaux, « droit, dit M. Thiers, n'appartenant à aucun pouvoir dans un gouvernement régulier (1) » ?

Empire. En l'an XII, beaucoup de ceux qui voulaient passer de la république à la monarchie, ou plus justement rendre le pouvoir exécutif héréditaire dans la famille Bonaparte, espéraient que le gouvernement, trouvant de ce côté une grande force et une complète sécurité, serait amené, ainsi que les paroles du premier consul en faisaient parfois naître le vague espoir, à restaurer peu à peu les libertés publiques; un mouvement libéral, profond cette fois, se produisit donc dans le pays. Il fut bientôt refoulé. Napoléon, empereur, emporté par le tourbillon de ses victoires et de ses défaites, ne devait pas prendre, jusqu'à l'île d'Elbe, le temps de réfléchir aux réformes intérieures et, par le fait, l'établissement de l'empire ne fit qu'exagérer encore les tendances autoritaires de la Constitution de l'an VIII, dont on conserva les rouages en les rendant encore plus maniables pour le pouvoir exécutif. Le gouvernement a l'initiative et la préparation des lois, le conseil d'Etat est un des trois grands corps de l'Etat. L'empereur choisit les membres du sénat conservateur, sauf à tenir compte, pour une petite partie du personnel de cette haute assemblée, des présentations des collèges électoraux. Le tribunat est supprimé par le sénatus-consulte du 19 août 1807; le corps législatif gagne à cette suppression le droit de discussion; mais le gouvernement impérial ne laisse passer aucune

(1) L° c°.

occasion de le rappeler à l'humilité du rôle qui lui était accordé dans le nouvel ordre de choses. Le corps législatif perdit, d'autre part, jusqu'à ses attributions essentielles en matière d'impôts et de lois de finances. Peu à peu, de même que sous l'empire romain, les sénatus-consultes se substituèrent aux lois comme source du droit.

Le conseil d'État avait, en sus du contentieux administratif proprement dit, le droit d'annuler pour incompétence ou excès de pouvoir tous les actes administratifs et toutes les décisions contentieuses; cette attribution lui donnait la haute main sur l'administration locale; il fut en outre chargé de la haute police administrative, c'est-à-dire de la surveillance et de la discipline de tous les fonctionnaires.

L'empire rétablit la Cour des comptes (qu'on a l'habitude de placer au premier rang de nos juridictions administratives) dans toute la pompe, mais non dans toute l'importance des anciennes *Chambres de comptes*. Ses attributions furent limitées à l'insipide *ligne de comptes*.

L'organisation judiciaire antérieure à l'empire réalisait, à peu de choses près, l'inamovibilité de la magistrature, puisque les juges étaient élus ou nommés à vie et ne pouvaient être enlevés à leur siège que par une mesure disciplinaire ou en cas d'inaptitude physique ou autre, régulièrement constatée. Napoléon, en confirmant au gouvernement le droit de nommer les magistrats, établit une restriction à ce qui était devenu une règle de fait. Le sénatus-consulte du 12 octobre 1807 décida que les provisions instituant les juges à vie ne leur seraient accordées qu'après cinq ans de service, s'il y avait lieu. Cette mesure. visiblement adoptée dans un intérêt politique, constituait dans l'administration judiciaire une inégalité des plus choquantes, puisqu'il en résultait que les justiciables voyaient

leur liberté et leurs intérêts aux mains de tribunaux présentant des garanties d'impartialité différentes, suivant que
les magistrats les composant étaient ou non inamovibles
en majorité (1). Ajoutons bien vite que le sénatus-consulte
ne reçut jamais d'application, que la magistrature de
l'empire fut amovible et que la Restauration trouva les
choses entières lorsqu'elle voulut revenir à un principe
plus sain.

Le pouvoir judiciaire fut appelé à sa part du prestige
extérieur qui devait entourer toutes les institutions impériales : les tribuuaux de cassation et d'appel reçurent le
nom de cours; mais il dut subir, de par la constitution
même ou plutôt de par le pouvoir constituant, de douloureux empiètements.

Tout le monde sait qu'en 1813 le jury d'Anvers, ayant
acquitté des contrebandiers, vit casser son arrêt par le
sénat; les acquittés furent jugés de nouveau sans intervention du jury et les jurés qui les avaient déclarés innocents
furent poursuivis avec eux. Cet odieux procès fut un acte de
faiblesse arraché au sénat par l'insistance de l'empereur,
obéissant lui-même à une aberration indigne de son génie.
N'est-ce pas lui qui, sans comprendre tout ce qu'exige la
majesté de la justice avait relevé cette majesté? N'est-ce pas
lui cependant qui avait doté la France de durables et admi-
rables institutions juridiques? On croirait que, dans cette
circonstance, il s'attachait à justifier cette appréciation que
donnait sur son caractère un témoin d'une partie de sa
vie : « Révolté contre tous les obstacles, il ne souffrait pas
davantage ceux qui venaient de ses propres institutions, et

(1) Un député de la Restauration, M. Dumolard, disait à ce sujet :
« Ce n'est pas donner l'inamovibilité que de la promettre, comme l'empereur, au bout de cinq ans d'exercice; c'est mettre, pour cinq ans, la
justice en commission. »

il les paralysait et les discréditait promptement, en y échappant par une décision spontanée et arbitraire (1). »

Le Consulat avait eu pour origine un sentiment de réaction contre les excès et les turpitudes de l'ère révolutionnaire; l'Empire était soutenu uniquement par la gloire militaire qui, bien plus que la constitution et les hommes, étaient le grand ressort de la puissance napoléonienne. L'Empire devait finir avec sa gloire, « Napoléon vaincu était Napoléon détrôné » (2).

Déjà, à l'époque de la conspiration du général Malet, l'empereur avait pu apprécier toute la fragilité de l'édifice qu'il avait élevé et préjuger, par la défection de certains des hommes qu'il employait, par les hésitations des autres, le sort qui l'attendait lorsqu'il aurait cessé d'être redoutable et heureux. Au milieu des embarras d'une campagne malheureuse, il avait entendu l'écho de l'oraison funèbre qu'on lui faisait prématurément à Paris, et c'était bien celle qu'il avait pressentie lui-même en un jour de belle humeur (3).

Par un retour tel que les choses humaines en présentent souvent, l'instrument de la chute de Napoléon fut l'instrument même de son despotisme, le complice, le complaisant de ses égarements. Le sénat, en prononçant la déchéance de celui à qui chacun de ses membres devait tout, s'érigea subitement en champion de la séparation des pouvoirs. Parmi les reproches faits à Napoléon dans l'acte du 3-4 avril 1814, les plus durement formulés sont

(1) *Mémoires* de Mme de Rémusat (*Revue des Deux-Mondes*, du 15 juillet 1879.)

(2) Thiers. *Histoire du Consulat et de l'Empire*, t. XVI, livre LIII.

(3) Mme de Rémusat rapporte, dans les Mémoires cités plus haut, qu'un jour le premier consul demandait en badinant aux personnes qui remplissaient son salon, ce qu'on dirait de lui après sa mort ; et chaque flatteur d'imaginer les éloges les plus outrés. « Vous vous trompez tous, aurait répondu le premier consul, on dira OUF ! »

relatifs aux impôts levés par simple décret, aux mesures
d'ajournement et dissolution prises contre le corps législatif, aux déclarations de guerre faites directement par
l'empereur alors que la constitution obligeait à suivre, en
ce qui les concerne, les formes propres aux lois, aux décrets
inconstitutionnels ayant prononcé la peine de mort sans
jugement, à l'*anéantissement* de la responsabilité ministérielle, à la *confusion de tous les pouvoirs*, à la destruction de l'indépendance des corps judiciaires !

Une telle déclaration, encore une fois, était la condamnation du sénat autant que celle de l'empereur, mais
depuis longtemps les sénateurs (sauf, bien entendu, de
fort honorables exceptions) avaient oublié ce qu'est la
dignité personnelle ; ils cherchaient, sous un nouveau
maître, la continuation des avantages matériels que leur
avait fait l'ancien ; aussi, dans le projet de constitution
qui fut adopté sous l'inspiration de Talleyrand, ce type du
cynisme politique, le sénat se fit-il la meilleure place ;
réservant son maintien comme institution, il eut soin de
stipuler que la dignité de sénateur serait inamovible et que
les sénateurs en exercice seraient conservés dans leur dignité et *garderaient leur dotation*.

En somme, le sénat de l'empire cherchait à vendre
aux Bourbons la France qui, Dieu merci ! ne lui appartenait pas. Le marché ne devait pas avoir de suite dans
les conditions où il était offert, quelques marchandages
individuels suffirent à arranger les choses. Tandis que le
sénat impérial se roulait à terre, Napoléon tombait de
toute sa hauteur et mettait de la grandeur jusque dans
l'acte que lui-même croyait alors devoir sans doute être
le dernier de sa carrière (1).

(1) Tout le monde sait que Napoléon, après avoir signé son abdication,
a cherché à s'empoisonner.

« Les puissances alliées ayant proclamé que l'empereur Napoléon était le seul obstacle au rétablissement de la paix en Europe, l'empereur Napoléon, fidèle à son serment, déclare qu'il renonce, pour lui et ses héritiers, aux trônes de France et d'Italie, et qu'il n'est aucun sacrifice personnel, même celui de la vie, qu'il ne soit prêt à faire à l'intérêt de la France. Fait au palais de Fontainebleau, le 11 avril 1814.

NAPOLÉON. »

La Charte. Louis XVIII n'accepta pas le projet de constitution que le gouvernement provisoire et le sénat présentaient à son assentiment : le mépris qu'inspiraient les auteurs de ce document en éloignait les honnêtes gens, bien plus que son contenu ; car les principes fondamentaux des états libres y étaient posés, et Louis XVIII, par l'organe du comte d'Artois, dut promettre de s'y conformer en ce qui concernait l'esprit général. Parmi les amis de la royauté se dessinaient, au sujet des conditions de la restauration, des divergences très accentuées. Les uns ne voulaient pas de constitution, ils feignaient de croire avec de Bonald que « l'homme ne peut pas plus donner une constitution à la société religieuse ou politique qu'il ne peut donner la pesanteur aux corps ou l'étendue à la matière (1) » ; ils partaient de là pour réclamer, avec une logique peu rigoureuse, un simple retour à la tradition française, abstraction faite de tout ce qui s'était passé depuis 1788. Les autres, plus sages, estimaient qu'aucun gouvernement ne pouvait être créé en France sinon sur les idées modernes. On se conforma aux conseils des derniers en faisant la charte, on calma pour un temps les premiers en « l'octroyant » et

___

(1) *Théorie du Pouvoir politique et religieux,* préface.

en leur sacrifiant les glorieuses couleurs auxquelles le pays est resté attaché pour jamais.

La charte, disons-nous, était octroyée; c'était là une maladresse, une inconséquence, un non-sens qui ne pouvait être toléré qu'en un temps de trouble, que la clairvoyance des hommes les plus dévoués à la cause royaliste, Chateaubriand, par exemple, avait signalé dès le principe comme le germe des dangers de l'avenir. Le roi, se conformant à l'exemple de ses prédécesseurs « qui n'avaient point hésité à modifier l'exercice de la souveraineté, suivant la différence des temps, » voulait bien accorder à ses sujets une liberté politique modérée, mais c'était de sa part une pure concession essentiellement révocable, car « l'autorité tout entière réside en France dans la personne du roi ; » c'est le préambule de la charte qui le déclare.

Avec cela, la plupart des principes de 1789, niés en théorie, répudiés à cause de leur origine, sont conservés à une société qui ne saurait plus se passer d'eux.

L'axe du gouvernement est déplacé; la charte le fait passer, par le moyen de la responsabilité ministérielle, dans les Chambres. Le corps législatif fut en effet décomposé en deux. A la place du sénat supprimé est créée une chambre des pairs, dont les membres sont nommés par le roi, dont les sièges peuvent être rendus héréditaires ; ils partagent avec la chambre des députés et avec le roi la plénitude du pouvoir législatif. Au roi appartient l'initiative, la sanction et la promulgation. Le roi a en outre la plénitude du pouvoir exécutif ; ses attributions sous ce rapport sont réglées par le fameux art. 14, dont le dernier paragraphe, l'autorisant à faire les règlements et ordonnances nécessaires pour l'exécution des lois et la sûreté de l'Etat, devait être le point de départ des aberrations de Charles X et la cause de la révolution de 1830. Toute justice est proclamée émanée du roi. Ce principe est un pont jeté en arrière sur l'abîme de la Révolution jusqu'à la rive couverte des ruines de l'ancien régime.

La gloire de la charte du 14 avril 1814 est d'avoir fondé le corps judiciaire sur sa véritable base. En devenant inamovible, la magistrature retrouva cette indépendance qu'aucun régime n'avait su ou voulu lui assurer complètement depuis que les charges avaient cessé d'être vénales. La désignation des membres de la magistrature par le gouvernement est nécessaire; les systèmes qu'on peut imaginer en dehors de là sont inapplicables. Le nom seul d'hérédité des charges révolte toutes nos idées modernes, l'élection par les compagnies judiciaires y conduirait cependant. Quant à l'élection par les justiciables, les inconvénients de ce procédé sont trop visibles et ont été l'objet d'une expérience trop dure pour pouvoir être prônée, sinon par des esprits chimériques. Résignons-nous donc à compter seulement sur le principe de l'inamovibilité, qui est si rassurant pour les intérêts. Diminuons, si l'on veut, les motifs que les juges peuvent avoir de rechercher la faveur du pouvoir, en réduisant les degrés d'une hiérarchie trop compliquée; rendons la situation des magistrats plus large au point de vue des traitements ; l'instinct de la démocratie le réclame. Exigeons chez les candidats aux fonctions des garanties toujours croissantes de capacité et de moralité; supprimons enfin les emplois inutiles. Tel est l'alpha et l'oméga de la réforme judiciaire, pour ceux qui ne se paient pas de projets bizarres et inapplicables.

Ainsi, responsabilité ministérielle, gouvernement parlementaire, inviolabilité de la couronne, inamovibilité de la magistrature, toutes ces garanties sont accordées à la nation. Mais ce ne sont là encore pour ainsi dire que les formes de la charte. Sa substance, c'est la négation théorique de la souveraineté nationale aggravée dansle fait par l'adoption d'un cens électoral très élevé. Les conditions de la charte, encore une fois, n'ont été discutées avec personne, elle est octroyée au peuple français et datée de « l'an de grâce 1814 et de notre règne le 19ᵉ »; les grandeurs des Etats généraux et de la Constituante, les gloires de l'empire sont rayées de l'histoire.

Acte additionnel. Le peuple et l'armée s'en souvenaient encore, cependant; en acclamant au début des cent jours le retour du drapeau national, la France réclamait de Napoléon la liberté, une liberté complète et franche; à Grenoble, à Lyon, à Paris, partout il dut la promettre. Il l'accorda, en effet, et confia à l'adepte fervent de la monarchie parlementaire, à Benjamin Constant, le soin de rédiger la Constitution nouvelle, qui a mérité d'être appelée « la meilleure et la mieux écrite qui ait été accordée à la France dans la longue série de ses révolutions (1). » Malheureusement, en rattachant l'avenir à un passé avec lequel l'opinion publique exigeait à bon droit qu'il rompît, par le titre seul d'*acte additionnel aux Constitutions de l'empire,* l'empereur commettait la même faute que Louis XVIII *octroyant* la charte; ce point suffit à soulever dans l'opinion publique des oppositions et des réclamations de plus d'un genre, que les événements couvrirent de leur grande voix. A peine les chambres nouvelles avaient-elles été convoquées, que Napoléon tombait une seconde fois, entraînant avec lui la France sanglante, épouvantée et prête pour une réaction douloureuse vers les idées les plus rétrogrades.

Deux chambres, dont une héréditaire, l'autre élue par le peuple, l'empereur partageant le pouvoir législatif avec

(1) Thiers. *Consulat et Empire,* t. XIX, Liv. LVIII.

elles et entouré comme chef du pouvoir exécutif d'un ministère responsable, l'inamovibilité de la magistrature, telles étaient les bases principales du projet de Benjamin Constant, qu'on n'eut même pas le temps de soumettre au vote populaire.

Deuxième restauration. Le retour de Louis XVIII sur le trône replaça le pays sous l'autorité de la charte. Sans revenir aux dispositions qu'elle consacre, nous n'avons plus qu'à examiner rapidement comment les gouvernements de Louis XVIII et de Charles X appliquèrent le principe de la séparation des pouvoirs et quelle place il tint dans le mouvement des idées politiques du temps.

Un parti qui a eu trop souvent la direction des affaires de la Restauration et qui a fini par perdre ce gouvernement, avait naturellement une aversion profonde contre le principe que plusieurs générations, depuis Montesquieu, avaient reconnu pour la pierre angulaire de tout édifice libéral. Les publicistes en renom de ce parti, Joseph de Maistre, de Bonald, Fiévée, s'en sont trop longuement occupés pour que nous puissions ne pas nous arrêter un instant à l'examen de leurs idées.

Joseph de Maistre, le même qui attribue à la Révolution un *caractère satanique* (1), ne reconnaît comme légitime qu'un gouvernement reposant sur la tradition, modéré par les influences religieuses et dans lequel l'indivisible souveraineté réside en la personne du monarque, élu de Dieu. C'est le droit divin dans toute sa pureté. Aux yeux de l'éminent écrivain, l'accord du peuple « n'est point une loi, à moins qu'il n'y ait une loi supérieure qui la garantisse (2). »

_____

(1) *Considérations sur la France*, chap. v. Il ne s'agit pas ici des excès de la révolution, mais de ses principes, de ses institutions, de l'ordre de choses qu'elle a établi.

(2) *Essai sur le Principe générateur des Constitutions politiquës*, n° 2.

Le respect des hommes n'est dû qu'à certaines lois non écrites qui, comme telles, *sont réputées venir de Dieu.* Sans qu'il soit besoin d'insister, on voit qu'un pareil système, plaçant toute l'autorité en Dieu qui aurait pour interprète un seul homme inspiré en vertu même de son titre politique, est essentiellement incompatible avec toute séparation des pouvoirs.

M. de Bonald est plus explicite ; il a consacré tout un livre de *la Théorie du pouvoir politique et religieux*, à la réfutation des prétendues erreurs de Montesquieu sur la séparation des pouvoirs, et, comme tous les esprits extrêmes se rencontrent au moins par la méthode, c'est le plus souvent sur Jean-Jacques Rousseau qu'il s'appuie pour combattre l'auteur de *l'Esprit des lois.* Après avoir émis le regret que celui-ci n'ait pas su reconnaître le véritable principe de la monarchie, qui est l'*amour*, il développe ses idées en feignant de se méprendre sur la pensée de Montesquieu définissant les lois « les rapports nécessaires dérivant de la nature des choses » ; il tient ce raisonnement triomphant, que la nécessité se confond avec la nature ; donc la nature seule est législatrice : « Si les lois sont des rapports nécessaires qui dérivent de la nature des choses, ces rapports s'établissent nécessairement, si l'homme, toujours libre, n'en retarde pas le développement ; c'est-à-dire que la nature des choses les établit, si l'homme, qui gâte tout, ne veut pas en établir d'autres. La nature fait donc les lois dans une société civilisée (1). » Mais comme la nature a souvent le grand tort de ne pas manifester directement sa manière de voir sur toutes choses, il lui faut un interprète, qui sera, bien entendu, le monarque. « Le monarque n'est donc, pour ainsi dire,

_____

(1) *Théorie du Pouvoir politique et religieux*, Livre V, chap. VII.

que *le secrétaire de la nature,* et il ne doit écrire que sous sa dictée (1). » Qu'on ne croie pas cependant que l'autorité royale pourra être arbitraire! Dans toute monarchie doit exister un *corps dépositaire des lois,* qui a, par l'*enregistrement,* le contrôle du caractère divin de toute mesure législative nouvelle ; c'est la barrière du despotisme.

En voilà assez, sans doute, pour faire apprécier la politique de M. de Bonald. C'est, d'ailleurs, dans le même chapitre qu'est légitimée la peine de mort, par la nécessité de renvoyer le coupable devant son juge naturel ! Cette nécessité n'existerait-elle pas, en bonne logique, pour toute infraction aux lois divines et aux lois humaines qui, comme on vient de le voir, dérivent directement de celles-ci ?

Telles étaient les doctrines de tout un grand parti, appuyées par les sympathies secrètes de la cour et propagées chaque jour par un assez grand nombre de journaux ayant des rédacteurs ardents et parfois brillants, entre autres Fiévée, ancien préfet de l'empire.

En 1816, un homme d'un moindre talent, mais non d'un moindre zèle, M. de Saint-Roman, pair de France, entreprit la *Réfutation de la doctrine de Montesquieu sur la balance des pouvoirs.* Par la manière dont il engage le procès de notre grand philosophe politique, il montre qu'il ne l'a pas compris, car, interprétant la séparation des pouvoirs comme si elle devait être absolue, il invoque, à titre d'argument triomphant, la *fable des membres et de l'estomac,* pour faire voir que si la direction du corps social manque d'unité, il est destiné à périr rapidement. Aucun homme de sens, même Montesquieu, n'a jamais mis en doute que l'un des pouvoirs dût l'emporter en définitive. En Angleterre, c'est la chambre des communes qui

(1) Ibid.

a le dessus. M. de Saint-Roman entend qu'en France ce soit le roi; ce n'est pas assez pour le roi d'avoir la souveraineté, il doit avoir la *transcendance*. Le noble pair fait d'ailleurs bon marché de la liberté politique; c'est à la seule liberté civile qu'on doit attacher quelque prix, d'après lui. « La liberté despotique (?) est préférable à la manie législative (1). » Il est heureux que la charte ait rompu avec Montesquieu, dont les opinions avaient eu tant d'action sur la Constituante; d'ailleurs, « la charte ne laisse pas les pouvoirs dans l'incohérence les uns envers les autres; elle consent à communiquer à deux chambres une participation dans l'exercice de l'un d'eux, mais elle leur ôte le prétexte des origines populaires, en ne reconnaissant que des députés sans mandats (2). » *Protection et soumission*, telle est la maxime du seul gouvernement naturel, de la monarchie, et telle la conclusion du livre.

Mais il s'en faut de beaucoup que les principes de la charte fussent interprétés par tous les royalistes de cette façon. Chateaubriand lui-même, qui n'a jamais penché trop à gauche, consacre la partie théorique du livre qui le fit expulser du ministère en 1816 (3), à la glorification de la monarchie représentative, fondée sur une séparation des pouvoirs sainement entendue. Pour lui, la royauté en France s'est réservé une part trop grande encore dans le pouvoir législatif et le minimum de ses revendications comprend le droit d'initiative, que la charte ne laissait pas aux membres des chambres.

Du reste, tout ce qui, dans le parlement et parmi les publicistes, se rattachait de près ou de loin à l'école libérale, les royalistes modérés, les constitutionnels, les

(1) Chap. XIII.
(2) Chap. XVII.
(3) *La Monarchie selon la charte.*

doctrinaires, étaient fermement attachés au principe de la séparation des pouvoirs et cherchaient volontiers du côté de la Constitution anglaise et des idées de Montesquieu les éléments du progrès politique. Dans l'impossibilité de suivre, sans sortir de notre cadre, les belles discussions qui se succédèrent à la tribune pendant les quinze années de la Restauration, sur les questions constitutionnelles, nous nous bornons à rappeler le nom d'un éminent homme d'Etat qui a, dans ses écrits théoriques, développé la doctrine de la séparation des pouvoirs et y a même introduit une nouveauté.

Benjamin Constant, en effet, avait découvert, avec une justesse de vue contestable, un quatrième pouvoir dans la monarchie constitutionnelle, le pouvoir royal, qu'il considérait comme étant essentiellement neutre et comme servant d'intermédiaire et (le mot est usité) de tampon entre les autres. Il trouvait son caractère spécifique dans l'irresponsabilité de la couronne, restant étrangère au sort des ministres abandonnés par l'opinion, en vertu d'une fiction d'infaillibilité dont la constitution anglaise a donné le premier exemple (1).

Il est certain que cette condition de la royauté donne une physionomie très particulière aux régimes dans lesquels elle se trouve formulée, qu'elle caractérise les gouvernements libéraux et qu'on peut dire que « le vice de presque toutes les constitutions a été de ne pas avoir créé un pouvoir neutre, mais d'avoir placé la somme d'autorité dont elle est investie dans un pouvoir actif (2) ».

Toutefois, la science ne s'est pas approprié la nouvelle classification imaginée par le célèbre homme poli-

(1) V. Benjamin Constant. *Cours de politique constitutionnelle*, t. I, chap. II, p. 177 et suiv. (Ed^on Laboulaye.)
(2) Ibid., p. 179.

tique, on y a vu une complication inutile ; on a remar-
qué qu'en Angleterre même, la neutralité du pouvoir royal
était plutôt de fait que de droit, qu'elle s'est introduite
dans l'usage par la force des choses, comme une condition indispensable, un résultat nécessaire de tout régime
constitutionnel (1). On s'est tenu à la théorie de Rossi, qui
considère le roi, non pas comme un pouvoir séparé, distinct,
mais comme le lien assurant l'unité des trois pouvoirs
élémentaires. Son action pénètre en effet chacun d'eux
et les rattache l'un à l'autre ; il a presque la plénitude du
pouvoir exécutif, sauf l'influence indirecte du pouvoir
législatif ; sur celui-ci même, il agit par la nomination
des pairs, la convocation et la prorogation des Chambres,
la dissolution de la Chambre des députés. Il est mêlé
enfin, quoique très indirectement, au pouvoir judiciaire,
puisqu'il nomme les magistrats, que les membres du
ministère public sont ses représentauts et qu'il a le mono-
pole du beau droit de grâce.

Il n'est pas indispensable, en effet, pour que la séparation des pouvoirs soit assurée, qu'ils soient étrangers l'un
à l'autre, au point « qu'il n'y ait aucun contact entre un
pouvoir et un autre, que ce soient, pour ainsi dire, trois
rouages juxtaposés les uns contre les autres sans se toucher.
Evidemment, il en résulterait entre eux une inaction complète. Lors donc qu'on dit séparation, on ne veut pas
parler de cette séparation matérielle ; on entend par là que
les pouvoirs soient séparés, de manière que l'un ne soit pas
dans la dépendance de l'autre, de manière que chacun
dans sa sphère ait cette liberté d'action dont nous avons
parlé (2). »

---

(1) V. observation de M. Laboulaye, en note de la page citée.
(2) P. Rossi. *Cours de droit constitutionnel* (Edon Porée), 72e leçon.

C'est encore à la période de la Restauration que se rapporte, au moins par la date de publication, le *Commentaire sur l'Esprit des lois* du Cte Destutt de Tracy (1). Plus ami de la clarté que de la profondeur, le commentateur, sans s'écarter d'une respectueuse admiration pour Montesquieu, lui fait certains reproches qui se ramènent facilement à un seul : l'excès des généralisations et des formules abstraites, que la réflexion personnelle du lecteur doit dégager et développer. Aussi peut-on croire que Destutt de Tracy n'a pas suffisamment creusé son sujet lorsqu'il dit : « Ces dangers (ceux de la confusion des pouvoirs) ne sont que trop réels et trop manifestes, il n'y a pas de mérite à les voir. La grande difficulté est de trouver les moyens de les éviter; Montesquieu s'est épargné la peine de chercher ces moyens : il a mieux aimé se persuader qu'ils étaient trouvés (2) ». Destutt de Tracy croit y être parvenu, pour son compte personnel, et il propose, contrairement aux leçons bien récentes de l'histoire, de confier le pouvoir exécutif à un conseil composé d'un petit nombre d'hommes élus pour un temps et se renouvelant successivement (3).

Le gouvernement de la Restauration ne respecta pas toujours dans ses actes le principe de la séparation des pouvoirs. A la nouvelle du débarquement de Cannes, Louis XVIII mit, de sa propre autorité, Napoléon et ses partisans hors la loi. Immédiatement après les Cent Jours, il renouvela de fond en comble (comme il en avait le droit absolu) le personnel de la magistrature, et les choix du gouvernement eurent des mobiles si exclusivement politiques, que de nombreux corps judiciaires donnèrent le

(1) Paris, 1822.
(2) P. 136.
(3) P. 179

triste spectacle d'un zèle et d'un obséquieux dévouement
peu faits pour concilier aux juges, désormais inamovibles,
le respect des justiciables (1) ; mais c'était trop peu d'avoir
des tribunaux et des cours disposés, en 1815 et dans l'esprit des gouvernants, à rendre autant de services que
d'arrêts, les formes de la justice étaient un obstacle aux
vengeances du nouveau pouvoir. Sans souci de la maxime
« nul ne doit être distrait de ses juges naturels », on rétablit les juridictions prévôtales, et l'on sait quelle part elles
eurent dans les lamentables événements connus sous le nom
de « Terreur blanche », au moment même où la Chambre
des pairs, fonctionnant comme juridiction politique (2),
prononçait des condamnations que l'histoire n'a pas
ratifiées.

L'exemple venait, du reste, du pouvoir législatif lui-
même. Sans parler des excès de la « Chambre introu-
vable », ne doit-on pas considérer l'expulsion de Manuel
de la Chambre des députés comme un échec au principe
de la séparation des pouvoirs ? L'inviolabilité des députés
ne tient-elle pas de l'essence du pouvoir législatif et n'est-
elle pas partie intégrante des garanties constitutionnelles
dont nous étudions le mécanisme ?

C'est, enfin, un attentat au principe de la séparation des
pouvoirs qui a été la cause déterminante, occasionnelle de
la révolution de 1830. L'art. 14 de la charte (3) dont le

(1) Un des exemples les plus saisissants qui en existent, c'est le concours prêté par la cour royale d'Orléans, en robes rouges et en toques, aux
saturnales administratives qui eurent lieu en 1816 dans le chef-lieu du
Loiret, à l'occasion de la destruction d'un portrait de Napoléon appartenant à la ville, et d'emblèmes rappelant le régime tombé. Les documents
officiels relatifs à cet incident se trouvent dans l'ouvrage de M. de Vau-
labelle, *Histoire des Deux Restaurations*, t. IV, chap. III.

(2) Nous étudierons plus loin les attributions judiciaires du parlement.

(3) Nous rappelons qu'il était ainsi conçu : *Art. 14. Le roi est le
chef suprême de l'État, commande les forces de terre et de mer, déclare*

ministère Polignac donna, pour son malheur, une interprétation si exagérée, n'a jamais fait que confirmer au roi un droit qui a, de tout temps, appartenu au pouvoir exécutif. Les mots « pour la sûreté de l'Etat » indiquaient le genre d'usage qui devait être fait de ce droit, mais n'en étendaient pas la portée. La distinction des matières législatives et réglementaires tient à leur nature, obéit à des règles doctrinales qui ne manquent pas de précision, mais qu'il n'y avait pas lieu de chercher dans la charte, laquelle n'était point un cours de droit public.

Le Gouvernement de Juillet. On a signalé, à bon droit, parmi les contradictions de la charte du 4 juin 1814, que cette constitution, « en proclamant le droit divin, abandonnait à la bourgeoisie la prépondérance dans le corps électoral, à la chambre issue de ce corps électoral le pouvoir suprême, et maintenait l'état social créé par la Révolution, ainsi que tout le système administratif créé par Napoléon (1). »

De là sortirent la plupart des tiraillements, des changements de front, et de là résulta, en grande partie, la chute du gouvernement de la Restauration, mal équilibré entre le parti rétrograde dont il semblait procéder en vertu du préambule de l'acte constitutionnel, et le parti bourgeois et libéral, dont les aspirations entrevoyaient une satisfaction prochaine dans le texte même de ce document fondamental.

L'anomalie disparut à l'avènement de la branche cadette, qui, elle, reçut le pouvoir d'une révolution bourgeoise et qui put pratiquer en toute franchise des institutions presque identiques avec celles qui venaient d'être renversées.

les guerres, fait les traités de paix, d'alliance et de commerce, nomme à tous les emplois d'administration publique et fait les règlements et ordonnances nécessaires pour l'exécution des lois et la *sûreté de l'Etat.*

(1) F. A. Hélie, *Op. cit°,* p. 925.

Car si les deux chartes renfermaient quelques différences importantes, si celle de 1830 réalisait quelques progrès, comme le droit d'initiative franchement reconnu aux Chambres, comme l'abolition de l'hérédité de la pairie, cependant l'une était calquée en grande partie sur l'autre, c'était le même instrument dont on se proposait de jouer mieux, dont on avait (s'il est permis de le dire) simplement changé l'embouchure, en comptant avec la souveraineté nationale ; et l'on peut parler ensemble des institutions qu'elles consacraient. Des deux côtés, c'est le régime parlementaire dans sa pureté.

Des deux côtés c'est le même respect pour le principe de la séparation des pouvoirs, et il ne paraît pas que la charte de 1830 réclame ici un commentaire particulier. Pour en avoir la pleine intelligence, on se reportera de préférence aux beaux travaux de Rossi, à qui nous avons déjà fait quelques emprunts.

Une des mesures les plus honorables et les plus sages qu'ait pu prendre le gouvernement de Juillet est d'avoir fondé à la faculté de droit de Paris un cours de droit constitutionnel et d'y avoir appelé Rossi. Ses leçons ont été pieusement conservées, et il est facile de constater, dans les quatre volumes qui reproduisent son enseignement, en quelle estime il tenait le principe de la séparation des pouvoirs et quelle confiance il avait dans son efficacité.

Rossi proclame, après Montesquieu, que l'excellence de la séparation des pouvoirs consiste en ceci, que l'homme qui applique la loi comme juge, ou la fait appliquer comme agent du gouvernement, ne puisse à ce moment la modifier à son gré ; car il n'y aurait plus dans le droit cette stabilité et cette uniformité qui en font toute la force.

Les trois pouvoirs législatif, judiciaire et exécutif

forment d'ailleurs, à ses yeux, toute la substance du gouvernement, qu'il définit et dont il affirme la nécessité en ces termes : « L'existence d'un pouvoir social, *conservateur du droit, distributeur de la justice humaine, administrateur des affaires communes* et tuteur des intérêts généraux, est une nécessité sociale (1). » Plus loin, il explique avec une grande clarté quelles sont les conditions d'une raisonnable et salutaire séparation des pouvoirs, qu'on ne doit point confondre avec une séparation absolue qui aurait pour effet d'isoler chacun d'eux et de le rendre par suite impuissant : « La séparation existe lorsque le pouvoir législatif est effectivement maître de statuer sans dépendre du pouvoir judiciaire, lorsque le pouvoir judiciaire ne reconnaît d'autre règle que la loi et sa conscience, lorsque le pouvoir exécutif, dans sa sphère particulière, n'est pas obligé de se soumettre aux volontés des autres pouvoirs (2). » Ce dernier membre de phrase signifie évidemment que l'action du pouvoir exécutif, subordonnée à la loi comme règle générale, doit rester spontanée, et qu'à l'agent d'exécution seul revient, sous sa responsabilité, l'appréciation de l'applicabilité de telle ou telle disposition législative à tel ou tel cas déterminé.

On trouve à la même page des œuvres de Rossi une définition très fine et très juste du pouvoir judiciaire. Il est, « au bout du compte, la clef de voûte ; » car l'illustre professeur considère, avec les esprits les plus éminents qui se sont occupés de la philosophie du droit, la distribution de la justice comme l'objet essentiel de l'Etat. Mais en même temps son genre propre d'activité ne saurait être abordé qu'en troisième lieu dans la description des pouvoirs sociaux, car il n'intervient que « pour réparer

(1) *Op. cit°*, 68ᵉ leçon.
(2) Ibid., 72ᵉ leçon.

les brèches, les dégâts particuliers qui, dans le champ des intérêts, des passions, peuvent être faits à l'édifice politique et social, » et, en se tenant dans le domaine de la métaphysique politique, on pourrait imaginer l'hypothèse d'un pays où ne s'élèverait jamais aucune contestation, ni entre les particuliers, ni entre les particuliers et le pouvoir social. Le pouvoir judiciaire n'arrive, en effet, que comme réparateur des conséquences de l'imperfection humaine. Les autres pouvoirs ne font, à la vérité, que prévenir ces conséquences ou les atténuer, et l'homme parfait, s'il existait, n'aurait besoin d'aucun gouvernement extérieur.

Les saines idées sur la constitution du pouvoir judiciaire sont d'ailleurs, chez nous, fort lentes à se répandre et à entrer en possession du domaine des faits. La confusion de la justice et de l'administration, si pleine d'inconvénients, continua à exister sous la Restauration et sous le gouvernement de Juillet, par un point : les juridictions administratives, si fortement installées dans nos institutions que toutes les révolutions sont impuissantes à les en déloger (1).

Cependant, le conseil d'Etat de la Restauration, bien inférieur comme importance pratique à celui de l'Empire, était contesté même dans son existence ; il n'était pas mentionné par la charte et n'avait de titre constitutif dans aucune loi. Il resta constamment soumis, comme composition et comme attributions de toute nature, aux ordonnances royales : aussi la légalité même de ses actes fut-elle vivement discutée dès le début de la Restauration ; en particulier, le parti libéral critiquait une juridiction qui n'était pas déterminée par la législation et qui s'exer-

(1) Comme l'histoire du conseil d'État se suit sans que la révolution de Juillet y ait introduit de transition brusque, nous avons cru pouvoir résumer à la fois ce qui concerne ce grand corps de 1815 à 1848.

çait dans des conditions contradictoires avec l'inamovibilité reconnue par la charte pour devoir servir de base à tout l'ordre judiciaire.

Le conseil d'Etat n'en fonctionnait pas moins en fait, et des arguments de nature fort diverse étaient invoqués en sa faveur. Une opinion, dont le chef n'était autre que l'illustre Henrion de Pansey, s'appuyait pour le défendre sur la déplorable thèse de la justice retenue, admise dans toutes ses conséquences : le roi, chef suprême de l'administration, était de sa personne juge de tout le contentieux administratif et pouvait déterminer à son gré les organes par lesquels il entendait faire parvenir *sa* justice jusqu'à *son* peuple.

M. de Gérando et, à sa suite, un grand nombre de jurisconsultes et d'orateurs prétendaient trouver la légitimation de la juridiction du conseil d'Etat dans la charte même, à laquelle on reprochait, d'autre part, de n'en pas souffler mot : ils faisaient remarquer que l'art. 68 de cette charte maintenait en vigueur toutes les lois qui ne lui étaient pas contraires, et qu'une foule de lois prescrivaient expressément l'intervention du conseil d'Etat dans le jugement des difficultés administratives ; que, bien plus, l'art. 59 de la même charte maintenait le système des cours et tribunaux tel qu'il existait antérieurement, et qu'il n'y avait pas eu lieu de rappeler nominativement dans cette disposition le conseil d'Etat plutôt que la cour de cassation, les cours d'appel et les tribunaux civils (1).

Le conseil d'Etat survécut donc, les Chambres continuèrent à lui allouer sa part dans les budgets annuels, mais le charme était rompu, l'institution était ébranlée pour longtemps, et pendant toute la durée de la Restauration la justice administrative alimenta sans relâche les

(1) V. de Gérando. *Institution du Droit administratif français,* passim.

polémiques de la tribune et de la presse. Le débat fut couronné en 1828 par la véhémente philippique à laquelle le duc Victor de Broglie a attaché son nom ; le gouvernement, ému de tant de bruit, de réclamations si accentuées, préparait une loi sur l'organisation de la justice administrative, lorsqu'il fut surpris par la révolution de 1830.

Le même M. de Broglie, l'un des fondateurs du gouvernement de Juillet, gardant encore les idées qu'il avait émises dans la *Revue Française* et qu'il devait renier plus tard avec tant de désinvolture, s'empressa de créer, sous la présidence de Benjamin Constant, une commission de réorganisation du conseil d'Etat ; mais cette commission, comme beaucoup d'autres antérieures et postérieures, n'aboutit à aucun résultat effectif : le conseil, négligé encore par la nouvelle charte, continua à vivre sous le régime des ordonnances, et son activité en tant que juridiction parut grandir de tout ce qu'il avait perdu du côté de la législation et de l'administration. L'institution reçut sur certains points des perfectionnements notables ; mais le pays légal demandait davantage, et différents projets, soumis tantôt à la Chambre des pairs, tantôt à la Chambre des députés, aboutirent à la loi du 19 juillet 1845, après avoir traversé des discussions brillantes et élevées dans lesquelles l'idée d'une cour administrative, ayant comme tout tribunal un pouvoir propre de juridiction, fut hardiment opposée à la thèse de la justice retenue si contraire aux principes libéraux. A la Chambre des députés, une majorité de vingt-sept voix seulement assujettit, comme par le passé, les arrêts du conseil à la ratification royale. Sur ce point, toutefois, la nouvelle loi décida (art. 24, amendement de M. Dufaure) que toute décision royale contentieuse, non conforme à l'avis du conseil d'Etat, devait être rendue en conseil des ministres et insérée au

Moniteur, ainsi qu'au *Bulletin des lois*. Les conseillers et maîtres des requêtes virent augmenter leurs garanties d'indépendance, en ce sens qu'ils ne purent être révoqués que par ordonnance spéciale rendue en conseil des ministres.

La République de 1848. La constitution du 4 novembre 1848, en replaçant le gouvernement de la France sous la forme républicaine, tenta une expérience toute nouvelle dans le pays : celle d'un régime parlementaire fondé sur le suffrage universel direct. « La souveraineté, dit l'art. 1er, réside dans l'universalité des citoyens, » et, immédiatement après ce début fort net, une véritable déclaration des droits met sous l'égide de la constitution les libertés les plus précieuses des Français, telles que la liberté individuelle, la liberté civile, la liberté de conscience, la liberté d'association, la liberté d'enseignement, la liberté du travail ; les grands intérêts légitimes de la société et de l'individu sont également sauvegardés, en ce sens que la propriété est reconnue inviolable et que les règles fondamentales, relatives à la dette publique et aux impôts, sont posées dans la constitution même.

Les chapitres concernant les pouvoirs publics débutent par un article-programme d'après lequel : « La séparation des pouvoirs est la première condition d'un gouvernement libre (1) », et, par le fait, la Constituante fit, en réglant le mode de nomination du chef du pouvoir exécutif, du principe en lui-même si salutaire de la séparation des pouvoirs, une application excessive qui devait entraîner la chute de la République.

Le pouvoir législatif était confié à une Chambre unique élue au scrutin de liste départemental, par le suffrage universel direct. Une prohibition sans réserve (2) établis-

(1) Art. 19.
(2) Sans réserve spéciale, tout au moins dans le texte même de la

sait l'incompatibilité entre le mandat de représentant du peuple et toute fonction publique salariée (1). Les représentants étaient inviolables ; il leur était interdit d'accepter un mandat impératif.

L'assemblée, renouvelable intégralement tous les trois ans, était proclamée permanente, le droit de se proroger elle-même lui était reconnu, le droit de paix ou de guerre lui était réservé.

Les attributions du président de la République étaient étroitement restreintes à ce qui constitue dans tous les gouvernements la part essentielle de l'exécutif. Responsable comme ses ministres, n'ayant ni le droit de dissolution ni le droit de *veto*, il ne pouvait agir sur le pouvoir législatif qu'en renvoyant, dans le délai fixé pour la promulgation, toute loi votée à l'assemblée et en demandant une nouvelle délibération. Quel que fût le résultat de celle-ci, il était définitif et la promulgation de droit.

La subordination de l'exécutif au législatif était donc largement conforme, si l'on ne tient compte que des attributions, à ce que commande la nature des choses. Mais l'erreur de la Constituante, qui voulait sincèrement la République, fut de donner au président la même origine qu'à l'Assemblée, le suffrage universel, ce qui revenait même à lui en donner une beaucoup plus imposante, puisque le président se trouvait représenter à lui seul l'universalité des électeurs, tandis que chaque

---

Constitution qui annonçait une loi organique comme devant faire la part des exceptions nécessaires.

(1) On n'a pas oublié les abus qui avaient envahi la politique intérieure vers la fin du gouvernement de Juillet du fait des députés fonctionnaires. L'établissement d'une incompatibilité sévère figurait au même titre que l'adjonction des capacités, parmi les revendications de l'opinion publique que les conseillers de Louis-Philippe ne voulurent pas entendre et qui amenèrent la révolution de 1848.

membre de l'assemblée, malgré la fiction qui fait de tout législateur le mandataire du pays entier, ne tenait ses pouvoirs, en définitive, que de quelques milliers de citoyens. En ce sens, on a pu dire du président issu de la constitution de 1848 ; « Il n'avait point d'égal, et qui n'a point d'égal est le maître ou ne tarde guère à le devenir (1). »

Cette combinaison, qui contenait en germe la ruine de la constitution de 1848, n'avait toutefois pas été adoptée à la légère. Déjà, plus d'un demi-siècle auparavant, on avait entendu dans les débats constitutionnels, Mailhe et Lakanal appeler l'attention de leurs contemporains sur les dangers qu'il y aurait à donner au pouvoir exécutif la même origine qu'au pouvoir législatif. Oublieuse de ces souvenirs, la Constituante de 1848 fut, en majorité, sourde à la voix de ses orateurs les plus prévoyants ; elle repoussa dans toute sa teneur le célèbre amendement Grévy, qui avait pour objet principal de remettre à l'Assemblée législative la nomination du chef du pouvoir exécutif. Tout le monde ne se méprit pas sur les conséquences forcées du mode de désignation adopté ; on se rendait compte que toutes les précautions prises par la constitution pour assurer la fidélité du président pouvaient, à un moment donné, devenir illusoires (2), et on raconte qu'un des auteurs de la constitution dit en séance, mais à l'oreille de son

(1) Duc Victor de Broglie : *Vues sur le gouvernement de la France*, (p. 229).

(2) Il est assez intéressant de savoir comment ce point délicat est jugé, au point de vue français, par un publiciste étranger dont la valeur est bien connue chez nous ; sir W. Bagehot s'exprime ainsi : « Si la France adopte une constitution nouvelle, il faudra qu'elle évite cette faute commise en 1848, qui consiste dans la juxta-position d'un pouvoir exécutif et d'un pouvoir législatif tout à fait indépendants l'un de l'autre. Les Américains seuls peuvent marcher avec un pareil système, grâce au respect qu'ils ont pour leur pacte fondamental, et aussi parce que leur esprit pratique leur permet de juger dans quelle mesure ils peuvent en étendre le cercle sans le briser. Mais aux Français il faut un système

voisin, lorsque l'art. 43 passa : « Avant un an, ou l'Assemblée législative enverra le président à Vincennes, ou le président chassera l'Assemblée législative à coups de baïonnettes (1). »

Le pouvoir judiciaire avait sa large place dans la constitution de 1848 ; la garantie suprême de l'inamovibilité, un instant menacée sous le gouvernement provisoire, résista et triompha dans les débats de la Constituante, au point d'être érigée en principe constitutionnel.

Les attributions judiciaires conférées par les régimes précédents à la Chambre des pairs passèrent à une haute cour de justice organisée par la constitution et dont la compétence comprenait le jugement des accusations portées par l'Assemblée nationale contre le président de la République ou les ministres, ainsi que celui des crimes, attentats et complots contre la sûreté de l'État, commis par toute personne ; même pour cette seconde catégorie d'affaires, la haute cour ne pouvait être saisie que par l'Assemblée nationale.

La nouvelle révolution avait amené la création d'un type tout nouveau de Conseil d'État. Les institutions républicaines sont profondément antipathiques à l'idée de justice retenue... retenue, en effet, au profit de qui? au profit du souverain, sans doute, qui, en l'espèce, est le peuple ; or, dans le peuple résident tous les pouvoirs, mais il n'en exerce aucun, il les délègue tous, ne se réservant que le droit de vote et par conséquent de contrôle. Le détenteur lui-même du pouvoir exécutif n'est rien que

politique solidement construit, et l'expérience a démontré que la France ne peut avoir de lois fragiles et délicates. Le pouvoir exécutif ne doit donc pas, en France, être séparé du pouvoir législatif ni mis en face de lui. » (*La Constitution anglaise*. Trad. Gaulhiac. Introduction.)

(1) Duc de Broglie, *Op. c⁰* (Introduction, p. LV).

par le mandat temporaire qu'il a reçu, et il serait mal venu à se réclamer, pour étendre son autorité, d'analogies traditionnelles avec lesquelles la proclamation de la République a eu précisément pour objet de rompre.

Le Conseil d'Etat était rétabli par l'art. 71 de la constitution ; les membres de ce corps, placés sous la présidence du vice-président de la République, devaient être élus pour six ans par l'Assemblée nationale. La loi organique porte la date du 3 mai 1849 et il résulte du rapport de l'éminent M. Vivien que le conseil était appelé, dans une certaine mesure, à atténuer les inconvénients de l'absence d'une seconde Chambre : aussi, sa participation à la confection des lois devait-elle être fort étendue. Le gouvernement devait lui soumettre tous ses projets de loi, et les projets émanés de l'initiative parlementaire pouvaient également lui être renvoyés, soit par le gouvernement, soit par l'Assemblée directement. Son action administrative était également très grande et le rapprochait de son aîné du Consulat.

Ses décisions contentieuses cessèrent d'être l'œuvre de l'assemblée générale du Conseil d'Etat ; elles furent non plus seulement préparées, mais prises par la section du contentieux, agissant avec pouvoir propre, comme une véritable cour souveraine de justice.

Le jugement des conflits de juridiction fut enlevé au conseil et confié à un tribunal nouveau composé par moitié de membres de ce conseil et de membres de la Cour de cassation : c'est l'organisation même qui a été restaurée en 1870 ; comme surcroît d'attributions, ce tribunal eut à connaître des recours pour incompétence ou excès de pouvoir contre les arrêts de la Cour des comptes.

Le second Empire. Le coup d'Etat du 2 décembre

1851 concentra les pouvoirs législatif et exécutif entre
les mains d'un gouvernement dictatorial qui n'eut, jusqu'au plébiscite des 20 et 21 du même mois, qu'une
existence de fait. Le pouvoir judiciaire seul continua à
fonctionner comme par le passé, sauf que la création
des célèbres *commissions mixtes* apporta un trouble profond dans l'ordre des juridictions et dans l'échelle des
peines. Quant à la législation, jusqu'à l'organisation des
nouveaux pouvoirs publics, la source unique en fut la
volonté du président, et cette époque a laissé dans nos
codes maints documents ayant, grâce à la ratification populaire ultérieure, conservé force de loi ; ils sont qualifiés,
au reste, de décrets-lois (1).

La constitution de 1852 procède de la constitution de
l'an VIII ; son auteur invoque la similitude des circonstances encore plus que ses traditions de famille, pour
revenir aux institutions du Consulat ou plutôt du premier Empire. Sa préoccupation dominante est d'échapper,
par la responsabilité personnelle (et évidemment illusoire)
du chef de l'Etat, à la responsabilité et à la solidarité des
ministres, « obstacle journalier à l'impulsion particulière
du chef de l'Etat, expression d'une politique émanée des
Chambres et par là même exposée à des changements
fréquents, qui empêchent tout esprit de suite, toute application d'un système régulier (2) ».

Ce conseil des ministres, dont on ne veut plus, sera
remplacé par le Conseil d'Etat, qui, une fois encore, devient le corps le plus important du gouvernement. Pratiquement, il participe au pouvoir législatif ; à ce titre, c'est
à lui seul qu'appartient la préparation des projets de lois,
en vertu du renvoi qui lui en est fait par l'empereur, à qui

(1) Const. 14 décembre 1852, art. 58.
(2) Proclamation en tête de la constitution du 14 janvier 1852.

l'initiative législative est exclusivement réservée ; des conseillers d'Etat soutiennent chacun de ces projets devant
le Corps législatif, et, si la commission nommée dans le
sein de ce corps apprécie qu'il y a lieu de proposer un
amendement, la proposition doit être soumise à l'examen
et à l'approbation du conseil.

Celui-ci conserva toute son influence en matière législative pendant presque toute la durée du deuxième empire. Le sénatus-consulte du 8 septembre 1869, rendant
au Corps législatif l'initiative des lois, est le premier acte
qui ait porté atteinte à sa suprématie ; il aurait échangé
celle-ci contre un rôle secondaire, si l'éphémère constitution sortie du plébiscite de mai 1870 avait eu le temps
d'être mise sérieusement en vigueur et de produire ses
conséquences.

Mais les travaux administratifs et contentieux du Conseil d'Etat restèrent, pendant la durée du gouvernement
impérial, soumis aux termes du décret organique du
25 janvier 1852, qui lui confiait, notamment, la rédaction
des règlements d'administration publique, la haute police
administrative et le jugement des conflits.

En matière contentieuse, qu'une affaire fût jugée par
l'assemblée générale ou par la seule section du contentieux, l'œuvre du conseil se réduisait à la préparation
d'un projet de décret dont l'empereur, en le revêtant de
sa signature, assumait toute la responsabilité.

Le Sénat du second Empire était, dans le principe, uniquement chargé de conserver la constitution et de la faire
fonctionner à l'aide des sénatus-consultes. Sa participation
à la législation était donc presque nulle ; elle se bornait à
vérifier la constitutionnalité des lois votées par le Corps
législatif et à fixer le régime des colonies. Il y avait en réalité une seule Chambre, dont l'usage de la candidature

officielle unissait étroitement la majorité au pouvoir exécutif.

L'empereur était armé des droits les plus étendus qui aient appartenu à aucun chef du pouvoir exécutif. Il pouvait dissoudre le Corps législatif, l'ajourner (1), présider le Sénat (2), ordonner par simples décrets les grands travaux d'utilité publique (3) ; il avait non seulement le droit de grâce, mais le droit d'amnistie habituellement réservé au pouvoir législatif. Il avait le droit de paix ou de guerre, faisait les traités. Rien de plus net que les art. 3 et 4 de la constitution, relatifs à l'organisation du gouvernement.

« *Art.* 3. — Le président de la République (l'empereur à partir du sénatus-consulte du 7 novembre 1852) gouverne au moyen des ministres, du Conseil d'Etat, du Sénat et du Corps législatif.

« *Art.* 4. La puissance législative s'exerce collectivement par le président de la République, le Sénat et le Corps législatif. »

La justice se rendit, sous tout l'empire, au nom de l'empereur ; l'inamovibilité de la magistrature fut scrupuleusement conservée (4) à peu près dans les conditions où la constitution de 1848 l'avait établie (5).

Tels sont les traits principaux de la primitive constitution impériale, que le sénatus-consulte du 18 juillet 1866 détendait de discuter par la voie de la presse ou autres moyens de publicité.

Mais le caractère autoritaire de l'empire devait, au bout de quelques années, aller en s'amoindrissant. A

(1) Const. 14 janvier 1852, art. 46.
(2) Sén.-cons., 25 décembre 1852, art. 2.
(3) *Ibid.* art. 4.
(4) Const. 14 janvier 1852, art. 54.
(5) Sénat.-cons., 10 juillet 1852. Beaucoup de bons esprits considèrent néanmoins comme une atteinte grave au principe de l'inamovibilité le décret du 1er mars 1852 qui a établi une limite d'âge pour les magistrats.

partir de 1860, un petit nombre de concessions faites par le pouvoir exécutif tant au pouvoir législatif qu'aux citoyens favorisés individuellement par certaines réformes à tendances libérales ou collectivement par des mesures de décentralisation, indiquent, comme des jalons plantés de loin en loin, la route qu'a suivie le gouvernement impérial et qui devait aboutir au plébiscite du 8 mai 1870.

Quoique l'empire libéral soit resté dans notre histoire comme un souvenir bien court enseveli sous des ruines sanglantes, le sénatus-consulte du 22 mai 1870, ce second *acte additionnel* qui n'a guère plus fonctionné que son aîné, mérite d'arrêter l'attention, au moins par les théories qu'il fait reparaître dans la suite trop longue de nos constitutions.

Ce sénatus-consulte devait être le point de départ d'un mode de gouvernement bien différent de celui qui avait été pratiqué sous le règne de la constitution de 1852; on voulait rétablir le régime parlementaire reposant sur la collaboration de deux chambres et sur la responsabilité ministérielle. Les modifications les plus importantes apportées alors à l'ancien état de choses se rapportent au rôle du sénat.

Cette assemblée, réduite à l'origine à la fonction de gardien de la constitution, puis aussi à l'examen des pétitions, qui fut un peu plus tard monopolisé à son profit, avait déjà vu sa compétence s'étendre dans une certaine mesure; le sénatus-consulte du 16 mars 1867 et celui du 8 septembre 1869 lui avaient donné une action plus immédiate sur la législation, en lui conférant, le premier le *veto* suspensif, et le second le *veto* absolu (1). Elle reçut en

(1) *Sénatus-consulte du 15 mars* 1867.
Article unique. L'art. 26 de la constitution est modifié de la manière suivante :
Art. 26. Le Sénat s'oppose à la promulgation : 1° des lois qui seraient

1870 des attributions identiques à celles de la Chambre des pairs de la Restauration et de 1830 ; tel était bien, d'ailleurs, le modèle que les initiateurs de la nouvelle constitution se proposaient d'imiter ; le suffrage universel devait établir la seule différence capitale entre ces divers régimes. On lit en effet dans l'exposé de motifs dû à M. Emile Ollivier : « Dans le gouvernement constitutionnel de l'Empire, le principe démocratique, poussé jusqu'au suffrage universel, a non moins de force que les autres principes, et l'équilibre est réel. C'est par là que la constitution impériale se distingue des chartes de 1814 et de 1830, dont elle se rapproche par tant d'autres points. »

En échange du pouvoir législatif qu'il devait partager dorénavant avec la seconde chambre, le sénat perdait le pouvoir constituant qui lui avait jusqu'alors appartenu, et qui, après de sérieuses et brillantes discussions, notamment au corps législatif, fut remis au peuple appelé à se prononcer à l'avenir par voie de plébiscite ; nombre de dispositions

contraires ou porteraient atteinte à la constitution, à la religion, à la morale, à la liberté des cultes, à la liberté individuelle, à l'égalité des citoyens devant la loi, à l'inviolabilité de la propriété et au principe de l'inamovibilité de la magistrature ; 2° de celles qui pourraient compromettre la défense du territoire.

Le Sénat peut, *en outre,* avant de se prononcer sur la promulgation d'une loi, décider par une résolution motivée, que cette loi sera soumise à une nouvelle délibération du Corps législatif.

Cette nouvelle délibération n'aura lieu que dans une session suivante, à moins que le Sénat n'ait reconnu qu'il y a urgence.

Lorsque, dans une seconde délibération, le Corps législatif a adopté la loi sans changement, le Sénat, saisi de nouveau, délibère uniquement sur la question de savoir s'il s'oppose ou non à la promulgation de la loi conformément aux n°s 1 et 2 du présent article.

Senatus-consulte du 8 septembre 1869.

Art. 5. Le Sénat peut, en indiquant les modifications dont une loi lui paraît susceptible, décider qu'elle sera renvoyée à une nouvelle délibération du Corps législatif.

Il peut, *dans tous les cas,* s'opposer à la promulgation de la loi.

La loi, à la promulgation de laquelle le Sénat s'est opposé, ne peut être présentée de nouveau au Corps législatif dans la même session.

admises jusque-là dans la constitution étaient rejetées dans le domaine de la législation, car les instigateurs du nouvel état de choses avaient cherché à réduire au strict minimum les proportions du pacte fondamental. Certains principes étrangers au mécanisme politique, mais considérés à juste titre comme primordiaux, y gardaient toutefois leur place; telle l'inamovibilité de la magistrature.

On comprend combien le rétablissement de la responsabilité ministérielle, la force nouvelle du parlement, la restitution aux chambres des droits d'initiative et d'amendement devaient diminuer l'importance du conseil d'État. Mais la marche terrible des événements ne permit pas de donner suite à l'expérience que le nouveau régime avait pour objet d'inaugurer.

Gouvernement de la Défense nationale. — Il [y a peu de choses à dire ici du gouvernement du 4 septembre, qui vécut sans constitution. Le pouvoir législatif se trouva, encore une fois, uni en fait au pouvoir exécutif et le dédoublement momentané du gouvernement amena, à différentes reprises, des conflits qu'on n'a pas oubliés, tels que l'annulation par le gouvernement de Paris de décisions prises par la délégation de province; en un temps moins rempli de préoccupations et d'angoisses, cette question de partage de la souveraineté aurait pu donner naissance à de curieux débats. L'Assemblée nationale de 1871 coupa court à toutes les difficultés, en procédant à une révision minutieuse des actes de nature législative, des décrets-lois promulgués depuis la dernière révolution. Parmi les plus importants au point de vue théorique, elle abrogea les décrets du 28 janvier et du 3 février 1871 portant déchéance de plusieurs magistrats inamovibles qui, dans le cours de leur carrière judiciaire, après le coup d'état de 1851, avaient fait partie de com-

missions mixtes. Le texte de la loi du 25 mars 1871, intervenu sur cet objet, mérite d'être reproduit, car il fait
appel au principe de la séparation des pouvoirs, et aussi
au principe de l'inamovibilité de la magistrature. Or, de ce
que le pays était alors sans constitution, il résulte que l'Assemblée nationale considérait ce dernier principe comme
étant supérieur même à l'ordre constitutionnel, comme faisant partie intégrante des idées directrices du droit public
français(1). Voici donc ce texte: « *Article unique.* Les décrets
du 28 janvier et 3 février 1871, qui ont prononcé la déchéance de quinze magistrats y dénommés, sont déclarés
nuls et non avenus, comme contraires à la règle de la séparation des pouvoirs et au principe de l'inamovibilité de la
magistrature, en réservant le droit souverain de l'Assemblée sur l'organisation judiciaire. »

Le gouvernement du 4 septembre remplaça le conseil
d'État de l'Empire par une commission provisoire, et
restaura le tribunal des conflits dans les conditions où il
existait en 1848 et où il existe encore aujourd'hui.

Assemblée nationale de 1871. — L'Assemblée nationale
de 1871, élue dans les circonstances les plus douloureuses,
se trouva, par la force des choses, constituante et législative
à la fois; elle était, à vrai dire, absolument souveraine en
droit, et le pouvoir exécutif n'agissait que par sa délégation.

Le 14 avril 1871, M. Thiers fut nommé par l'Assemblée chef du pouvoir exécutif de la République
française; quelques décisions ou lois postérieures fixèrent sur certains points l'étendue de son autorité, par

----

(1) C'est bien ainsi que les choses avaient été envisagées dans la
discussion; M. Limpérani, soutenant un amendement au projet du gouvernement, insistait sur ce point : « elle (la commission) proclame non
point un principe constitutionnel, mais quelque chose de plus encore, un
principe. Un principe constitutionnel peut avoir le sort des constitutions qui
passent et disparaissent, mais *le principe,* c'est quelque chose d'absolu,
quelque chose d'immuable. » (Séance du 25 mars 1871).

exemple la loi du 6 mai 1871 sur l'état de siège; celle du 22 janvier sur l'exercice du droit de grâce. Enfin la loi du 3 septembre 1871, en lui attribuant le titre de *président de la République*, définit ses pouvoirs et spécifie qu'il est chargé pendant toute la durée de l'Assemblée, d'assurer et de surveiller l'exécution des lois, de promulguer celles qui auront été votées par l'Assemblée. Il a le droit de se faire entendre devant celle-ci toutes les fois qu'il le croit nécessaire; enfin, les ministres sont à sa nomination, placés sous sa présidence et sa direction; ils sont considérés comme responsables individuellement et en tant que conseil. C'est cet ensemble de deux articles qui a été qualifié *constitution Rivet,* du nom de l'auteur de la proposition qui y a donné naissance; il était bien entendu alors qu'il n'en résultait aucun préjugé sur la forme définitive du gouvernement, qu'on réglementait au contraire une situation toute provisoire et pleine d'anomalies, telles, par exemple, que le cumul des fonctions de président de la République et du titre de député (1).

Nous devons mentionner encore, parmi les lois politiques de l'Assemblée, celle qui, votée sur la proposition de M. de Tréveneuc et de plusieurs de ses collègues, confie aux conseils généraux des pouvoirs éventuels au cas où, soit l'Assemblée de 1871, soit une de celles qui lui succéderaient, seraient illégalement dissoutes ou empêchées de se réunir. Les conseils généraux que, par rapport à la représentation nationale, le rapporteur, M. Fournier, appelait « une seconde ligne de défense, » doivent alors se réunir d'urgence, afin de « pourvoir au maintien de la tranquillité publique et de l'ordre légal ».

(1) V. le rapport de M. Vitet.

De plus, une réunion de délégués des conseils généraux est chargée de « prendre, pour toute la France, les mesures urgentes que nécessite le maintien de l'ordre, et spécialement celles qui ont pour objet de rendre à l'Assemblée nationale la plénitude de son indépendance et l'exercice de ses droits. » Elle doit encore pourvoir provisoirement à l'administration générale du pays.

Il est bien certain que, s'il y avait jamais lieu (ce qu'à Dieu ne plaise !) pour les conseils généraux de remplir une pareille mission, elle comporterait des mesures tenant et de l'ordre exécutif et de l'ordre législatif. Cette ingérence dans les pouvoirs politiques des conseils généraux, dont le mandat reçu des électeurs se réduit à la gestion des intérêts départementaux, constitue, on ne peut le méconnaître, une sérieuse atteinte, ou tout au moins une exception notable au principe de la séparation des pouvoirs. Elle s'explique, au reste, par l'hypothèse même en vue de laquelle le législateur a cru devoir y recourir : il s'agit de remédier à un désordre grave, à un état révolutionnaire aigu, et l'on comprend dès lors que les moyens de le faire cesser puissent être recherchés en dehors des règles normales appliquées dans les temps calmes.

C'est la loi du 31 mai 1872 qui réorganisa le conseil d'État ; comme la plus grande partie des dispositions de cette loi sont encore en vigueur, nous en réservons la commentaire pour le moment où nous étudierons en détail l'organisation présente du pouvoir exécutif, puis la grosse question du contentieux administratif. Une modification importante et justifiée, selon nous, a toutefois atteint cette loi, et elle est à noter ici : les conseillers d'Etat devaient être élus primitivement pour trois ans par l'Assemblée ; ce procédé de désignation avait été combattu énergiquement par MM. Bertauld, Bardoux et Duvergier de Hauranne, au nom du principe de la séparation des pouvoirs. La loi du 25 février 1875 sur l'organisation des pouvoirs publics a depuis remis les choses en ordre et restitué la nomination des membres du conseil d'Etat au gouvernement, dont ils sont les auxiliaires et les subordonnés.

Le remplacement de M. Thiers à la tête du gouvernement par le maréchal de Mac-Mahon (24 mai 1873), l'organisation du septennat, sont des incidents auxquels toute préoccupation théorique est restée étrangère. La forme du gouvernement continua à être provisoire et indéterminée jusqu'à la promulgation des lois dont l'élaboration passionna pendant deux ans les débats de l'Assemblée nationale et dont l'ensemble compose la constitution sous laquelle nous vivons.

Constitution de 1875. — Les lois nouvelles eurent pour objet d'établir en France, sous la forme définitivement républicaine, les institutions parlementaires. « Elles donnent à la République, disait le rapporteur de l'une d'elles, M. Laboulaye, les garanties de la monarchie constitutionnelle, telle que nous l'avons pratiquée pendant trente ans. »

La nécessité de deux Chambres dans l'organisation d'un gouvernement pondéré est devenue de nos jours « un axiome de la science politique » (1). Aussi possédons-nous deux Chambres tirant l'une et l'autre leurs pouvoirs de l'élection, car le propre de la forme républicaine est de faire exercer sans partage la souveraineté par les représentants du pays. Mais pour que le système des deux

---

(1) Rapport de M. Antonin Lefèvre-Pontalis sur les projets de lois constitutionnelles, du 3 avril 1874.

M. Emile Ollivier avait déjà employé les mêmes expressions dans l'exposé des motifs du sénatus-consulte du 22 mai 1870, 1ʳᵉ partie, nº 1.

Chambres rende les services qu'on est en droit d'en attendre , pour que l'une ne soit pas purement et simplement la doublure de l'autre, il faut qu'elles aient des origines différentes, qu'elles soient recrutées de manière à ne pas puiser leurs forces dans le même courant d'opinion, qu'elles puissent enfin se modérer ou se stimuler mutuellement, en mettant en présence, d'un côté les aspirations populaires dans toute leur actualité, de l'autre l'esprit de suite qui existe aussi dans le pays, quelque mobilité qui apparaisse à la surface. Tel était le problème que l'Assemblée nationale avait à résoudre, tel était l'édifice qu'il s'agissait d'élever sur la base indiscutée du suffrage universel. La solution fut ingénieuse, et jusqu'à présent l'expérience paraît démontrer qu'elle fut juste. On fit élire la Chambre des députés par le suffrage universel direct, au scrutin uninominal d'arrondissement (1); on fit nommer les sénateurs au scrutin de liste départemental par un corps d'électeurs du second degré, non pas désignés directement pour cette mission comme les membres du congrès qui choisit le président aux Etats-Unis, mais déjà appelés par le suffrage de leurs concitoyens à d'autres fonctions électives. Les députés, les conseillers généraux et d'arrondissement sont de droit électeurs sénatoriaux, et ont pour collègue un délégué de chacun des conseils municipaux du département. Comme ces délégués forment de beaucoup la majorité des comices, on a pu appeler assez justement le sénat actuel le « grand conseil des communes de France (2). » L'Assemblée, contrairement aux traditions monarchiques,

_____

(1) La forme du scrutin est réglée par la loi organique du 30 novembre 1875. La loi constitutionnelle du 25 février 1875 dispose seulement que la chambre des députés est nommée par le suffrage universel.

(2) M. Gambetta, *Discours de Romans.*

n'admit dans la Chambre haute aucun membre de droit, mais elle réserva soixante-quinze sièges, soit le quart de ceux existant, qu'à la formation elle pourvut elle-même de titulaires ; le sénat comble, depuis, les vacances survenant dans ce groupe de sénateurs qui sont inamovibles, tandis que les deux cent vingt-cinq autres sont renouvelables par tiers tous les trois ans.

On voit que, sauf cette anomalie qui ne s'explique guère que par le désir qu'a toute assemblée sortante de se perpétuer dans les limites du possible, on voit que le sénat a un mode de recrutement tout aussi franchement électif et même tout aussi populaire que la Chambre des députés. Comme les arrondissements administratifs comptant plus de 100,000 habitants sont divisés en deux ou plusieurs circonscriptions électorales suivant la population, la Chambre des députés se trouve réprésenter plus particulièrement le nombre des électeurs, et le Sénat les intérêts résultant de leur groupement en unités locales.

La destination propre de la Chambre des députés est de suivre d'aussi près que possible les fluctuations de l'opinion publique ; il faut donc qu'elle soit aussi fréquemment renouvelée que le permet la double nécessité de ne pas multiplier outre mesure dans le pays les agitations électorales, avec l'incertitude inévitable qu'elles jettent pour un temps dans les affaires, et de ne pas rendre les électeurs indifférents à l'exercice de leur droit en les appeant trop souvent à en faire usage. Par le fait, la Chambre des députés est renouvelée intégralement tous les quatre ans, si une dissolution prématurée n'a pas interrompu sa carrière.

Au contraire, la Chambre haute qui doit plutôt surveiller les mouvements de l'opinion que les suivre servilement, qui peut même être amenée à en constater les contradictions en prêtant son appui à une mesure de dissolution de la Chambre des députés, a besoin d'être plus dégagée des influences du jour. Chacun de ses membres, s'il n'est pas inamovible, occupe son siège pour neuf ans; en outre, le renouvellement partiel la préserve de toute rupture violente avec ses précédents et lui permet de conserver des traditions, une politique, un corps de doctrines qui ne vont se modifiant que lentement et qui ont bien des chances de reproduire les résultats définitivement acquis dans les idées du pays, tandis que la seconde Chambre obéira plutôt au va et vient, aux mouvement en avant et en arrière d'un sentiment national éminemment impressionnable.

Enfin l'âge de quarante ans est exigé des candidats au mandat sénatorial, tandis que l'éligibilité à la Chambre des députés est fixée au minimum de vingt-cinq ans; c'est encore une circonstance qui peut aider, quoique dans une mesure restreinte, à établir une différence dans le tempérament des deux assemblées.

Par ces diverses combinaisons, le législateur a cherché à se rapprocher de l'idéal que poursuit la théorie des deux Chambres : en créer une qui s'inspire plus particulièrement, nous le répétons, de l'esprit de suite ; une seconde plus particulièrement guidée par l'esprit d'innovation; ces deux tendances combinées et fondues ensemble réalisent le véritable esprit de progrès.

Est-il besoin de faire remarquer de nouveau que le principe de la dualité des Chambres est de même nature que celui de la séparation des pouvoirs? l'un et l'autre répondent au même besoin de pondération, d'équilibre au sein même des organes du gouvernement; tous deux, en mettant en présence les tendances diverses qui se disputent la direction de l'État, assurent à la chose publique une marche moyenne et régulière. Et qu'on n'objecte pas que les deux Chambres ne sauraient, à moins d'être d'accord en tout point, représenter l'une et l'autre la volonté populaire, car la réponse serait trop facile : un homme pris isolément ou même une foule reviendra rapidement sur un entraînement d'un moment; Philippe à jeun ne pense pas comme Philippe ivre. Il n'en est pas ainsi d'une Assemblée de représentants : celle-ci perpétuera pendant toute la durée de son mandat l'ensemble d'aspirations, peut-être accidentelles, qui ont présidé à sa formation; une autre Chambre, élue à une autre époque, plus dégagée des passions récentes, rendra dès lors de grands services en calmant des entraînements qu'elle subit à un moindre degré et en les soumettant à une discussion critique qui doit faire la part de l'excessif, celle de l'utile et du vrai. La seconde Chambre jouera, à l'égard de la première, le rôle de la réflexion qui sépare, chez l'individu sensé, la conception de l'action.

Nos deux Chambres se partagent d'ailleurs le pouvoir législatif dans des conditions presque égales. Elles ont le même droit d'initiative, le même droit d'amendement. L'une comme l'autre accueille les pétitions des citoyens. Toutefois, conformément aux usages consacrés par tous les régimes parlementaires qu'on peut citer en modèles, les projets de lois de finances et les questions d'impôts sont soumis en premier lieu à la Chambre des députés. Par compensation, le Sénat, en se mettant d'accord avec le président de la République, peut renvoyer la Chambre des députés devant les électeurs. Cette disposition, dont nous ne contesterons pas la sagesse, présente une combinaison toute nouvelle dans le mode d'action réciproque des pouvoirs de l'Etat : par là une fraction du pouvoir législatif se trouve associée contre l'autre au pouvoir exécutif; c'est à celui-ci seul

qu'est accordé le droit de dissolution dans les autres constitutions où il existe.

A vrai dire, cette combinaison s'imposait du moment
où l'on admettait la possibilité même de la dissolution.
Le président de la République, délégué de la représentation nationale, ne pouvait être autorisé à porter spontanément la main sur elle ; une telle prérogative aurait eu un
caractère monarchique accentué. Tandis qu'en lui associant, dans l'exercice d'un devoir pénible, la seule autorité politique à laquelle il pût être fait appel en pareil cas,
en faisant intervenir un corps émanant de l'élection, on
entourait le droit de dissolution d'une solennité plus
grande et on obtenait l'assurance qu'il n'en serait fait
qu'un usage discret et réfléchi, sinon toujours heureux.

Parmi les lois, il en est qui revêtent un caractère tout
particulier et qui sont pour ainsi dire supérieures aux
autres, en ce sens qu'elles posent les règles mêmes qui
président à la formation et au fonctionnement, à l'application de la loi. Nous voulons parler des lois constitutionnelles relatives aux principes de l'organisation politique.
Les lois ordinaires déterminent l'activité des citoyens ou
plus généralement des individus, les lois constitutionnelles
déterminent l'activité des pouvoirs publics. Il importe que
le pacte même sur lequel est fondé l'accord de la nation
et de son gouvernement présente des garanties de stabilité
et ne puisse être retouché à la légère. Tous les régimes
réguliers ayant une constitution écrite ont entouré la
révision de précautions spéciales, et l'Assemblée de 1871,
en déclarant la constitution révisable sur tous les points,
a organisé soigneusement le mécanisme de la révision (1).

(1) Loi relative à l'organisation des pouvoirs publics, du 25 février 1875, art. 8.

Pour qu'une modification à la constitution soit possible, il faut d'abord que chacune des Chambres, soit spontanément, soit sur la proposition du président de la République, décide par délibération séparée, prise à la majo= rité des voix, qu'il y a lieu de réviser la constitution. Alors les deux Chambres se réunissent en « assemblée nationale » formant un corps considéré comme homogène, où le vote a lieu par tête ; c'est dire que la Chambre des députés (534 membres) y a nécessairement le dessus et que les sénateurs, tout en conservant les avantages de la discussion en commun, ont épuisé la plus grande part de leur action au moment où ils ont eu à apprécier l'opportunité de la révision ; il n'en est pas moins vrai que ce mélange dans la même enceinte de tous les éléments de la représentation nationale est de nature à amener des résultats fort différents de ceux qui résulteraient de la collaboration à distance des deux Chambres, telle qu'elle a lieu pour les lois ordinaires.

C'est encore l'Assemblée nationale, ainsi réunie, qui nomme pour sept ans le président de la République (1). Nous n'avons pas à revenir sur ce qui a été déjà dit, en rappelant les exemples historiques qui devaient détourner l'Assemblée de 1871 de faire élire le chef du pouvoir exécutif par le peuple, ni les raisonnements de nature à l'engager à faire de lui le délégué du pouvoir législatif. Mais, en prenant ce point de départ, on pouvait hésiter entre deux procédés ; nous empruntons la justification du mode adopté à un livre de mérite, le seul travail théorique dont la constitution de 1875 ait été, croyons-nous, l'objet. « On

_____

(1) En cas de décès ou de démission du président de la République, l'Assemblée nationale se réunit d'urgence, et, jusqu'à ce que l'élection soit accomplie, le conseil des ministres est investi du pouvoir exécutif. (V. Loi 25 février 1875, art. 7.)

pourrait concevoir que le pouvoir exécutif fût constitué par
le vote successif des deux Chambres assemblées, mais ce
système présenterait des inconvénients manifestes, soit
que les deux assemblées ne fussent par d'accord, soit même
que le pouvoir exécutif eût dans l'une d'elles une majorité
beaucoup plus considérable que dans l'autre; dans ce
dernier cas, il serait porté à se regarder comme le délégué
de l'une des deux chambres, tandis qu'il doit être le délégué du pouvoir législatif tout entier. Aussi préfère-t-on
généralement réunir en une assemblée unique tous les
représentants du pouvoir législatif, lorsqu'il s'agit d'élire
soit un président, soit un conseil chargé de la puissance
exécutrice (1). »

On remarquera que le président de la République est élu
pour une durée qui suffit vraisemblablement à le placer
en dehors et au-dessus des crises parlementaires; le même
titulaire est d'ailleurs indéfiniment rééligible.

Il résulte de la situation même du président de la République en France, au point de vue de sa dépendance du
pouvoir législatif, que sa liberté d'action est moins étendue
que celle d'un monarque même constitutionnel, et
que celle du chef du pouvoir exécutif aux États-Unis. Le
président de la République n'en est pas moins, non pas la
personnification (ce qui nous ramènerait à Louis XIV),
mais la représentation ou, si l'on veut, le symbole de
l'Etat. C'est à ce titre que les ambassadeurs étrangers
sont accrédités près de lui et qu'il préside aux solennités
publiques (2) ; il nomme à tous les emplois auxquels ne
pourvoit pas l'élection (3), exerce le droit de grâce, et

---

(1) A. Bard et P. Robiquet. *La Constitution française de 1875 étudiée
dans ses rapports avec les constitutions étrangères.* 1876, p. 290.
(2) Art. 3, loi 25 février 1875.
(3) Ainsi les maires qui sont encore agents du gouvernement, dans

dispose de la force armée ; mais son droit de déclarer la guerre et de faire les traités de paix est expressément subordonné à l'assentiment au pouvoir législatif. Enfin, il promulgue les lois, et sa tâche quotidienne, essentielle, consiste à en surveiller et à en assurer l'exécution par l'intermédiaire des ministres.

Le président de la République intervient dans l'œuvre législative par le droit d'initiative, qu'il partage avec les membres des deux Chambres ; il peut aussi, dans les délais de la promulgation (un mois en général et trois jours lorsque l'urgence a été déclarée), demander aux deux Chambres, par message motivé, une nouvelle délibération qui ne peut être refusée (1). Le droit de dissolution lui appartient aux conditions qui viennent d'être expliquées.

Dans les monarchies constitutionnelles, le roi est inviolable et irresponsable en vertu d'une fiction que les Anglais expriment par ces mots : *The king cannot do wrong ;* toutefois l'histoire d'Angleterre elle-même atteste que les faits l'emportent parfois sur les lois et les traditions, et des exemples montrent le peuple insurgé s'en prenant à la personne du roi de la politique de la cour. L'irresponsabilité du président de la République française ne pouvait être aussi étendue que celle d'un monarque, elle a été toutefois strictement limitée au cas de haute trahison.

La responsabilité vraie, générale, de toutes les heures,

l'organisation actuelle, occupent à ce titre un *emploi* ; ils sont élus dans les petites communes, nommés par le pouvoir exécutif dans les villes et chefs-lieux de canton. D'autre part, certains fonctionnaires d'ordre élevé (ministres, préfets, colonels, etc.) nomment, *par délégation*, à des emplois inférieurs.

(1) Loi du 16 juillet 1875, sur les rapports des pouvoirs publics, art. 7.

ce sont les ministres qui la supportent solidairement en tant que conseil et individuellement pour leurs actes personnels. Ils peuvent être mis en accusation, jugés, condamnés; mais cette responsabilité pénale est loin d'être la plus importante. Le trait vraiment distinctif du régime parlementaire est cet usage impérieux en vertu duquel tout ministère, à moins de recourir à la grave mesure de la dissolution, doit se retirer, s'il est de la part des deux Chambres l'objet de votes de défiance, ou si, simplement, les deux majorités l'abandonnent dans les projets dont il prend l'initiative.

Qu'il s'agisse de poursuites contre les ministres ou contre le président, c'est à la Chambre des députés qu'appartient le droit de mise en accusation; le procès se porte devant le Sénat constitué en cour de justice.

Cette compétence accordée au Parlement est la seule exception que la constitution actuelle ait faite au mode normal de fonctionnement du pouvoir judiciaire. La justice criminelle et civile continue à se rendre sous l'imposante garantie de l'inamovibilité des juges; ce grand principe n'est pas écrit dans la constitution, mais il était devenu dès longtemps l'une des bases nécessaires de notre droit public, et le Parlement saura le défendre contre des attaques irréfléchies qui trouvent, à l'heure qu'il est, tout au plus un prétexte dans quelques incidents, à vrai dire, regrettables.

En somme, la constitution de 1875, combinée pour servir de cadre à une république sagement progressive et en même temps résolûment conservatrice (deux termes qui ne sauraient se séparer) (1), est une œuvre savante pour

_____

(1) V. dans le *Gouvernement représentatif* le chapitre II que John-Stuart Mill consacre presqu'en entier à démontrer l'identité de l'ordre et du progrès politique.

laquelle ont été mises à profit les plus récentes données de
la science politique, ainsi que l'expérience de près d'un
siècle d'agitations et de tentatives en sens divers à la recherche du mieux. Rendue par la clause de révision bien
plus élastique que ses aînées, elle peut s'étendre et s'amé-
liorer dans des circonstances auxquelles les autres n'ont
pas résisté; et en cela elle contient contre le retour des
révolutions violentes toutes les garanties qu'il soit permis
d'attendre d'un texte.

CHAPITRE XVII.

Après avoir atteint le terme de l'histoire du principe de
la séparation des pouvoirs dans les faits et dans les idées,
nous avons encore à montrer quelle place exacte il occupe
dans notre droit constitutionnel contemporain, et à faire
comprendre comment il domine l'ensemble de notre législation dans presque toutes ses branches. Il n'est pas sans
intérêt, pour bien saisir la doctrine actuelle, de se rendre
compte des modifications et des compléments apportés par
les progrès de la science politique à la théorie de Montesquieu, qui reste le point central, le pivot de toute étude
de la nature de celle que nous avons entreprise.

La gloire propre de Montesquieu n'a pas été d'analyser
en trois pouvoirs distincts les attributs de la souveraineté.
Le mérite de cette découverte pourrait lui être disputé au
profit d'Aristote et de Locke, quoique le philosophe anglais n'ait pas su reconnaître l'importance et l'indépendance du pouvoir judiciaire. Mais Montesquieu, comme
nous nous sommes attaché déjà à le faire ressortir, a le
premier fait voir que la liberté politique était la conséquence
pour ainsi dire forcée d'une répartition qui remettrait
chacun de ces pouvoirs, législatif, exécutif et judiciaire, à
des mains différentes. Ce n'est d'ailleurs que l'application

définitive et précise d'une idée qui domine toute la partie de l'*Esprit des lois* consacrée au droit public, idée résumée dans la célèbre formule du « pouvoir arrêtant le pouvoir ». Montesquieu, subdivisant sa pensée, présente successivement trois combinaisons comme étant de nature à assurer dans un ordre croissant la liberté politique, savoir le *gouvernement mixte*, dans lequel l'action du monarque, celle de l'aristocratie et celle du peuple, se modèrent réciproquement ; la *balance des pouvoirs*, qui fait que l'autorité est fractionnée suivant des combinaisons plus ou moins heureuses entre les divers magistrats, les comices populaires et les simples citoyens ; enfin la *séparation des pouvoirs*, qui est le perfectionnement ultime de ce dernier état de choses, puisqu'il divise les pouvoirs exactement d'après leur nature intime révélée par l'analyse (1).

Il faut se garder de croire, en effet, malgré les expressions parfois trop absolues employées dans le chapitre sur la *Constitution d'Angleterre*, que Montesquieu ne reconnaisse aucun degré de liberté dans les états où n'existe pas la séparation rationnelle des pouvoirs, et là où il a écrit : « Il n'y a pas de liberté si... » il faut entendre : pas de liberté *complète*. Montesquieu a, d'autre part, consacré plusieurs chapitres à faire voir comment la république romaine a dû à la seule balance des pouvoirs d'entretenir

---

(1) Montesquieu, traitant de la *puissance de juger* dans le gouvernement de Rome, établit lui-même une différence dans les résultats de la balance et de la séparation des pouvoirs : « Il faut remarquer, dit-il, que les trois pouvoirs peuvent être bien distribués par rapport à la *liberté de la constitution*, quoiqu'ils ne le soient pas si bien dans le rapport avec la *liberté du citoyen*.» (Livre XI, chap. XVIII). Ce passage vient à propos de l'équilibre entre le peuple et le Sénat, qui possédaient l'un et l'autre une part dans chacun des pouvoirs élémentaires. Il résulte d'ailleurs d'une lecture attentive du chap. VI que Montesquieu considère la *liberté du citoyen* comme intéressée, au premier chef, à la séparation rationnelle des pouvoirs.

la liberté dans son sein, et il reconnaît également que la monarchie, « dont les pouvoirs intermédiaires, subordonnés et dépendants, constituent la nature (1), » peut procurer aux sujets, même sans séparation des pouvoirs telle qu'il la comprend, une liberté relative ; celle-ci est due néanmoins à une « certaine distribution particulière » des pouvoirs qui empêche la monarchie de dégénérer en despotisme (2). Montesquieu va plus loin et admet que le régime aristocratique héréditaire des républiques d'Italie reçoit une certaine atténuation de ce que la justice est exercée par plusieurs tribunaux « qui se tempèrent », car « la multitude des magistrats adoucit quelquefois la magistrature (3). » Il a, du reste, déclaré, en forme de conclusion au chapitre vi du livre XI, que sa pensée doit être interprétée avec mesure : « Je ne prétends point par là, dit-il, ravaler les autres gouvernements, ni dire que cette liberté politique *extrême* doive mortifier ceux qui n'en ont qu'une *modérée* (4). »

Mais la séparation des pouvoirs, pleinement et loyalement appliquée, assure au peuple assez heureux pour la posséder, la plénitude de la liberté politique ; elle en est la condition nécessaire et suffisante, comme disent les mathématiciens ; il y a néanmoins un acheminement vers la liberté, lorsque deux seulement des pouvoirs sont confondus et que le troisième est indépendant.

C'est dans le chapitre vi du livre XI de l'*Esprit des lois* (5) que Montesquieu a concentré sa théorie de la sé-

---

(1) Liv. II, chap. iv.
(2) Liv. XI, chap. vii.
(3) Liv. XI, chap. vi.
(4) *Ibid.*, *in fine.*
(5) Ce chapitre a une telle importance au point de vue du sujet de cet

paration des pouvoirs : on aurait tort d'y chercher, sur la foi du titre, un exposé complet de la *Constitution d'Angleterre,* et rien que cela; bien que les observations de l'illustre écrivain se soient trouvées en masse assez justes pour servir à guider même des publicistes anglais, Montesquieu n'a pris dans les usages politiques de la Grande-Bretagne que ce qui était nécessaire au développement de sa thèse, et a laissé dans une ombre complète une foule de points caractéristiques des traditions de nos voisins. Ne s'est-il pas même glissé dans son œuvre quelques détails contestables à un certain degré ? c'est ce que nous aurons à examiner, en présentant plus loin une étude rapide de la constitution anglaise. Mais on peut dire dès à présent que Montesquieu ne pouvait s'astreindre à copier servilement son modèle, puisqu'il se proposait de faire des allusions et des emprunts à d'autres constitutions telles que celle de la Hollande, puisqu'il entendait composer, non pas un commentaire, mais un chapitre de généralisation politique, et puisqu'enfin et incontestablement il avait toujours présents à l'esprit les vices de la monarchie de son propre pays, qu'il s'agissait d'atteindre sans les désigner, en parlant de l'Angleterre, de manière à ce qu'on pût lire entre les lignes ce qui concernait la France.

Une autre fausse interprétation des idées de Montesquieu résulterait de la croyance que le chapitre VI en entier n'est que le développement de la théorie de la séparation des pouvoirs, sans mélange d'aucun élément étranger. Il y est, en réalité, question de plusieurs autres choses, et notamment, vers la milieu du chapitre, l'appel fait au *corps des nobles* pour tempérer, à titre de « puissance réglante, » les rapports du législatif et de l'exé-

ouvrage que nous avons cru devoir le reproduire en annexe, afin que le lecteur puisse plus facilement l'avoir sous les yeux. (*Annexe n° 2.*)

cutif, est visiblement un retour sur la théorie du gouvernement mixte ; la séparation des pouvoirs n'a rien à
y voir.

Enfin, une erreur plus fréquente consiste à admettre que
le chapitre de la *Constitution d'Angleterre* renferme une
théorie complète, non seulement de la séparation, mais
aussi de la constitution des pouvoirs, en sorte qne l'auteur
y aurait mis tout ce qu'il pense de la nature et de l'organisation des trois unités composant le gouvernement ;
avec un pareil préjugé, il devient trop facile de reprocher
à Montesquieu des lacunes et un défaut de suite qui n'existent pas réellement, étant donné le plan qu'il avait adopté ;
il faut prendre plus de peine pour arriver à tirer des différentes parties de l'*Esprit des lois* un corps de doctrines sur
ces questions, et encore serait-il imprudent de prétendre
posséder, après ce travail, toute la pensée de Montesquieu, lorsqu'il n'a eu l'intention d'en dévoiler que ce qui
était nécessaire à la composition de son ouvrage.

Il n'est toutefois pas inutile, ne fût-ce que pour comparer la théorie primitive avec celles qui ont cours aujour-
d'hui, de rappeler les aperçus de l'*Esprit des lois* sur la
constitution essentielle du législatif, de l'exécutif et du judiciaire.

La séparation des pouvoirs est une règle générale, applicable à toutes les formes de gouvernement ; observée
par Montesquieu dans le régime monarchique constitutionnel, elle est aujourd'hui appelée à servir de sauvegarde
à nos modernes démocraties. C'est là sa grande supériorité sur toutes les institutions imaginées pour servir ainsi
qu'elle de modérateur politique. Mais comme c'est la constitution anglaise que l'écrivain a sous les yeux, que la monarchie est pour lui la forme de gouvernement préférable (1),

---

(1) V. L. V, chap. xi. *De l'excellence du gouvernement monarchique.*

on a le droit de croire qu'en traitant d'une manière abstraite des conditions d'existence du pouvoir exécutif, il a en vue plutôt un monarque que le chef élu ou le corps dirigeant d'une république. Du reste, à quelle forme de république libérale aurait-il pu se reporter, parmi les gouvernements de son temps ? On doit remarquer encore que Montesquieu, en divers endroits, émet cette vérité, que le pouvoir exécutif est mieux dirigé par un seul homme que par un comité (1); si ce comité était pris dans le corps législatif, la liberté serait compromise, « parce que les deux puissances seraient unies », la séparation des pouvoirs disparaîtrait. N'est-ce pas comme un jour prophétique jeté sur la Révolution française ?

Montesquieu reconnaît très bien, d'ailleurs, la subordination de l'exécutif au législatif et indique comme l'une des attributions naturelles de ce pouvoir de se faire rendre compte de l'application des lois. Mais, quelle que soit l'appréciation que cet examen fera naître, le pouvoir législatif ne peut juger et condamner le chef de l'exécutif, s'il avait ce droit, pouvant à chaque instant supprimer le pouvoir rival, il deviendrait tyrannique. Le corps législatif ne peut se prendre de la mauvaise administration qu'aux conseillers du souverain, et ici apparaît dans toute sa vérité, dans toutes ses conséquences, la théorie de la responsabilité ministérielle.

Le pouvoir exécutif sera en outre maintenu dans la dépendance du législatif, si la levée des « deniers publics » est assurée, non pas par une loi ayant une durée d'application indéfinie, mais par une loi annuelle; il en est de même de la fixation des troupes de terre

---

(1) Rœderer n'a fait que traduire cet aphorisme sous une forme nouvelle en disant : « Délibérer est le fait de plusieurs, agir est le fait d'un seul. » (Exposé des motifs de la loi de 18 pluviôse an VIII.)

et de mer, mises à la disposition du pouvoir exécutif (1).

Montesquieu ne s'attarde pas à l'énumération des attributions du pouvoir exécutif ; elles lui paraissent suffisamment indiquées par la définition générale qui marque le début du chapitre vi ; il n'est préoccupé que de ses relations avec le pouvoir législatif : le monarque (puisque c'est d'un monarque qu'il est question) doit être en possession du *veto* absolu, moyennant quoi Montesquieu le dépouille absolument, et contrairement à ce qui se passe en Angleterre (2), du droit d'initiative législative; enfin, quoique l'auteur ne s'explique pas très clairement sur ce point, on peut croire que le droit de dissolution est encore, à ses yeux, un des attributs du pouvoir exécutif. A ce pouvoir revient certainement le droit de convoquer et de proroger à son gré le corps législatif.

En ce qui touche la constitution de ce dernier, Montesquieu commence par établir la théorie de la souveraineté nationale : le pouvoir législatif réside dans le peuple, c'est une conséquence de l'autonomie de la personne humaine (3). Mais l'impossibilité ou les inconvénients du gouvernement direct obligent le peuple à se choisir des représentants pour faire, en son nom, tout ce qu'il a le droit de faire lui-même ; le suffrage ne saurait néanmoins être absolument universel, mais on n'éloignera du vote que « ceux qui sont dans un tel état de bassesse qu'ils sont réputés n'avoir point de volonté propre. »

---

(1) On sait que cette règle est spéciale à la constitution anglaise ; toutefois, la flotte, depuis le siècle dernier, est une institution permanente, et échappe, à ce titre, au renouvellement annuel (actes de la vingt-deuxième année du règne de Georges II, chap. xxiii, et de la dix-neuvième année du règne de Georges III, chap. xvii).

(2) En Angleterre, le droit d'initiative de la couronne est limité à certaines catégories de *bills*.

(3) V. ci-dessus, p. 16 et suiv.

Ce corps de représentants élus ne sera toutefois pas seul investi de l'autorité législative, il la partagera avec un corps formé de « ces gens distingués par la naissance, les richesses ou les honneurs » qui existent dans tout état. Aux yeux de Montesquieu, la chambre haute représente, aussi bien que les députés élus, la nation, parce que dans une nation le nombre des citoyens n'est pas seul à considérer ; ils sont liés par des intérêts, des traditions, une hiérarchie dont l'œuvre législative doit se ressentir (1). La Chambre haute est héréditaire, et il faut qu'en matière de finances, son rôle se borne à admettre ou à repousser les résolutions de la chambre basse, sans droit de les amender ou de prendre l'initiative de contre-propositions.

Montesquieu admet que le pouvoir législatif peut se constituer juge de certains crimes qui échappent à la répression ordinaire et qui sont commis contre les droits du peuple, dans la gestion des affaires publiques. En dehors de cela, toutes ses préférences sont pour la substitution au corps de juges permanents existant dans la plupart des états, d'une judicature recrutée directement dans le peuple, de telle sorte que chaque citoyen ne soit juge que pour un temps très court, ou même pour une affaire. Mais, ainsi que nous l'avons déjà fait remarquer (2), Montesquieu recherche surtout les conditions de la liberté des citoyens ; c'est donc l'application de la justice criminelle qui absorbe son attention. Aussi doit-on prendre ce qui est dit au chapitre vi, sur le pouvoir judiciaire, comme un plaidoyer en faveur du jury criminel. Quant au jury civil,

---

(1) Montesquieu ne paraît pas être sur la vraie nature de la chambre des lords, d'accord avec les commentateurs les plus récents de la Constitution anglaise.

(2) V. ci-dessus p. 180.

malgré le souvenir de la procédure romaine dont il ne parle guère qu'avec admiration, il est fort douteux que le président de Montesquieu y ait songé pour les états modernes, et si l'on trouve dans l'*Esprit des lois* de rares passages qu'on puisse interpréter comme dérivant d'un penchant pour le jury civil (1), beaucoup d'autres, particulièrement ceux où il est question de la fidélité des juges au texte de la loi et du soin de la conservation de la jurisprudence (2), ne sont guère compatibles avec cette institution.

De toute façon, Montesquieu réduit la compétence du pouvoir judiciaire aux causes du peuple; quant aux nobles, ils doivent être jugés *par leurs pairs*, c'est-à-dire par la chambre haute.

Cet emprunt fait aux monarchies aristocratiques gâte un peu le bel ensemble que nous avons eu jusqu'ici sous les yeux; c'est encore le mélange, l'intervention d'un principe étranger à la séparation des pouvoirs et même en désaccord avec elle.

Montesquieu insiste par-dessus tout pour que le monarque n'ait pas le droit de juger, et à toutes les bonnes raisons qu'on en donne ordinairement, il ajoute que le monarque juge ne pourrait, sans se mettre en contradiction avec lui-même, exercer le droit de grâce, « le plus bel attribut de sa souveraineté » (3).

Montesquieu a posé le principe de la séparation des pouvoirs, a tracé les grandes lignes de la théorie à laquelle il donne lieu, mais il ne s'est soucié ni d'entrer dans les détails, ni de faire des applications pratiques; ce double soin revient aux publicistes et aux législateurs

---

(1) V. L. XI, chap. XVIII.
(2) V. L. VI, chap. I et III.
(3) V. L. II, chap. v.

qui s'inspirent de la sagesse de l'*Esprit des lois*, et sur la séparation des pouvoirs il est bien exact de dire « qu'il y a plusieurs manières de l'assurer (1) ». Il y en a peut-être plusieurs bonnes, il y en a certainement de fausses, de vicieuses, et beaucoup de personnes pensent, comme nous, que M. Batbie, à qui cette dernière citation est empruntée, n'a pas toujours prôné que les premières, soit comme écrivain, soit comme membre du Parlement.

« La Constituante a dit aux pouvoirs : Marchez indépendants l'un de l'autre, et soyez toujours divisés pour être toujours unis » (2) ; mais dans les développements qu'elle a donnés à cette règle de la séparation des pouvoirs si franchement introduite dans la constitution, elle s'est plus souvent inspirée de considérations purement empiriques que de principes rigoureusement scientifiques. C'est ainsi qu'en fondant le contentieux administratif, et en couvrant la responsabilité des fonctionnaires par une disposition que l'art. 75 de la constitution de l'an VIII devait perpétuer jusqu'à nos jours, elle s'est mise en contradiction sinon avec la lettre, du moins avec l'esprit des livres de Montesquieu. Celui-ci, à la vérité, en décrivant le pouvoir exécutif, n'avait considéré que les sommets, que ses attributions gouvernementales, et n'avait fait aucune allusion à ses attributions administratives. Il n'est pas moins bien certain qu'il n'a jamais cru possible de détourner au profit du pouvoir exécutif, à quelque degré que ce fût, une partie des attributions du pouvoir judiciaire, dont l'indépendance lui était si chère et dont la compétence s'étend à tous les cas de litige où le droit est en jeu, à tous ceux où une violation de la loi est à réprimer. D'autre part, la

---

(1) *Discussion de la loi sur le Conseil d'Etat.* Séance de l'Assemblée nationale du 19 février 1872.

(2) Cormenin. *Rapport sur les conflits*, déjà cité, n° 4.

Constituante a exagéré les idées de Montesquieu sur le
même pouvoir, lorsqu'elle a livré les emplois judiciaires
à l'élection populaire, sans garanties particulières, tout
en maintenant, avec une timidité singulière, l'antique
donnée en vertu de laquelle la justice se rendait au nom
du roi; l'institution du jury civil aurait été, non pas plus
heureuse, mais plus logique. Le grand philosophe, le
grand politique aurait également renié ces fanatiques d'é-
lection qui allaient jusqu'à faire désigner par le peuple les
agents du pouvoir exécutif, comme si les actes d'exécution
n'exigeaient pas l'unité de direction que seule peut procurer la dépendance hiérarchique dont un pareil mode de
recrutement est la négation. Il est enfin un point d'une
importance capitale sur lequel le laconisme de Montesquieu a fourni à la Constituante l'excuse d'une de ses plus
grandes fautes. Partisan déclaré du système des deux
Chambres, il n'envisage dans l'*Esprit des lois* la Chambre
haute que par rapport aux services qu'elle rend dans une
constitution aristocratique. C'en était assez pour ruiner
la seconde Chambre dans des esprits prévenus et peu
aptes à rechercher, au milieu des passions soulevées par
les conflits du jour et en dehors d'une expérience encore
à faire, si l'institution d'une seconde Chambre ne se défendait pas par d'autres raisons également appréciables
sous un régime démocratique, monarchie ou république.
Sans cette répulsion inspirée à la majorité de l'assemblée
par le caractère essentiellement aristocratique prêté à
tort au système des deux Chambres, peut-être les efforts
de Rabaut Saint-Étienne pour le faire écarter auraient-ils
eu un succès moins vif, et Mounier aurait-il pu le défendre
avec de sérieuses chances de succès.

Aujourd'hui, grâce aux enseignements plus complets
de l'histoire contemporaine, grâce au développement plus

grand de l'esprit scientifique dont les investigations portent sur tous les sujets accessibles à la raison humaine, la thèse de la séparation des pouvoirs a pu se fortifier et revêtir une forme sans doute à peu près définitive.

« La politique est une science ; elle a des principes immuables, et l'un de ces principes est précisément la séparation des pouvoirs... (1). » Mais il existe encore entre la théorie et la pratique française certaines divergences sur lesquelles il y aura lieu d'insister.

Dans cette science de la politique comme dans toute autre, les principes s'enchaînent ; la séparation des pouvoirs dérive de la souveraineté nationale (2).

La souveraineté a déjà été définie la somme des portions de liberté personnelle dont les hommes réunis sont obligés, par la nature même des choses, de faire l'abandon pour avoir droit à la protection sociale (3). La souveraineté est nationale lorsque ce dépôt nécessaire, ce fonds commun est administré par la nation elle-même ou par ses mandataires, qui ont été fort heureusement distingués en *représentants* et *délégués* (4).

Si l'on analyse les opérations de la souveraineté, telle qu'elle fonctionne depuis que l'homme se connaît, on voit tout d'abord qu'elles se divisent en deux parties bien dis-

---

(1) Bardoux. *Discussion de la loi sur le Conseil d'Etat,* séance de l'Assemblée nationale du 19 février 1872.

(2) Nous ne disons pas la souveraineté du peuple, qui est l'expression extrême de la souveraineté nationale, mais n'est pas identique avec elle ; l'on comprend fort bien que la séparation des pouvoirs puisse exister en l'absence du suffrage universel direct.

(3) M. H. Passy, allant jusqu'au fond des choses, y trouve que l'étendue de la portion de souveraineté effective abandonnée au gouvernement par les membres de la société est déterminée « par le degré de puissance des motifs de division que recèlent les Etats. » (*Des formes de gouvernement et des lois qui les régissent.* Conclusion.)

(4) V. aux annexes la page due à la plume de M. Jules Simon, où cette distinction est développée.

tinctes : la fixation de la règle, l'activité conforme à la règle. A quoi répondent le pouvoir législatif d'une part, et de l'autre le pouvoir exécutif entendu *lato sensu.* Celui-ci se décompose à son tour en rétablissement de l'observation de la règle lorsqu'elle a été violée, c'est le pouvoir judiciaire ; maintien de l'ordre et direction des progrès sociaux dans les limites de l'action rationnelle de l'Etat, sous l'inspiration et pour l'application de la loi, c'est le pouvoir exécutif proprement dit, entendu cette fois *stricto sensu.*

Telle est la distinction des pouvoirs ; il reste à reconnaître comment ils peuvent et doivent être séparés dans la pratique, et ici l'autorité de Montesquieu subsiste intacte.

Le gouvernement direct, au sens général dont le mot est susceptible, n'a jamais existé. Si les citoyens en masse remplissaient à la fois et ensemble le triple rôle de législateur, de juge et de magistrat (1), chacun d'eux n'aurait en réalité rien abandonné des droits que lui confère le fait seul de sa naissance, mais ils auraient établi entre les droits de tous une confusion inextricable qui serait la négation même du gouvernement et la ruine de l'état social. En réalité, même dans les républiques de l'antiquité qui ont pratiqué ce qu'on appelle usuellement le gouvernement direct, les fonctions exécutives étaient l'objet d'une délégation, les fonctions judiciaires également, sauf parfois l'appel au peuple dans les affaires capitales. Le peuple se bornait à se faire rendre compte par les magistrats de leur gestion et se réservait seulement le pouvoir législatif. Il est évident qu'en retenant celui-ci, en l'exerçant par lui-même, il conservait sur tout le reste une action indirecte mais souve-

_____

(1) Ce mot est employé ici avec son sens étymologique.

raine, puisque les pouvoirs exécutif et judiciaire sont, par essence, soumis à la loi.

Mais le gouvernement direct n'est qu'un souvenir et qu'un rêve; les états modernes ne le connaissent pas. Matériellement impraticable dans les grands états, il fonctionnerait difficilement et mal dans les petits ; les hommes d'à présent, dominés par le principe de la division du travail, ne peuvent se détourner de leurs occupations spéciales pour employer, comme les Grecs anciens, une grande partie de leurs heures sur la place publique à discuter et à entendre des discours ; et cette différence est toute à l'honneur de notre époque. En un temps où les seuls travailleurs étaient les esclaves, l'existence de l'homme libre se passait dans une oisiveté intelligente que la vie publique animait sans la troubler ; aujourd'hui le travail et la liberté sont indissolublement unis et composent ensemble la dignité du citoyen ; chaque membre de l'état politique est doublé d'un producteur, et l'intérêt général exige qu'il puisse, sans danger pour la chose publique, vaquer à son labeur personnel présumé profitable à la société. C'est ce besoin nouveau qui, rendu plus impérieux par la complexité de la civilisation moderne, a répandu chez tous les peuples parvenus à leur majorité, le régime représentatif, l'a généralisé et perfectionné. Le régime représentatif, même dans des conditions incomplètes, constitue un progrès non seulement sur la monarchie absolue qu'il a remplacée en tant de pays, mais aussi sur la légende du gouvernement direct, par cette raison que donne Montesquieu : « Le grand avantage des représentants, c'est qu'ils sont capables de discuter les affaires. Le peuple n'y est point du tout propre (1). » Aussi voyons-nous que, toutes les fois que, dans des occa-

(1) L. XI, chap. VI.

sions solennelles, on essaye de revenir aux errements de l'antiquité en provoquant un plébiscite sur une réforme importante ou sur la ratification d'un fait accompli, rien n'est difficile comme de formuler et simplifier la question à poser dans des conditions accessibles au corps électoral ; encore peut-on contester que la réponse obtenue soit bien réfléchie et bien topique. Ce n'est pas défaut d'intelligence dans le peuple, mais il y a là quelque chose de contraire à ses aptitudes, et l'on peut mieux compter sur son discernement s'il s'agit, pour des groupes déterminés d'électeurs, de disposer de leur confiance en faveur d'un homme qu'ils connaissent et dont ils approuvent le programme.

Les représentants, une fois élus et réunis, investis d'un mandat général, ont le droit de faire ce que pourrait faire le peuple, c'est-à-dire la loi ; ils sont les interprètes de la volonté nationale qui réside en eux : latente chez les mandants, elle est devenue effective chez les mandataires. Le pouvoir législatif, maintenu dans une continuelle dépendance en raison de son origine aussi bien que par les renouvellements périodiques qui retrempent ses forces, domine ainsi les deux branches du pouvoir exécutif, dont la mission est d'opérer le retour de la loi dans ses effets au peuple dont elle est issue dans ses principes. Cette subordination de l'exécutif au législatif est une réalité sous le régime républicain, c'est une fiction nécessaire sous la monarchie : le roi d'Angleterre est censé régner par l'agrément du parlement (1).

_____

(1) « On a souvent considéré ces divisions comme autant de pouvoirs *égaux*. C'est une erreur, qui va à l'encontre de la nature *organique* de l'État. Les membres d'un organisme ont chacun leur valeur, mais inégale. L'un est supérieur, l'autre subordonné ou coordonné, et la *liaison* et l'*unité* sont ainsi partout. De même, diviser les pouvoirs de l'État et les placer réellement (et non pas seulement par la forme et par l'appa-

Nous venons de dire que le pouvoir judiciaire ne se distinguait du pouvoir exécutif proprement dit qu'en vertu d'une sous-division. Ce point de vue, repoussé par quelques auteurs qu'inquiètent certaines préoccupations pratiques, nous paraît être le vrai dans le domaine purement théorique. Nous ne craignons ni de favoriser par cette constatation la thèse fausse de la justice *déléguée* et *retenue*, ni d'excuser les abus auxquels a parfois donné lieu cet aphorisme des constitutions monarchiques : « toute justice émane du roi. » On ajoute que cette doctrine justifie la nomination des juges par le gouvernement ; c'est une conséquence qui ne nous effraierait point pour notre compte, mais nous ne la croyons même pas forcée (1). Nous constatons, avec beaucoup d'excellents esprits, la subordination du pouvoir judiciaire à la loi, c'est tout et c'est la chose la plus naturelle du monde. En dehors de là, il faudrait admettre que, comme aux États-Unis, les juges peuvent entrer en conflit avec le pouvoir législatif et refuser d'appliquer la loi.

Ainsi, deux pouvoirs apparaissent tout d'abord dans l'État, le législatif et l'exécutif ; l'exécutif se distingue ensuite en deux organes. Le premier, comprenant le gouvernement et l'administration, est dit *actif*, parce que ses actes sont spontanés, généraux, et qu'il est obligé d'observer les besoins pour y satisfaire ; le second, qui est plus proprement le pouvoir judiciaire, pourrait être appelé *inerte*, parce qu'il est dépouillé de toute initiative, ne peut se prononcer que lorsqu'il est saisi, et seulement sur l'espèce dont il est saisi.

Mais nous n'aboutissons en aucune façon à subordonner

___

rence) comme aux États-Unis, sur un pied d'égalité parfaite, c'est rompre le corps social. » (Bluntschli, *Op. C°*, L. VII, chap. VII.)

(1) V. à la 4ᵉ partie ce qui concerne le mode de nomination des juges.

le pouvoir judiciaire au gouvernement ; nous restons disciple fidèle de Montesquieu, en revendiquant entre eux une séparation de fait absolue. Malgré quelques erreurs commises par le législateur relativement aux attributions réciproques de la justice et de l'administration, le droit positif lui-même consacre les principes aujourd'hui généralement enseignés, puisque, interdisant aux tribunaux d'apprécier la constitutionnalité des lois, elle les charge, au contraire, d'apprécier la légalité des règlements administratifs ; ceux-ci, en effet, ne doivent être appliqués par l'autorité judiciaire que s'ils ont été *légalement pris*.

Le pouvoir judiciaire doit être non seulement indépendant, mais autant que possible isolé ; le juge n'est, en quelque sorte, qu'un signe mathématique exprimant la relation de la règle générale au cas particulier ; toute influence extérieure, qu'elle provienne des justiciables ou d'ailleurs, risque de changer la valeur de ce signe. Mais, pratiquement, l'isolement absolu n'est pas possible ; le juge ne peut se nommer lui-même et on a dû se borner à chercher le moyen de le soustraire à toute préoccupation susceptible de troubler, même à son insu, sa conscience et sa raison ; le moyen employé est l'inamovibilité, qui, si elle était complète, romprait tout lien entre le juge et celui qui l'a nommé. Sous cette garantie, on peut confier le recrutement de la magistrature au Gouvernement, mieux placé que personne pour se rendre compte des capacités de chaque citoyen et pour faire en conséquence des choix éclairés.

Quant au pouvoir exécutif proprement dit, il dépend d'une façon plus intime encore du pouvoir législatif ; subordonné à la règle et indépendant en tout ce qui n'est pas elle, il reste sous le contrôle du parlement quant à l'ensemble et au détail de ses actes. C'est par la responsabilité ministérielle que ce contrôle s'exerce et est efficace.

Mais cette séparation des pouvoirs, si précieuse, si indispensable dans une constitution bien conçue, comment la régler? en d'autres termes, comment faire, dans la masse des choses dont l'Etat a la direction, la part de chacun des pouvoirs élémentaires ?

Il semble que cette recherche soit superflue et que la nature seule des pouvoirs détermine les limites et la portée de leur action sur quelque objet qu'elle s'exerce. Il paraît évident, en effet, que toute question quelconque peut revêtir les trois formes : législative lorsqu'il s'agit de poser les règles générales la concernant, exécutive lorsqu'on prend les mesures nécessaires pour qu'elle soit pratiquement traitée suivant le vœu de la loi, judiciaire enfin si elle donne lieu à quelque incident contentieux. Telle est bien la méthode réellement rationnelle qu'il convient d'adopter; la nécessité de la suivre a été, cependant, rendue moins nette, même dans les traités théoriques, par l'existence des juridictions administratives ; principalement en ce qui touche la délicate question des rapports entre les tribunaux et l'administration, entre les limites du droit commun et d'un droit exceptionnel qui rompt l'unité de la législation française, on admet deux manières d'accomplir la séparation des pouvoirs, savoir la séparation *par matières* et la séparation par *fonctions*.

Dans le premier système, on envisage la nature propre d'un sujet donné pour l'attribuer à tel ou tel pouvoir : les matières législatives appartiendront au pouvoir législatif ; les matières gouvernementales, ou administratives, au pouvoir exécutif; les matières judiciaires, au pouvoir judiciaire ; on arrive ainsi facilement, dans l'ensemble des litiges, des discussions contentieuses sur lesquelles l'autorité publique peut être appelée à statuer, à délimiter la compétence du pouvoir judiciaire et de l'administration ; mais c'est un pur expédient, aboutissant en définitive à la négation de la séparation des pouvoirs ; car qui ne voit que la distinction des affaires *ratione materiæ* est purement arbitraire et n'a aucun rapport forcé avec le pouvoir chargé de les traiter, qu'elle permet toutes les combinaisons possibles, qu'elle favorise les subtilités et les querelles de mots ?

Le système en lui-même est contraire aux doctrines de Montesquieu, qui a assigné à chaque pouvoir un rôle général et non un catalogue d'attributions ; il est contraire à la loi des 16-24 août 1790, qui, dans son art. 3 (titre XII), dit : « Les *fonctions* administratives demeureront toujours séparées des *fonctions* judiciaires. » Il est contraire, surtout, au bon sens, qui se refuse à chercher les éléments de classification des êtres et des choses ailleurs que dans leur nature propre.

La séparation des pouvoirs par *fonctions* (1) donne, au contraire, à l'esprit toute satisfaction ; elle est simple, logique et universelle dans ses applications. Elle rend plus difficile la justification du contentieux administratif, mais elle est sans danger lorsqu'on a établi que les pouvoirs, tout séparés qu'ils soient, ou même parce qu'ils le sont, ont entre eux une hiérarchie qui ne permet ni au pouvoir judiciaire ni au pouvoir exécutif de tenir le législatif en échec.

Il faut enfin admettre que la règle de la séparation des pouvoirs ne saurait être toujours inflexible ; c'est une méthode générale qui peut et doit se combiner parfois avec des nécessités politiques d'autre source. Si « l'homme

---

(1) Voy. Buntschli, *Op. C°* ; Louis Jousserandot, *Du pouvoir judiciaire et de son organisation en France* ; H. Pascaud. *La Séparation des pouvoirs et les conflits d'attributions.*

d'un seul livre » inspire la défiance, la constitution qui
reposerait sur un seul principe serait bien artificielle et
bien faible ; la science politique se modèle immédiatement
sur la nature humaine, qu'elle doit suivre dans ses diversi-
tés et dans sa mobilité. Le principe de la séparation des
pouvoirs, qui est tout de modération et d'équilibre, se
manquerait à lui-même s'il n'était susceptible d'entrer en
tempéraments avec d'autres principes introduits dans les
constitutions durables par l'expérience et par la prudence;
il a ses exceptions et ses accommodements. Nous en res-
terions sur cette constatation, si nous n'avions pas à prémunir le lecteur contre une idée trop répandue qui ne
permet pas une appréciation complètement juste de la séparation des pouvoirs : il ne faudrait pas croire que tout
le domaine de l'autorité publique est emprunté à la souveraineté : une partie en est retranchée de l'initiative des
individus et des personnes collectives, départements, communes ; l'État, comme personne civile, est administré
par l'autorité centrale. C'est un ensemble de droits de tutelle et de gestion répartis entre les trois pouvoirs suivant
des considérations d'utilité et d'aptitudes présumées. La
répartition adoptée est parallèle à la séparation des
pouvoirs, mais ne s'y rattache pas. Tout cela deviendra
plus clair par les détails qui seront donnés un peu plus
loin.

CHAPITRE XVIII

EXAMEN DE QUELQUES OBJECTIONS ET DIVERGENCES

La théorie de la séparation des pouvoirs fait aujourd'hui partie intégrante des programmes de l'enseignement même élémentaire du droit public. Tout le monde voit quelle place elle tient dans les constitutions, et même ceux qui répugnent à l'admettre en tant que principe et méthode générale, sont entraînés à en faire des applications continuelles aux problèmes sans cesse renaissants que pose indéfiniment la politique (1).

Les rares adversaires de la doctrine de la séparation se rangent en deux écoles, les spéculatifs et les pratiques, ceux qui contestent le principe en tant que notion théorique, ceux qui en repoussent l'introduction dans les textes constitutionnels.

Les premiers emploient un argument que nous avons déjà rencontré et, croyons-nous, réfuté plusieurs fois. La séparation des pouvoirs, disent-ils, amènerait l'immobilité, puisqu'elle exercerait sur les affaires publiques des actions qui se neutraliseraient, puisque le « pouvoir arrêterait le pouvoir. »

(1) Il nous a paru intéressant de présenter en annexe (n° 3) le tableau des opinions des principaux publicistes et jurisconsultes contemporains favorables à la séparation des pouvoirs.

A cette classe de contradicteurs, la meilleure réponse serait encore celle de ce philosophe de l'antiquité devant lequel on niait le mouvement et qui se mit à marcher. La séparation des pouvoirs n'est pas une pure thèse d'école. Découverte dans l'étude de la plus vieille des constitutions d'Europe, elle s'est fondue maintenant avec tous les systèmes d'institutions qui professent quelque respect pour la liberté politique ; elle est inscrite au frontispice d'un certain nombre de textes constitutionnels, dans les autres elle a pénétré en y faisant sentir une bienfaisante et soulageante influence. On n'a donc qu'à regarder toutes les constitutions libres ou à peu près libres, et l'on verra si elles n'aident pas les pays assez heureux pour les posséder, à progresser dans la voie de leur développement normal (1).

Du reste, l'objection que nous venons d'exposer porte à faux ; il n'a jamais été dans les vues de Montesquieu ni de ses émules de consacrer l'indépendance réciproque absolue des pouvoirs de l'Etat, leur autonomie qui entraînerait, par exemple, le droit pour l'administration de se refuser à exécuter les lois, le droit pour le juge de ne pas rendre une sentence. Non, encore une fois, les pouvoirs sont hiérarchisés, sont subordonnés en un certain sens, et leur séparation signifie seulement qu'ils ne peuvent empiéter sur leurs attributions mutuelles.

Nos adversaires de l'autre groupe sont plus obstinés dans leur manière de voir ; comprenant fort bien ce qu'est

---

(1) Montesquieu avait répondu d'avance à cette objection en disant : « Ces trois puissances devraient former un repos ou une inaction. Mais comme, *par le mouvement nécessaire des choses*, elles sont contraintes d'aller, elles seront forcées d'aller de concert. » (*Esprit des Lois*, L. XI, chap. VI.)

la séparation des pouvoirs, ils n'en veulent pas, parce
qu'elle leur paraît incompatible avec le régime politique
rêvé par eux, dont ils excluent la liberté. Sur ce même
terrain se rencontrent les Jacobins, les adeptes des idées de
la Convention, qui souhaiteraient voir toutes les forces de
l'autorité concentrées dans le pouvoir législatif, et, par
conséquent, à la portée immédiate du peuple, et les partisans du droit divin, élèves de Joseph de Maistre.

Parmi ceux-ci figure un étranger, dont le nom n'a pas
en France une notoriété proportionnée à son mérite et dont
les œuvres y sont à peu près ignorées. Ne connaissant pas
de traduction française de son ouvrage, nous avons entrepris de traduire nous-même ce] qu'il a écrit sur la souveraineté et sur le partage qu'il convient ou qu'il ne
convient pas d'en faire.

En jetant les yeux sur cet extrait, qui figure en annexe (1)
à la suite de la présente étude, on verra que Stahl n'éprouve
peut-être pas pour la séparation des pouvoirs une répulsion aussi absolue que M. Batbie le donne à entendre (2).

M. Stahl, qui est dans son pays le chef du parti monar-
chiste-féodal, proteste à toutes les pages de son livre
de ses préférences pour une organisation monarchique
des plus autoritaires. En discutant la doctrine de la séparation des pouvoirs, il est évidemment dominé par cet
idéal ; malgré cela il ne fait des idées de Montesquieu qu'une critique assez réservée. D'après lui, les notions ayant cours en France sur la nature des trois pouvoirs, ne sont pas assez abstraites : ainsi le pouvoir législatif ne serait pas celui qui donne les règles, mais celui

---

(1) Annexe n° 4.
(2) *Droit public et administratif*, t. 3, n° 295.

qui détermine l'état juridique ; le pouvoir judiciaire
ne serait pas celui qui applique la loi aux cas particuliers, mais celui qui fixe les controverses juridiques.
On avouera que jusqu'ici la divergence n'est pas très
accentuée ; M. Stahl reproduit ensuite le syllogisme de
Kant sur la division de la souveraineté et n'a pas de peine
à en démontrer la fausseté. Il reproche en outre à Montesquieu d'avoir fait du prince le subordonné de la loi, et l'on
comprend qu'il parle ici en homme de parti plutôt qu'en
philosophe désintéressé ; il préfère comme plus solide et
plus complète la théorie de Hobbes sur la souveraineté,
quoique, dit-il, on y trouve mêlée l'erreur de la *souveraineté absolue*.

Il admet néanmoins que Locke et Montesquieu ont
conquis une grande vérité en reconnaissant que la participation à la vie publique, dans des places distinctes, du
peuple, du fonctionnaire et du juge, est la garantie même
de la liberté. C'est la constatation de l'importance pratique et, par conséquent, de la justesse du principe attaqué ; le reste n'est qu'une dispute de mots, et, si nous
osons le dire, à cause de la confusion qui règne dans le
morceau auquel nous référons, une vraie « querelle d'Allemand ».

La politique de M. Stahl se rapproche beaucoup de
celle préconisée avant lui par un autre savant d'outre-Rhin,
Ancillon, mort à Berlin en 1837 en laissant plusieurs
livres fort dignes d'attention. Cet auteur admet assez
facilement le principe de la séparation des pouvoirs à
titre de constatation scientifique ; il reconnaît que « l'État,
comme l'individu, doit renfermer dans son sein : une
raison dirigeante ou souveraine ; — un entendement qui
applique le principe général ou la loi aux cas particuliers
de l'expérience ; — un organe de la force publique qui

exécute les jugements, c'est-à-dire le triple pouvoir législatif, judiciaire et exécutif, avec subordination des deux
derniers au premier » ; mais il soutient ailleurs que
l'exécutif « doit avoir la meilleure part» , et, comme il
traite la souveraineté nationale d'absurdité, qu'il ne reconnaît pas le régime représentatif, que la constitution anglaise est de sa part l'objet de vives critiques, ses idées se
trouvent être la falsification et non la reproduction de
celles de Montesquieu (1).

En dehors de quelques dissidences inévitables, on peut
assurer que la séparation des pouvoirs est soutenue par la
presque unanimité des publicistes appartenant aux idées
modérées.

Il nous a paru intéressant de réunir en annexe (2)
les opinions des principaux jurisconsultes et écrivains
politiques contemporains sur la séparation des pouvoirs, pour montrer, comme dans un tableau, la place
que ce principe occupe dans l'opinion publique éclairée.

Mais, après que nous avons parlé des adversaires de la
séparation des pouvoirs, le moment n'est-il pas venu de
dire un mot des partisans trop ardents qui veulent en tirer
des conséquences excessives, et qui, par là même, la com-
promettent ?

Tel est M. Louis Jousserandot, qui dans un livre récent,
dont certaines parties méritent une entière approbation et
d'autres commandent d'expresses réserves, a très bril-
lamment exposé ce qu'on pourrait appeler le roman de la
séparation des pouvoirs (3). Pour lui, on ne comprend rien

(1) V. la *Politique d'Ancillon*, en annexe aux *Principes de Droit public*,
de M. Tissot.
(2) N 3.
(3) *Op. c°*, passim.

à Montesquieu, si l'on ne place pas les trois pouvoirs sur le même rang, si l'on ne leur donne pas la même origine, l'élection populaire, et si leur indépendance réciproque n'est pas absolue. Pour se rapprocher de son idéal, il est obligé de traverser, par la pensée, l'Atlantique, quoiqu'il paraisse assez hasardeux d'avancer que les fondateurs de la constitution des Etats-Unis ont réalisé mieux que les Anglais, mieux que la Suisse, mieux que la France libérale sortie de la Révolution, les plans de Montesquieu. L'expérience a montré, dans notre pays, que l'élection des juges par les justiciables entraînait bien plus que tout autre système la dépendance de la magistrature, sans présenter de suffisantes garanties de lumières et d'honorabilité. Elle a montré également qu'en France la stabilité des institutions n'est compatible qu'avec une monarchie ou avec un pouvoir présidentiel à la désignation du Parlement. Ce n'est point le lieu de reprendre ces graves questions par le détail ; un système qui se met ainsi en désaccord avec les enseignements de l'histoire paraît néanmoins jugé. M. Jousserandot oublie que la séparation des pouvoirs se complète par leur accord, il méconnaît la distinction du pouvoir représentant et des pouvoirs délégués, et en niant toute hiérarchie et tout lien entre les pouvoirs, il méconnaît aussi les traditions de la Constituante, qui comptait précisément sur la séparation des pouvoirs pour obtenir leur harmonie ; la séparation implique, en effet, la coordination.

Avec des tendances générales bien opposées, M. Gustave Naquet s'est fait chez nous le porte-voix d'une opinion qui compte un assez grand nombre d'adhérents, et qui aboutit également à battre en brèche le principe de la séparation des pouvoirs. L'idéal décrit par le livre intitulé :

a *République radicale* (1), mettrait le pouvoir exécutif dans la dépendance absolue et continuelle du pouvoir législatif constitué par une Chambre unique investie d'un mandat très court; le chef de l'exécutif, simple président du conseil des ministres, serait révocable par l'assemblée, politiquement responsable devant elle; quant à la responsabilité solidaire des ministres, elle est combattue comme renouvelant une institution d'essence monarchique; l'admettre, c'est « méconnaitre la logique des institutions républicaines » (2). Cette thèse n'est pas absolument inédite, et nous avons déjà eu occasion de l'apprécier, en la rencontrant à d'autres époques de l'histoire.

Enfin, en se reportant aux œuvres de Sismondi, on constaterait une dernière manière de voir toute différente de celles que nous venons d'énumérer. Aux yeux de Sismondi, la séparation des pouvoirs n'est pas un principe, mais un fait dont il n'y aurait aucune conséquence à tirer; « l'usage, dit-il, a prévalu aujourd'hui en Europe de distinguer les pouvoirs sociaux en trois classes principales: les pouvoirs législatif, exécutif et judiciaire, et de requérir leur indépendance absolue les uns des autres. Nous considérons cette indépendance plutôt comme un fait qui se présente dans plusieurs gouvernements recommandables, et qui est, en conséquence, digne d'observation et d'étude, que comme un principe, et nous n'oublions pas que dans d'autres gouvernements qui ont porté les peuples à un haut degré de prospérité et de gloire, ces pouvoirs étaient habituellement confondus » (3).

---

(1) Paris, 1873.
(2) P. 111.
(3) *Etudes sur les constitutions des peuples libres,* édition de 1843, p. 62.

Ce raisonnement n'est qu'une application du sophisme : « *Post hoc, ergo propter hoc*, » et la réfutation en résulte, si nous avons été suffisamment clair, de toute la partie historique du présent ouvrage.

QUATRIÈME PARTIE

APPLICATION DU PRINCIPE AUX DIVERSES BRANCHES
DU DROIT POSITIF FRANÇAIS

CHAPITRE XIX.

L'étude de la séparation des pouvoirs, lorsqu'on s'en tient aux généralités de la théorie et aux sommets du droit constitutionnel, est un travail sinon facile, du moins relativement simple ; l'esprit se sent à l'aise s'il peut aborder le domaine des notions scientifiques sans être retenu de trop près par les entraves des considérations pratiques, et s'il n'a qu'à faire sortir des conséquences logiques de définitions clairement posées. Il n'en va plus de même dès qu'il faut suivre dans les détails de notre volumineux corps de lois les applications du même principe, réalisées par des législateurs successifs desquels on ne saurait attendre qu'ils eussent eu tous la même manière de l'interpréter ni tous les mêmes lumières. Avant d'entreprendre une pareille recherche, il importe d'être bien fixé sur la méthode à suivre.

Il nous a paru que la plus sûre, celle qui donnait le plus de chances d'éviter les omissions, consistait à étudier successivement chacun des trois pouvoirs, d'abord dans sa constitution et son organisation (où se trouvent les premières garanties de son indépendance), puis dans ses fonctions propres, déterminées par sa nature même, par sa destination et non par une classification arbitraire des matières sur lesquelles porterait son action.

On a vu plus haut, en effet, que cette division dite par *fonctions* était la seule qui donnât satisfaction à la saine doctrine et qui en assurât les applications indispensables; néanmoins, force nous sera de suivre le droit positif quand il se trouvera placé sur un autre terrain et de tenir compte, avec la législation existante et dans la même mesure, de la séparation par *matières*; c'est surtout à propos du contentieux administratif que l'état de choses actuel serait totalement inintelligible pour qui refuserait de se placer à ce dernier point de vue, quelque faux qu'il soit théoriquement.

La règle de [la séparation des pouvoirs n'a pas uniquement subi chez nous quelques violations fâcheuses, elle a aussi admis des exceptions salutaires, car elle a dû, dans des cas assez rares où elle s'est trouvée en conflit avec d'autres principes également respectables et utiles, leur faire leur part et fléchir légèrement ; c'est ainsi que l'attribution au Parlement d'une compétence judiciaire comprenant un nombre d'espèces extrêmement restreint ne saurait être considérée comme un vice de nos institutions ; Montesquieu lui-même y voyait une des nécessités d'un état politique bien réglé ; mais, pour lui comme pour nous, elle n'en va pas moins à l'encontre du principe qui lui était si cher, disons mieux, qu'il a le premier défini dans toute sa justesse.

De plus, il existe entre les pouvoirs, notamment entre le législatif et l'exécutif, un rapprochement si étroit, une communication si constante, qu'ils arrivent à se fondre sur certains points, et que là leur séparation ne peut être considérée que comme purement théorique ; par exemple, il est difficile de comprendre le pouvoir réglementaire exercé par le gouvernement et par les agents de l'administration départementale, préfets et maires, autrement que comme une délégation du législatif; cette délégation est écrite dans certaines lois pour un ordre de questions particulier, elle est sous-entendue dans la majorité des cas et n'est même pas indiquée par le texte de nos lois constitutionnelles (tandis que les chartes de 1814 et 1830 conféraient au roi le droit de faire des ordonnances). On a bien essayé de définir et de réduire à des espèces déterminées les attributions réglementaires du pouvoir exécutif ; on a admis comme formule générale que les règlements sont faits en exécution des lois, explication qui ne vise point de différence spécifique intrinsèque entre les uns et les autres ; mais la pratique échappe à cette fiction, et, sous des réserves qui seront développées plus loin, il semble juste d'avancer que le droit de réglementation exercé par l'autorité exécutive s'étend aussi loin qu'on puisse le porter sans se mettre en contradiction avec aucune loi existante (1).

C'est en observant le mode de fonctionnement de chacun des pouvoirs en particulier qu'on peut arriver à une possession, à une connaissance complète de l'objet du présent ouvrage ; on verra ainsi quelles sont leurs bornes, comment ils sont défendus l'un contre l'autre, et aussi comment ils sont reliés entre eux ; on constatera donc à la fois leur séparation et leur alliance.

---

(1) « Le principe de la séparation des pouvoirs est établi chez nous aussi nettement que possible, en tant que principe. Dans la pratique, il existe encore ; cependant on peut trouver quelques faits d'administration réglés par la législation et réciproquement quelques faits du ressort de la législation réglés par l'administration. Dès lors, et c'est à ce point que nous voulons arriver, quand il s'agit de se poser la question : quelles sont les attributions du pouvoir exécutif ? Il faut répondre : 1° le pouvoir exécutif exerce, dans certaines matières, un pouvoir analogue au pouvoir législatif, par une délégation explicite ou implicite qui lui a été faite, comme le pouvoir législatif fait quelquefois des actes d'administration, mais c'est là une attribution pour ainsi dire exceptionnelle... » (Rossi, *Op. c*, L. IV, 94e leçon.)

Quant à l'ordre à adopter dans chacun des chapitres consacrés à l'étude spéciale des fonctions de l'un des trois pouvoirs, une division bien familière aux jurisconsultes permettra de tout embrasser et de tout distinguer. En développant, dans le droit civil doctrinal, la délicate et importante matière des contrats, on énumère habituellement trois catégories de clauses qu'ils sont susceptibles d'admettre : les *essentielles*, sans lesquelles tel contrat n'existerait pas ; les *naturelles*, qu'on y trouve le plus souvent et que le juge ou l'interprète, en cas de silence des parties, doit admettre comme étant tacitement dans leur intention ; enfin les *accidentelles* ou *accessoires*, qui ne changent point l'espèce du contrat, mais ne sauraient être présumées et doivent au contraire être explicitement convenues. Rien de plus simple que de transporter à notre matière cette excellente classification. Les fonctions essentielles d'un pouvoir seront celles en vue desquelles il est institué ; les naturelles, celles qui lui sont conférées parce qu'il est plus particulièrement apte à les remplir ; les accidentelles, celles dont on comprendrait très bien qu'il ne fût pas investi, mais que des raisons d'un ordre secondaire ont annexées à sa compétence. Nous y ajouterons enfin les attributions exceptionnelles, exorbitantes du droit commun, c'est-à-dire, en matière constitutionnelle, du principe de la séparation des pouvoirs.

Mais ce principe, même si l'on admet qu'il peut être enfreint parfois en vertu de considérations supérieures, ne saurait fournir la clef de toutes les difficultés, et nous avons dû prévenir le lecteur qu'à notre sens certains ordres de questions échappaient à la règle de la séparation des pouvoirs, parce qu'elles ne dépendaient pas directement de la souveraineté politique.

Il importe d'éviter ici toute confusion entre cette souveraineté politique et l'action de l'État : nous ne nous proposons pas d'aborder ce qu'on pourrait appeler la métaphysique du droit public, afin d'y chercher la détermination des droits théoriques de l'Etat. Il faudrait plus d'un gros volume rien que pour résumer les opinions répandues à ce sujet dans les livres ou prônées par les différentes sectes qui se sont formées sur les questions politiques et surtout sociales, — depuis celles qui voudraient réduire l'Etat à n'être qu'un simple lien fédéral entre des communes autonomes, — jusqu'à celles qui le verraient volontiers confisquer toute liberté, substituer partout son intervention aux initiatives individuelles, et remplir, principalement dans le domaine économique, le rôle d'une providence... laïque. Non, nous envisageons les choses telles qu'elles sont, et ne prétendons même nullement que les soins dont nous parlons (tutelle et gestion) soient illégitimement pris par l'État. Il est très vrai que les représentants de la souveraineté les lui imposent, mais il est vrai aussi que ces attributions ne font pas naturellement partie de la souveraineté politique considérée comme étant le faisceau des portions de liberté abandonnées au pouvoir central par chaque membre de groupe social-national, sinon volontairement, du moins nécessairement.

Cette compétence, pour ainsi dire, extraordinaire de l'autorité publique porte sur deux ordres de faits : la protection des incapables et la gestion des intérêts de ce que nous venons d'appeler le groupe social-national envisagé comme personne morale et dans ses divers fractionnements. Or, aucune fiction ne saurait être assez puissante pour faire admettre que les mineurs, les interdits, les femmes mariées sont censés abandonner spontanément au souverain la portion de droits simplement civils dont la loi les dépouille. En ce qui concerne les personnes morales, la chose est plus apparente encore, car, n'ayant pas d'existence physique, elles sont étrangères au pacte social et ne collaborent point à la composition (si l'on peut ainsi s'exprimer) de la Souveraineté.

La gestion matérielle des intérêts locaux, aussi bien que du domaine de l'Etat, est également étrangère à la souveraineté politique, et, en la répartissant entre plusieurs personnes ou plusieurs corps constitués, le législateur avait le droit de se laisser guider par de pures considérations d'utilité. Le Parlement, gérant le domaine public, remplit une tâche identique, à des degrés différents, à celle des conseils généraux et municipaux, lesquels ne sont pas des pouvoirs politiques. Pour la protection des incapables la loi fait appel à la fois, dans le domaine du droit civil appliqué aux personnes physiques, — aux simples particuliers investis de mandats spéciaux et au pouvoir judiciaire ; les communes et les départements, les fabriques et autres unités locales sont soumis, de la part de l'autorité exécutive, à toutes ces entraves, parfois salutaires, souvent excessives, qui constituent *la tutelle administrative* : le législateur s'est réservé le contrôle et la suprême direction des intérêts locaux les plus importants; enfin, le pouvoir législatif administre de haut la fortune publique, le domaine de l'Etat.

Pour tout ce règlement, le législateur avait une latitude des plus grandes ; il n'avait pas à se préoccuper de la séparation des pouvoirs, qui porte seulement sur les attributs essentiels de la souveraineté.

Disons encore, dans l'espoir ou du moins dans le désir d'être complet, qu'il y a lieu de reconnaître, dans le fonctionnement intérieur de chaque pouvoir, la discipline et le recours hiérarchique auxquels un examen superficiel pourrait faire attribuer un caractère judiciaire ; un officier punissant un soldat, un chef d'administration infligeant à un employé une retenue de traitement ou une suspension, un président de la Chambre censurant un député, ne font pas, à proprement parler, acte de juridiction ; il y a bien dans chacun des cas cités une violation de la règle à redresser, mais lors même que cette règle transgressée existerait dans une loi, dans un règlement, dans un arrêté, c'est uniquement comme obligation professionnelle qu'on la considère ; et la profession est réputée, à ce moment, seule intéressée à ce que le pouvoir disciplinaire s'exerce.

De même, lorsqu'un particulier s'est trouvé lésé, non seulement dans ses convenances, mais même dans ses droits, par un acte d'un agent de l'autorité publique, il peut, le plus souvent, s'adresser au supérieur hiérarchique de cet agent pour lui demander de réformer l'acte préjudiciable. Ce débat, qui met en présence deux personnes discutant sur un droit, sur l'application de la loi, est-il judiciaire, est-il contentieux ? Non, car le haut fonctionnaire n'est pas saisi judiciairement, il n'est pas mis en demeure de se prononcer sous peine de déni de justice ; il peut, sans forfaire, placer, comme son subordonné, au-dessus de tout, les exigences plus ou moins sainement interprétées d'une bonne administration, sauf au réclamant à trouver ailleurs la reconnaissance de son droit.

Les deux observations qui précèdent peuvent paraître d'abord légèrement superflues ; on verra bientôt qu'elles ont, au contraire, leur valeur, et une valeur fort réelle.

CHAPITRE XX

La Constitution qui nous régit réalise, dans les conditions les plus larges «, le principe représentatif, cette belle institution des nations modernes, que l'antiquité n'a pas connue, et qui est de nos jours la seule expression véritable et sincère de la souveraineté nationale (1). » Elle le réalise mieux qu'aucune constitution monarchique où le roi n'émane que fictivement et tacitement de la volonté populaire, et mieux que celles des constitutions républicaines qui rendent le pouvoir exécutif indépendant du Parlement et dans lesquelles la lutte se trouve pour ainsi dire organisée à l'avance entre le président, simple délégué du peuple ayant une procuration spéciale à un objet déterminé, et le pouvoir législatif, représentant du peuple qui l'a armé d'une procuration générale. Car le pouvoir de faire les lois dépose en réalité toute la direction de la chose publique entre les mains de ceux qui le détiennent. Ils sont l'expression vivante et suprême de la souveraineté ; rien n'est placé au-dessus d'eux dans l'ordre politique ; en ce sens, suivant l'expression de Kant, leur action est *irrésistible.*

(1) M. Jules Grévy. Interpellation sur le pouvoir constituant, au Corps législatif, en avril 1870.

Ils n'ont à compter qu'avec la raison publique et la logique des choses. L'essence du gouvernement représentatif réside bien en ce fait si sévèrement apprécié par Jean-Jacques Rousseau (1), que la nation abdique sa souveraineté entre les mains de ses représentants, ou du moins renonce à l'exercer pendant la durée de la législature, et encore, lorsque celle-ci a pris fin, la nation ne retrouve sa souveraineté que sous la forme particulière d'un bulletin de vote qui lui permet de se prononcer sur la conduite de ses anciens mandataires et d'en choisir de nouveaux dont les opinions soient plus exactement les siennes. Là est la grande différence entre le mandat politique et le mandat civil qui laisse subsister la volonté du mandant dans tous ses effets ; elle explique que la loi déclare nul le mandat impératif qui serait la souveraineté *retenue* par les électeurs (2). En somme, dans les états parvenus au plus haut degré du progrès politique, chaque citoyen échange sa part de souveraineté contre le droit de suffrage, suffisant pour tout mettre en ses mains, par l'intermédiaire du pouvoir législatif, lequel lui-même désigne le titulaire du pouvoir exécutif, investi à son tour du droit de nommer les juges ; c'est par cette filière savante que l'universalité du pays se trouve disposer réellement de la souveraineté, conformément aux principes modernes.

La supériorité des institutions françaises actuelles réside, à ce point de vue, dans ces deux faits que l'une et l'autre des Chambres sont le produit direct et réel de l'élection

---

(1) V. ci-dessus, p. 143. Robespierre, s'inspirant du même sophisme que son maître, disait, à l'encontre du système représentatif : « Avec Rousseau, nous regardons comme indubitable que la volonté ne se représente pas : le Corps législatif lui-même n'est pas représentant, dans le vrai sens du mot, ses lois ont besoin de sanction et ses décrets n'y échappent que parce que tout le peuple est censé les approuver. »

(2) L. 30 novembre 1875, art. 13.

et que le pouvoir exécutif est dans leur dépendance. En
rendant les Chambres électives, la constitution répond aux
exigences de la forme républicaine, et en les soumettant à
des modes d'élection un peu différents, outre qu'elle réalise des avantages sur lesquels nous avons déjà insisté,
elle prend peut-être la meilleure des précautions pour
assurer dans le Parlement une harmonie bien désirable,
car, s'il faut en croire les publicistes de l'école libérale,
notamment Duvergier de Hauranne, « entre les pouvoirs
qui ont absolument la même origine et le même titre, les
conflits sont plus fréquents encore qu'entre des pouvoirs
dont l'origine et le titre sont différents (1). »

Organisation. Vingt et un ans d'âge, la qualité de Français, voilà tout ce dont il faut justifier en France pour
être électeur politique, et cette capacité ne cesse que pour
ceux qu'ont frappés des condamnations pénales assez
graves (2). A des conditions aussi larges d'électorat cor-
respondent des conditions presque également faciles d'éligibilité. Il suffit à tout électeur d'être âgé de vingt-cinq
ans pour pouvoir aspirer à la Chambre des députés, et
d'en avoir quarante accomplis pour pouvoir se porter
candidat au Sénat. La loi se borne à interdire à certains
fonctionnaires de se présenter dans certaines circonscriptions, où leur qualité même équivaudrait à une véritable
pression électorale (3).Il va sans dire que le titre de sénateur

(1) *Op. c°*, tome Ier, p. 265.
(2) Toutefois, la loi du 27 juillet 1872 (art. 5) dispose, dans un intérêt
de discipline, que l'exercice du droit électoral est suspendu pour tout
militaire présent sous les drapeaux ; la loi du 28 novembre 1875 (art. 2)
répète cette interdiction et ajoute (art. 7) que les militaires et marins en
activité de service sont inéligibles.
(3) Ce sont, dans la circonscription où s'étend leur autorité et pour
les deux Chambres : les premiers présidents, présidents et membres
des parquets des cours d'appel, les présidents, vice-présidents, juges
d'instruction et membres des parquets des tribunaux de première ins-

inamovible, étant conféré par le sénat sans affectation de circonscription, échappe à toute restriction de ce genre.

Plus encore qu'à ces inéligibilités, le principe de la séparation des pouvoirs est intéressé aux incompatibilités ; sauf pour les membres du cabinet, qui doivent être toujours en communion intime avec l'ensemble du Parlement, et même entretenir des rapports constants avec les groupes qui se forment dans son sein, le cumul du mandat législatif et de fonctions exécutives a plus d'inconvénients que d'avantages; le même individu sera difficilement homme de parti à la Chambre, et homme impartial sur un siège de magistrature, ou à la tête d'une grande administration. En droit positif, le titre de député est, en règle générale, incompatible avec toute fonction rétribuée sur les fonds de l'Etat, sauf quelques exceptions visant principalement des fonctions politiques et des fonctions ne donnant aucune action coercitive sur la population, telles les grandes situations ecclésiastiques ou les chaires de l'enseignement supérieur. La règle fléchit

tance; le préfet de police, les préfets et secrétaires généraux de préfecture, les gouverneurs, directeurs de l'intérieur et secrétaires généraux des colonies, les ingénieurs en chef et agents voyers en chef et d'arrondissement ; les recteurs et inspecteurs d'académie, les inspecteurs des écoles primaires ; les archevêques, évêques et vicaires généraux; les trésoriers payeurs généraux et receveurs particuliers des finances; les directeurs des contributions directes et indirectes, de l'enregistrement et des postes; les conservateurs et inspecteurs des forêts (L. 2 août 1875, art. 21. L. 30 novembre 1875, art. 12). A ces catégories on a ajouté, pour le Corps législatif, les juges titulaires des tribunaux de première instance, ainsi que les sous-préfets qui ne peuvent être élus dans aucun des arrondissements du département où ils exercent leurs fonctions, pour le Sénat les officiers de terre et de mer (exerçant un commandement territorial), les intendants divisionnaires et sous-intendants militaires.

Afin que toutes ces personnes ne puissent tourner la loi et abuser de leurs fonctions pour préparer une élection dont une démission donnée au dernier moment leur permettrait de courir les chances, il est de règle que leur inégibilité relative persiste six mois après la cessation de leurs fonctions.

également devant l'usage, facile à pousser à l'excès des missions temporaires (1) confiées à des députés. Pour le sénat, les prescriptions de la loi sont en sens inverse, la compatibilité est la règle, l'incompatibilité est l'exception (2); nous croyons, en nous inspirant uniquement du principe de la séparation des pouvoirs, qu'il serait fâcheux que les fonctionnaires se trouvassent en grand nombre, même au sénat. On avait, pour les admettre dans les Chambres hautes de la monarchie, une raison qui fait défaut aujourd'hui : en composant une chambre des pairs des sommités de toutes les carrières, on lui donnait le lustre qui lui manquait au point de vue du mode de recrutement, et l'on fortifiait le lien qu'elle avait pour objet spécial d'établir entre le pouvoir exécutif et la Chambre élue. Procédant lui-même de l'élection, le sénat actuel tire de là toute sa puissance et n'a pas besoin d'autre prestige, en dehors de la valeur personnelle de ses membres ; si le sénat peut tirer profit des talents spéciaux de quelques fonctionnaires qui y obtiennent un siège comme le suprême honneur d'une vie passée au service de l'Etat, l'inverse pourrait avoir lieu et le mandat sénatorial pourrait

---

(1) Celles-ci ont une limite *maxima* de six mois, mais sont indéfiniment renouvelables.

(2) Sont compatibles avec le titre de député les fonctions de ministre, sous-secrétaire d'Etat, ambassadeur, ministre plénipotentiaire, préfet de la Seine, préfet de police, premier président de la Cour de cassation, de la Cour des comptes, de la Cour d'appel de Paris, ou procureur général près l'une de ces hautes juridictions, archevêque et évêque, président de consistoire protestant dans certaines conditions, grand rabbin du consistoire israélite central ou du consistoire de Paris, professeurs, titulaires de chaires données au concours ; incompatibles avec le titre de sénateur, celles de conseiller d'Etat et maître des requêtes, préfet et sous-préfet, à l'exception du préfet de la Seine et du préfet de police, membre des parquets, des cours d'appel et tribunaux de première instance, à l'exception du procureur général près la Cour d'appel de Paris, de trésorier-payeur général, de receveur particulier, de fonctionnaire et employé des administrations centrales des ministères.

(Art. 20, L. 2 août 1875 et 8 et 9, L. 30 novembre 1875).

être considéré par quelques-uns comme un marchepied vers des honneurs d'un autre ordre ; de là résulterait un rouble fâcheux dans les carrières et dans les mobiles de l'ambition des partis ; enfin le jeu des institutions parlementaires (le souvenir du gouvernement de Juillet est là pour en témoigner) risque d'être faussé lorsque dans une Chambre législative un groupe nombreux est tout prêt à apporter au ministère qui dispose de ses membres en un certain sens, l'appoint de l'intérêt personnel.

Tout député nommé ou promu à une fonction publique salariée compatible avec son mandat doit, pour le conserver, se représenter devant ses électeurs, et solliciter d'eux une nouvelle investiture, sauf s'il est appelé soit à un portefeuille soit à un poste de sous-secrétaire d'Etat.

Il est nécessaire aux candidats au sénat et aux candidats à la députation, pour être élus, de réunir sur leur nom la majorité absolue des votants ; mais au premier tour pour les députés, aux deux premiers tours pour les sénateurs, il n'y a élection qu'autant que cette majorité absolue comprend le quart des électeurs inscrits. Si au dernier tour les voix se partagent, le plus âgé des candidats est proclamé élu (1).

Il ne suffit pas, toutefois, pour qu'un citoyen soit installé dans les fonctions de législateur, qu'il ait été désigné par le suffrage universel direct ou par le suffrage universel à deux degrés. Il faut encore que ses pouvoirs aient été validés, que l'autorité compétente ait reconnu qu'il remplit les conditions d'âge et de nationalité exigées par la loi, qu'il ne se trouve dans aucun des cas d'incompatibilité que celle-ci prévoit, que son élection est pure de toute erreur matérielle, de tout acte de corruption ou de pression, de toute irrégularité. Chez nous ce sont les Chambres elles-

(1) Art. 15, L. 2 août 1875, art. 18 L. 30 novembre 1875.

mêmes qui valident les pouvoirs de leurs membres (1), et il n'y a pas à dissimuler que ce droit constitue un empiétement sur le pouvoir judiciaire, car il s'agit bien d'un débat contentieux entre l'élu et les protestataires qui s'élèveraient contre lui, et ce au sujet de l'application et de l'interprétation de la loi électorale. En Angleterre, jusqu'à la révolution de 1688, les contestations sur les élections à la Chambre des communes ont été soumises au roi en son conseil, puis à la cour de Chancellerie; en France, à la réunion des états généraux de 1789, le roi s'était réservé la validation des pouvoirs contestés (2); enfin, dans la législation actuelle, les réclamations contre les élections aux conseils généraux sont jugées par le conseil d'Etat (3); les élections aux conseils d'arrondissement et municipaux, par les conseils de préfecture.

On a quelquefois avancé que le droit pour les Chambres de vérifier les pouvoirs de leurs membres, dérive du souci de leur dignité; à quoi il pourrait être raisonnablement objecté qu'au moment de la vérification de ses pouvoirs, l'élu ne fait pas encore, ou du moins ne fait qu'à un titre provisoire et précaire, partie de la Chambre (4), et que

---

(1) L. 16 juillet 1875, art. 10.

(2) Déclaration royale du 23 juin 1789.

D'après l'ordonnance du 4 juin 1814 (art. 1), aucun étranger naturalisé par lettres ne pouvait être admis à siéger parmi les pairs ou députés, avant que ses *lettres* de naturalisation eussent été vérifiées par les *deux* Chambres.

(3) La loi organique des 10 et 29 août 1871 avait remis aux conseils généraux la vérification des pouvoirs de leurs membres; mais le législateur, frappé des inconvénients que présentait l'exercice de cette attribution, est revenu à la législation antérieure, avec cette seule différence que les réclamations contre les élections au conseil général qui avaient été soumises par la loi du 22 juin 1833 aux conseils de préfecture, sauf appel, sont jugées aujourd'hui en premier et dernier ressort par le conseil d'Etat.

(4) Les sénateurs et députés dont les pouvoirs n'ont pas encore été vérifiés peuvent prendre part aux délibérations et aux votes, sauf le cas

dans un pays d'égalité il n'y aucune humiliation, même pour un futur législateur, à s'incliner devant la loi interprétée par son organe naturel ; il est probable qu'une juridiction extérieure (à moins d'être corrompue par l'exercice de cette attribution périlleuse) appliquerait les prescriptions de la loi électorale avec plus d'impartialité que la majorité d'une Chambre à qui on peut tout demander, sauf de ne pas chercher à faire prévaloir ses tendances politiques en toute occasion, mais cette juridiction extérieure est impossible à constituer : rien ne serait plus dangereux pour la sérénité et pour la considération dont le corps judiciaire a besoin, que de lui laisser cette part de ses attributions naturelles ; les tribunaux administratifs ne seraient pas plus aptes à prononcer, d'abord à cause du vice général qui leur est inhérent, ensuite parce que leur caractère suffirait à faire suspecter le mobile de leurs décisions dans un pareil ordre de compétence, et qu'à cause de leur mode de recrutement et de l'amovibilité de leurs membres, les élections seraient bientôt, par leur canal, entre les mains du pouvoir exécutif. C'est donc principalement une raison d'utilité, le désir d'éviter un pire mal en en acceptant un moindre, qui fait remettre aux Chambres elles-mêmes le soin de vérifier les pouvoirs de leurs membres par des décisions sans appel, alors même qu'elles seraient en opposition formelle avec les lois organiques.

Une fois validé, le sénateur ou le député prend possession de ses fonctions; il est investi du droit d'initiative législative, qu'il exercera individuellement au même titre que le pouvoir exécutif; il touche l'indemnité parlementaire(1), et il jouit des immunités parlementaires, il est

ou leur admission a été *ajournée* (Règlement du Sénat, art. 6, et règlement de la Chambre des députés, art. 6).

(1) Soit 9,000 fr. par an.

inviolable et ne peut être, pendant la durée des sessions, sauf le cas de flagrant délit, poursuivi pour crime ou délit sans l'autorisation de la Chambre à laquelle il appartient. Enfin, il ne peut être recherché à l'occasion de ses discours ou de ses votes.

Ces privilèges font fléchir, sans le blesser, le principe de l'égalité de tous devant la loi ; de même que l'inamovibilité de la magistrature a été instituée comme une protection pour le justiciable et non comme un avantage pour le juge, de même, en proclamant le législateur inviolable et impoursuivable, le droit public entend uniquement garantir à chaque circonscription électorale la permanence de sa représentation et empêcher qu'une majorité puisse être faussée, à un moment donné, par un acte arbritaire du pouvoir exécutif, un excès de zèle d'un juge d'instruction, ou un procès intenté par quelque électeur mécontent (1).

Les articles 13 et 14 de la loi constitutionnelle du 16 juillet 1875 déterminent ainsi qu'il suit les immunités parlementaires :

« Aucun membre de l'une ou de l'autre Chambre ne peut être poursuivi ou recherché à l'occasion des opinions ou votes émis par lui dans l'exercice de ses fonctions. » (C'est la consécration de la liberté de la tribune.)

« Aucun membre de l'une ou de l'autre Chambre ne peut, *pendant la durée des sessions*, être poursuivi ou arrêté en matière criminelle ou correctionnelle, qu'avec l'autorisation de la Chambre dont il fait partie, sauf le cas de flagrant délit. »

« La détention ou la poursuite d'un membre de l'une

---

(1) « C'est dans la limite des nécessités de votre mandat que le privilège existe... » *Discours* d'Odilon Barrot, président du conseil, séance de l'Assemblée nationale du 27 juin 1849). Aussi l'inviolabilité parlementaire est-elle suspendue pendant l'intervalle des sessions.

ou de l'autre Chambre est suspendue pendant la session et pour toute sa durée, si la Chambre le requiert (1). »

Il est, en outre, de jurisprudence qu'un député peut s'abstenir, en excipant de sa qualité, d'obtempérer à une citation en justice comme témoin dans une affaire criminelle ou correctionnelle (2).

Enfin, la déchéance d'un député ne peut être prononcée que par la Chambre, lors même qu'il aurait été frappé d'une condamnation emportant privation des droits politiques.

Le principe des immunités parlementaires tient de près à la règle de la séparation des pouvoirs, car il protège l'indépendance et la souveraineté du pouvoir législatif contre les entreprises détournées des pouvoirs exécutif et judiciaire.

Les Chambres, que nous devons maintenant considérer, non plus dans les droits personnels de leurs membres, mais dans l'ensemble de leur fonctionnement, élisent leur bureau et règlent leurs travaux et leurs ordres du jour; pratiquement, elles se partagent en un certain nombre de bureaux, d'où sont tirés les membres des commissions. Bureaux et commissions délibèrent à huis clos, tandis que les assemblées générales où ont lieu la discussion et la votation sont publiques, en principe; la publicité est une règle constitutionnelle, car le comité secret n'est possible qu'en vertu de l'article 5 de la loi du 16 juillet 1875, qui laisse au règlement intérieur à fixer le nombre de membres qui doivent participer à une demande de comité secret pour qu'elle soit admissible (3).

---

(1) V. dans le *Traité pratique du droit parlementaire* de MM. J. Poudron et Eug. Pierre, le très intéressant historique des immunités parlementaires (chap. IV); c'est sous la Convention qu'elles ont été le moins efficaces.

(2) *Ibid.*, nº 149.

(3) Cinq membres au Sénat et vingt à la Chambre des députés.

Le Parlement (1) n'est pas permanent ; il a une session ordinaire qui commence de plein droit, chaque année, le second mardi de janvier ; [le président de la République peut, en outre, le convoquer en session extraordinaire, lorsque son gouvernement l'estime opportun ; il le doit même si la demande en est faite, dans l'intervalle des sessions, par la majorité absolue des membres composant chaque Chambre (2).

Le pouvoir exécutif peut encore *ajourner* les Chambres pour un délai qui ne peut excéder un mois et par une mesure qui ne peut se reproduire plus de deux fois dans la même session. Enfin le président de la République peut déclarer close toute session ordinaire ayant duré au moins cinq mois et toute session extraordinaire après un laps de temps quelconque depuis l'ouverture.

Les Chambres ne doivent jamais siéger l'une sans l'autre ; les sessions sont nécessairement communes, sauf le cas où le Sénat serait réuni comme cour de justice, et celui où, après une dissolution de la Chambre des députés, la présidence de la République viendrait à vaquer.

Le Sénat, en tant que corps, a une existence continue, puisque ses membres ne sont soumis qu'au renouvellement partiel. La Chambre basse disparaît au contraire complètement tous les quatre ans, à l'expiration du mandat des députés.

Son renouvellement est parfois même anticipé, soit qu'elle juge convenable de se séparer volontairement, soit qu'elle devienne l'objet d'une mesure de dissolution. Dans les deux cas, le gouvernement a le devoir de faire procéder

---

(1) A peine est-il besoin de rappeler que ce mot désigne l'ensemble des deux Chambres.
(2) L. 16 juillet 1875, art. 1 et 2.

aux élections générales, avant l'expiration du délai de trois mois (1).

Fonctions essentielles. — La destination propre du pouvoir législatif, c'est-à-dire la confection de la loi, ne demande que de courtes explications, du moins quant au fond, après tout ce qui a été dit jusqu'ici relativement aux grands principes constitutionnels. Si nous distinguons le fond de la forme, c'est que telles décisions sont prises par le pouvoir législatif, revêtent la physionomie extérieure et le nom de loi, qu'on comprendrait facilement comme rentrant dans les attributions du pouvoir exécutif. Rossi ramène a deux les caractères de la loi : l'initiative et la généralité. — L'initiative, si nous pénétrons bien la pensée de l'illustre homme d'Etat, consiste en ce que la loi peut poser des règles toutes nouvelles et non subordonnées à des règles positives supérieures, quoique, pour être équitable et bienfaisante, elle doive toujours s'inspirer des exigences purement idéales de la raison. La généralité réside en ce que les règles posées, embrassant les principes qui dominent une matière déterminée, non seulement réclament l'obéissance de tous les citoyens, mais doivent les intéresser tous au moins indirectement (2). On peut ajouter à l'énumération de Rossi un troisième caractère, qui, pour ne pas exister toujours, est cependant habituel à la loi ; nous voulons parler de la permanence. Les lois, en outre, statuent pour l'avenir et n'ont que très exceptionnellement d'effet rétroactif (3). Enfin elles sont revêtues d'une sanction pénale contre ceux qui en enfreindraient les dispositions impératives (4). Un acte du pouvoir législatif, appliquant

(1) *Ibid.*, art. 5.
(2) Lex est commune præceptum (ff. *De Leg.* L. 1). Jura non in singulas personnas, sed generaliter constituantur (*Ibid.* L. 8).
(3) *Code civil*, art. 2.
(4) On peut bien être condamné aussi pour ne s'être pas conformé

une règle préexistante à une hypothèse particulière, à un fait de gestion ou d'administration, à une solution gouvernementale, à la satisfaction d'un besoin local ou passager, pourra bien résulter de la suite d'opérations dont se compose la confection de la loi, être promulgué comme loi, dénommé loi; ce ne sera pas l'accomplissement de cette mission suprême qu'un peuple confie à ses représentants en vue de la direction de ses destinées. Pour rendre notre pensée plus claire par un exemple, la loi qui règle les conditions du service militaire dans un pays est telle par le fond et par la forme; la loi qui concède à une compagnie un tronçon de chemin de fer projeté n'est telle que par la forme et non par le fond.

Sauf une exception qui va être développée, la part de chaque Chambre dans la confection de la loi est égale, et il importe peu qu'un projet soit examiné d'abord par le sénat ou par les députés. L'une des Chambres se trouve saisie par l'initiative du gouvernement ou par celle de l'un de ses membres; ce droit d'initiative appartient, non pas aux Chambres, mais à chacun des représentants, c'est un droit individuel, et cette observation a une certaine importance, car il en résulte que le droit

à un règlement, mais la source de la pénalité n'est pas dans le règlement lui-même; elle est dans la loi pour l'exécution de laquelle il a été rédigé. C'est un impérieux principe de droit public, qu'aucune peine ne peut être établie sinon par une loi.

Toutes les lois ne sont pas obligatoires de la même façon; ainsi la plupart des lois civiles sont simplement interprétatives des intentions des partis; celles qui intéressent l'ordre public et les bonnes mœurs sont les seules auxquelles on ne puisse déroger par des conventions particulières (Code civil, art. 2). La grande maxime d'interprétation du droit français moderne est que « tout ce qui n'est pas défendu est permis. »

Au reste, les caractères intrinsèques de la loi, la force obligatoire et les règles interprétatives qui s'y rapportent, sont l'objet de volumineux traités; nous n'avions pas à nous arrêter aux intéressants développements qui s'y trouvent : *non erat hic locus.*

d'initiative n'est pas, à proprement parler, une attribution législative, et qu'en l'exerçant le pouvoir exécutif ne peut être considéré comme participant au pouvoir législatif; ceci résulte de la nature même de l'initiative et du texte de l'article 3 de la loi constitutionnelle du 25 février 1875, lequel débute ainsi : « Le président de la République a l'initiative des lois, concurremment avec les membres des deux Chambres. »

La seule différence existant entre les projets déposés par le gouvernement et ceux provenant de l'initiative des députés, tient à ce que les premiers, par une considération de haute courtoisie, et grâce aussi à leur importance présumée (1), sont soumis d'emblée à l'examen approfondi de la Chambre et dispensés du préliminaire de la prise en considération, auquel les secondes se trouvent astreintes, en règle générale. Une commission permanente d'initiative est en effet chargée, dans chaque Chambre, d'examiner les propositions ayant leur origine au sein même de l'assemblée, et d'en faire l'objet d'un rapport succinct dont les conclusions sont mises aux voix. L'initiative des membres du Parlement est une garantie précieuse de la liberté; elle a été souvent et sera encore une occasion de progrès ; toutefois, dans les pays qui jouissent de longue date sans interruption du régime parlementaire, et où les premières ardeurs de l'esprit de réforme ont eu le temps de se calmer, il n'en est fait qu'un assez sobre usage et l'organisme législatif est alimenté presqu'exclusivement par l'initiative du gouvernement. Celui-ci, tenant dans ses mains tout le détail des affaires, est mieux placé que personne pour con-

---

(1) Il est, en effet vraisemblable que le conseil des ministres ne présentera aucun projet à la légère, sans que l'utilité en ait été reconnue à la suite d'un sérieux examen collectif et sans que souvent la rédaction en ait été soigneusement préparée, grâce au concours du Conseil d'Etat.

naître à la fois les besoins du pays et les vices réels de la législation, qui souvent ne sont pas les plus apparents ; en outre, il lui est facile de s'entourer de spécialistes pour l'élaboration de certains textes particulièrement difficiles, que les Chambres ont ensuite tout avantage à adopter ou à repousser presqu'en bloc, en s'inspirant exclusivement des principes généraux.

Toute proposition prise en considération en raison de son origine gouvernementale, ou après une première résolution de la Chambre, est soumise à une commission élue habituellement dans les bureaux, à raison d'un ou deux commissaires par bureau. Elle est là soumise à une première étude, reçoit les modifications, les retranchements et les additions que la majorité de la commission croit utiles, puis elle est présentée, avec un rapport spécial, aux délibérations de la Chambre; il y a ordinairement deux lectures, c'est-à-dire deux séries de discussions séparées par un léger intervalle, pendant lesquelles chaque membre de la Chambre use à son gré du droit de présenter des amendements ou contre-projets, comme il a déjà pu le faire devant la commission. Les renvois à la commission, le mécanisme des délibérations et des votes sont l'objet du règlement intérieur, dominé en cela [par le principe que c'est la volonté de la majorité des votants qui est réputée pour la volonté de la Chambre.

Si le projet n'a pas été, en définitive, repoussé, il est transmis à l'autre Chambre qui se comporte de même à son égard; mais l'adoption de nouveaux amendements nécessite le retour du projet à la Chambre d'où il est venu, car aucune disposition législative n'existe que par l'entente parfaite des deux majorités, et c'est souvent à propos des concessions réciproques entre les deux branches du Parlement, indispensables à l'œuvre commune, que s'élèvent les difficultés de la politique pratique ; de ces tiraillements mêmes résultent de plus fortes présomptions de sagesse pour les lois définitivement adoptées, ils sont la condition des bienfaits du système de la dualité des Chambres.

Ces formes sont un peu modifiées en faveur des projets qui ont été l'objet d'une *déclaration d'urgence ;* tout se passe alors de manière à abréger les délais le plus possible ; il n'y a, notamment, dans la Chambre ou l'urgence a été votée, qu'une délibération au lieu de deux. Il arrive aussi parfois par exception aux règles habituelles, que les commissions, au lieu d'être nommées par les bureaux, le sont directement par l'assemblée au scrutin de liste.

Les attributions de l'une et l'autre des Chambres ne sont plus exactement identiques lorsqu'il s'agit des lois de finances : la Chambre des députés a un avantage sur le Sénat, en ce sens que les lois de finances doivent lui être soumises d'abord. Ce droit de préférence a toute la portée et toute l'ampleur d'un principe essentiel au régime parlementaire ; il tient précisément à la nature propre de la Chambre issue du suffrage universel direct et s'appuie sur des considérations historiques. Le vote de l'impôt par la nation est l'une des conquêtes les plus précieuses de la Révolution française et les principes modernes ont introduit cette règle suprême dans tous les pays un tant soit peu libres. Elle ne serait qu'imparfaitement réalisée si l'initiative et la prépondérance de fait n'étaient réservées dans les constitutions monarchiques à la Chambre élue, toutes les fois qu'il s'agit d'engager les finances de l'Etat ou de fixer la quotité des contributions publiques. La seconde Chambre a conservé dans notre constitution actuelle le droit de priorité, justifié encore, quoique moins énergiquement, s'il est vrai qu'elle représente d'une manière plus immédiate, plus facilement intelligible, plus vivante, en un mot, le pays dans son élément d'actualité.

Cette attribution spéciale de la Chambre des députés ne se réduit pas, comme il pourrait le paraître tout d'abord, à une simple question d'ordre ; la jurisprudence parlementaire est aujourd'hui fixée sur ce point et, en matière de finances et, particulièrement de budget, confère le dernier mot à celle des Chambres qui a eu le premier. La Chambre des députés peut en premier lieu refuser de voter le budget, tandis que le sénat est obligé de l'examiner tel qu'il lui est soumis au sortir de l'autre enceinte ; de plus, le Sénat se trouve impuissant à rétablir des crédits proposés par le gouvernement et repoussés par la Chambre, à moins que celle-ci, après renvoi, ne consente à tenir compte des sentiments du Sénat. L'expérience a montré jusqu'ici que, lorsque des désaccords de ce genre n'aboutissent pas à la conciliation, le Sénat est toujours obligé de céder, sous peine d'assumer sur lui la responsablité de l'absence de budget, qui ne peut exister que par l'accord complet des deux facteurs du pouvoir législatif.

Quant aux lois constitutionnelles qui servent de frontispice à l'ensemble des lois ordinaires et leur communiquent la séve dont vivent celles-ci, nous avons dit plus haut dans quelles formes singulièrement solennelles elles sont élaborées. Ces formes sont protectrices par elles-mêmes, et la nécessité de les employer empêche les abus de la révision ; ce qu'on doit considérer comme fort heureux, car un peuple ne saurait apprendre à respecter une constitution toujours changeante, incessamment remaniée. Mais pour obtenir une immutabilité relative, il importait de réduire les textes à un strict minimum n'embrassant que des principes absolument primordiaux. Par le fait, la constitution française ne se compose que de trois lois comprenant un total de quarante-quatre articles, réduits même, à l'heure qu'il est, à quarante-trois, par suite de l'abrogation de l'art. 9 de la loi du 25 février 1875, qui avait fixé à Versailles le siège des pouvoirs publics (1).

Toute loi votée par les deux Chambres est parfaite en soi ; nul ne peut y rien retrancher, modifier ou ajouter, mais elle est encore dénuée d'efficacité, elle n'est pas obligatoire pour les citoyens ; et ne le deviendra qu'à la suite de la *promulgation* qui en sera faite par le pouvoir exécutif.

Dans plusieurs des régimes que la France a connus et de ceux qui sont pratiqués à l'étranger, le représentant suprême du pouvoir exécutif ne se borne pas à *promulguer* la loi, il la *sanctionne* ; avant sa sanction, la loi votée a seulement le caractère d'un projet, que le refus de sanction priverait de toute existence effective; c'est le principal mode de participation du pouvoir exécutif au pouvoir législatif. Il en est tout autrement de la promulgation, qui n'est qu'une publication (2) ; elle tombe naturellement dans les attributions du pouvoir exécutif et ne le fait pas plus intervenir dans l'exercice du pouvoir législatif que la formule exécutoire des arrêts et juge-

---

(1) Loi du 25 février 1875 relative à l'organisation des pouvoirs publics, 9 articles ; loi du 24 février 1875 relative à l'organisation du sénat, 11 articles ; loi constitutionnelle du 16 juillet 1875 sur les rapports des pouvoirs publics, 14 articles.

(2) La formule de promulgation est la suivante :

« *Le sénat et la chambre des députés ont adopté,*

« *Le président de la République promulgue la loi dont la teneur suit :*

(*Texte de la loi*)

« *La présente loi, délibérée et adoptée par le sénat et par la chambre des députés, sera exécutée comme loi de l'Etat.*

« Fait à... »

(Décret 6 avril 1876, art. 1ᵉʳ.)

ments ne le fait intervenir dans l'exercice du pouvoir judiciaire. La promulgation, à l'inverse de la sanction, est
obligatoire pour le gouvernement ; elle doit avoir lieu
moins d'un mois après le vote pour les lois ordinaires, dans
les trois jours pour les lois qui ont bénéficié d'une déclaration d'urgence. Le droit laissé au président de la République
de demander par un message aux Chambres et d'obtenir
d'elles une nouvelle délibération (1), n'est qu'une concession courtoise, qui ne fait pas non plus pénétrer le pouvoir
exécutif dans l'intimité du pouvoir législatif.

Mais la promulgation n'a elle-même d'efficacité qu'autant qu'elle a reçu une publicité réelle, dont le genre ne
pouvait rester indéterminé ; il fallait nécessairement fixer
les conditions dans lesquelles peut prendre naissance
la présomption à la fois rigoureuse et indispensable en
vertu de laquelle « nul n'est censé ignorer la loi ». Or,
cette communication définitive du droit écrit aux citoyens
n'est pas sans soulever à l'occasion quelques incertitudes,
par suite d'une réglementation un tant soit peu incohé-
rente. Depuis un décret du 5 novembre 1870, la promulgation des lois, qui résultait précédemment de leur insertion au *Bulletin des lois,* résulte en principe de leur
insertion au *Journal officiel,* et elles sont obligatoires à
Paris un jour franc après la promulgation, et partout ailleurs un jour franc après que le *Journal officiel* qui les
contient sera parvenu au chef-lieu de l'arrondissement.
Mais le *Bulletin des lois* est conservé et affecté à une sorte
de promulgation de seconde classe, en ce sens que les lois
qui n'auraient pas paru au *Journal officiel* n'en seraient
pas moins promulguées, comme par le passé, au moyen
de leur insertion au *Bulletin.* On retombe alors sous

_____

(1) L. 16 juillet 1875, art. 3.

l'empire de l'ordonnance royale du 27 novembre 1816 et de l'art. 1ᵉʳ du code civil, de sorte que les lois non publiées au *Journal officiel* sont exécutoires à Paris un jour franc après la réception au ministère de la justice du numéro du *Bulletin des lois* qui les contient, et dans les départements après l'expiration du même délai augmenté d'autant de jours qu'il y a de fois dix myriamètres du chef-lieu à la ville où a eu lieu la promulgation. L'existence de cette double manière de procéder n'est pas sans entraîner certaines difficultés pratiques, qui ont fait, depuis 1870, l'objet d'intéressantes monographies.

Le décret précité du 5 novembre 1870, comme les ordonnances du 27 novembre 1816 et du 18 janvier 1817, admet quelques modifications aux règles habituelles pour les cas urgents. Il introduit de plus dans notre législation pénale une nouveauté par son article 4, ainsi conçu : « Les tribunaux et les autorités administratives et militaires pourront, selon les circonstances, accueillir l'exception d'ignorance alléguée par les contrevenants, si la contravention a eu lieu dans le délai de trois jours francs, à partir de la promulgation. » Voilà donc, pour une hypothèse assez rare, il faut le reconnaître, l'erreur de droit admise par le législateur, contrairement à tous les principes de la matière criminelle, au rang des excuses absolutoires.

Attributions naturelles. — Au premier rang des attributions naturelles du pouvoir législatif, la logique conseille d'en citer une qui n'a réellement qu'un très faible intérêt pratique ; il s'agit de l'interprétation des lois, de leur interprétation législative, car il y a deux sortes d'interprétation de la loi : il y a l'interprétation judiciaire, que les tribunaux donnent journellement, à peine de déni de justice, sur les espèces qui leur sont soumises et sans que leur décision agisse autrement que comme un avertisse-

22

ment et un enseignement sur d'autres espèces même identiques ; il y a l'interprétation législative, qui revient à compléter une loi obscure par une loi plus claire, avec cette circonstance particulière que la loi interprétative n'étant censée contenir que l'explication de principes déjà existants, aura un effet rétroactif généralement refusé aux lois en vertu des règles élémentaires du droit public. Mais il est si rarement recouru à cette interprétation dite souvent *par voie d'autorité,* qu'on ne peut citer dans nos trop abondantes collections législatives que deux ou trois documents ayant nettement le caractère de lois interprétatives. Pour un Français de nos jours, exprimer le brocard : *Ejusdem est leges interpretari cujus est condere,* c'est dire, dans le langage de Justinien, que l'autorité judiciaire est désormais dépouillée du droit de rendre des *arrêts de règlement.*

La question de l'interprétation des lois a eu, à l'époque où celle-ci était détachée du pouvoir législatif, un intérêt qui lui manque aujourd'hui. Le conseil d'État du premier empire était investi du droit d'interpréter les lois par voie d'autorité, et certains de ses avis interprétatifs sont pour les jurisconsultes et les hommes d'affaires d'un usage quotidien. La distinction entre l'interprétation judiciaire et l'interprétation législative n'était pas alors fort claire : ainsi, aux termes de l'art. 91 de la loi du 1ᵉʳ décembre 1790, il y avait lieu à interprétation devant le corps législatif, plus tard devant le conseil d'État, après qu'un jugement avait été cassé deux fois et qu'un troisième jugement en dernier ressort s'était produit dans le même sens. La constitution de l'an III (art. 256) réduisit à deux le nombre de jugements conformes nécessaires pour donner ouverture à l'interprétation législative. Puis la constitution de l'an VII, et la loi du 16 septembre 1807 conférèrent le droit d'interpréter législativement les lois au gouvernement qui était appelé à procéder en cette matière sous forme de règlement d'administration publique ; cette législation subsista durant toute la Restauration, mais un avis du conseil d'Etat du 17 décembre 1823 vint compliquer encore les choses en spécifiant que l'interprétation donnée conformément à la loi du 16 septembre 1807 serait limitée dans ses effets au cas particulier sur lequel il était statué et qu'il n'en ressortirait aucune règle générale nécessairement applicable aux cas analogues ; c'était apporter un trouble profond dans les distinctions juridiques les plus simples, c'était réunir entre les mains du pouvoir exécutif des attributions arrachées à la fois au pouvoir législatif et au pouvoir judiciaire, c'était « retenir l'exercice du pouvoir judiciaire et enlever au pouvoir interprétateur son effet le plus salutaire, la généralité, la fixité (1) », c'était en un mot méconnaître grossièrement la séparation des pouvoirs. La loi du 30 juillet 1828 rétablit l'ordre en ne laissant au roi, après la même suite de cassations et d'arrêts ou jugements définitifs, que la faculté, ou plutôt en lui imposant l'obligation de proposer aux Chambres une loi interprétative. Enfin la loi du 2 avril 1837 (2) a réglé, à

----

(1) Dalloz : *Répertoire*, v° Loi, chap. vi, n° 462.

(2) Elle est ainsi conçue :

« Art. 1er. Lorsqu'après cassation d'un premier arrêt ou jugement rendu en dernier ressort, le deuxième arrêt ou jugement rendu dans la même affaire, entre les mêmes parties, procédant en la même qualité, sera attaqué par les mêmes moyens que le premier, la cour de cassation prononcera toutes chambres réunies. »

« Art. 2. Si le deuxième arrêt ou jugement est cassé pour les mêmes motifs que le premier, la cour royale ou le tribunal auquel l'affaire est renvoyée se conformera à la décision de la cour de cassation sur le point de droit jugé par cette cour. »

« Art. 3 et 4..... »

la satisfaction générale, le fonctionnement des diverses juridictions dans les conditions encore aujourd'hui respectées ; elle a, par contre-coup, enlevé à l'interprétation par voie d'autorité à peu près toute utilité ; c'est pourquoi nous avancions, en commençant, que cette attribution du Parlement est dénuée de véritable intérêt pratique.

On est fort loin d'en pouvoir dire autant du contrôle qu'exercent les Chambres sur les affaires du pays et sur la manière dont celles-ci sont conduites. A entendre sir W. Bagehot (1), c'est en cela que consisterait la véritable destination d'un Parlement libre et, de fait, sans sortir de chez nous, il est bien certain que les élections se font moins souvent sur la question d'opportunité de quelque réforme législative que sur la direction générale de la politique intérieure ; quant à la politique extérieure, elle échappe, sinon comme résultats, du moins comme prévision, aux catégories même les plus éclairées d'électeurs.

Ce contrôle s'exerce principalement par la responsabilité ministérielle, et il n'est point encore question de la responsabilité pénale des ministres, cette *ultima ratio* réservée pour procurer le dénouement des grandes crises pendant lesquelles le gouvernement a pu encourir la grave accusation de s'être mis illégalement en révolte contre le souverain maître qui est le pays, et d'avoir ainsi commis, entre autres faits punissables, le crime de lèse-majesté nationale. Non, il s'agit simplement de ce salutaire usage mentionné dans la constitution, défini par les traditions et par le libre jeu des institutions parlementaires, en vertu duquel un ministère abandonné par la majorité doit quitter les affaires. La *question de cabinet*, — c'est-à-dire l'appel suprême d'un ministère en exercice à la confiance du Par-

(1) *Op. c°.* passim.

lement, sans laquelle il n'est rien, sinon la personnification collective d'une usurpation, — cette question se pose parfois sur quelque disposition législative que le ministère attache une grande importance à faire adopter, elle survient le plus souvent à propos de quelque interpellation.

Le droit d'interpellation est un des plus précieux que possèdent les Chambres, et il est vraiment caractéristique d'un régime parlementaire sincère. Une interpellation n'est autre chose qu'une demande d'explications solennellement adressée par un ou plusieurs membres d'une des Chambres, en séance publique, à l'un des ministres ou à l'ensemble du gouvernement attaqué dans la personne du président du conseil, sur un point de la politique extérieure ou intérieure, ou même sur l'ensemble ou le détail de l'administration. La demande d'interpellation est faite par écrit et en développe sommairement l'objet; la Chambre saisie fixe le jour de la discussion, contradictoirement avec le gouvernement; l'un des signataires de l'interpellation la développe, on discute, les ministres interpellés s'expliquent, et on passe au vote; la solution adoptée peut être un ordre du jour pur et simple ou un ordre du jour motivé. Suivant que le ministère a déclaré se rattacher à l'un ou à l'autre, si la question est de nature à intéresser son existence même, en présence d'un vote favorable, il sort fortifié de l'incident; en présence d'un vote défavorable, il se retire ou va chercher dans l'autre Chambre le soutien qui lui fait défaut. Dans des circonstances exceptionnelles, se trouvant en minorité devant la Chambre des députés, il peut encore demander au sénat son assistance en vue d'une mesure de dissolution.

Les *questions* sont pour ainsi dire des interpellations au petit pied; elles ne s'adressent qu'à un ministre en particulier et sont dispensées de toute forme rigoureuse,

sauf que les convenances exigent que le ministre ait été
prévenu d'avance qu'il serait questionné en séance publique (1) ; elles ne sont suivies d'aucun vote, et n'entraînent jamais, au moins directement, de crise gouvernementale ; la discussion qu'elles soulèvent parfois, loin de
pouvoir se généraliser, est même toujours limitée entre le
ministre et le sénateur ou député qui a posé la question.

Outre le droit d'interpellation, comprenant le droit de
question, en vertu de l'adage : *qui peut le plus peut le
moins,* les Chambres ont encore celui d'ordonner séparément des enquêtes en toute matière administrative, politique ou autre ; ces enquêtes sont absolument différentes,
au point de vue de la cause, des enquêtes électorales qui
se rattachent naturellement aux attributions des Chambres
quant à la vérification des pouvoirs de leurs membres.
Le principe de la séparation des pouvoirs exige seulement
qu'elles ne revêtent aucun caractère *judiciaire,* et de là
découle comme conséquence que la communication au
ministère public des résultats d'une enquête parlementaire ne se fait qu'avec la plus grande réserve (2). Ces
enquêtes confiées à une commission investie d'un mandat spécial consistent, comme le mot même l'indique,
à entendre tous témoins utiles, à s'éclairer de tous
renseignements, à recueillir tous documents et à demander au gouvernement communication de tous dossiers

---

(1) La Chambre des députés a consacré cet usage constant par un
article de son règlement (art. 47) ; le règlement du Sénat va plus loin et
exige que le ministre ait *consenti* à ce que la question lui soit posée en
séance publique.

(2) V. dans les comptes-rendus de l'Assemblée nationale, en 1872, le
débat sur la communication demandée par le ministre de la guerre,
pour l'utilité de la procédure relative à la capitulation de Metz, de dépositions et documents recueillis au cours de l'enquête sur les actes du
gouvernement de la Défense nationale.

même judiciaires. Les lois ou décisions législatives ordonnant des enquêtes peuvent d'ailleurs étendre ou restreindre la tâche et l'autorité de la commission ; il ne faut voir dans ces enquêtes qu'un moyen pour les Chambres d'éclaircir des faits, et les rapports dans lesquels il en est rendu compte n'ont pas de sanction forcée. On fait dériver en général le droit d'enquête de la responsabilité ministérielle, et c'est en effet un des moyens les plus énergiques employés pour rendre celle-ci effective en pleine connaissance de cause.

La constitution a pourvu à des cas dans lesquels le droit de contrôle ne porte plus seulement sur des actes accomplis qu'il s'agit d'apprécier dans leurs résultats, pour tirer de ceux-ci à l'égard du ministère des motifs d'éloge ou de blâme. Dans ces cas-là, le Parlement exerce un contrôle préalable sur les mesures que le pouvoir exécutif se propose de prendre ; en les approuvant, il s'associe à l'œuvre du gouvernement et y fait participer la volonté nationale qu'il représente. Cette sorte de mise en tutelle du pouvoir exécutif par le pouvoir législatif n'a lieu de se produire que lorsque l'existence nationale elle-même, la destinée du pays ou l'intégrité du territoire se trouve en question. La loi du 16 juillet 1875 (art. 9) se conforme aux principes et à un grand nombre de précédents et d'analogies, en remettant au président de la République le droit de déclarer la guerre ; toutefois, ce droit ne peut être exercé qu'avec l'assentiment des Chambres (1). De plus, le président de la République (art. 8) négocie et ratifie les

_____

(1) M. P. Pradier-Fodéré (*Précis de droit politique*) explique d'une manière fort claire la théorie du droit de paix et de guerre dans le gouvernement parlementaire : « Il faut distinguer, dans le droit de faire la guerre, deux choses que les publicistes ont généralement confondues : la *décision* et la *déclaration*. Décider la guerre, c'est se déterminer à l'entreprendre. Une semblable détermination créant pour les

traités, mais « il en donne connaissance aux Chambres aussitôt que l'intérêt et la sûreté de l'Etat le permettent, » et
« les traités de paix, de commerce, les traités qui engagent
les finances de l'Etat, ceux qui sont relatifs à l'état des personnes et au droit de propriété des Français à l'étranger
ne sont définitifs qu'après avoir été votés par les deux
Chambres. » Enfin, nulle cession, nul échange, nulle
adjonction de territoire ne peut avoir lieu qu'en vertu
d'une loi. »

Tel est le rôle diplomatique des Chambres (1).

On doit encore classer sans hésitation parmi les attributions naturelles du pouvoir législatif, ou plutôt de chacune
des branches du Parlement prise isolément, la réception
et l'examen des pétitions, qui mettent les législateurs
en communication perpétuelle avec le public, appelant

citoyens de dangereux devoirs, et mettant à leur charge un impôt d'argent
et de sang, doit appartenir au pouvoir législatif. Sous les gouvernements
absolus, c'est le chef de l'Etat qui décide la guerre, parce que, constitué maître de la fortune et de la vie de ses sujets, il réunit dans ses
mains les puissances législative et exécutive ; mais dans les pays où la
forme du gouvernement admet la séparation des deux pouvoirs, le
pouvoir législatif étant confié à des mandataires du peuple, le droit de
décider la guerre est exercé par la nation Quant à la déclaration de
guerre, ce n'est que la mise à exécution de la décision ; par conséquent
elle appartient au chef du pouvoir exécutif, comme faisait partie des
attributions de ce pouvoir. »

(1) Benjamin Constant n'était pas partisan de la participation des
Chambres aux traités : « Cette prérogative accordée aux assemblées,
disait-il, ne sert qu'à jeter sur elles de la défaveur. Après la conclusion
d'un traité, le rompre est toujours une résolution violente et odieuse :
c'est en quelque sorte enfreindre le droit des nations, qui ne communiquent entre elles que par leurs gouvernements. La connaissance des
faits manque toujours à une assemblée. Elle ne peut, en conséquence,
être juge de la nécessité d'un traité de paix. Quand la constitution l'en
fait juge, les ministres peuvent entourer la représentation nationale de
la haine populaire. Un seul article jeté avec adresse au milieu des
conditions de la paix, place une assemblée dans l'alternative, ou de
perpétuer la guerre, ou de sanctionner des dispositions attentatoires à la
liberté on à l'honneur. » (*Principes de politique,* chap. XIII, *du Droit
de paix et de guerre.*)

leur attention sur les réformes désirées par le pays ou
les instruisant d'intérêts purement privés. Au premier
cas, les pétitions peuvent donner à l'initiative parlementaire un stimulant et une direction, au second elles
rendront éventuellement de non moindres services, car
« les ministres étant responsables devant les Chambres, il
est nécessaire que chacun puisse dénoncer aux Chambres
les erreurs dont il a été la victime ou le témoin. Tous
ceux qui poursuivent le redressement d'un grief personnel ou public, ont le droit de s'adresser soit au sénat soit
à la Chambre des députés (1). »

Le droit de pétition est naturel et universel ; il peut
être exercé par tout individu français ou étranger, que
cet individu soit ou non en possession de ses droits civils,
que ce soit même un mineur, une femme mariée, un
banni, un prisonnier, un forçat ; il n'y a d'exclusion, en
vertu de la jurisprudence parlementaire, que pour les personnes morales, notamment pour les conseils municipaux
agissant comme représentants de la commune. La seule
restriction admise (et elle est peu grave) se rapporte à la
forme des pétitions qui, libellées même sur papier libre,
doivent porter légalisation des signatures des pétitionnaires,
du moins en principe et sauf exception (2). Ajoutons toutefois que les deux assemblées, par souci de leur dignité,
ont décidé qu'aucune pétition apportée ou transmise par
un rassemblement formé sur la voie publique, ne pourrait être reçue par le président ni déposée sur le bureau (3).

Les pétitions sont soumises, d'ordinaire, dans chaque

(1) J. Poudra et Eug. Pierre, *op. cit.*, livre VII. chap. II, 2, n° 1517.
(2) *Réglement du Sénat*, art. 97 ; *règlement de la Chambre des députés*, art. 61.
(3) Ibid.

Chambre, à une commission permanente, mensuellement renouvelée, qui les examine, les résume et consigne la suite dont elles lui paraissent susceptibles au *feuilleton des pétitions*, distribué périodiquement ; la commission peut décider qu'une pétition sera présentée à l'examen de la Chambre ; de plus, tout membre peut demander qu'elle soit rapportée en séance publique.

L'examen des pétitions est susceptible d'aboutir à cinq sortes de solutions : 1° le renvoi direct à une commission législative déjà saisie d'un projet connexe à l'objet de la pétition, ou même à une commission spéciale ; 2° le renvoi au ministre compétent ; 3° le dépôt au bureau des renseignements ; 4° l'ordre du jour pur et simple ou motivé ; 5° la question préalable, qui implique généralement un blâme visant l'inanité, l'inopportunité, l'inconstitutionnalité ou l'inconvenance de la pétition rapportée.

Fonctions accessoires — Cette rubrique ne signifie point, rappelons-le d'un mot, que les matières qu'elle comprend n'aient qu'un intérêt secondaire ; elle veut dire seulement que les fonctions dont il va être parlé ont été attribuées au pouvoir législatif par des considérations sérieuses sans doute, mais ne tenant pas à la nature même de ce pouvoir, à tel point que l'on aurait pu les confier à une autorité différente avec moins d'avantages, mais aussi sans choquer les principes.

Il en est tout d'abord ainsi de la nomination du président de la République, qui par la solennité dont elle est entourée, se trouve placée au rang des matières constitutionnelles (1). C'est en quelque sorte par voie d'élimination qu'on est arrivé à remettre au Parlement cette haute mission. Après avoir rejeté la forme monarchique,

(1) V. ci-dessus, p. 275.

dans laquelle le prince tient son titre de sa naissance et n'est que tacitement ou fictivement le délégué de la souveraineté nationale, après avoir écarté comme favorisant les conflits et ouvrant en dernière analyse la porte aux coups d'état, l'élection directe du premier magistrat de la République par le peuple, l'Assemblée à qui nous devons notre constitution ne pouvait logiquement adopter un autre système que celui auquel elle s'est arrêtée et qui consiste à faire du chef nominal de l'Etat le délégué de la représentation du pays.

De même pour les amnisties que le pouvoir législatif peut seul accorder, tandis que le droit de grâce appartient au pouvoir exécutif ; ces deux droits sont de même nature, et, sans sortir de notre histoire, on les voit fréquemment réunis dans les mêmes mains. Il faut convenir toutefois qu'il existe entre la grâce et l'amnistie des différences notables, concourant toutes à justifier le partage résultant de l'art. 3 de la loi du 25 février 1875 (1). La grâce est individuelle, motivée par des considérations d'espèce ; elle supprime ou adoucit la peine sans faire disparaître la condamnation ; en un mot, elle ne consacre aucun empiètement sur le pouvoir judiciaire. L'amnistie, au contraire, quoique manquant du caractère d'absolue généralité, qui est de l'essence de la loi, embrasse une catégorie étendue de criminels ou de délinquants, tous rapprochés uniquement par la nature de leur délit ou de leur crime ; dans cette limite, l'amnistie est pour tous, pour les bons comme pour les mauvais, pour les repentants comme pour ceux qui persévèrent d'intention dans le mal légal ; les antécédents de chacun sont indifférents. Enfin, et c'est là le point capital, l'amnistie, effaçant jus-

---

(1) « Il (le président de la république) a le droit de faire grâce ; les amnisties ne peuvent être accordées que par une loi. »

qu'à la faute commise, annule le jugement qui a puni la faute et efface rétroactivement le texte de loi visé par le juge. Dès lors, il paraît simple que le législateur seul puisse défaire ce que la loi avait fait (1).

Fonctions exceptionnelles. — La mise en état de siège d'une ville ou d'une portion de territoire, étant l'application à des circonstances locales, de principes déposés dans une loi générale (9 août 1849), paraît rentrer tout naturellement dans les attributions du pouvoir exécutif ; en fait, celui-ci a conservé quelques lambeaux des droits qu'il possédait sur cet objet avant la loi du 3 avril 1878 et le Parlement ne lui a enlevé le reste qu'à la suite de certains abus ou d'après certaines craintes très fondées d'abus plus grands encore. Ce n'est pas, d'ailleurs, la première fois qu'en France le pouvoir législatif revendiquait le droit de prononcer l'état de siège, et, en somme, cette haute protection assurée aux citoyens n'a rien de disproportionné avec le respect dû aux garanties les plus précieuses de la liberté de chacun, garanties qui résultent du droit commun dont les règles sont bouleversées et suspendues, presqu'en toutes matières, par suite de la prépondérance que l'état de siége apporte à l'autorité militaire.

Cependant, comme la mise en état de siège peut être une mesure urgente imposée par une guerre étrangère ou par une insurrection soudaine, force a été de laisser au président de la République la faculté d'y recourir à titre provisoire. Mais, aussitôt la décision prise sur l'avis du conseil des ministres, les Chambres, à supposer qu'elles

_____

(1) Tels sont les principes de l'amnistie, que n'a pas réussi à obscurcir la loi d'expédient et de compromis votée récemment, sous le titre d'amnistie partielle (un néologisme parlementaire) en faveur des individus condamnés pour participation à la Commune et graciés par le gouvernement dans un délai déterminé.

soient prorogées, se réunissent dans les deux jours ; après une dissolution de la Chambre des députés et jusqu'à ce qu'elle ait été renommée, la guerre étrangère peut seule justifier l'état de siège provisoire, impliquant la convocation du Parlement dans le plus bref délai possible.

Nous avons vu jusqu'ici les deux Chambres concourir dans des conditions identiques à une œuvre commune ; sur les deux points qui restent à examiner, chacune d'elles est appelée à un rôle fort différent.

En matière de dissolution, d'abord, la Chambre des députés a une attitude absolument passive ; elle n'a qu'à s'incliner devant le droit dont la constitution arme le président de la République, s'il a su se mettre d'accord avec le sénat. Il n'est pas douteux que le droit de dissolution soit, à titre de correctif éventuel et nécessaire, de l'essence du régime parlementaire ; il est également certain qu'il appartient en principe au pouvoir exécutif, et si la constitution de 1875 en partage l'exercice entre le sénat et le président de la République, cela tient à ce qu'on ne saurait laisser celui-ci maître de rompre, de sa seule initiative, l'équilibre du pouvoir législatif dont il dépend aussi bien par ses origines que par la nature de ses fonctions. Le rôle auquel est appelé le sénat dans une mesure de dissolution de la Chambre des députés n'en est pas moins d'un ordre tout à fait exceptionnel.

Plus exceptionnelle encore est la mission toute judiciaire confiée au Parlement par l'art. 12 de la loi constitutionnelle du 16 juillet 1875 et l'art. 9 de la loi également constitutionnelle du 24 février 1875. Cette juridiction est de deux espèces : à l'égard des crimes commis par le président de la République (1) ou les ministres dans

_____

(1) Le président de la République ne peut être mis en accusation que pour haute trahison.

l'exercice de leurs fonctions, elle est obligatoire et exclu-
sive ; à l'egard de toute personne prévenue d'attentat
contre la sûreté de l'Etat, elle est facultative et concourt
avec les juridictions ordinaires.

La procédure à suivre devant le Parlement constitué en
cour de justice n'est point encore déterminée ; un
projet de loi est depuis longtemps déposé à la Chambre
des députés sur ce grave objet, et, s'il peut être utile, pour
rappeler les grands principes de responsabilité à l'attention de tous, de le tirer de l'oubli où il paraît être tombé,
on doit espérer, pour le bonheur du pays, que toute réglementation en cette matière restera sans application. On
aurait toujours, au reste, en cas de besoin, pour suprême
ressource, les tristes précédents laissés par les deux Chambres des pairs. Les grandes lignes du sujet sont toutefois
tracées par la loi constitutionnelle elle-même ; on y lit que
la mise en accusation du président et des ministres appartient à la Chambre des députés et que le sénat peut seul les
juger.

Le président de la République n'est responsable que
dans les cas de haute trahison. Or ce crime n'est pas
défini par le code pénal ni, que nous sachions, par aucun
texte. La Chambre des députés pourrait-elle en définir
arbitrairement les conditions, et le sénat pourrait-il en déterminer arbitrairement la peine ?

De même pour les ministres : les art. 114 et 115 du code
pénal prévoient le cas où l'un d'eux aurait ordonné ou fait
« quelqu'acte arbitraire, ou attentatoire soit à la liberté
individuelle, soit aux droits civiques d'un ou de plusieurs
citoyens, soit à la *constitution* » ; mais sont-ce là les
seuls crimes que les ministres puissent commettre dans
l'exercice de leurs fonctions ? Non sans doute ; parmi ceux
que n'embrasse pas cette définition légale, y en a-t-il que

les Chambres puissent punir, quoiqu'ils ne soient pas énumérés par le droit pénal positif? Faut-il, avec Benjamin Constant, considérer les pouvoirs des Chambres à cet égard comme purement discrétionnaires (1)? Serions-nous exposés, le cas échéant, à voir le pendant de l'arrêt rendu le 21 décembre 1830 par la Chambre des pairs contre les membres (si coupables d'ailleurs), du cabinet Polignac, arrêt dans lequel les peines ont été prononcées par analogie?

Autant de questions difficiles, redoutables pour l'honneur du pays, toujours plus ou moins solidaire de celui de ses gouvernants ; autant de questions qu'il vaut mieux n'être jamais dans la nécessité de résoudre (2).

La compétence accordée au sénat pour juger les ministres est traditionnelle ; elle était très raisonnablement confiée à la Chambre des pairs, qui était à la fois indépendante du pouvoir exécutif et soustraite par son origine même à l'influence des passions et des rancunes populaires. Cette considération échappe aujourd'hui, puisque les deux Chambres sont le produit de l'élection. Mais, une fois que le législateur s'était décidé à donner au Parlement juridiction sur les ministres à cause du caractère principalement et avant tout politique des crimes dont ils peuvent se rendre coupables dans l'exercice de

(1) *De la Responsabilité des ministres*, chap. VII et XI.
(2) On trouve très complètement exposées les règles théoriques de la responsabilité pénale des ministres dans un savant mémoire intitulé : *De la Responsabilité des ministres dans le droit public belge*, par Oswald de Kerchove de Denterghem. Gand et Paris, 1867.
Toutefois l'auteur, guidé par la législation de son pays, s'écarte sensiblement de nos traditions parlementaires en reconnaissant la Cour de cassation belge comme la juridiction rationnellement préférable en pareille matière ; les meilleures pages de l'ouvrage sont consacrées à préparer cette conclusion : « La Cour de cassation présente des avantages qu'aucune autre autorité ne peut offrir au même degré (p. 161). »

leurs fonctions, la répartition des rôles d'accusateur et de juge se réglait aisément sur cette donnée généralement admise que le tempérament du sénat est plus calme, plus voisin de l'impartialité, que celui de la seconde Chambre.

La deuxième branche des attributions judiciaires du sénat, qu'il exerce *ratione materiæ*, lui est venue aussi, historiquement, comme un legs des anciennes Chambres des pairs ; deux points sont à remarquer en ce qui la concerne, à savoir que les crimes et délits contre la sûreté de l'État sont définis par des textes très clairs du code pénal (livre III, titre Ier), que par conséquent le sénat est lié quant à l'application de la peine, et qu'en second lieu le président de la République est absolument libre, lorsqu'un attentat de cette nature est révélé, de constituer le sénat en cour de justice ou de laisser opérer les juridictions de droit commun ; il paraît même résulter de l'avant-dernier paragraphe de l'art. 12 précité que l'instruction sera généralement faite dans les formes ordinaires.

Enfin, les articles 15 et 16 non encore abrogés de la loi du 25 mars 1822 laissent subsister au profit des Chambres une troisième sorte de compétence judiciaire que les amis du droit, de la justice et même de la dignité du Parlement, ne sauraient trop se féliciter de voir tomber en désuétude ; en vertu de cette législation surannée, dans le cas d'offense envers les Chambres ou l'une d'elles par la voie de la presse, la Chambre outragée peut, au lieu de se borner à autoriser les poursuites contre son insulteur, le traduire à sa barre et lui infliger elle-même les peines portées par la loi. La Chambre se trouve donc, au premier chef, juge dans sa propre cause ; aussi doit-on iouer les législateurs que nous avons possédés depuis 1871, d'avoir en toute occasion repoussé la faculté de se faire ainsi justice à eux-mêmes, faculté dont leurs aînés n'ont que trop profité jusqu'en 1850, date du dernier procès intenté dans des conditions aussi franchement scanda·leuses, quoique rigoureusement légales.

Tutelle et gestion. Le pouvoir législatif est investi de nombreuses attributions de tutelle et de gestion ; dans la première catégorie doit être comprise la vaste matière, échappant à toute énumération limitative, qui est régie par les lois *d'intérêt local* ; celles-ci ont bien toutes les formes de la loi, mais portent sur des objets ne rentrant point dans la sphère naturelle d'action de la loi. L'élaboration des lois d'intérêt local est soumise dans les deux Chambres à des règles simplificatives : les projets sont examinés par une commission permanente, renouvelée mensuellement, immédiatement après le tirage au sort des bureaux, en même temps que la commission d'initiative et celle des pétitions ; ils ne donnent lieu qu'à une seule lecture, au lieu de deux, et le scrutin public, qui est de droit pour les projets d'intérêt général, n'existe pour les projets d'intérêt local que dans les occasions évidemment fort rares où il serait demandé.

Les différents cas exigeant l'intervention du pouvoir législatif en vue d'un intérêt local ne sauraient être rappelés ici que par quelques exemples ; l'exposé complet en dépasserait ce que le lecteur attend d'un travail consacré au développement d'une thèse générale de droit public : les conseils généraux ne peuvent voter, sans l'assentiment du Parlement, de centimes extraordinaires affectés à des dépenses extraordinaires d'utilité départementale, qu'en se tenant dans la limite du maximum annuellement fixé par la loi de finances ; ils ne peuvent également voter seuls, comme emprunts départementaux, que ceux qui seraient remboursables dans un délai maximum de quinze ans, sur les ressources ordinaires et extraordinaires (1). Les communes doivent être autorisées par une loi à contracter des emprunts de plus d'un million, ou tels que le montant, réuni au chiffre de leurs autres emprunts non remboursés, dépasse cette somme (2) ; les surtaxes d'octroi sur les boissons ne peuvent être établies, prorogées ou modifiées qu'en vertu d'une loi (3). Il faut une loi pour modifier le territoire d'un département, d'un arrondissement, d'un canton (4), une loi encore pour ordonner des changements à des circonscriptions communales déjà existantes, lorsque le conseil général a émis un avis défavorable, ou pour créer une commune nouvelle, s'il y a opposition soit du conseil général, soit d'un conseil municipal, soit d'une association syndicale (5). Les hôpitaux, hospices et autres établissements de bienfaisance communaux sont astreints aux mêmes règles que les communes, en matière d'emprunts.

La déclaration d'utilité publique qui précède toute expropriation relève encore de l'intérêt local ; il y avait cependant une raison particulièrement forte pour ranger cette déclaration dans les fonctions du législateur, car le principe de la propriété est assis sur les règles les plus essentielles du droit naturel, sur les textes les plus précis du droit positif, et y faire une exception, si partielle qu'elle soit, reste chose grave. De fait, l'art. 3 de la loi du 3 mai 1841 exigeait d'une façon générale que la déclaration

<hr/>

(1) L. 10 août 1871, art. 40 et 41.
(2) Loi 24 juillet 1867, art. 7, § 3.
(3) Lois de finances des 11 juin 1842 et 22 juin 1854. Il est nécessaire que l'attention de l'Etat soit appelée sur ces surtaxes qui peuvent avoir, par contre-coup, une influence à l'égard des droits dont les boissons sont frappées en faveur du Trésor public.
(4) Loi 24 juillet 1867 ; loi 10 août 1871, art. 50.
(5) Loi 18 juillet 1837, art. 4.

d'utilité publique provînt du pouvoir législatif, et n'abandonnait qu'à titre très exceptionnel, dans certains cas strictement déterminés, l'initiative à l'autorité administrative ou gouvernementale. Depuis, de trop nombreuses extensions ont été données à ce dernier système, mais la loi du 27 juillet 1870 est revenue en partie aux vrais principes, en exigeant une loi pour tous les grands travaux publics. Les Chambres actuelles, espérons-le, iront plus loin et admettront le projet dont elles sont saisies et qui tend à restaurer l'intervention du Parlement en matière d'embranchements de chemins de fer et de canaux d'une étendue moindre de 20 kilomètres (1), point encore régi à l'heure qu'il est par l'exception. Tout ce qui touche à l'exécution d'un travail public est, par nature, sinon dans les formes suivies, d'intérêt local, sauf pour ce qui a trait à la défense du pays et à l'exclusion des mesures devant entraîner une charge pour les finances de l'État.

Le Parlement remplit, à l'égard du domaine de l'État, le rôle assigné aux conseils généraux et municipaux à l'égard des propriétés départementales et communales; le motif d'attribution est partout le même, il consiste à charger de l'administration des biens communs les représentants de la communauté.

On sait que le domaine de l'État se divise en domaine public et en domaine propre. Le premier est inaliénable; cette condition doit s'entendre en ce sens qu'aucune fraction n'en saurait être aliénée avant d'avoir été déclassée. Quant au domaine propre, il est possédé *privativement* par l'État, personne morale, exerçant tous les droits d'un propriétaire, *usus* et *abusus*; c'est à l'administration qu'il

(1) Proposition de M. Wilson, député.

appartient d'user, au mieux des intérets dont elle est chargée, du domaine de l'Etat, mais le pouvoir législatif retient le droit de régler le mode de cet usage, ainsi que le droit d'acquérir à titre onéreux et d'échanger des immeubles. Quant aux ventes de biens de l'Etat, elles ne peuvent également être effectuées qu'en vertu d'une loi, toutefois cette autorisation] législative est tantôt spéciale à une opération déterminée, tantôt générale pour une catégorie d'immeubles, dont la disposition est déléguée au pouvoir exécutif, le tout sous des distinctions rentrant dans l'étude détaillée du droit administratif.

Le pouvoir législatif a aussi la haute main sur la gestion du trésor public et sur les finances de l'Etat ; mais le règlement du budget, les lois d'impôts, l'autorisation des emprunts nationaux ont une telle importance pour l'universalité des citoyens, que ces matières se classent d'elles-mêmes au rang des lois générales ou proprement dites.

Il arrive encore que le pouvoir législatif statue sur des cas particuliers, lorsque ceux-ci ne peuvent être résolus d'une manière satisfaisante que par une exception non prévue d'avance à la législation existante. Ainsi en est-il des pensions accordées en dehors des conditions fixées pour la liquidation des retraites de fonctionnaires et la reversibilité d'une certaine quotité de ces retraites sur la tête des veuves et des orphelins ; ainsi des récompenses nationales extraordinaires. Depuis la loi du 25 juillet 1873, qui a restrictivement fixé la proportion des nominations et promotions dans la Légion d'honneur avec les extinctions constatées, plusieurs résolutions législatives ont autorisé le gouvernement, notamment à la suite de succès remportés par des industriels et artistes français dans des expositions internationales, à dépasser exceptionnellement le chiffre de décorations disponibles.

La construction et la suppression des places de guerre, les extensions données aux travaux de défense et susceptibles d'aggraver les servitudes militaires, — la fixation du contingent annuel de l'armée, — l'établissement des congrégations religieuses, bien d'autres objets divers ont été confiés au pouvoir législatif, en vertu de considérations empiriques et étrangères au principe de la séparation des pouvoirs.

Discipline. — Chaque Chambre a la discipline de ses membres ; l'exercice en est en partie délégué à son président, suivant les prescriptions du règlement intérieur.

. . . .

On vient de présenter tant bien que mal et sans la moindre prétention de n'avoir rien omis, le tableau de l'activité législative normale, réglée par la constitution, par les lois elles-mêmes, par les traditions, par les principes du droit public et par le bon sens suppléant aux lacunes des textes ; mais, en fait, la puissance du pouvoir législatif dépasse toutes ces limites théoriques ; elle n'en reconnaît d'autre que la nécessité pour les mandants de rendre compte aux mandataires, pour les élus de rendre compte aux électeurs. Pendant les périodes qui séparent les renouvellements successifs du personnel des législateurs, ceux-ci peuvent tout, et si le pays avait été assez mal inspiré pour placer à sa tête un Parlement radicalement mauvais, capable d'excès à l'intérieur et d'imprudences dans les rapports avec l'étranger (1), le pays n'aurait, à défaut

(1) Le système des deux Chambres, en fractionnant le renouvellement du Parlement, en modérant les nouveaux-venus par le contact des hommes déjà installés dans la vie parlementaire et inversement, constitue la meilleure des sauvegardes contre l'éventualité de cette calamité nationale.

d'une dissolution opportune, qu'à gémir des suites de son aveuglement passager, jusqu'à ce que le moment fût naturellement venu de révoquer des représentants indignes ou maladroits. L'insurrection n'a point sa place, en effet, dans le droit public des nations civilisées ; bien plus, le soulèvement d'un peuple qui se gouverne lui-même, contre ses représentants librement et régulièrement choisis, toucherait à l'absurde.

Mais il faut retenir que le pouvoir législatif manque de tout frein extérieur ; aucune autorité organisée ne saurait entrer en lutte avec lui, et la constitution elle-même serait impuissante à l'arrêter, s'il ne s'inclinait de lui-même devant ce document suprême ; on ne voit guère, à vrai dire, comment les deux Chambres seraient amenées à s'entendre pour violer la constitution par une mesure législative, alors qu'il leur serait si facile de recourir aux formes fixées à l'avance pour la modifier ; rien cependant, si ce n'est la juste crainte d'un grand scandale public, ne peut empêcher le pouvoir législatif, le Parlement dans sa double unité, de manquer à la constitution par une loi : dans les deux empires que la France a connus, le sénat, gardien du pacte fondamental, arrêtait au passage les lois inconstitutionnelles ; aux Etats-Unis, les tribunaux, par une prérogative que nous sommes loin de leur envier pour les nôtres, se refusent à appliquer les lois qu'ils considèrent comme inconstitutionnelles (1). Dans la France actuelle, rien de pareil.

(1) C'est à ce sujet que Tocqueville a prononcé ces sages paroles : « Je sais qu'en refusant aux juges le droit de déclarer les lois inconstitutionnelles, nous donnons indirectement au corps législatif le pouvoir de changer la constitution, puisqu'il ne rencontre plus de barrière légale qui l'arrête. Mais mieux vaut encore accorder le pouvoir de changer la constitution du peuple à des hommes qui représentent imparfaitement les volontés du peuple, qu'à d'autres qui ne représentent qu'eux-mêmes. » (De la Démocratie en Amérique, t. I, 1re part. chap. vi.)

A défaut de moyens coercitifs, il reste les règles de la raison, qui finissent toujours par prévaloir et qui ont pour terrible sanction la perte certaine des hommes oublieux de leurs exigences et des organisations politiques qu'on essaierait de faire fonctionner malgré elles. Il n'est donc pas hors de propos de rechercher, avec les publicistes les plus illustres et les plus compétents, à quelles conditions le gouvernement représentatif peut produire tous ses bons résultats, et à quelles conditions il peut être conservé par un peuple assez avancé dans la voie du progrès pour le posséder pleinement. En se montrant incapable de l'exercer, ce peuple abdiquerait implicitement le plus précieux élément de sa grandeur; non pas que nous prétendions dire que le régime représentatif soit la meilleure forme de gouvernement : la science politique sincère n'accorde plus à cette question de la meilleure forme de gouvernement aucune valeur absolue; elle n'y donne que des solutions toutes relatives, fondées sur la connexité, expérimentalement démontrée, de l'état physique, moral, intellectuel d'une nation et des combinaisons politiques qui lui conviennent. Cependant, sans aller jusque-là, on peut hardiment avancer que le régime représentatif est, dans l'état actuel de nos connaissances, l'idéal en fait de gouvernement, en ce sens qu'il est le plus satisfaisant pour la raison et qu'il implique chez ceux qui le pratiquent, le plus haut degré de civilisation. Un pays qui perdrait par sa faute le gouvernement représentatif, après l'avoir conquis, ne verrait donc pas seulement disparaître ses plus précieuses libertés, il signerait sa déchéance et proclamerait son indignité.

C'est pourquoi il est si important qu'au milieu des orages qui agitent nécessairement les assemblées, elles sachent se garder d'exposer le régime parlementaire à des

critiques justifiées dont la désaffection du pays et l'a-
moindrissement de son respect pour ses institutions
seraient les conséquences naturelles. Il importe par-
dessus tout qu'elles se tiennent en mesure de résister à la
tendance si naturelle de tout pouvoir à abuser de sa
force, tendance d'autant plus impérieuse et dangereuse
chez qui se sent non seulement fort, mais tout puissant.

Dominant les appréciations de détail et les conditions tenant aux circonstances, aux événements, deux
grandes règles de conduite s'imposent aux Parlements :
l'une se rattache au principe de la division du travail,
l'autre au principe de la séparation des pouvoirs ; nous
pouvons donc les aborder sans quitter notre sujet.

La première exige du pouvoir législatif la modération,
la sobriété dans l'exercice des attributions qui lui sont in-
discutablement propres. L'exubérance de l'initiative parlementaire produirait plus de confusion et d'encombre-
ment dans les travaux des Chambres que de progrès dans
la législation ; il faut remarquer, en ce qui touche particulièrement la France, que son corps de lois est, comme
quantité, plutôt excessif qu'insuffisant, qu'il y a dans les
textes qui le composent plus à élaguer et à réformer qu'à
ajouter ; à un point de vue plus général, la loi est toujours
par un sens une restriction à la liberté ; les peuples les plus
libres sont donc ceux qui savent vivre avec le moins de lois.

Ainsi, peu de lois et qu'elles soient bien faites. Or,
pour décider de l'excellence pratique d'une loi, il y a
deux choses à examiner : les principes et la rédaction Les
principes, devant être la reproduction aussi exacte que
possible des vœux du pays, ne sauraient être posés que
par ses représentants ; quant à la rédaction, ceux-ci peuvent sans aucun inconvénient, bien plus, avec un avantage
certain, en alléger le fardeau. En s'adjoignant pour un

travail tout technique, des hommes choisis d'après leurs connaissances professionnelles, les Chambres n'abdiquent rien, n'amoindrissent pas leur propre rôle, mais en élèvent au contraire le caractère et se réservent le temps d'expédier leur tâche annuelle, tellement chargée que les sessions suffisent rarement à l'épuisement des projets qu'elles ont vus naître, et que chaque législature laisse inachevée une partie de l'œuvre entreprise.

Il y a tout lieu d'espérer qu'à moins d'une désolante et improbable aberration du suffrage universel, nos assemblées continueront à recevoir en grand nombre les sommités intellectuelles du pays. Mais l'œuvre législative ne réclame pas seulement les lumières générales de quelques esprits distingués; elle exige encore le concours de spécialistes, et si le choix du corps électoral se porte souvent sur des spécialistes, ce n'est cependant pas comme tels qu'ils sont nommés. Qu'une Chambre renferme de savants juriconsultes, de bons ingénieurs, des médecins maîtres en leur art, cela est fort heureux, mais tout accidentel; il n'y a et il ne peut y avoir dans l'ensemble des désignations populaires cette intention précise qui veille à ce que chacun reçoive à faire la chose à laquelle il est le plus apte. Le Parlement, fort heureusement, a la faculté d'appeler à lui, à titre de collaborateurs étrangers, les citoyens qui ont acquis une sérieuse notoriété dans l'une des parties du domaine universel de la législation, et ce qui précède aboutirait à recommander l'usage des commissions extra-parlementaires, si le pouvoir législatif n'avait perpétuellement à sa disposition le meilleur des comités consultatifs, nous voulons parler du conseil d'Etat.

Avec l'organisation actuelle et un recrutement judicieux, le conseil d'Etat réunit dans son sein des capacités éprouvées, des hommes désignés parmi les plus éminents

dans les grades élevés des diverses administrations ou
dans les premiers rangs du personnel des carrières libérales. Dévoués, au moins sur les points principaux, à la
politique gouvernementale à laquelle les rattache une collaboration de tous les jours, ces hommes ne sauraient inspirer aucun ombrage à la puissance législative qui peut attendre de leur compétence variée les meilleurs services ;
tandis que le conseil d'Etat lui-même, vivifié par cette
communion continue avec la Représentation nationale,
conserve la grande place qu'il a toujours tenue dans les
institutions françaises, au point de pouvoir sans regret se
dessaisir de cette juridiction administrative dont toute
l'école libérale voudrait le voir déchargé.

Ces communications entre le pouvoir législatif et le
conseil d'Etat sont d'ailleurs prévues par notre législation (1), consacrées par l'usage, et les amis du régime
parlementaire n'ont qu'à souhaiter de les voir devenir de
plus en plus fréquentes. Dans d'autres pays libres qui
ne possèdent pas l'équivalent de notre conseil d'Etat, on
en désire la création ou l'on recourt à des moyens moins
sûrs pour aboutir de même. En Angleterre, les publicistes les plus compétents demandent qu'il soit formé
une commission de *codification*, constituée par le gouvernement pour préparer au point de vue technique les
projets de *bills*, dans des conditions conformes aux principes posés par le Parlement (2). En Italie, le Gouvernement, a dernièrement obtenu des Chambres l'autorisation de rendre exécutoire à titre d'essai, pour un délai de
cinq ans, un projet de code de commerce préparé par une
commission comprenant des sénateurs, des députés et des
hommes étrangers au Parlement. Cette manière originale

(1) Notamment par la loi du 24 mai 1872, art. 8.
(2) J. S. Mill. *Op. c°.* chap. v.

de procéder recevait récemment, à l'Institut de France, l'approbation d'un éminent jurisconsulte, qui partait de là pour émettre ces judicieuses réflexions : « Un projet de code, une loi compliquée, ne sont pas susceptibles d'être discutés utilement dans une assemblée nombreuse ; cette discussion, outre qu'elle peut être interminable, présente plus d'inconvénients que d'avantages. Si elle peut introduire dans un projet quelques modifications heureuses, elle court le risque d'en rompre l'uniformité et d'en détruire l'harmonie. Tous ceux qui sont appelés à appliquer les lois et à en apprécier le sens, savent les difficultés inextricables qui naissent de l'intrusion d'amendements irréfléchis et légèrement acceptés qui viennent jeter le trouble dans des lois relativement simples ; à plus forte raison ces amendements improvisés sont-ils dangereux quand il s'agit des lois compliquées (1). »

Le second écueil que le pouvoir législatif doit éviter serait plus dangereux encore ; il consisterait dans une confusion de rôles aboutissant à mêler l'action directe du Parlement aux actes de l'administration. « Il est évident, dit Macaulay (2), qu'une assemblée composée de cinq ou six cents individus, lors même que par leur intelligence ils dépasseraient de beaucoup la moyenne du meilleur Parlement, lors même que chacun d'eux serait un Burleigh ou un Sully, serait impropre aux fonctions du pouvoir exécutif... » Et plus loin : « Il n'est pas nécessaire que les Communes prennent sur elles le fardeau de l'administration, qu'elles proposent à la couronne de faire tel individu évêque et tel autre juge, de pardonner à tel criminel et de faire exécuter tel autre, de négocier un traité sur telle ou telle base,

(1) M. Massé. *Rapport* à l'Académie des sciences morales et politiques sur le projet de code de commerce italien.
(2) *History of England.*

d'envoyer une expédition à tel ou tel endroit; elles n'ont
qu'à déclarer qu'elles ont cessé d'avoir confiance dans le
cabinet, et qu'à demander un cabinet dans lequel elles
puissent avoir confiance. » C'est en effet la confiance qui
est l'âme, le ressort véritable de tout régime parlementaire ;
c'est elle qui en fait l'honneur et assure la liberté à tous
les degrés de l'échelle politique. Confiance des électeurs aux
représentants, confiance des représentants aux ministres,
c'est la condition même de la dignité de chacun et du développement fécond des initiatives. Le mandat impératif serait
aussi antipathique à la nature des rapports entre le Parlement et le gouvernement qu'à celle des rapports entre le
peuple et les Chambres. Il n'y a pas de conflit qui ne doive
sainement se réduire à l'appréciation d'une responsabilité. Ces considérations, rapidement ébauchées ici, sont
développées dans toute leur frappante vérité par John
Stuart Mill, par le critique qui a su jusqu'ici présenter le
tableau le plus exact et le plus complet du régime représentatif, dont il indique les dangers, non avec l'âpreté d'un
adversaire, mais au contraire avec l'ardente sollicitude
d'un partisan dévoué autant qu'éclairé (1). Au besoin, nous
saurions trouver dans notre histoire nationale la confirmation de ses motifs d'appréhension, et nous verrions, en
remontant à la Convention, comment le gouvernement direct des comités formés dans le sein du pouvoir législatif,
mène rapidement au despotisme, tandis que la responsabilité ministérielle, convenablement pratiquée, assure la
liberté des citoyens en même temps que la juste suprématie du Parlement. Et nous aboutissons sans peine à cette
conclusion que la séparation des pouvoirs est plus nécessaire encore au régime représentatif qu'à tout autre.

(1) *Op. c°*, chap. v et vi.

CHAPITRE XXI.

LE POUVOIR EXÉCUTIF.

Il y a à étudier séparément, dans la hiérarchie du pouvoir exécutif, trois régions distinctes, occupées la première par le président de la République, la seconde par le ministère entouré du conseil d'État, la troisième par cette armée de fonctionnaires de tout ordre qui transmettent au pays, par des milliers de canaux, le verbe légal avec les bienfaits de l'Etat, et dont le nombre excessif reste comme un témoignage des traditions trop durables d'un peuple chez lequel le sens de l'initiative individuelle a été lent à s'éveiller. Cette double démarcation est si bien de nature à frapper l'attention de l'observateur que, dans un livre récent, un savant professeur de droit pose en thèse que la séparation des grands pouvoirs publics et, d'autre part, le séparation des autorités judiciaires et administratives constitueraient des principes entièrement distincts (1). Il y a là pour nous l'exagération d'une constatation vraie, que seule nous retiendrons, à savoir que, pour bien entendre la séparation des pouvoirs, il est nécessaire d'en apprécier les conditions d'application aux différents degrés de l'échelle des autorités publiques. Voyons d'abord

(1) Th. Ducrocq. *Cours de droit administratif*, 5e édition (1877) t. Ier, no 7.

quelle est l'organisation du pouvoir exécutif et ce qui distingue essentiellement le rôle de ses divers agents, depuis le plus élevé jusqu'au plus modeste.

Organisation. — Au plus haut degré de l'échelle se trouve le président de la République, dont le mode d'élection nous est connu, de même que la nature des liens qui le maintiennent dans une certaine dépendance du pouvoir législatif. Le président est appelé personnellement à remplir toutes les fonctions que sir W. Bagehot appelle les parties *imposantes* de la constitution, et qui, pour avoir dans une république démocratique moins d'étendue que dans une monarchie formaliste, gardent encore leur importance. Servir de centre aux relations diplomatiques, présider aux solennités nationales, occuper le sommet de toutes les hiérarchies, représenter en un mot la France à l'intérieur, c'est un rôle éminent et bien digne des plus hautes ambitions ; mais le président possède en propre d'autres attributions, que nous oserons nommer plus substantielles et qui suffisent à exercer les plus hautes facultés. C'est lui qui, par la voie des messages, fait entendre au Parlement lui-même de solennels avertissements. C'est lui qui, placé en dehors des tempêtes souvent aveuglantes de la politique, sert d'arbitre suprême à la volonté nationale, aux tendances souvent confuses, parfois presque inconscientes du Parlement ; le choix des ministres, auquel nous faisons allusion, demande le discernement le plus fin et la science la plus consommée des hommes, car s'il est vrai en théorie que les portefeuilles doivent être confiés aux représentants autorisés du groupe parlementaire où réside la majorité, la désignation des noms les plus capables de rallier l'opinion laisse au président une grande latitude, et les vœux des Chambres à cet égard ne sauraient, la plupart du temps, être indiqués que d'une manière générale et un peu vague. En outre, le président de la République, une fois le ministère formé, en dirige les délibérations et apporte à l'œuvre collective du gouvernement le poids de sa situation, de sa valeur personnelle et de son entente des affaires ; la constitution qui nous régit, tout en maintenant le chef de l'Etat dans un cercle, où, sauf exception, aucune responsabilité ne saurait l'atteindre, n'a pas voulu le tenir à l'écart de la direction de la chose publique. Sa part d'action est plus large que celle des monarques constitutionnels, et encore est-il inexact d'attribuer même à ceux-ci l'attitude absolument effacée qui, à entendre les adversaires du régime parlementaire, feraient du poste du prince une sinécure et une superfétation : « Il n'est pas vrai que la couronne, dans une monarchie constitutionnelle, soit dépouillée de sa légitime autorité. Ce qui est vrai, ce qui n'est pas niable, c'est que cette autorité a besoin d'être éclairée par l'expérience et appuyée sur la raison. Il faut prendre la peine de discuter avec ses ministres et de les convaincre ; il ne suffit pas de leur notifier avec hauteur un caprice royal ou une fantaisie impériale (1). »

Le ministère est le véritable trait d'union entre le pouvoir législatif et le pouvoir exécutif, dont il dirige effectivement l'action ; c'est par cet intermédiaire que celui-ci ressent l'influence continue de celui-là. Les ministres sont à la fois des fonctionnaires et des hommes politiques : au premier point de vue, chacun d'eux gère de haut l'une des grandes branches de l'administration du pays ; au second ils doivent mettre constamment leurs actes, même individuels, d'accord

(1) Edouard Hervé, *Les derniers beaux jours de l'alliance anglo-française. (Revue des Deux-Mondes* du 1er décembre 1879).

avec les tendances du Parlement, et ils prennent ensemble,
sous la garantie d'une solidarité qui les engage tous à la
réalisation de la décision commune, les résolutions
relatives à la marche générale du gouvernement; les
actes même spéciaux qui peuvent engager la ligne de
conduite que tout ministère serieux s'impose sous le nom
de « programme », doivent être discutés en commun.

La distribution des départements ministériels, et par
conséquent le nombre des portefeuilles, sont choses
essentiellement variables. Les règles sur ce point sont du
domaine du décret et forcément très flexibles, car il faut
tenir compte en cette matière de l'extension souvent
rapide que prend un service public, et qui va conseiller
l'érection en ministère distinct d'une simple direction
générale; il faut tenir compte, d'un autre côté, de la
nécessité de fortifier à un moment donné la petite cohorte
ministérielle, ou d'y faire place, soit à quelque capacité
précieuse, soit à la représentation d'un groupe qu'il serait
opportun d'associer à la direction des affaires. Actuellement les ministères sont au nombre de dix : 1° intérieur
et cultes; 2° justice ; 3° affaires étrangères ; 4° finances;
5° guerre; 6° marine et colonies; 7° instruction publique ;
8° travaux publics; 9° agriculture et commerce; 10° postes
et télégraphes.

Les ministres, rappelons-le de nouveau, sont responsables ; à cette responsabilité pénale et civile qui, dans les
États libres, compète à tout fonctionnaire, ils joignent
leur responsabilité politique devant les Chambres, responsabilité qui est encore plus de fait que de droit, dont les
traditions parlementaires règlent les conditions, mieux que
ne le font les textes, et qu'on a assez heureusement définie :
« la nécessité d'un ministère homogène, solidaire, constamment en accord avec la majorité du Parlement, et

faisant place, aussitôt que cet accord cesse, à un autre ministère qui est choisi dans la majorité nouvelle et qui rétablit, par son avènement, l'accord interrompu (1). »

Les ministres sont presque tous assistés d'un sous-secrétaire d'Etat, qui partage avec eux le fardeau de la direction des affaires et de la discussion publique ; c'est surtout en vue de cette seconde destination que les sous-secrétaires d'Etat sont recrutés parmi les députés, tandis qu'à l'origine de l'institution, aux débuts de la Restauration, ils étaient pris en dehors des Chambres ; si le système actuel a pour avantage de fortifier le lien qui unit les pouvoirs législatif et exécutif, s'il intéresse un plus grand nombre de membres du Parlement à la possession du gouvernement, l'ancien état de choses ne lui était pas inférieur, au point de vue des garanties de bonne administration. Un ministre doit être avant tout un orateur et se borner dans son département à donner aux affaires une direction générale conforme à ses idées propres et aux tendances de la majorité ; aussi ne lui est-il pas inutile de trouver auprès de lui, dans un poste supérieur à toute la hiérarchie des bureaux, quelque fonctionnaire expérimenté, ne cherchant à faire prévaloir aucune vue politique qui lui soit propre, mais apte à guider son supérieur, quant à la mise en œuvre des hommes et des choses qu'une longue et constante pratique lui aura fait connaître, apte encore à maintenir dans tous les services cet esprit de tradition qu'il faut certes se garder d'exagérer, mais sans lequel une administration quelconque serait bien vite envahie par le désordre (2).

Pour remplir la tâche qu'ils ont reçue du pays par

(1) Ch. Savary, *La Responsabilité ministérielle*. (Travaux de la conférence Tocqueville, 1872).

(2) Ce rôle important est rempli aujourd'hui, dans chaque ministère, par des fonctionnaires qui reçoivent souvent, avec le titre de

l'intermédiaire des Chambres et du chef du pouvoir
exécutif, les ministres trouvent leur principal point
d'appui dans le conseil d'Etat ; le moment nous paraît
venu d'étudier la constitution de ce grand corps, et
d'esquisser la nature de son rôle gouvernemental et
administratif.

Le conseil d'Etat a été réorganisé par la loi du 24 mai
1872, dont les dispositions ont été complétées et même légèrement modifiées par la loi constitutionnelle du 25 février
1875 et par la loi toute récente du 14 juillet 1879. Le conseil se compose aujourd'hui de trente-deux conseillers en
service ordinaire, y compris les présidents de section ; de
trente maîtres des requêtes, et de trente-six auditeurs répartis en deux classes ; un secrétaire général, ayant rang
de maître des requêtes, est attaché au conseil, placé lui-
même sous l'autorité d'un vice-président ; la présidence est
réservée au garde des sceaux ministre de la justice. Les
autres ministres ont rang et séance au conseil, avec voix
délibérative sur les affaires non contentieuses dépendant de
leur département ; enfin, dix-huit conseillers d'état en service extraordinaire, choisis dans le personnel des directeurs
généraux et des employés supérieurs des ministères, forti-
fient le trait d'union nécessaire entre le conseil et l'administration active ; ils ont, eux aussi, voix délibérative dans
les affaires dépendant du département ministériel auquel
ils sont attachés, et voix consultative dans les autres.

Tous les membres du conseil sont à la nomination
du chef de l'Etat, et révocables par lui ; les conseillers en
service ordinaire ne peuvent être nommés ni révoqués
qu'en conseil des ministres, les auditeurs de deuxième classe
sont choisis au concours et considérés comme simples

secrétaire général ou directeur général, celui de conseiller d'État en
service extraordinaire.

stagiaires ; ils rentrent au bout de quatre ans dans la vie privée, s'ils n'ont auparavant été promus à la première classe, ou s'ils n'ont été investis d'une situation officielle en dehors du conseil.

Le conseil d'Etat est réparti, pour l'ordre de ses travaux, en cinq sections : 1° législation, justice et affaires étrangères ; 2° intérieur, instruction publique, cultes et beaux-arts ; 3° finances, postes et télégraphes, guerre, marine et colonies ; 4° travaux publics, agriculture, commerce ; 5° contentieux.

En tant qu'auxiliaire du Parlement, le conseil d'État donne son avis : 1° sur les projets d'initiative parlementaire que l'une des Chambres juge à propos de lui renvoyer ; 2° sur les projets de loi préparés par le gouvernement et qu'un décret spécial ordonne de lui soumettre. En outre, devant les Chambres, les ministres peuvent se faire assister, dans la discussion des projets de loi, par des commissaires spécialement désignés et choisis, dans la majorité des cas, au sein du conseil d'Etat.

En tant que juridiction administrative suprême, le conseil remplit le rôle tantôt de tribunal statuant en premier et dernier ressort, tantôt de tribunal d'appel, tantôt de tribunal de cassation ; c'est un peu plus loin qu'en pénétrant dans la matière si délicate du contentieux administratif, nous aurons à l'étudier sous ce rapport.

En tant qu'auxiliaire du gouvernement pour l'administration supérieure du pays, le conseil reste chargé, comme par le passé, de la rédaction des règlements d'administration publique, et donne son avis sur les *décrets rendus en forme de règlement d'administration publique* (1); cette dernière formule nous paraît renfermer une pétition de principe, car il résulte de la discussion

(1) Loi du 24 mai 1872, art. 8.

sur l'art. 8 de la loi de 1872 que la forme de règlement d'administration publique consiste précisément dans l'intervention du conseil d'Etat. Celui-ci exerce encore des pouvoirs de haute police sur les fonctionnaires, et est détenteur du contrôle des cultes dans leurs rapports avec l'Etat : c'est lui qui, depuis la Révolution, reçoit les recours pour abus. Il a à statuer sur les autorisations de plaider aux communes et établissements publics qui jugent convenable de lui déférer, par une procédure qui n'a rien de contentieux, un refus préalablement prononcé par le conseil de préfecture.

Les matières administratives à l'occasion desquelles le législateur fait appel au concours du conseil d'Etat, sous forme de décision ou d'avis, sont innombrables et comprennent notamment, sous des distinctions qu'il n'y a pas lieu d'énumérer ici, des questions touchant à l'autorisation d'acceptation des dons et legs par les personnes civiles publiques, aux concessions de mines, aux autorisations de travaux publics, aux usines, aux naturalisations, aux changements et additions de noms, etc. De plus, le président de la République et ses ministres ont la faculté de consulter le conseil, lorsqu'ils le jugent utile, sur toute mesure politique ou administrative.

Le rôle du conseil d'Etat est, en somme, même dans nos institutions franchement parlementaires, des plus importants ; « il a été établi pour être le conseil, l'appui et le collaborateur des pouvoirs publics (1); » c'est sa mission traditionnelle et la législation en vigueur lui laisse tous les moyens de la continuer.

Pour les affaires même non contentieuses, la marche des travaux du conseil est prévue par la loi et par le

(1) *Rapport* de M. Franck Chauveau à la Chambre des députés, sur le Conseil d'Etat. (Discussion de la loi du 14 juillet 1879).

décret réglementaire du 21 août 1872 : toute discussion est précédée d'un rapport présenté par un conseiller, un maître des requêtes ou auditeur, et l'affaire reçoit la solution qu'elle comporte, suivant le cas, soit en assemblée générale, soit dans la section correspondant au département ministériel dont elle relève. Les décrets rendus après délibération de l'assemblée générale portent la mention : « le conseil d'Etat entendu, » tandis que ceux sur lesquels une section seule a été consultée, portent l'indication de cette section.

L'application courante de la loi, le bon ordre de l'Etat et les services publics sont assurés par un personnel administratif dont le nom est légion ; sans se lancer dans la description longue et ardue des catégories dans lesquelles les range la spécialité de leurs attributions, on peut en former par la pensée un petit nombre de groupes d'après certains traits distinctifs très apparents. Ainsi on aperçoit tout d'abord dans la foule des fonctionnaires : 1° les agents diplomatiques, représentant la France à l'étranger ; 2° l'administration proprement dite, centrale, départementale, communale, qui transmet, sur tous les points du territoire, la pensée du gouvernement, et qui est seule investie, par délégation, de l'*imperium* appartenant à celui-ci ; 3° les services techniques recevant de la catégorie précédente l'inspiration, l'impulsion, et se reliant à elle, de même que, chez l'être vivant, les filets nerveux sont tous en communication avec le cerveau ; 4° les représentants que le pouvoir social possède près du pouvoir judiciaire, soit pour provoquer les jugements, en fournir dans une certaine mesure les éléments, soit pour faire exécuter ensuite les décisions judiciaires ; 5° les agents d'exécution, près desquels se placent, par identité de caractères essentiels, les forces de terre et de

mer, depuis le dernier mousse et le conscrit à peine
entré sous les drapeaux jusqu'à l'amiral et au général en
chef. Le droit constitutionnel, en plaçant l'armée au
dernier rang de l'énumération qui précède, se comporte
à l'inverse de l'histoire nationale qui doit à l'armée ses plus
belles pages, et des affections du pays dont elle possède la
meilleure part. Mais elle n'en est pas moins, jusqu'au champ
de bataille exclusivement, dépourvue de toute initiative ;
cette belle loi de l'obéissance, pratiquée à tous les degrés
de la hiérarchie militaire, contribue même, par-dessus
tout, à rendre l'armée digne de l'admiration et de la sym-
pathie publiques et à en faire l'école sociale par excellence.

Il est de règle générale que toute la partie active de
l'administration est confiée à des fonctionnaires isolés
dont l'initiative se trouve ainsi facilitée et la responsabilité plus effective ; les comités exécutifs n'existent qu'à
l'état de très rare exception. Mais il arrive fréquemment, par la nature même des choses, que l'action
administrative doit être précédée d'une consultation,
d'une délibération. C'est pourquoi le législateur a institué
en grand nombre, en outre du conseil d'Etat, des
conseils délibératifs qui assistent le pouvoir exécutif à ses
divers degrés et lui sont intimement rattachés. L'examen
de leur organisation et de leur fonctionnement rentre
dans l'étude minutieuse du droit administratif.

Tous les fonctionnaires encourent, à l'occasion de
leurs fonctions, une double responsabilité : responsabilité
hiérarchique, sanctionnée par le droit de révocation, et le
pouvoir disciplinaire dont le gouvernement dispose par
les faveurs et par les sévérités qu'il distribue à son gré ;
responsabilité pénale, existant au profit des citoyens
lésés par un acte arbitraire, et susceptible de se résoudre
en poursuites judiciaires ; comme cette responsabilité des

fonctionnaires de tout rang est une des questions les plus délicates qui naissent autour du principe de la séparation des pouvoirs, elle fera l'objet, un peu plus loin, d'un chapitre particulier.

Fonctions essentielles. — La destination spéciale du pouvoir exécutif consiste à appliquer la loi, à la faire exécuter partout et toujours, et non seulement la loi, mais tout ce qui a force de loi, c'est-à-dire notamment les règlements qu'il a lui-même élaborés en vertu d'un droit qui sera examiné plus bas, et aussi les décisions judiciaires, lesquelles, une fois passées en force de chose jugée, sont entre les parties comme la loi même (1). Cette fonction, si elle n'était pas étendue en dehors de sa portée normale, se bornerait à l'adaptation du texte légal aux espèces particulières, car le droit de poser des règles générales obligatoires rentre dans les attributs du pouvoir législatif.

Le gouvernement remplit cette mission par l'intermédiaire des fonctionnaires de tout ordre; il est donc indispensable qu'il ait la direction de ces mêmes fonctionnaires, et qu'aucune résistance de leur part ne vienne entraver son action; c'est dire, avant tout, que les agents du gouvernement doivent être maintenus dans sa dépendance et recevoir de lui tous leurs pouvoirs, en un mot être nommés et révocables par lui. Ce principe est incontestable, mais il faut se garder d'en exagérer la portée; il n'en résulte pas que le personnel administratif doive être soumis au caprice arbitraire, illimité du gouvernement; non, les fonctionnaires d'ordre exclusivement politique sont les seuls dont le ministère doive

_____

(1) Les conventions elles-mêmes des particuliers, lorsqu'elles ont été reçues par des officiers publics, sont suivies, dans les actes, de la formule exécutoire.

être en mesure de disposer complètement à son gré.
La position des autres est dès aujourd'hui, dans certains
services techniques, plus sûre : le concours au début
de la carrière, des règles précises pour l'avancement, la
distinction du grade et de l'emploi, la nécessité que toute
mesure de sévérité soit précédée d'une enquête sérieuse,
sont autant de garanties contribuant à la dignité des
situations et au maintien du niveau de certains personnels.
Il serait désirable que ces conditions de sécurité fussent
étendues, dans la mesure du possible, à tous les fonctionnaires n'ayant pas un rôle purement politique. L'autorité
centrale conserverait sur eux, en les nommant, en les
surveillant, en les déférant à leur conseil de discipline
professionnel, l'ascendant qu'elle ne doit perdre à aucun
degré (et par le fait, où trouve-t-elle une soumission à la
fois plus fière et plus complète que dans l'armée, où l'état
des officiers est si fortement protégé ?) ; personne, dans
une organisation pareille, ne serait en droit de croire
qu'un fonctionnaire peut se mettre eu hostilité avec le
gouvernement qu'il sert, ou avec les hommes qui président à la direction politique du pays. Mais, d'un autre
côté, la fixité des emplois publics, en décourageant à
l'avance les ambitions déplacées, serait plutôt propre à
limiter qu'à répandre l'esprit de fonctionarisme qu'on
reproche si souvent à notre pays ; les carrières officielles
gagneraient en vraie considération, elles offriraient
quelques-uns des avantages des carrières libérales, et
nous serions préservés du danger de voir, à chaque crise
gouvernementale, les questions les plus hautes de la
politique générale submergées par de mesquines rivalités de personnes et de clientèles. En un mot, nous serions
certains de ne jamais glisser sur la pente qu'ont si rapidement descendue les Etats-Unis d'Amérique, malgré l'esprit

libéral et le sens pratique des citoyens de ces contrées. Les compétitions éhontées qu'y excite le changement traditionnel de tous les fonctionnaires à l'avènement d'un nouveau président, la désorganisation des administrations, l'abandon des charges publiques à une catégorie d'hommes n'appartenant à aucun titre à l'élite de la population, tout cela compose un ensemble peu enviable, dont la France est fort éloignée assurément, mais dont elle peut néanmoinst tirer des exemples salutaires, pour les fuir.

Les serviteurs officiels de l'Etat n'ont pour la plupart d'autre attache que la sienne ; une exception remarquable existe toutefois en ce qui concerne les officiers municipaux, maires et adjoints, réunissant dans leur personne les deux caractères souvent difficiles à concilier de délégués de l'autorité exécutive et de représentants des intérêts locaux. Les maires et adjoints sont nommés par le gouvernement seulement dans les chefs-lieux de canton (1) ; partout ailleurs, ils sont élus par les conseils municipaux.

Le texte de la loi constitutionnelle du 25 février 1875 (art. 3) dit du président de la république qu' « il nomme à tous les emplois civils et militaires » ; mais il ne faut pas prendre ces expressions trop à la lettre, car, outre ce qui vient d'être rappelé sur les magistrats municipaux, certains petits emplois sont à la nomination des ministres ou de fonctionnaires subordonnés, agissant sur la simple délégation du chef du pouvoir, qui n'apparaît pas dès lors par une intervention personnelle.

(1) La loi du 12 août 1876 dit : « Dans les communes qui sont chefs-lieux de département, d'arrondissement et de canton » ; le « et » est amphibologique, il faudrait « ou » ; mais les chefs-lieux de département et d'arrondissement ne sont-ils pas en même temps chefs-lieux de canton ?

S'il est vrai que la force armée rentre dans la classe des agents d'exécution, il va de soi que le droit d'en disposer est au nombre des attributions essentielles du pouvoir exécutif, sous toutes les réserves provenant des principes constitutionnels relatifs aux déclarations de guerre ; il a encore été apporté une restriction indirecte à la généralité des termes de la loi du 25 février 1875 sur ce point, par la loi du 23 juillet 1879 qui autorise les présidents des Chambres à requérir directement des chefs militaires les troupes qu'ils jugent nécessaires à la sécurité du Parlement.

Attributions naturelles. — Il ne suffirait pas, pour que le pouvoir exécutif répondît aux besoins dont il est chargé, d'assurer la satisfaction, qu'il appliquât la loi, en fractionnât, pour ainsi dire, les effets de manière à ce que chaque citoyen les ressente ; il a aussi et incontestablement une autre tâche plus étendue et moins facile à définir en termes limitatifs : veiller à la sécurité, à la prospérité et à l'assistance publiques, seconder le développement intellectuel et moral de la nation, réaliser en un mot, dans les limites de l'action légitime de l'Etat, les avantages en vue desquels la société existe, cela rentre en très grande partie dans les devoirs du pouvoir exécutif, et ces devoirs seraient insuffisamment remplis par l'application ponctuelle des textes législatifs aux espèces qu'ils prévoient. Le pouvoir exécutif a forcément, dans cet ordre d'idées, une assez grande latitude, une initiative assez large ; au lieu d'agir en vertu de la loi, il n'est plus tenu que de respecter dans son activité les limites posées par la loi, ce qui est très différent (1) ; il arrive ainsi sur certains points à se poser

____

(1) C'est ce que M. Bluntschli exprime dans les termes suivants : « les règles que le législateur exprime et sanctionne sont *respectées* par le gouvernement comme les normes et les limites juridiques de ses actes ;

à lui-même les règles générales suivant lesquelles il devra procéder sur une matière donnée, et il fixe alors une réglementation qui rentre dans ses attributions, ainsi qu'il est exposé quelques lignes plus bas.

Le pouvoir exécutif est à juste titre chargé de la promulgation des lois, qui constitue à vrai dire la condition *sine quâ non*, et par suite le commencement même, le préliminaire de leur exécution ; en dehors de cette considération théorique, la promulgation ne pouvait être confiée qu'au gouvernement, car elle intervient après que l'œuvre du législateur est terminée, et le pouvoir judiciaire ne pouvait en être chargé, sous peine de contradiction avec son caractère propre et à moins de faire renaître à son profit le funeste droit d'enregistrement qu'exerçaient les anciens parlements.

Le chef du pouvoir exécutif occupe encore tout naturellement le rang suprême de la hiérarchie officielle ; désigné par l'Assemblée nationale entière, il a le pas sur le président de chaque Chambre, qui tient son titre d'une seule des branches du Parlement ; les fonctions de ces présidents se réduisent à rien ou à presque rien en dehors de l'enceinte législative, tandis que le président de la république agit constamment, par l'intermédiaire des ministres, sur toutes les pièces du mécanisme gouvernemental ; c'est seulement à condition d'être le premier magistrat de France qu'il peut traiter sur le pied d'égalité les grandes questions internationales avec les souverains étrangers et avec leurs *alter ego* , les ambassadeurs accrédités près de lui. C'est au même titre qu'il préside aux solennités nationales. Il confère les distinctions honorifiques instituées par la loi, pour la même raison encore et

mais dans le cercle qu'elles tracent, il décide librement... » (*Op. c°* L. VII, chap. VII, n° 1).

pour deux autres tenant, en premier lieu, à ce qu'une promotion dans la Légion d'honneur, par exemple, a un caractère purement individuel, étranger par suite aux actes du pouvoir législalif ; en second lieu, à ce que le gouvernement est mieux placé que qui que ce soit pour se rendre compte des mérites des citoyens.

Les attributions dites « diplomatiques » du président de la république consistent à négocier et à ratifier les traités ; il est tenu d'en donner connaissance aux Chambres « aussitôt que l'intérêt et la sûreté de l'Etat le permettent; » la sanction expresse du pouvoir législatif est même indispensable à la perfection des « traités de paix, de commerce, des traités qui engagent les finances de l'Etat, de ceux qui sont relatifs à l'état des personnes et au droit de propriété des Français à l'étranger... Nulle cession, nul échange, nulle adjonction de territoire ne peut avoir lieu qu'en vertu d'une loi (1). » L'utilité de ces sages limitations aux droits du pouvoir exécutif en matière de diplomatie est trop apparente pour être ici l'objet de nouveaux développements.

Fonctions accessoires. — Fonctions accessoires, dans notre esprit, cela ne veut pas dire, et tant s'en faut, fonctions secondaires, mais, ainsi qu'on l'a vu plus haut, fonctions dont on comprendrait que, sans violation des principes, le pouvoir exécutif (puisque c'est lui qui nous occupe) ne fût pas investi. De ce nombre est le droit d'initiative législative, que le gouvernement partage, pour le plus grand bien de la chose publique, avec chacun des membres du Parlement. De ce nombre encore, le droit de convoquer, de proroger, d'ajourner les Chambres, car on conçoit et on a vu des organisations politiques dans les-

_____

(1) Loi constitutionnelle du 16 juillet 1875, art. 8.

quelles les Chambres ont, pour se réunir et se séparer, une spontanéité complète. De ce nombre encore, ce droit de dissolution si contesté aujourd'hui, mais inséparable dans l'histoire, de tout régime parlementaire sérieux, et recommandé par tous les publicistes libéraux depuis Montesquieu jusqu'à John-Stuart Mill. Le droit de dissolution est une conséquence de la sage application du principe de la séparation des pouvoirs, seul il permet le dénouement pacifique des conflits que n'a pu résoudre un simple changement de ministère ; dans aucun pays du monde, il n'est entouré de garanties équivalentes au système qui en subordonne l'exercice à un avis conforme du sénat.

Les membres de l'ordre judiciaire sont, en France, à la nomination du président de la république (1), et si cet état de choses se recommande par des considérations puissantes, elles sont d'un ordre tout différent et beaucoup moins impérieuses que celles en vertu desquelles le recrutement des administrations se fait par la même voie. En effet, les grandes règles du droit public, celle même de la séparation des pouvoirs, ne seraient atteintes ni par la généralisation du jury, ni par l'élection des juges, soit au suffrage universel, soit au suffrage des corps judiciaires ou d'un corps électoral spécial. De tous ces procédés, la nomination par le gouvernement est celui dont on peut, en somme, attendre les meilleurs choix ; c'est tout et c'est assez.

Attributions exceptionnelles. — Quelques précautions que prennent pour faire discerner les limites de la loi et du règlement des jurisconsultes désireux de représenter la séparation des pouvoirs, comme étant complète dans la pratique

(1) Sauf les membres des juridictions commerciales, élus par leurs justiciables.

française, il leur est impossible de ne pas concéder, au moins d'une manière implicite, à un lecteur médiocrement exigeant, que le droit pour le pouvoir exécutif de poser des règles générales obligeant tous les citoyens dans des conditions déterminées, constitue en définitive un empiétement sur le domaine législatif ; cet empiétement est consenti, souvent même autorisé par une délégation formelle, mais on ne peut nier qu'il existe.

Le président de la république et certains fonctionnaires, ses subordonnés, prennent, dans les limites de leurs pouvoirs, des décisions qui, sous le titre de décrets et d'arrêtés, produisent des effets obligatoires identiques à ceux de la loi. Rien de plus simple, de plus normal, tant que ces décisions portent sur une question particulière ; mais dès qu'elles revêtent un caractère de généralité, il y a, à proprement parler, *règlement*, et les difficultés se pressent aussi nombreuses que délicates.

Théoriquement, le pouvoir réglementaire de l'autorité exécutive existe « pour l'exécution des lois », mais la force des choses a étendu ces limites ; le gouvernement, tout au moins, prend des règlements sur toutes les matières laissées, comme on l'a vu plus haut, à son initiative, et les textes réglementaires sont en France si nombreux et si généraux qu'on a pu dire dans un document officiel : « C'est au moyen des règlements d'administration publique que les services publics ont été organisés depuis 1800 (1) ». Très souvent et en particulier pour les règlements d'administration publique, il y a dans quelque loi organique une délégation expresse du pouvoir législatif au gouvernement ; mais, il faut bien reconnaître, à moins d'entrer

(1) *Rapport* à l'appui du *compte général des travaux du conseil d'Etat* publié en 1862.

dans d'insaisissables subtilités, que cette délégation existe d'une manière universelle et tacite, sous l'unique condition pour l'autorité publique de ne jamais se mettre en contradiction avec les lois existantes; il convient également qu'elle se tienne dans leur esprit.

Ainsi les règlements ne peuvent innover, contrairement aux principes déjà posés par les lois; comme celles-ci, ils sont susceptibles d'abrogation par l'autorité qui les a édictés ; ainsi, l'intervention du pouvoir législatif n'est pas nécessaire pour les modifier ou les supprimer. Une autre différence qu'ils ont avec les lois consiste en ce qu'ils ne sont obligatoires que dans le territoire sur lequel s'étend la compétence du fonctionnaire qui les a pris ; une troisième enfin, en ce qu'ils ne peuvent établir de peines. Tous les règlements trouvent une sanction générale dans l'art. 471 n° 15 du code pénal, qui punit d'une amende de 1 à 5 fr. la contravention à un règlement administratif *légalement pris*. Cette expression, à supposer même qu'elle n'eût pas été commentée par une nombreuse jurisprudence, indiquerait d'une manière suffisamment claire les limites du droit d'appréciation du juge de simple police. Ainsi que le font ressortir MM. Chauveau Adolphe et Faustin Hélie (1), « Les tribunaux ne doivent pas se borner à examiner si les contraventions qui leur sont déférées sont constantes : ils doivent pousser plus loin leurs investigations ; ils doivent examiner si l'arrêté dont l'infraction leur est dénoncée n'a point excédé les limites du pouvoir administratif ou municipal, s'il ne déroge à aucune disposition de la législation... » Les mêmes auteurs complètent un peu plus loin cette théorie à propos des arrêtés de police municipale : « Ce droit d'examen, disent-

---

(1) *Théorie du Code pénal*, t. VI, chap. 84, n° 2528 et suivant, 4e édition.

ils, est inhérent au pouvoir judiciaire, mais il doit se circonscrire dans les limites posées par la loi ; le juge de police ne peut se rendre juge de l'utilité, de l'opportunité des mesures prises par l'autorité municipale. Pouvoirs indépendants l'un de l'autre, le tribunal de police et le maire ne peuvent contrôler leurs actes ; le premier seulement doit refuser le concours de la justice, toutes les fois que les actes du maire sortent de ses attributions ou sont contraires à la loi. Toute la théorie de la matière peut se résumer dans cette double règle : faculté pour les maires de prendre des arrêtés sur des objets de police que la loi a confiés à leur surveillance ; faculté pour les tribunaux de police d'examiner si les arrêtés se rapportent à cela et ne blessent pas la législation générale ; mais si ces tribunaux reconnaissent la légalité des arrêtés, ils sont astreints à prononcer les peines de police. » Ainsi, ajouterons-nous, l'exige la règle de la séparation des pouvoirs, qui interdit à chacun d'eux de se constituer juge de l'opportunité d'une mesure prise par les autres.

L'examen de la légalité et de la validité d'un arrêté réglementaire ne peut d'ailleurs porter que sur le texte même que le juge est requis d'appliquer, et non sur les formalités qui auraient dû précéder ou accompagner cet arrêté (1). Il suffit qu'il ait été compétemment pris, qu'il ne soit contraire à aucune loi, qu'il soit régulier en la forme et qu'il ait été régulièrement publié, pour que le juge soit forcé de le faire respecter.

Il convient encore de rappeler que les dispositions de certains règlements sont protégées par une pénalité plus sévère que celle qui vient d'être indiquée ; cela se produit exclusivement pour des règlements rendus en vue de

---

(1) Arrêt de la Cour de cassation du 7 mars 1857, *Dalloz périodique*, année 1857.

l'exécution de certaines lois importantes fixant elles-mêmes la peine applicable. Nous citerons, à titre d'exemple, l'ordonnance du 15 novembre 1846 sur la police des chemins de fer, dont les prescriptions sont sanctionnées par des peines correctionnelles que fixe la loi du 15 juillet 1845, où se trouvent les principes de la matière, et encore la loi du 3 mai 1844, dont l'art. 11 (n° 3) punit d'une amende de 16 à 100 fr. les individus qui auront contrevenu aux arrêtés préfectoraux sur les oiseaux de passage, le gibier d'eau, la chasse en temps de neige, l'emploi des chiens lévriers, la destruction des oiseaux et celle des animaux nuisibles.

En dehors de ces sanctions que la loi elle-même établit pour prévenir l'inobservation des règlements, M. Batbie (1) soutient que des règlements d'administration publique peuvent par eux-mêmes édicter des peines en vertu de la délégation du législateur ; si celle-ci est expresse, la chose va de soi théoriquement, bien qu'il paraisse difficile de trouver dans la réalité des cas où elle ait eu lieu ; mais le même auteur va trop loin, lorsque, s'armant d'un arrêt que nous ne saurions considérer comme topique, il avance « qu'il ne serait même pas nécessaire que le pouvoir d'édicter des peines fût accordé formellement, et il suffirait qu'il résultât implicitement des termes employés par la la loi » (2). Qui ne voit quelle serait la gravité d'une pareille solution, si l'on en tirait tout ce qu'elle renferme, c'est-à-dire le droit pour un représentant du pouvoir exécutif de frapper, à la faveur d'une tournure

(1) *Traité théorique et pratique du droit public et administratif*, t. III, n° 348.

(2) M. Batbie ne s'en tient même point là, et avance formellement que tout règlement d'administration publique rendu sur l'indication du législateur, « peut même aller jusqu'à édicter des pénalités autres que celles que prononce l'art. 471, n° 15, C. pén. » (*Ibid.* n° 351, en note).

de phrase ambiguë employée par le législateur, de peines sévères une infraction des plus légères, de changer avec l'importance des peines l'échelle des juridictions, de bouleverser, en un mot, le système pénal ? A quel titre prétendrait-on interdire au pouvoir exécutif, une fois lancé dans cette voie, d'assurer les détails de la police en invoquant les travaux forcés ou la réclusion contre les citoyens récalcitrants ?

L'ensemble de la jurisprudence, qui gagne à être étudié de plus près, obéit à des tendances fort différentes ; il en résulte clairement que la cour de cassation n'entend point s'écarter des principes posés dans un arrêt devenu classique, du 17 janvier 1829, à savoir « qu'il n'y a que les lois qui puissent servir de base et de *texte* aux condamnations » ; que, d'ailleurs, « il n'appartient pas au pouvoir municipal ou administratif de créer arbitrairement des peines dans les matières sur lesquelles il est autorisé à agir par voie de règlement ; qu'il ne peut que rappeler les peines établies par les lois, et que, quelles que soient d'ailleurs ses dispositions, les tribunaux *ne peuvent jamais infliger d'autres* peines que celles prononcées par un *texte précis* de la loi applicable à la contravention (1). »

Il va sans dire que toutes les fois que les peines applicables aux contraventions à un règlement dépassent les

---

(1) Cass., 17 janvier 1829 (*Journal du Droit criminel*, p. 154 et suiv.) Cette doctrine a été appliquée d'une façon très nette par un arrêt de cassation du 15 février 1856 (Dalloz *périodique*, 1856, 1ᵣₒ partie, p. 349), où il est dit que « l'art. 471, n° 15, C. pén. ne s'applique exclusivement qu'aux mesures prescrites par l'administration publique, en vertu de l'attribution qu'elle tient du n° 1 de l'art. 11 de la loi du 18 juillet 1837, et de l'art. 3, titre XI, de celle des 16-24 août 1790, ainsi que des *lois* spéciales *qui n'ont pas édicté la peine de leur infraction* ; d'où il suit que les actes d'administration qui ont pour objet, en même temps, de faire exécuter ce que des dispositions législatives ont ordonné ou défendu, emportent de plein droit, quant à ces dispositions, l'application de la peine qu'elles prononcent. »

peines de simple police, la juridiction change, puisqu'il est dans l'esprit de notre droit criminel de régler les compétences d'après la gravité des peines.

Les règlements sont rendus dans des formes variables selon l'autorité qui les prend et même d'après d'autres considérations. Les règlements qui appellent l'attention en premier lieu sont les règlements dits « d'administration publique » ; ils doivent être préparés par le conseil d'Etat en assemblée générale et faire mention de cette circonstance. Le plus souvent, le règlement d'administration publique est rendu en exécution d'une loi prescrivant d'y recourir pour déterminer les conditions d'application de ses propres dispositions. Mais ce n'est pas la seule forme sous laquelle puisse se manifester l'autorité réglementaire du président de la République, qui n'est empêché par aucun texte de décréter des règlements sans le concours du conseil d'Etat (1).

Les règlements émanant du pouvoir central, qu'ils appartiennent à l'une ou à l'autre catégorie, ne sont exécutoires qu'après avoir été publiés dans les formes mêmes usitées pour les lois.

Il en est autrement des règlements qui sont l'œuvre d'une autorité subordonnée ; les formes de publication sont différentes en ce qui les concerne.

Les ouvrages classiques publiés sur le droit administratif sont presque tous d'accord pour admettre qu'aucun

(1) M. Aucoc (Conférences sur l'administration et le droit administratif, t. II, n° 54, 1ʳᵉ édition) estime, au contraire, que tous les décrets réglementaires étant, par nature, d'administration publique, devraient être préparés par le conseil d'État ; cette opinion nous paraît plus facile à soutenir comme desideratum que comme thèse juridique.

L'ordonnance du 1ᵉʳ août 1837 pour l'exécution du Code forestier, l'instruction générale sur la comptabilité publique du 31 mai 1862, le décret du 23 octobre 1874 sur la conscription des chevaux, ont été rédigés en dehors du conseil d'Etat.

pouvoir réglementaire n'appartient aux ministres ; cette affirmation est trop absolue, car, pour ne citer qu'un exemple, les tarifs généraux et les règlements intérieurs adoptés par les compagnies de chemins de fer ne sont applicables qu'en vertu de l'autorisation du ministre des travaux publics ; or, comme ces compagnies ne sont mêlées en quoi que ce soit à l'exercice de l'autorité publique, il faut bien que la force exécutoire réside dans l'approbation même du ministre (1).

Les ministres participent encore personnellement à l'exercice du pouvoir réglementaire par le droit de contrôle dont ils sont armés relativement aux règlements préfectoraux ; le décret dit de *décentralisation* du 25 mars 1852 les autorise à annuler et à réformer les actes préfectoraux quelconques qui portent sur un objet de leur compétence et qui seraient contraires aux lois ou règlements ou donneraient lieu à réclamation des intéressés.

Le pouvoir réglementaire du préfet expire naturellement *ratione loci*, aux limites du département; *ratione materiæ*, il est strictement borné, en dehors d'une délégation expresse du législateur, aux mesures de sûreté générale et de sécurité publique : une jurisprudence sévère, adoptée également par le conseil d'Etat et par la cour de cassation, réforme pour excès de pouvoir ou considère comme illégal tout arrêté préfectoral empiétant sur les attributions municipales.

Celles-ci, en matière réglementaire, sont consacrées par l'art. 11 de la loi du 18 juillet 1837 et déterminées par les art. 3 et 4, titre IX, de la loi des 16-24 août 1790, qui

---

(1) Les dispositions réglementaires, émanant du ministre seul, participent même, d'après une jurisprudence constante, à la sanction pénale fixée par la loi de 1845, en ce qui concerne les infractions à la police des chemins de fer. (V. Léon Aucoc, *Op. c°*, t. III, n° 1419.)

appelle le maire, responsable de la police municipale, à prendre les mesures nécessaires en vue : 1° de la sûreté et de la commodité de la voie publique ; 2° de la répression des délits contre la tranquillité publique ; 3° du maintien du bon ordre dans les lieux publics ; 4° de la salubrité des comestibles et la fidélité du débit des denrées ; 5° des moyens de prévenir les accidents et fléaux calamiteux, ou de les faire cesser ; 6° des spectacles publics. Il va de soi que le maire ne peut disposer réglementairement que pour sa commune, et que son initiative est subordonnée aux règles supérieures posées par [la loi, les règlements généraux et préfectoraux.

L'indépendance du maire n'est même pas complète dans ces limites restreintes : les règlements *temporaires*, étant réputés pris sous l'empire d'une nécessité urgente, sont seuls exécutoires immédiatement. Quant aux règlements *permanents*, ils doivent être soumis à l'examen de l'autorité préfectorale, par l'intermédiaire du sous-préfet ; pendant un délai d'un mois (1) qu'il lui est loisible d'abréger par une autorisation expresse (2), le préfet a le droit, non pas de réformer l'arrêté, ce qui constituerait une immixtion illégale dans les attributions municipales, mais de l'annuler. Par l'expiration seule de ce délai, le règlement permanent non annulé devient exécutoire.

Les arrêtés préfectoraux et municipaux, avons-nous dit, ne sont pas soumis, comme les actes législatifs et les décrets du chef de l'État, à des formes sacramentelles de publication, et cela lors même qu'ils disposent réglemen-

---

(1) Le point de départ du délai est la date du récépissé délivré par le sous-préfet.

(2) Ce point est admis par l'ensemble de la doctrine, mais a été plusieurs fois, de la part de la Cour de cassation, l'objet de décisions dans un sens opposé.

tairement. Les difficultés relatives à la validité de leur publication se réduisent, en somme, dans le silence des textes, à des questions de fait, et c'est par voie d'élimination que la jurisprudence est arrivée en cette matière à poser quelques principes. Ainsi, il a été jugé que l'insertion d'un règlement préfectoral au *Bulletin des actes administratifs de la Préfecture* ne constituait pas une publicité suffisante (1) ; qu'un arrêté non signé n'était pas obligatoire (2) ; qu'enfin, il y a lieu d'étendre aux règlements administratifs l'avis du conseil d'État du 23 prairial an XIII prescrivant que les décrets non insérés au *Bulletin des Lois* seraient portés à la connaissance des habitants au moyen d'affiches et de publication à son de trompe ou de caisse (3). Mais cette assimilation ne saurait lier l'autorité administrative, qui a rempli ses obligations en se conformant à l'usage local (4), et toute objection tirée devant le juge d'une publication insuffisante se ramènera à un examen d'espèce.

Le droit de réglementation n'est pas le seul côté par lequel le pouvoir exécutif puisse être regardé, en quelque sorte, comme le prolongement du pouvoir législatif. Il est encore investi, en matière budgétaire, d'une attribution importante, au moyen de laquelle la force même des choses le fait pénétrer dans un ordre de fonctions que le Parlement se réserve avec un soin jaloux : gardien vigilant des finances publiques, le Parlement peut seul, en principe, revenir sur les prévisions du budget annuel qu'il a voté, pour ouvrir au gouvernement des crédits supplémen-

(1) Arrêts de la Cour de cassation, 5 juillet 1845, 28 novembre 1845, 12 avril 1861 (Dalloz *périodique*). V. au surplus circulaire du ministre de l'intérieur du 19 décembre 1846.

(2) Cour de cass., 1er mai 1868 (*Ibid.*)

(3) Cour de cass., 24 juillet 1852 (*Ibid.*)

(4) Cour de cass., 11 janvier 1878 (*Ibid.*)

taires ou extraordinaires justifiés par des circonstances imprévues. Mais les Chambres peuvent être prorogées en vertu de l'art. 2 de la loi du 16 juillet 1875, et si un urgent besoin d'argent se produit pendant la prorogation, des crédits supplémentaires ou extraordinaires peuvent être ouverts *provisoirement* par des décrets rendus en conseil d'État, après avoir été délibérés et approuvés en conseil des ministres. Ces décrets doivent être soumis à la sanction des Chambres dans la première quinzaine de leur plus prochaine réunion (1).

Le législateur s'est refusé à assimiler l'hypothèse d'une dissolution de la Chambre des députés à celle d'une simple prorogation, entendant par là peser sur les déterminations du pouvoir exécutif, afin qu'il convoque les élections dans le plus bref délai, après une dissolution.

Le pouvoir exécutif doit encore être considéré, théoriquement, comme agissant en qualité de délégué du pouvoir législatif, dans les cas où il est autorisé à prendre l'initiative d'une expropriation pour cause d'utilité publique. Car cette initiative a pour suite la dépossession des propriétaires d'immeubles expropriés, et le législateur seul devrait pouvoir apporter des limitations particulières à un droit fondamental comme le droit de propriété.

Par le droit de grâce se trouvent modifiés les rapports naturels du pouvoir exécutif avec le pouvoir judiciaire ; bien que la décision que celui-ci a compétemment prise contre un délinquant subsiste, inattaquable dans son principe, même après une mesure gracieuse qui en atténue les effets, ce n'est que par une attribution d'un caractère tout exceptionnel que le pouvoir exécutif peut se refuser à l'exécution d'un jugement ou arrêt définitif ayant, quant au point sur lequel il statue, force de loi.

(1) Loi de finances du 23 décembre 1878.

Le droit de faire grâce comprend celui de réduire la peine et celui de la commuer ; par exemple, de remplacer une peine d'emprisonnement par une simple amende. Les effets d'un décret de grâce, bien différents de ceux d'une loi d'amnistie (1), sont strictement limités au genre d'adoucissement qu'il prévoit textuellement ; il laisse subsister la condamnation, qui continuera à figurer au casier judiciaire ; il ne fait pas disparaître implicitement les peines accessoires prononcées, et les incapacités ou déchéances résultant du jugement continuent à exister, à tel point que le condamné ne peut être réintégré dans ses droits que par la réhabilitation, mesure d'un caractère mixte à laquelle participent ensemble le pouvoir judiciaire et le pouvoir exécutif.

Le principe du droit de grâce, combattu pour la première fois par Beccaria (2), puis par Filangieri, Bentham, Pastoret et quelques autres publicistes, au nom du respect de la loi et de la nécessité de rendre inévitable le châtiment du crime, compte encore de nos jours quelques adversaires ; les critiques auxquelles il donne lieu portent, à la vérité, surtout sur les abus qu'on en peut faire ; exercé avec sobriété, il complète à nos yeux le fonctionnement de la justice, au lieu d'en détruire l'harmonie. En effet, dans une législation qui admet aussi difficilement que la nôtre la révision des procès criminels, il importe de pouvoir réparer les conséquences des erreurs judiciaires qu'on ne saurait trouver le moyen d'éviter à coup sûr ; en outre, le juge saisi d'un crime, d'un délit ou d'une contravention quelconque, ne peut qu'appliquer la loi telle qu'elle existe, et il a souvent les mains liées pour faire la part de la plus

---

(1) V. ci-dessus, p. 344.
(2) *Des délits et des peines*, chap. XX.

ou moins grande utilité sociale de la répression (1); c'est
avec raison que le gouvernement est autorisé à tenir
compte de ce point de vue. Enfin, tout système péniten-
tiaire, pour être efficace, comporte nécessairement la faculté, pour l'autorité qui fait exécuter la peine, d'encou-
rager la bonne conduite des détenus par l'espoir d'une
réduction du temps pendant lequel devait durer pour eux
la privation de la liberté.

Le pouvoir exécutif empiète visiblement sur le pouvoir
judiciaire, en détournant au profit de ses conseils administratifs et parfois au profit de ses agents directs, les litiges
composant le *contentieux administratif*, c'est-à-dire, —
pour nous en tenir à des caractères généraux qui n'ont
point, comme on le verra bientôt, la rigueur d'une définition, — les procès dans lesquels se trouvent en présence,
non plus deux particuliers, mais un particulier et l'autorité publique discutant sur leurs droits réciproques. Cette
question du contentieux administratif est la plus grave
et la plus controversée parmi celles qui se rattachent à la
séparation des pouvoirs. Car, chose étrange, les deux opinions existant sur la théorie du contentieux administratif
s'autorisent également du principe de la séparation des
pouvoirs; reste à savoir laquelle des deux l'interprète
sainement. Le lecteur sait déjà que notre choix est fait,
que le pouvoir exécutif à notre sens est destiné à exécuter
et non à juger, et que sa prétention de sauvegarder son
indépendance en constituant dans son propre sein un
pouvoir judiciaire restreint, à son usage, ne se défend pas
mieux que ne se défendrait l'ambition du pouvoir judiciaire, si elle était manifestée, de pourvoir par lui-même,

(1) Notamment lorsqu'il s'agit de certaines infractions purement maté-
rielles entraînant parfois des pénalités très sévères, sans qu'il soit permis
aux juges d'admettre de circonstances atténuantes.

etiam manu militari, à l'exécution de ses propres sentences, ou de fixer les règles de la procédure à suivre devant lui. En détachant le contentieux administratif de toutes les autres natures de litige, en constituant l'administration juge de ses propres actes, le législateur de la Constituante, encore une fois, ne s'est point proposé, à la suite de saines méditations sur les règles primordiales du droit public, de sauvegarder la séparation des pouvoirs dans les institutions qu'il fondait ; il s'est laissé entraîner, plus que de raison, par un sentiment passionné de réaction contre les excès des parlements de l'ancien régime, et en établissant une forte barrière entre les pouvoirs judiciaire et exécutif, il ne s'est pas aperçu qu'il la plaçait, au détriment du premier, en deçà de la ligne naturelle de démarcation. Un chapitre spécial du présent ouvrage est consacré au développement de cette idée.

Tutelle et gestion. — La gestion des intérêts généraux du pays, exercée, comme il a été expliqué plus haut, sous le contrôle du pouvoir législatif, est peut-être la partie la plus absorbante des devoirs incombant au pouvoir exécutif ; il n'y a guère de branches de l'administration qui n'apportent leur contingent à cette tâche si importante, et plusieurs d'entre elles n'ont même pas d'autre raison d'exister. Il en est ainsi notamment du très nombreux personnel employé à la gestion des finances nationales, soit pour l'assiette et le recouvrement des impôts, soit pour le maniement des fonds ou le service de vérification. Le domaine public ou privé de l'Etat exige également des fonctionnaires spéciaux pour le surveiller ou le mettre et le maintenir en valeur. Même dans ces services d'apparence purement technique, les ministres et les préfets interviennent, tantôt pour approuver les mesures à prendre, tantôt pour représenter l'Etat. Les agents des administrations spéciales, en effet, si honorable que soit leur mission et quelques talents qu'elle exige, sont, en général, dénués de tout pouvoir propre, de toute autorité directe à l'égard du public; ce qui revient à dire qu'ils n'ont pas la faculté de prendre des arrêtés, ni de faire aux citoyens des injonctions obligatoires et indiscutables; ils ne peuvent que soumettre des propositions au pouvoir central et aux fonctionnaires investis par sa délégation du droit de commandement.

Le préfet est le représentant ordinaire de l'Etat personne civile; à ce titre, c'est lui qui passe au nom de l'État les marchés de travaux publics, qui préside, soit personnellement, soit par l'intermédiaire du sous-préfet, aux adjudications de biens provenant du domaine de l'Etat, aux marchés de fournitures, à la conclusion des baux d'immeubles de l'Etat; c'est lui qui acquiert à titre onéreux pour l'Etat, tant que le prix d'acquisition ne dépasse pas 25,000 fr. (1); au-dessus de ce chiffre, ce sont les ministres qui acquièrent dans les limites des crédits régulièrement ouverts. Le préfet agit en justice pour l'Etat et reçoit les assignations relatives aux domaines et droits domaniaux (2).

Mais le préfet n'est pas seulement, dans le département qu'il administre, l'organe du pouvoir central; il est encore le représentant de la personnalité civile de ce même département et l'exécuteur des délibérations du conseil général et de la commission départementale élue dans son sein; c'est ainsi qu'il ordonnance toutes les dépenses du département, telles qu'elles sont déterminées dans le budget voté par le conseil général, et qu'il en rend compte à ce même conseil (3); il figure, en se conformant aux délibérations

(1) Décret, 25 mars 1852, tableau D. n° 15.
(2) Code de procédure civile, art. 69.
(3) Loi du 10 août 1871, art. 3.

du conseil général, dans tous les actes de la vie civile du département qu'il représente également en justice, sauf dans les procès où l'Etat serait aussi engagé. Alors le préfet représenterait l'Etat, et le département serait représenté par un membre de la commission départementale (1).

On peut dire que, dans ces diverses circonstances, l'autorité supérieure prête son agent à l'administration purement départementale. Le contraire se produit en ce qui concerne les maires : le caractère d'administrateurs communaux l'emporte en eux, sans contestation possible, sur le caractère de représentants du pouvoir central. C'est pourquoi, dans la grande majorité des communes de France, les maires et adjoints sont aujourd'hui élus par les conseils municipaux, sauf le droit de suspension et de révocation réservé au pouvoir exécutif; celui-ci a conservé seulement la nomination des maires et adjoints dans les chefs-lieux de canton, par cette raison que dans les villes d'une certaine importance l'indépendance absolue du maire aurait pu entraver d'une manière trop sensiblement fâcheuse l'accomplissement des devoirs que remplit le pouvoir exécutif par l'intermédiaire des magistrats municipaux, relativement au maintien de la paix publique et au bon fonctionnement des services d'intérêt général. Au reste, cette double nature des fonctions du maire, à laquelle viennent s'ajouter encore ses qualités d'officier de police judiciaire, d'officier d'état civil, etc., constitue une des grosses difficultés de notre droit administratif, et cette difficulté touche de si près à la politique qu'il n'y a guère dans notre histoire de révolution, ou même de changement sérieux de direction dans un gouvernement existant, qui n'ait été marqué par une loi modifiant le mode de nomination des maires ; on peut compter sur ce sujet important jusqu'à douze systèmes qui ont

_____
(1) Loi du 10 août 1871, art. 54.

été appliqués, ou prônés dans la presse et soutenus dans les Chambres (1). La question ne recevra de solution définitive que le jour où le gouvernement aura dans les communes des commissaires spéciaux pour y remplir toutes les attributions que le maire n'exerce en qualité ni de magistrat municipal ni de représentant de la commune et agent du conseil municipal. Qu'il nous suffise d'ailleurs de retenir que la gestion des intérêts communaux incombe au maire, non comme accessoire du mandat qu'il tient de l'autorité centrale, mais comme un pouvoir propre inhérent à son titre même.

Le pouvoir exécutif exerce à l'égard des administrations locales et des établissements publics investis d'une personnalité civile, des droits de protection dont l'ensemble porte dans le langage usuel la dénomination de *tutelle administrative*; M. Aucoc (2), après Thiers et Bonjean, rejette cette expression comme impropre; nous accordons qu'il serait dangereux de considérer le mot comme établissant, entre deux ordres d'idées qui doivent rester distincts, une assimilation complète, mais si l'on se contente d'y voir le rappel d'une analogie, l'emploi en paraîtra suffisamment justifié; car, dans les cas nombreux où l'administration supérieure fait sentir son action, acceptée plus ou moins volontiers, dans la sphère des intérêts locaux, elle ne se borne pas à empêcher ou à réformer; elle intervient encore pour compléter la personnalité de la commune, de l'établissement, du département qui ne peut agir seul, et se substitue même, au besoin, à cette personnalité. Son rôle se ramène donc sensiblement, tantôt à celui du tuteur français, tantôt à celui du tuteur romain. D'autre part, sans qu'il en résulte aucune insinuation injurieuse à

(1) Th. Ducrocq, *Op. c°.*, t. I, n° 188.
(2) *Op. c°.*, t. I, n° 44 (1re édition).

l'égard des communes, il faut bien reconnaître que, sous
certain rapport, leur situation juridique se rapproche de
celle des mineurs; car le caractère essentiel de la minorité
consiste en ce que la personnalité est incomplète. Le rapprochement existe dans toutes les parties du droit et jusque
dans l'article 83 du code de procédure civile, qui prescrit
de communiquer au ministère public les causes concernant
les communes, les établissements publics..., les femmes
mariées, les mineurs, et « généralement toutes celles où
l'une des parties est défendue par un curateur. » D'après
ces diverses considérations, le mot de *contrôle* que M. Aucoc propose de substituer au mot de *tutelle*, serait encore
plus inexact.

La marche de la législation depuis vingt ans tend à
émanciper de plus en plus de la tutelle administrative les
départements, déjà presque complètement affranchis, et
les communes, à leur rendre dans une large mesure la
libre gestion de leurs intérêts propres; en d'autres termes,
la décentralisation fait chaque jour de nouveaux progrès,
et il ne paraît pas douteux qu'elle doive en réaliser encore.
Faut-il toutefois désirer qu'elle en fasse d'illimités, et un
homme d'État serait-il bien inspiré en se proposant comme
idéal de donner aux communes une autonomie administrative entière ? Les plus fermes champions du libéralisme
et de la décentralisation ne vont pas si loin; ils voient dans
l'avenir de la seconde de ces nobles causes, non seulement
une question de temps, mais aussi une question de mesure;
« reste donc, disait l'un d'eux et des plus éminents, après
s'être dégagé des considérations de temps, reste donc la
mesure, et c'est en effet dans cette mesure que gît toute la
difficulté du problème (1). »

Cette difficulté que les progrès de la décentralisation

(1) Odilon Barrot. *De la centralisation et de ses effets*, (chap. II, p. 32).

partagent avec la plupart des choses humaines, est fort
complexe ; si les défiances (1) du législateur à l'égard des
assemblées locales tenaient uniquement à leur défaut présumé de lumières, on pourrait attendre un changement
total d'appréciation que déterminerait dans l'avenir la
diffusion de plus en plus grande de l'instruction ; mais il y
a trois autres considération très fortes que le temps ne peut
changer : en premier lieu, la distinction des intérêts généraux et des intérêts locaux est purement théorique, et,
dans la réalité, ils s'enchevêtrent et se confondent souvent. Comme l'État a incontestablement la responsabilité des premiers, il faut bien lui laisser le moyen de veiller
à ce qu'ils ne souffrent pas d'une imprudente gestion des
seconds. En second lieu, la protection des minorités rentre
également dans les devoirs de l'État ; or, l'oppression des
minorités dont on se plaint parfois en politique, est
inconnue en matière d'affaires communales ; elle est alors
remplacée par l'écrasement des minorités. Toute personne
un peu au courant de la vie rurale sait si cette observation
n'est pas juste, et si elle ne l'est pas d'autant plus que la
commune prise pour exemple est plus petite. Là, le plus
souvent, une poignée d'électeurs municipaux est tiraillée
par deux influences purement locales, tendant avec âpreté
à faire prévaloir leurs idées qui ne sont le plus souvent que
l'expression d'intérêts personnels : un déplacement de
quelques voix suffit pour faire passer l'administration d'un
parti à l'autre, et chacun d'eux à son tour n'a pas de plus
chère préoccupation que de nuire au vaincu. Après quelques
mouvements de cette bascule, le pays serait ruiné, si
l'administration centrale n'apparaissait quelquefois pour
maintenir un équilibre salutaire, et si son influence n'em-
pêchait les rivalités auxquelles nous faisons allusion

(1) Le mot est pris ici dans un sens tout relatif.

d'éclater au grand jour et de se manifester par des abus.

Enfin, lorsqu'un père de famille dilapide par sa prodigalité les biens qu'il a reçus de ses ancêtres et qu'il devrait conserver pour ses enfants, on lui donne un conseil judiciaire ; la même ressource n'existe pas à l'égard des administrations communales, qu'il faut cependant pouvoir empêcher de grever à tout jamais, d'une manière excessive, les contribuables, pour la satisfaction d'une fantaisie passagère. La protection des intérêts des générations futures revient encore à l'Etat ; c'est une raison de plus pour lui permettre d'intervenir dans les affaires locales.

La décentralisation est, néanmoins, vraisemblablement appelée à de nouveaux développements, et, en tout cas, il faut maintenir les conquêtes qu'elle a réalisées pied à pied dans la législation actuelle, et qui toutes sont le résultat de délibérations mûrement préparées et favorisées par un mouvement lent et réfléchi de l'opinion publique éclairée. Toute question, en effet, a deux faces, et si l'émancipation totale des communes est une menace pour la liberté, le despotisme de l'Etat serait un fléau bien plus redoutable encore.

Nous ne saurions, sans sortir du cadre que nous nous sommes tracé, nous attarder à examiner les cas nombreux dans lesquels s'exerce la tutelle administrative ; qu'il nous suffise de constater qu'elle consiste parfois en une substitution complète de l'autorité supérieure à l'autorité locale, comme quand le préfet exécute ou fait exécuter par un délégué quelque mesure que le maire aurait dû prendre en qualité de représentant de l'association communale (1) ;

_____

(1) Loi du 18 juillet 1837, art. 15. V. décision ministérielle au *Bulletin officiel* du ministère de l'intérieur de 1862, n° 35, qui donne la solution de cette question controversée ; plusieurs auteurs limitent l'intervention du préfet aux cas où le maire omet de s'acquitter de quelques-unes de ses attributions comme agent de l'autorité centrale.

plus souvent en un simple contrôle, comme en ce qui concerne les délibérations non définitives des conseils généraux, lesquelles peuvent être annulées dans les trois mois par décret (1), et les délibérations réglementaires des conseils municipaux, susceptibles d'être suspendues dans leur exécution ou frappées d'annulation par l'autorité supérieure pendant trente jours depuis la réception des expéditions à la sous-préfecture; dans la majorité des cas, en une autorisation formelle, comme lorsqu'il s'agit d'acceptation de dons et legs aux communes et établissements publics, ou aux départements, dans l'hypothèse d'une opposition de la famille du donateur ou testateur, ou encore des délibérations ordinaires des conseils municipaux et du règlement du budget communal. C'est tantôt le conseil d'Etat qui intervient, tantôt le chef de l'Etat par un simple décret, tantôt le conseil de préfecture, tantôt enfin le préfet; les décrets du 25 mars 1852 et du 13 avril 1861 ont même investi ce dernier fonctionnaire de la grande masse des attributions de tutelle exercées antérieurement par le gouvernement.

Dans un ordre d'idées tout différent, l'administration se trouve exercer des attributions de tutelle à l'égard des particuliers. L'art. 2 de la loi du 30 juin 1838 dit, en effet, formellement que les établissements d'aliénés, malgré leur caractère départemental, sont sous la direction de l'*autorité publique*. Or, les commissions administratives des hospices remplissent à l'égard des aliénés des fonctions d'administrateur provisoire, dont l'étendue est déterminée par les art. 30 et suiv. de la même loi.

Discipline et recours hiérarchique. — La discipline n'est pas nécessaire que dans l'armée, où la maintiennent

___
(1) Loi du 10 août 1871, art. 48.

les sanctions terribles du code militaire ; elle est également constituée d'une manière puissante au sein des personnels administratifs des différents ordres ; et cela non seulement parce que le gouvernement a sur la plupart des fonctionnaires un droit de révocation (illimité pour certains), parce qu'il peut leur infliger des disgrâces, ou stimuler leur zèle et leur dévouement par des récompenses et par l'avancement ; mais aussi parce que dans un grand nombre des corps d'agents de l'Etat sont établis des conseils permanents, jaloux de l'honneur professionnel et peu indulgents à l'égard des fautes de nature à nuire à la considération dont tout serviteur du Pays a besoin pour remplir dignement sa mission. Les administrations le plus fortement organisées sont toutes soumises à un contrôle moral de ce genre, soit par l'organe d'un comité d'inspecteurs généraux, soit, comme dans l'armée et la marine, grâce au fonctionnement des conseils d'enquête. L'Université et l'enseignement libre qui y est rattaché par l'incontestable droit de surveillance de l'État, sont placés, au point de vue de la discipline, sous le regard vigilant des conseils départementaux de l'instruction publique, des conseils académiques et du conseil supérieur de l'instruction publique ; la compétence de ces conseils porte sur les actes des maîtres et s'étend jusqu'aux élèves, et il y a entre eux toute une hiérarchie de recours fort bien combinés, aboutissant en dernière analyse, comme tous les actes de l'autorité administrative, au pourvoi devant le conseil d'Etat pour incompétence ou excès de pouvoir. Si nous insistons sur le caractère de ces assemblées, c'est qu'il nous paraît bien singulier de les voir citées par presque tous les auteurs comme des juridictions contentieuses. A notre point de vue, tant qu'il s'agit uniquement du respect des règles et de la dignité professionnelles imposé à des hommes faisant partie d'une même profession, par d'autres hommes qui ont mandat d'en soutenir les traditions, il n'y a réellement ni contentieux ni tribunal ; il ne s'agit que d'une juridiction intérieure, infligeant des interdictions et des peines spéciales, sans analogie avec les peines de droit commun. Pour nous, il n'y a contentieux véritable que lorsqu'un individu *quelconque* est poursuivi devant la justice pour un crime, un délit, une contravention que chacun peut commettre (1), ou lorsqu'un individu également *quelconque* vient réclamer devant la même justice contre la violation d'un de ces droits que la loi reconnaît à tout le monde, sans distinction relative à la profession qu'on exerce.

Nous en dirons volontiers autant de la Cour des comptes, quoique cette haute assemblée soit généralement citée au premier rang des juridictions administratives, quoique seule parmi celles-ci elle soit composée de membres inamovibles, et malgré le costume qu'ils portent et les formes toutes judiciaires de leurs travaux ; la vérification des comptes, le règlement de chacun d'eux par un *quitus* ou par une décision qui constitue débiteur de l'Etat le comptable inexact nous paraissent, même avec le recours en cassation ouvert devant le conseil d'Etat, constituer bien plutôt une opération administrative, ne dépassant pas les attributions naturelles d'un corps d'inspecteurs des finances, qu'une décision contentieuse ; un arrêt, il faut le remarquer, est nécessaire sur *tous* les comptes, même sur ceux qui ne sont pas contestés. La réflexion qui précède ne renferme, à coup sûr, aucune critique, car la Cour des comptes est en elle-même une des institutions les plus respectables et les plus utiles existant en France. Il n'en est pas moins vrai

___

(1) Il y a bien certains délits que peuvent seuls commettre des fonctionnaires investis d'emplois déterminés ; mais ces délits ont pour caractère de troubler l'ordre public et léser les droits des particuliers.

que de son rôle judiciaire il ne reste guère qu'un souvenir historique. A l'époque où ses devancières, les Chambres des comptes, statuaient sur le contentieux des impôts et sur les crimes commis par les comptables, elles faisaient réellement partie du pouvoir judiciaire; mais la cour actuelle, investie du droit de juger le compte, n'a plus celui de juger le comptable, et si elle découvre dans ses vérifications quelque faux ou quelque acte de concussion, il n'y a pour elle autre chose à faire que de signaler le fait au ministre des finances, afin qu'il en soit référé au garde des sceaux.

Il faut réellement être bien préoccupé des mots et des formes pour voir dans la Cour des comptes un véritable tribunal.

La Cour des comptes, comme on sait, ne juge qu'en appel des conseils de préfecture les comptes des receveurs des communes, hospices et bureaux de bienfaisance, ayant moins de 30,000 fr. de revenu ; évidemment, la décision en premier ressort du conseil de préfecture sera considérée comme contentieuse ou simplement administrative, suivant la manière dont on envisagera les attributions analogues appartenant à la Cour des comptes.

La force du lien hiérarchique dans l'administration française n'est pas sans offrir au public des avantages dont il peut à chaque instant apprécier l'utilité ; ainsi, il est de principe général que, contre tout acte de l'autorité, les citoyens ont un recours devant le supérieur immédiat du fonctionnaire dont ils croient avoir à se plaindre. Ce recours est tout différent du recours contentieux, qui ne peut être fondé que sur un droit violé ; le recours hiérarchique, susceptible d'être formé même à raison d'un simple intérêt lésé, est ainsi plus étendu dans son principe ; il est, par contre, moins efficace comme résultat, en ce sens que, par le recours contentieux, la juridiction administrative est mise en demeure de statuer et de statuer par l'application pure et simple de la loi, tandis que le ministre, par exemple, recevant une réclamation contre une décision préfectorale, ne sera pas tenu d'y faire droit ; il est fait appel à ses lumières, à son équité et à son appréciation des convenances administratives, non à sa conscience de juge. Il s'agit de l'exercice d'une juridiction toute *gracieuse*, pour employer l'expression reçue, d'une juridiction très précieuse aussi, car elle étouffe journellement les germes de bien des contestations.

Le recours par la voie gracieuse s'étend jusqu'aux décrets du chef de l'Etat ; il va sans dire qu'il est alors porté devant le chef de l'Etat lui-même, et c'est ici le lieu de répéter que le recours par la voie gracieuse est plus large que le recours par la voie contentieuse, qui ne peut atteindre ni les décrets réglementaires ni les actes de pur gouvernement (1).

Outre les deux modes de recours qui viennent d'être signalés, il en existe un troisième participant aux caractères de l'un et de l'autre. Tout acte administratif est susceptible d'être déféré *de plano* au conseil d'Etat pour incompétence de l'autorité dont il émane, ou pour excès de pouvoir commis par elle. Ce pourvoi est porté devant la section du contentieux, il est jugé comme les affaires contentieuses, et dépend, d'après tous les auteurs, des attributions contentieuses du conseil ; toutefois, s'il est réellement contentieux par la forme, au fond il nous paraît se

(1) On peut, à la rigueur, considérer comme donnant ouverture à une sorte de recours d'une nature spéciale le droit reconnu par la jurisprudence, au Conseil d'Etat, d'interpréter et même d'annuler les décrets constituant des actes administratifs. Pour les décrets préparés par le Conseil d'Etat, ce recours est formellement établi par le décret du 22 juillet 1806 (art. 40).

rapprocher sensiblement du recours hiérarcaique. Il n'est
pas nécessaire, en effet, pour y donner naissance, qu'un
droit spécial ait été violé, ou plutôt il suffit qu'on puisse
invoquer le droit de tout citoyen de ne subir de contrainte
que de l'autorité compétente, dans les limites de ses attributions légales. Il n'est pas astreint à suivre la filière normale des tribunaux administratifs, mais est soumis direc·
tement au corps qui possède sur tous les agents du pouvoir
exécutif et sur toutes les assemblées administratives un
droit de haute surveillauce incontesté. Le recours dont
nous parlons assure donc sur chaque partie de l'organisme
administratif l'exercice d'un contrôle nécessaire, et il a
surtout pour objet de permettre au pouvoir exécutif de
maintenir lui-même dans la gestion des intérêts du pays
le bon ordre et la stricte légalité. Il ne faut pas perdre de vue
que le conseil d'Etat, en cette matière, se borne à annuler
la décision incompétemment rendue et ne statue pas,
le plus souvent, sur le fond de la question que celle-ci
était destinée à résoudre.

Au reste, le recours pour incompétence ou excès de
pouvoir est également organisé au sein de l'autorité judiciaire, et nous ne pourrons en traiter d'une manière complète qu'après avoir examiné les différences et les analogies existant entre le conseil d'Etat et la Cour de cassation.

. . . .

Ainsi qu'on l'a vu dans les chapitres précédemment consacrés à l'histoire de la séparation des pouvoirs, les législateurs qui se sont proposé, après la Révolution, d'en faire
pénétrer les applications dans le droit positif, ont, de
parti pris, porté principalement leurs efforts du côté du
pouvoir judiciaire, qu'il était urgent de faire rentrer dans
la sphère normale de ses attributions. Le but a été dépassé,

puisque le pouvoir judiciaire a vu sa compétence naturelle amoindrie par la création de juridictions administratives succédant, sans progrès bien apparent, aux nombreux tribunaux d'exception qui fonctionnaient sous l'ancien régime.

Le pouvoir exécutif a été, néanmoins, l'objet de certaines dispositions prises en vue de l'empêcher d'empiéter sur le domaine législatif et sur le domaine judiciaire ainsi restreint ; des peines spéciales ont été alors édictées contre les fonctionnaires usurpateurs ; elles ont plus tard pris place dans le code pénal actuel, dont il nous suffira de rappeler les dispositions, car elles sont très claires, et fort heureusement aucune jurisprudence n'a eu occasion de se former sur la matière.

La section IV (chap. 11, livre III) du code pénal comprend, entre autres, les articles suivants :

« 127. Seront coupables de forfaiture, et punis de la dégradation civique : 1° les juges, *les procureurs généraux ou impériaux, ou leurs substituts*, les *officiers de police*, qui se seront immiscés dans l'exercice du pouvoir législatif, soit par des règlements contenant des dispositions législatives, soit en arrêtant ou en suspendant l'exécution d'une ou de plusieurs lois, soit en délibérant sur le point de savoir si les lois seront publiées ou exécutées.... »

« 130. Les préfets, sous-préfets, maires et autres administrateurs qui se seront immiscés dans l'exercice du pouvoir législatif, comme il est dit au n° 1er de l'art. 127, ou qui se seront ingérés de prendre des arrêtés généraux tendant à intimer des ordres ou des défenses quelconques à des cours ou tribunaux, seront punis de la dégradation civique. »

« 131. Lorsque ces administrateurs entreprendront sur les fonctions judiciaires, en s'ingérant de connaître de droits et intérêts privés du ressort des tribunaux, et qu'après la réclamation des parties ou de l'une d'elles, ils auront néanmoins décidé l'affaire avant que l'autorité supérieure ait prononcé, ils seront punis d'une amende de seize francs au moins et de cent cinquante francs au plus. »

Ces textes sont restés purement comminatoires, mais il existe des moyens plus effectifs de maintenir le pouvoir administratif dans les limites qu'il doit observer, et d'abord ces limites sont posées d'une manière très précise, au regard du pouvoir législatif et du pouvoir judiciaire, par les deux principes suivants, qui sont fondamentaux dans le droit public français :

1° Aucune autorité administrative ne peut prendre aucune mesure, soit spéciale, soit réglementaire, contre les dispositions de la loi ou des règlements émanant d'une autorité administrative supérieure.

2° Aucun agent administratif, aucune juridiction administrative ne peut trancher une contestation, comprenant même implicitement une des questions expressément réservées à l'examen des tribunaux ordinaires, telle que les questions d'état, embrassant les difficultés sur l'âge, la nationalité, la parenté et l'alliance, la jouissance des droits civils et *politiques*, et celles qui portent sur le droit de propriété et ses démembrements (1). En présence d'une pareille contestation, l'autorité administrative doit renvoyer l'affaire au juge compétent et surseoir à statuer jusqu'à ce que la décision préjudicielle soit intervenue.

Il faut même aller plus loin dans l'application de cette seconde partie de la théorie de la séparation des autorités

---

(1) Cette réserve au profit du pouvoir judiciaire est exprimée dans une foule de lois et a toute l'importance d'un principe général de droit public.

administrative et judiciaire, car, ainsi qu'on le verra plus loin, les juridictions administratives sont exceptionnelles, de pure attribution, et elles doivent se récuser en toute matière qui ne leur serait pas très clairement soumise par un texte de loi formel.

Pour maintenir les autorités subordonnées dans la sphère stricte de leurs fonctions, l'autorité exécutive supérieure trouve un puissant moyen d'action dans le droit de réformation et d'annulation qui lui est conféré par les lois sur les actes de ses agents; elle peut encore, dans certains cas prévus par des textes précis, se pourvoir en cassation devant le conseil d'Etat contre des décisions administratives en dernier ressort, pour violation des formes ou de la loi (1). Mais c'est le recours pour incompétence ou pour excès de pouvoir qui offre aux intéressés les plus précieuses garanties contre l'arbitraire. Il est facile de citer, parmi les arrêts les plus notables rendus en cette matière par le conseil d'Etat, des exemples rappelant les fonctionnaires investis du droit de prendre des arrêtés, au respect des prescriptions légales ou de la compétence propre des tribunaux (2).

----

(1) Notamment contre les arrêts de la Cour des comptes (loi du 16 septembre 1807, art 17) et contre les décisions des conseils de révision. (Loi sur le recrutement de l'armée du 27 juillet 1872, art. 30).

(2) Par rapport au respect des prescriptions de la loi, M. Aucoc résume la jurisprudence en ces termes : « Le Conseil d'Etat a décidé qu'un agent de l'administration commettait un excès de pouvoir, non seulement quand il sortait des limites de sa compétence, mais, en outre, quand il ne suivait pas les formes dans lesquelles la loi ou les règlements lui avaient prescrit de prononcer, et encore quand il employait le pouvoir qui lui était donné, dans un but différent de celui que la législateur avait eu en vue. » (*Des recours pour excès de pouvoir devant le Conseil d'Etat.* — *Séances et travaux de l'Académie des sciences morales et politiques,* 1878).

Voici l'indication de quelques arrêts du Conseil d'Etat choisis parmi les plus récents et qui ne sont que l'application des deux principes visés au texte :

Enfin, en ce qui concerne les actes réglementaires, un nouvel élément de sécurité résulte pour le public de ce que les tribunaux ne doivent reconnaître de force obligatoire et de sanction pénale qu'aux règlements *légalement faits* par l'autorité administrative. Les développements utiles sur ce sujet ont été donnés déjà.

Toutes ces entraves apportées à une extension abusive

Sur le respect de la loi par l'autorité exécutive :

Le rang d'ancienneté fait partie de l'état de l'officier; en conséquence, est entaché d'excès de pouvoir le décret qui, en dehors des causes déterminées par la loi du 19 mai 1834, reporte à une date plus récente le rang d'ancienneté résultant d'un décret antérieur (27 mars 1874).

Le décret prononçant la déchéance des membres d'un conseil de prud'hommes en vertu de la loi du 4 juin 1864, peut être attaqué devant le Conseil d'Etat pour excès de pouvoir, si les formes prescrites par la loi n'ont pas été observées (11 avril 1866).

Est entaché d'excès de pouvoir le décret portant révocation de la nomination d'un membre de la Légion d'honneur en dehors des cas prévus par les lois et règlements (20 mai et 11 juillet 1873).

La délimitation du domaine public appartient à l'administration, mais elle ne peut que constater les limites véritables des cours d'eau navigables, et, si elle dépassait au préjudice des propriétés privées et sans observation des lois sur l'expropriation pour cause d'utilité publique, les limites ainsi posées par la nature, elle excéderait ses pouvoirs (7 mai 1871 et 12 mars 1872).

Sur l'observation des limites des compétences administrative et judiciaire :

L'arrêté préfectoral qui prescrit à un usinier de fermer les vannes de son bief pendant certaines heures, est entaché d'excès de pouvoir, lorsqu'il a pour objet, non pas de donner satisfaction à l'intérêt général, mais de trancher une difficulté existant entre cet usinier et des propriétaires riverains sur l'exécution d'une convention en vertu de laquelle ces propriétaires se servaient des ouvrages de l'usinier pour faciliter l'irrigation de leurs terres ; la solution d'une telle difficulté appartient à l'autorité judiciaire (18 janvier 1878).

Par le même motif, le préfet excède la limite de ses pouvoirs lorsqu'il prescrit à un usinier de reconstruire et d'élargir une passerelle construite dans les conditions autorisées par le règlement de son usine, alors que cette prescription a pour but d'assurer l'exercice d'une servitude de passage qu'une commune prétend avoir sur cette passerelle (5 juillet 1878).

Tous ces arrêts sont reproduits au *Recueil périodique* de Dalloz.

de l'action administrative n'empêchent pas que la justice
ne soit beaucoup moins sûrement protégée contre les
empiétements que le pouvoir parallèle. L'administration
a, en effet, la faculté de revendiquer, en soulevant le conflit de juridiction, tout procès civil pendant devant un tribunal ou une cour ; les corps judiciaires, au contraire, n'ont
pas reçu la faculté de revendiquer le dessaisissement de
l'autorité administrative quant aux affaires judiciaires
qu'elle aurait indûment retenues devant elle ; et pourtant,
ainsi qu'on l'a fait plus d'une fois remarquer, les usurpations sont beaucoup plus à redouter d'un pouvoir essentiellement actif, ayant une spontanéité entière et se
mouvant dans une sphère d'attributions extrêmement
vaste, que d'un pouvoir qui ne saurait se saisir lui-même,
dont le droit se réduit à appliquer la loi aux espèces particulières qui lui sont soumises, en évitant toute généralisation et toute innovation ; d'un pouvoir enfin qui ne
dispose point de la force matérielle.

CHAPITRE XXII.

LE POUVOIR JUDICIAIRE.

Tout immobile que paraisse le pouvoir judiciaire, ou plutôt à cause de son immobilité même, c'est à lui que vient aboutir l'organisation sociale, si, comme les philosophes s'accordent à l'admettre, l'objet même de la société est la justice, la protection du droit de chacun ; le pouvoir judiciaire est comme la clef de voûte de tout l'édifice, c'est lui qui en relie les différentes parties, et, tantôt par son action, tantôt par la seule notoriété de son existence, il maintient dans les limites fixées les libertés concurrentes et les autorités rivales, il protège la collectivité contre les écarts des particuliers, les particuliers contre l'oppression de la collectivité. Il réalise, en un mot, rend efficace, inéluctable la Loi qui sans lui ne serait qu'une règle incertaine et toujours méconnue, puisqu'elle manquerait de sanction.

Pour remplir une mission si élevée, si capitale, le corps des juges doit posséder des qualités presqu'exceptionnelles, au moins par leur réunion, car au dispensateur de la loi, non seulement la science est nécessaire et l'intégrité indispensable, mais il lui faut encore l'impartialité ; nous n'entendons pas simplement par là cette impartialité banale qui consiste dans la bonne intention de ne favoriser personne, mais une certaine situation extérieure, laquelle, rendant

le juge absolument, matériellemeut et moralement indépendant à l'égard tant des justiciables que du gouvernement, aille jusqu'à le soustraire à toute influence susceptible même à son insu de fausser son esprit dans cette
transition de la règle générale au cas particulier, qui ne
doit être qu'une froide opération de la raison. Cette
rencontre chez un même individu de lumières spéciales et
d'une indépendance complète est en soi si difficile qu'on
en est venu à appeler en collaboration dans l'œuvre
judiciaire des hommes présentant toutes garanties pour
les unes et des hommes présentant toutes garanties pour
l'autre ; c'est une des idées sur lesquelles repose le système
du jury, que nous allons étudier rapidement, en présentant un aperçu des principales combinaisons qui ali-
mentent les polémiques contemporaines sur l'organisation judiciaire.

Organisation. — Tout jugement, qu'il s'agisse de la
répression d'une infraction aux lois pénales ou d'une contestation mettant en présence des intérêts purement civils,
peut être idéalement divisé en deux solutions distinctes :
un point de fait, un point de droit ; en d'autres termes,
deux questions différentes, quoique intimement liées, se
trouvent tranchées : 1° Tel fait a-t-il eu lieu, tel crime a-
t-il été commis avec ses éléments constitutifs, telle convention a-t-elle été passée avec ses clauses essentielles ?
2° Quelle conséquence en résulte-t-il au point de vue de
la loi, quelle peine est applicable, quelle obligation
incombe au débiteur ?

On conçoit très bien (car nous n'abordons pas encore
le détail des difficultés pratiques) qu'il soit répondu à ces
deux questions par deux hommes ou deux groupes
d'hommes qui contribueront ainsi à rendre un seul jugement. A première vue, il semble que, pour apprécier le

point de fait, le bon sens et l'impartialité sont seuls nécessaires, tandis que, pour traiter le point de droit, il faut
recourir aux connaissances d'un jurisconsulte. Mais alors,
sur les simples questions de fait, point n'est besoin de faire
appel à des magistrats de profession ; il suffit de s'adresser à
des citoyens qui n'aient pour ou contre l'accusé, pour ou
contre les parties, ni condescendance ni prévention, qui
soient disposés à l'avance à décider « sans haine et sans
crainte » et sans espérer de leur décision aucun bénéfice
personnel. Tous ces avantages existeront au profit des
justiciables, s'ils sont jugés en fait par des hommes vivant
de la même vie qu'eux, que rien ne place au-dessus d'eux
ni au-dessous, en un mot par *leurs pairs*, ce qui revient à
dire que, dans un pays d'égalité, tous les citoyens participent à l'exercice de la justice, sous certaines garanties de
moralité et d'instruction élémentaire, et aussi sous réserve
des aptitudes spéciales qu'il faut faire intervenir dans
certains débats de nature technique.

Tel est le principe rationnel du jury dont nous avons
plus haut effleuré les origines historiques.

Une difficulté reste entière, après ce qui vient d'être
dit : c'est le mode de recrutement du ou des magistrats,
dont le devoir sera de diriger les débats, de poser la
question de fait, de constater la réponse des jurés et de
résoudre la question de droit ; cette difficulté est de même
nature que celle qu'on aborde, en supposant cette fois que
le fait et le droit soient appréciés indivisément par un corps
de juges, sans l'assistance du jury. Suivant les temps et suivant les lieux, le problème considérable que constitue le
mode de nomination des juges a reçu des solutions fort
diverses.

En les examinant très rapidement, nous laisserons de
côté celles qui, en contradiction formelle avec les idées

modernes, ne sont plus que du domaine de l'histoire :
telles la vénalité et l'hérédité des offices de judicature.
Le procédé consistant à laisser aux corps judiciaires
le soin de se recruter par eux-mêmes ne mérite guère
d'arrêter plus longtemps l'attention, car, par une
suite inévitable de la faiblesse humaine, les choix fini-
raient, avec ce système, par se localiser dans certaines
familles, et, au lieu de tribunaux sans cesse renouvelés et
pénétrés de l'esprit du dehors, on restaurerait par là une
véritable caste judiciaire. Le législateur doit s'abstenir
d'exposer même les meilleurs à de pareilles tentations.

Restent : l'élection des juges par les justiciables, c'est-à-
dire, pour les tribunaux ordinaires, par le suffrage universel ; l'élection par un collège spécial composé d'hommes
réputés plus compétents ; puis la nomination par le gouvernement, qui suppose encore une sous-distinction, suivant que celui-ci aura ou n'aura pas le droit de révoquer
les juges qu'il aura choisis.

La composition des tribunaux soulève aussi d'autres
questions : suffira-t-il dans chacun d'eux d'un juge unique
portant seul la responsabilité de ses jugements ? Vaut-il
mieux établir un comité de plusieurs magistrats soumettant entre eux chaque affaire à cette discussion dont,
assure-t-on, jaillit la lumière ?

Enfin, les législations varient encore sur un point fort
important ; dans les unes, la solution donnée sur une
contestation par le juge est irrévocable, elle est, dores et
déjà qu'elle a été prononcée, réputée pour la vérité
même; dans d'autres, si l'une des parties croit que ses droits
ont été mal interprétés par le premier juge, elle a la faculté de produire, dans un délai déterminé, ses réclamations devant un tribunal plus élevé, composé d'un
plus grand nombre de magistrats désignés parmi les plus

expérimentés, et là le procès est soumis à de nouveaux débats et à une nouvelle étude.

Toutes ces idées plus ou moins contradictoires ont pris place côte à côte dans l'organisation judiciaire française : la justice criminelle est rendue avec l'assistance du jury ; le jury est également appelé à se prononcer sur la plupart des délits de presse (1). Les membres des cours et des tribunaux de première instance sont à la nomination du gouvernement et inamovibles ; les juges de paix sont à la nomination du gouvernement et amovibles, les membres des tribunaux de commerce sont élus à temps par une partie de leurs justiciables, par le suffrage restreint ; les membres des conseils de prud'hommes sont élus à temps par tous leurs justiciables, par le suffrage universel.

Le juge de paix siège seul ; toutes les autres juridictions sont composées de plusieurs juges, sauf celle des référés, qui n'est que conservatoire, et celle du juge d'instruction, qui n'est que préparatoire.

Le principe de l'appel est l'une des bases du système judiciaire ; seulement certaines affaires, à raison du minime intérêt qui y est engagé, sont décidées définitivement en première instance. Le premier ressort est en même temps le dernier.

Enfin la distinction du fait et du droit se trouve encore consacrée en France par la belle institution de la Cour de cassation, qui exerce, en se dégageant des questions de fait tranchées souverainement par les tribunaux et cours

(1) C'est également un jury spécial qui fixe le chiffre des indemnités dues à la suite d'une expropriation pour cause d'utilité publique.

(2) Dans chaque corps d'état, les prud'hommes-patrons sont élus à part, par tous les patrons, et les prud'hommes ouvriers à part par tous les ouvriers.

d'appel, le ministère de gardien vigilant des principes de la loi et de l'unité de l'interprétation judiciaire.

Au milieu de tels disparates, qui s'expliquent, à vrai dire, par les circonstances historiques, le législateur de l'avenir ne sera-t-il pas amené à faire un choix et à uniformiser notre organisation judiciaire, en y faisant prévaloir le système reconnu le meilleur d'après les données de l'expérience et l'opinion des hommes compétents? Reprenons successivement, dans cette recherche, chacun des points qui viennent d'être rappelés.

Et d'abord, en ce qui concerne le jury, nous sommes loin, certes, de vouloir attaquer une institution qui est, à juste titre, considérée comme l'une des plus précieuses conquêtes de la Révolution, et qui subordonne l'application des peines les plus graves à une constatation de culpabilité émanant de citoyens sortant à peine de la foule, prêts à y rentrer et examinant l'affaire avec une fraîcheur d'impressions absolue, avec un complet désintéressement de toute tradition professionnelle. Mais le jury, tel qu'il existe en France, ne paraît pas à certains esprits avoir une compétence suffisamment étendue; on voudrait que la procédure correctionelle et la procédure civile elle-même eussent le même point de départ que la procédure criminelle, c'est-à-dire le jury.

L'extension de la compétence du jury aux délits correctionnels, et même aux contraventions de simple police, peut être proposée au moyen d'excellents arguments, les mêmes qui ont motivé la création du jury criminel. Car toutes les fois qu'il s'agira de l'application d'un texte de la loi pénale, définissant d'une manière simple et restrictive l'acte punissable, la distinction du fait et du droit sera non seulement admissible, mais facile. Toutefois, les objections tirées contre cette innovation, de considé-

rations purement pratiques, ont une grande force ; l'intérêt
qu'il peut y avoir à mêler les simples citoyens à l'exercice
de la justice répressive diminue, en effet, avec la gravité
des peines dont il s'agit de préparer l'application, et si l'on
considère que les tribunaux correctionnels rendent annuellement une masse de 165,698 jugements, que les tribunaux de simple police en rendent 401, 179 (1), on arrive
à se demander si la réalisation d'un progrès tout théorique
ne serait pas trop chèrement achetée par une charge si
lourde imposée à la bonne volonté des particuliers. Quel
nombre énorme de jurés seraient occupés pendant un
temps considérable à rendre la justice, lors même qu'on
n'en appellerait pour chaque affaire que six, que quatre,
que trois ! En constatant, dans chaque scrutin même politique, par le chiffre des abstentions, combien d'électeurs
font bon marché du premier des devoirs civiques, tout
esprit calme est amené à conclure qu'une aussi large
extension d'un système excellent en lui-même dépasserait
de beaucoup la dose de dévouement à la chose publique
que comporte chez la moyenne des citoyens l'état actuel
des mœurs.

Enfin, le jury correctionnel, comme le jury criminel,
serait inconciliable avec le principe de l'appel ; les prévenus
perdraient dès lors une garantie peut-être plus précieuse
encore que celle qui leur serait offerte en échange. Car il
arrive souvent que la manifestation de la vérité, contrariée
par les circonstances lors d'un premier débat, devient
éclatante en appel par suite de quelqu'incident imprévu
ou simplement de la position nouvelle donnée à la question.

(1) *Compte-rendu de l'administration de la Justice criminelle* pour
1877.

L'établissement du jury au civil prête à une discussion dans laquelle des principes d'ordres divers sont beaucoup plus sérieusement engagés. Quoique l'idée du jury civil, autrefois si chaudement soutenue par Duport et Barnave et écartée par la Constituante, grâce surtout aux efforts de l'illustre Tronchet (1), n'ait pas été depuis longtemps développée à la tribune et ne paraisse pas en faveur dans l'opinion publique, cependant quelques esprits éminents de notre temps, parmi lesquels il suffira de citer Odilon Barrot (2) et Bonjean (3), en étaient restés les partisans. Ils avaient à faire valoir à titre d'exemple et de précédent le système judiciaire anglais et le souvenir auguste des institutions de l'ancienne Rome, où les législateurs de tous les temps iront chercher des modèles. On peut répondre que les Anglais ont sur le droit privé des lois et des traditions si éloignées des nôtres, qu'il n'est pas besoin d'autre motif pour expliquer des divergences profondes dans les deux manières de rendre la justice. Quant aux Romains, qui possédaient une organisation judiciaire civile tout à fait assimilable, en effet, au jury dont il s'agirait de nous doter, ils avaient aussi la procédure formulaire qui en est l'indispensable complément. Toutes les difficultés que pouvait soulever dans la pratique l'application du droit au fait, se ramenaient à une question posée dans des termes simples et stricts, à laquelle le *judex*, et à son tour le *magistrat,* étaient rarement embarrassés pour répondre. Encore faut-il remarquer que les complications de la civilisation avaient, dans les derniers siècles, brisé des cadres devenus trop étroits et que l'ancien droit civil avait été comme

---

(1) La question a été soulevée de nouveau à la Convention, et la solution négative adopté sur le rapport de Hérault de Séchelles.

(2) *De l'organisation judiciaire en France,* passim.

(3) *Traité des actions,* t. I, p. 207 et suiv., 2ᵉ édition.

submergé par les innovations du droit prétorien et l'usage
des actions *utiles.*

Quoi qu'il en soit, du reste, des enseignements de l'histoire sur ce point, ce serait méconnaître absolument l'esprit
de notre droit français que de supposer qu'il puisse ainsi
être découpé en questionnaire ; à l'opposé de l'ancien
droit romain, notre code civil a un sens général éminemment spiritualiste, puisque la recherche de l'intention des parties y domine presque partout la rigueur
des formes. Or, dans tous les cas où il s'agit de retrouver
l'intention que les parties ont apportée à un acte juridique,
les deux points de fait et de droit se trouvent si intimement unis que l'esprit le plus versé dans les subtilités
de la jurisprudence arriverait à grand'peine à les dégager
l'un de l'autre. Cette difficulté a frappé même les partisans du jury civil, et les moins absolus d'entre eux
accordent que l'institution n'est susceptible d'être admise
chez nous que progressivement et d'être appliquée d'abord
qu'aux débats les plus simples, comme ceux dans lesquels
la preuve testimoniale est permise, comme les questions d'état, comme les règlements d'indemnités et de
dommages-intérêts, etc.

Mais une introduction aussi timide du jury civil dans
nos institutions judiciaires ne ferait qu'en augmenter les
contradictions. Elle apporterait avec elle d'autres inconvénients des plus sérieux, tels que le suivant : en matière
criminelle, lorsque la preuve complète de la culpabilité
de l'accusé n'est pas faite, le jury déclare l'accusé non
coupable et il est acquitté ; c'est une solution, la seule
possible. En droit civil, il n'en va point de même ; il faut
se décider pour une partie ou pour l'autre, il n'est pas
permis à un tribunal de dire : *non liquet.* En cas d'hésitation de la part du jury ou de fausse interprétation de

l'influence du droit sur le fait dans l'espèce, le magistrat qui ne serait plus lié par un texte, comme dans le droit pénal, devrait chercher la solution qu'il est forcé de donner dans les principes généraux, dans les analogies, dans l'*interprétation du fait* à laquelle il serait ramené par la force même du raisonnement; « les juges civils, jetés nécessairement dans le domaine de l'appréciation des faits, seront jurés sous ce rapport; ils confondront les deux fonctions, ils absorberont la mission du jury; leur opinion pourra complètement anéantir sa déclaration, conséquence monstrueuse ! (1) »

A ces raisons qu'on fait habituellement valoir contre le jury civil, s'en ajoute une dernière qui n'est pas la moins forte. Ce n'est pas décrier le jury criminel que de constater après tout le monde, que dans certains procès il lui arrive de déclarer non coupable un accusé dont la culpabilité paraît matériellement établie, ou d'admettre des circonstances atténuantes dans le seul dessein de rendre nécessaire l'abaissement par la Cour de la quotité de la peine. Par ces légers compromis avec la vérité brutale des faits, le jury ne met pas en péril l'intérêt de la répression sociale dont il peut mieux constater les exigences dans un cas déterminé que le législateur qui a statué à l'avance par mesure générale et abstraite; le jury empiète ainsi un peu sur le droit de grâce, mais personne ne songe à s'en plaindre, si ce n'est, *in petto*, quelqu'avocat général trop ardent. Cette disposition de l'homme à mesurer les conséquences des décisions qu'on lui demande est si naturelle qu'il faudrait s'attendre à la voir se manifester au sein du jury civil; ici elle n'entraînerait ni plus ni moins que la ruine de notre

(1) Laferrière. *Essai sur l'Histoire du Droit français* (t. II, Liv. VII, chap. 1ᵉʳ, section 3ᵉ, 2ᵉ édition).

code, car, dans les matières civiles, le droit n'a pas de pire ennemi que ce qu'on appelle l'équité, et contre l'invasion de ce fléau, ce n'est pas trop des connaissances spéciales d'une magistrature érudite et de l'obligation de conscience contractée par tout juge à son entrée en fonctions, de ne décider jamais que d'après le DROIT. Cette obligation est le plus impérieux des devoirs qui découlent pour lui du principe de la séparation des pouvoirs.

En résumé, il manque à l'institution du jury civil d'être désirée par l'opinion publique ; elle est combattue en outre par des motifs ayant une portée absolue et par d'autres ayant une portée relative ; ces derniers sont les plus solides, et pour les amoindrir il faudrait une refonte totale et peu désirable de notre législation.

Quant au principe de l'élection des juges, remarquons qu'il n'est pas, comme on l'a avancé (1), une conséquence nécessaire de la séparation des pouvoirs. Ainsi qu'il a été dit plus haut, il n'est pas souhaitable que les pouvoirs se dressent parallèlement dans le domaine de la souveraineté effective, sans aucun point de contact entre eux ; si leur harmonie est indispensable, si leur subordination est démontrée, il n'y a aucune contradiction à ce que le législatif délègue à l'exécutif l'investiture du judiciaire, alors surtout que judiciaire et exécutif ne sont, pour ainsi dire, que deux branches d'un même arbre. L'essentiel, c'est qu'une fois établi sur son siège, le juge y soit indépendant ; or, il n'y a pas de système plus destructif de l'indépendance du juge que l'élection. L'élection populaire en effet, malgré quelques précédents, n'est pas rationnellement compatible avec l'inamovibilité. Le juge élu a donc à compter d'une part avec les influences qui peuvent contribuer à sa

---

(1) Louis Jousserandot, *Op. c°*, passim.

réélection, d'autre part avec les haines qu'il doit éviter de faire naître s'il ne veut en souffrir à sa rentrée dans la vie privée. Dépendant du suffrage universel, il sera perpétuellement tenté de se soumettre aux passions populaires ; représentant du suffrage restreint, il sera sans cesse provoqué à faire dans ses actes une part aux mesquineries de l'esprit de coterie.

D'ailleurs l'expérience de l'élection des juges est faite, et l'école libérale considère depuis longtemps comme une utopie dangereuse tout retour en ce sens sur le passé (1).

Ce n'est pas à dire que cette opinion n'ait plus aujourd'hui de défenseurs ; elle en a, et ils sont d'autant plus ardents qu'ils sont moins nombreux. Tous s'autorisent de l'exemple des tribunaux de commerce et des conseils de prud'hommes, qui, disent-ils, fonctionnent à la satisfaction générale. N'insistons pas sur les conseils de prud'hommes, qui ne sont guère qu'une juridiction de conciliation.

Pour les magistrats consulaires, l'observation est fort juste, au moins en ce qui concerne les grandes villes, où il est possible de les recruter dans un milieu éclairé et indépendant ; mais nous ne sommes pas très sûr que dans

---

(1) Voici comment la question est jugée, en ce qui concerne la précédents historiques, par le duc Victor de Broglie :

« En 1791, en l'an III, tous les tribunaux furent électifs. »

« Rien de mieux, quant à l'indépendance envers le pouvoir ; rien de pire quant à l'indépendance envers les parties, envers le public. Rien de pire également quant à l'élévation de position et de caractère. » (*Vues sur le gouvernement de la France*, 1870, p. 133).

A son tour Prévost-Paradol se prononçait sur le principe lui-même, en ces termes :

« Il est presque inutile de demontrer, d'une part, que l'esprit de parti dicterait ordinairement les choix de la majorité, et, d'autre part, que le magistrat, dépendant de ses justiciables, serait trop souvent incliné à sacrifier aux nécessités de sa réélection future, ou à la gratitude pour son élection passée, le devoir de l'impartialité et les intérêts sacrés de la justice. » (*La France nouvelle*, 1868, p. 163).

une foule de petits centres sans activité industrielle ou commerciale, où existent des tribunaux spéciaux de commerce, ils répondent à un besoin public bien manifeste, et nous ne serions pas éloigné de croire que les affaires dont ils connaissent, pourraient avec avantage être rattachées à la compétence du tribunal civil, ainsi que cela a lieu dans le plus grand nombre des arrondissements. En tout cas, les tribunaux de commerce jugent rarement en dernier ressort, et la ressource de l'appel sauvegarde tous les intérêts. Notre législation commerciale fait bien plus largement que notre législation civile place aux considérations d'équité et à l'usage qui n'est par personne mieux connu que par les hommes spéciaux. Qu'on veuille bien remarquer encore qu'aucun émolument n'est attaché à la charge de membre d'un tribunal de commerce, que son action est strictement limitée à des causes d'une nature particulière, qui ne sont généralement pas destinées à un grand retentissement, et l'on comprendra que le législateur ait pu faire instituer ce juge spécial par ses pairs, tout en repoussant le principe de l'élection en ce qui concerne le juge ordinaire, investi, sauf exceptions, de la plénitude de la juridiction et tenant en ses mains la fortune, l'honneur et la liberté de ses concitoyens.

Si l'élection est une fois écartée comme source du recrutement judiciaire, il reste la nomination par le gouvernement, avec ou sans le correctif de l'inamovibilité.

La nomination des juges par le gouvernement est, en définitive, le procédé qui offre les garanties les plus sérieuses, sans en donner d'absolues ; ces garanties seraient plus complètes encore si l'arbitraire du choix du ministère était limité par des exigences inflexibles et étendues, que la loi déterminerait, sur les conditions de capacité que devrait réunir tout candidat avant d'être admis dans la magistrature, limitée encore par des listes de présentation dressées par les corps judiciaires assistés de délégations des barreaux, des corporations d'officiers ministériels, des assemblées électives. Une semblable combinaison assure déjà au corps judiciaire belge le recrutement le plus heureux, et elle laisse au choix du pouvoir toute la latitude nécessaire à sa dignité, puisque les listes de présentation comprennent toujours plusieurs noms pour la même vacance. Le gouvernement belge est ainsi protégé contre des sollicitations indiscrètes, et le candidat qu'il distingue, grâce à ses multiples moyens d'investigation, parmi d'autres dont l'aptitude est certaine, se trouve être le meilleur entre les bons, c'est un *primus inter pares*.

Mais pour que la nomination par le gouvernement n'aboutisse pas à une odieuse confusion de pouvoirs, pour que les citoyens ne soient pas privés des suprêmes ressources qu'ils attendent d'un pouvoir judiciaire indépendant, il est *indispensable* que le juge, une fois nommé, échappe à l'action de l'autorité exécutive, qu'il soit protégé contre toute crainte de révocation, sous réserve de la déchéance qui pourrait toujours être prononcée contre lui par une juridiction suprême, à raison d'indignité professionnelle; nous irions volontiers plus loin et conviendrions que tous les avantages qu'un juge français peut attendre du gouvernement pour le progrès de sa carrière, nuisent, quoique dans une mesure assez faible, à sa renommée d'indépendance; l'indépendance absolue, c'est en Angleterre qu'il faut la chercher, là où il n'existe pour ainsi dire pas de hiérarchie dans le corps judiciaire; là où les hommes d'affaires éminents quittent le barreau pour occuper un siège de juge qui les place d'emblée au sommet de la hiérarchie sociale, et constitue, comme honneurs et comme profits, un couronnement de carrière après lequel rien

ne reste à désirer. Mais, pour réaliser en France cet idéal,
il faudrait bouleverser de fond en comble toute la législation; en quelque quantité que soient les postes superflus
marqués pour une suppression prochaine, la magistrature
française restera nombreuse et hiérarchisée; en cet état,
on ne peut regretter absolument que le juge inamovible
trouve dans l'ambition un stimulant de son assiduité et de
son travail. « Il est certain, disait à la Constituante le con-
seiller-député d'André, qu'un magistrat assuré de conserver
son état toute sa vie se fait une routine et n'étudie plus; il
croit n'avoir plus à apprendre et n'avoir qu'à juger (1). »
L'intérêt public réclame toutefois qu'on réduise au strict
minimum, dans la carrière d'un magistrat, le nombre des
occasions dans lesquelles il a besoin de rechercher les
bonnes grâces du gouvernement; on y arrivera facilement
en simplifiant le système des classes qui existent actuellement pour les cours et tribunaux et qui est tout artificiel.
Enfin, la contre-partie nécessaire de toute réforme tendant
à augmenter l'indépendance du juge ordinaire, consiste
à éloigner de lui les délits touchant de près ou de loin
à la politique, lesquels rentrent si naturellement, à titre
de délits d'opinion, dans la sphère d'action du jury.

La suppression du principe de l'inamovibilité serait
pour notre pays, nous ne craignons pas de l'affirmer, le
signal d'une véritable décadence. Elle consacrerait l'absorption définitive du pouvoir judiciaire par le pouvoir
exécutif, suivie de toutes les calamités qui effrayaient
Montesquieu, et, plaçant l'exercice de la justice dans la
main du gouvernement, elle aboutirait à un genre d'excès
qu'un esprit distingué, qui a eu sur plusieurs générations
une influence méritée, stigmatisait naguère en ces termes,

(1) Séance du 3 mai 1790.

avec la vigueur que donne une conviction profonde:
« J'observe que les gouvernements absolus eux-mêmes
ont rarement osé prendre pour eux le droit de juger et de
dire comme Dieu : A moi la vengeance ! Une sorte de
pudeur leur a comme arraché l'indépendance du magistrat. Le crime dont ils aient le plus à se défendre, c'est de
l'avoir violée (1). »

Certes, ces paroles sévères, en atteignant les magistrats
qui ont été ou seraient entre les mains d'un gouvernement
quelconque des instruments complaisants, passent par-
dessus la tête des honorables juges de paix de nos deux
mille et quelques cantons. Pour eux-mêmes, du reste, ou
plutôt pour leurs justiciables, l'inamovibilité serait un
bienfait désirable, et si le législateur a jusqu'ici omis de la
leur conférer, l'oubli n'est pas irréparable ; il tient à des
circonstances assez diverses. D'abord, c'est tout au plus
si la masse des gens éclairés qui n'ont jamais eu aucun
intérêt à débattre dans un modeste prétoire cantonal, se
représentent le juge de paix pour ce qu'il est, pour un
magistrat séparé des juges des tribunaux par l'importance
pécuniaire des litiges et non par leur difficulté ; on est
encore de nos jours disposé à considérer le juge de paix
comme le personnage principal d'une idylle développée
avec une sentimentalité touchante par la Constituante,
lorsqu'elle a organisé l'institution (2), et on est beaucoup
trop disposé à voir en lui un administrateur plutôt qu'un
juge. On soutient encore, contre l'inamovibilité du juge de
paix, qu'ayant la qualité d'officier de police judiciaire, il
doit rester sous les ordres directs du procureur de la République et dépendre de lui ; enfin, il faut bien le reconnaître,
la plupart des gouvernements qui se sont succédé depuis

(1) Ch. de Rémusat. *Politique libérale*, p. 375.
(2) Discussion de la loi des 16-24 août 1790.

longtemps n'ont point été fâchés de trouver dans les juges
de paix des agents révocables, à qui demander, non pas,
empressons-nous de le dire, des jugements contre leur
conscience, mais, en dehors de leurs fonctions véritables,
des services administratifs, politiques et électoraux.

De ces trois considérations contre l'inamovibilité des juges
de paix, la première repose sur un préjugé en désaccord manifeste avec la réalité ; la seconde n'est pas très topique,
car une bonne organisation disciplinaire garantirait chez
les juges de paix une exactitude suffisante à remplir tous
leurs devoirs, sauf aux procureurs de la République à
prendre des réquisitions au lieu d'adresser des ordres.
Quant à la troisième, très forte jusqu'à ces derniers temps,
bien qu'inavouée, le progrès de nos mœurs administratives et le respect pratique du principe de la séparation
des pouvoirs tendent à la dépouiller de son importance.

Le juge de paix se singularise encore, dans notre organisation judiciaire, en ce qu'il juge seul, en ce qu'il n'a
point d'assesseurs. Cette situation, sans grand inconvénient tant qu'il décide sur des litiges de peu de valeur,
ne manquerait pas, à nos yeux du moins, de présenter certains dangers, au cas où le législateur viendrait à augmenter sa compétence. La pluralité des juges nous paraît, en
effet, exigée par l'intérêt d'une bonne justice. Les débats
de l'audience sont peu de chose s'ils ne se résument dans
une discussion où l'esprit du juge est obligé de perfectionner sa propre pensée, de lui donner corps, de la modifier en l'accordant avec les impressions de ses collègues.
On ne fait, en somme, au système qui exige pour une
décision judiciaire la présence de plusieurs juges, qu'un
reproche saisissable : celui d'amoindrir et même de faire
disparaître, en la rendant anonyme, la responsabilité du
juge. Cette accusation nous paraît renfermer une confu-

sion sur des ordres de responsabilité très divers. Un
agent du pouvoir exécutif qui prend spontanément des
mesures d'administration, qui peut, par ignorance ou
passion, substituer son caprice à la loi, est responsable
devant l'opinion publique, il doit être responsable à l'é-
gard des particuliers dont il a pu léser les droits. Mais,
en matière judiciaire, la prise à partie ne saurait avoir
que des applications exceptionnelles ; le juge n'est responsable que devant sa conscience, et si les jugements et
arrêts sont toujours criticables en tant qu'œuvres collectives, il est superflu et dangereux de créer au juge devant
l'opinion publique une responsabilité dénuée de toute
sanction, puisque la partie condamnée et mécontente ne
peut plus entraîner son juge en champ clos ; elle ne peut,
pour rappeler une antique expression, que « fausser le jugement sans mauvais cas, » c'est-à-dire user des voies de
recours qui lui sont accordées par la loi.

Le principe de l'appel est aujourd'hui le droit commun
de la France ; le législateur a ménagé presque en toute
matière deux degrés de juridiction, de manière à limiter
le plus possible les chances d'erreur que courent, par le
fait même de la nature humaine, le juge et avec lui le
plaideur, et qui faisaient dire à Cambacérès « qu'il aime-
rait mieux vivre en Turquie que sous les lois de France
avec un seul degré de juridiction » (1). Il est certain, en
effet, que l'absence de la ressource de l'appel entraînerait
les inconvénients les plus graves, et que combinée, par
impossible, avec le principe de l'unité du juge, elle
aboutirait au despotisme judiciaire, c'est-à-dire à la pire
forme du despotisme, car c'est celle qu'il serait le plus
difficile de renverser.

(1) Discussion de la loi du 10 juin 1793, sur l'arbitrage forcé.

La loi fait bien quelques exceptions à la règle du double degré de juridiction : les unes sont fondées sur la nature du litige, par exemple dans les matières d'enregistrement et de contributions indirectes, qui, requérant célérité, sont réputées ne pouvoir subir les lenteurs de la procédure ordinaire et sont jugées en premier et dernier ressort par les tribunaux civils ; les autres sont fondées sur la qualité des parties qui, revêtues de certains grades ou dignités, ne sont justiciables, à raison des délits commis par elles, que des cours d'appel. Enfin, la plupart tiennent à ce qu'on n'a pas voulu laisser se perpétuer les procès portant sur un intérêt minime et exposer les personnes qui s'y étaient engagées peut-être imprudemment à dépasser en frais la valeur du litige (1). Cette sollicitude pour les plaideurs nous paraît exagérée ; dans un pays de liberté, chacun doit être laissé maître d'apprécier l'importance que présente la défense de ses droits ; le degré d'intérêt d'une affaire litigieuse quelconque ne saurait se déterminer par un simple chiffre; il dépend de la situation respective des parties. Les questions portant sur une petite somme ne sont pas nécessairement les moins difficiles pour le juge. D'ailleurs le pouvoir judiciaire n'a pas à statuer sur des intérêts, il a à statuer sur le droit. Le droit est quelque chose d'absolu, d'indivisible, qui appartient à tous, que tous peuvent réclamer et doivent être admis à réclamer par tous les moyens ; le droit est respectable, parce qu'il est le droit, il n'est pas plus ou moins digne d'égards suivant qu'il porte sur un objet d'une valeur plus ou moins élevée ; c'est donc en dehors de toute considération de principes que le principe

_____

(1) L'ancien droit d'évocation si étendu sous l'ancien régime, existe encore au profit des cours d'appel dans des cas extrêmement rares ; c'était une exception de plus à noter.

de l'appel a reçu des exceptions. En les faisant disparaître, le législateur n'aurait pas à redouter d'encombrer le prétoire ; le petit nombre des appels qui se produisent, dans l'état actuel des choses, tant au correctionnel qu'au civil, indique que les juridictions chargées de les recevoir ne seraient pas chargées outre mesure, si d'autres affaires leur étaient soumises ; en calculant sur la proportion existante des jugements susceptibles d'appels et des appels effectivement interjetés, on s'assurera que l'universalisation du principe des deux degrés de juridiction ne pourrait grossir le rôle des cours et tribunaux que d'un nombre assez restreint de numéros.

L'appel, par contre, est inadmissible au criminel ; « le fait a été examiné et jugé par douze jurés ; tout ce qu'il y a de présomption de vérité dans les jugements humains doit s'attacher à leur dérision, c'est le *jugement du pays* » (1), à qui revient, à ce titre même, un caractère d'absolu souveraineté. L'erreur ne peut dès lors être supposée que dans les formes essentielles de la procédure ou dans la décision des magistrats ; ce sont des questions de droit pur, dont l'examen revient naturellement à la Cour de cassation.

Outre l'appel, il existe un moyen de se pourvoir contre les jugements, qui est spécial aux jugements par défaut ; c'est l'opposition. Le code de procédure civile (liv. VI) règle, sous le titre de « voies extraordinaires pour attaquer les jugements, » la tierce opposition et la prise à partie ; nous aurons à nous occuper de celle-ci en la rapprochant de la responsabilité des fonctionnaires.

Après les détails qui précèdent, quelques mots suffiront

(1) Dalloz. *Répertoire.* Vº Degrés de juridiction, nº 19.

pour fixer les idées relativement à l'organisation judiciaire de notre pays. Il y a lieu de la distinguer en deux branches, criminelle et civile ; l'organisation de la justice criminelle est la plus simple et la compétence des trois degrés qu'elle comprend est facile à définir, car elle est exactement calquée sur les trois catégories d'infractions que prévoit le code pénal : le magistrat de simple police, c'est-à-dire le juge de paix, dont le tribunal siège au chef-lieu de canton, est chargé de réprimer les contraventions de simple police, les tribunaux correctionnels d'arrondissement qui, en fait, se confondent avec les tribunaux civils dits de première instance, sont saisis des délits ; enfin la cour d'assises, qui se réunit tous les trimestres au chef-lieu de département, connaît des crimes.

Tous les jugements rendus en premier ressort par les tribunaux correctionnels sont susceptibles d'appel dans les dix jours devant une chambre spéciale de la cour. Les jugements de simple police ne sont susceptibles d'appel dans le même délai, devant le tribunal correctionnel, qu'autant qu'ils prononcent une condamnation à l'emprisonnement ou à une peine pécuniaire de plus de 5 fr.

A côté des juridictions criminelles de droit commun se placent les conseils de guerre, qui font partie du pouvoir judiciaire sans faire partie du corps judiciaire.

Au civil, il faut distinguer les juridictions ordinaires des juridictions extraordinaires ; celles-ci ne peuvent user que des attributions qui leur ont été textuellement conférées par la loi ; leur compétence est de droit étroit, tandis que celles-là possèdent la plénitude de la juridiction, leur compétence porte sur toutes les matières non exceptées et une opinion (que pour notre compte nous trouvons bien hardie) va jusqu'à soutenir que leur compétence englobe même les matières déférées par la loi aux juridictions extraordinaires (1), en ce sens qu'une fois le tribunal ordinaire saisi, si le renvoi devant une juridiction extraordinaire n'était pas demandé par une des parties, il ne serait pas tenu de se déclarer incompétent, attendu que son incompétence est toute relative. Les juridictions ordinaires connaissent de l'exécution de leurs sentences et de celles des juridictions extraordinaires qui sont limitées par la loi de leur institution au seul fait de juger.

Les tribunaux civils d'arrondissement (2) constituent la juridiction ordinaire. Leurs jugements sont, pour la plupart, susceptibles d'appel dans les deux mois, devant la cour d'appel du ressort (3); ils connaissent, en dernier ressort, des actions personnelles et mobilières, jusqu'à la valeur de 1500 fr. de principal, et des actions immobilières jusqu'à 60 fr. de revenu déterminé, soit en rentes, soit par prix de bail (4). Ils reçoivent les appels de justice de paix.

Le juge de paix se trouve mêlé à la plupart des procès, que la loi le charge de chercher à empêcher au début; sa compétence de magistrat conciliateur, ne subissant que de rares exceptions, est sensiblement aussi étendue que celle des tribunaux civils, mais il n'intervient comme tel entre les parties que par des conseils. Sa compétence civile en tant que juge comprend, en premier et dernier

(1) Dalloz, *Op. c°.*, V° Compétence civile, n° 215.

(2) Nommés à tort tribunaux de *première* instance. En réalité, ils jugent tantôt en premier, tantôt en dernier ressort, parfois en premier et dernier ressort.

(3) Chaque ressort de Cour d'appel comprend plusieurs départements, à l'exception de la Cour de Bastia dont relèvent seulement les tribunaux de la Corse.

L'unité judiciaire est l'arrondissement; cette règle ne souffre d'exception que dans le département de la Seine, qui n'a qu'un tribunal civil siégeant à Paris, et en ce qui concerne l'arrondissement de Puget-Théniers, rattaché pour la justice à celui de Nice.

(4) Loi, 13 avril 1838, art. 1er.

ressort, toutes les actions purement personnelles et mobilières jusqu'à la valeur de 100 fr. et, à charge d'appel,
jusqu'à la valeur de 200 fr. Il connaît, en outre, tant en
dernier ressort qu'en appel, de contestations assez nombreuses spécifiées notamment par la loi du 25 mai 1838.

La compétence des tribunaux de commerce est déterminée par l'article 691 du code de commerce ainsi
conçu (1) : « Les tribunaux de commerce connaîtront :
1° des contestations relatives aux engagements et transactions entre négociants, marchands et banquiers ; 2° des
contestations entre associés, pour raison d'une société
de commerce ; 3° de celles relatives aux actes de commerce
entre toutes personnes. »

La juridiction des prud'hommes a été créée pour résoudre
et surtout pour concilier les contestations survenant, dans
les villes manufacturières, entre patrons et ouvriers,
relativement à des salaires, à des malfaçons, à des contrats
d'apprentissage, etc. En certains cas, il peut être porté
appel des décisions des prud'hommes devant le tribunal
de commerce de l'arrondissement.

A côté des tribunaux réguliers, notre législation fait
une place, assez étroite à la vérité, à l'*arbitrage* que la
Constituante avait rêvé de prendre pour base des institutions judiciaires. L'arbitrage forcé qu'elle avait fondé, a
complétement disparu même des matières de commerce, où il avait survécu jusqu'à la loi du 17 juillet 1856,
pour les contestations entre associés. L'arbitrage volontaire
est le seul que reconnaisse le code de procédure civile (2).
On peut donc définir l'arbitre, d'une façon générale,
« celui qui a reçu des parties le droit de juger une contes-

---

(1) Rédaction du 17 juillet 1856.
(2) Livre III, titre unique, art. 1003 à 1028.

tation née ou à naître (1). « Le recours à la juridiction
des arbitres s'appelle *compromis*, il tient autant d'une
convention que d'un recours contentieux. « Le droit de
préférer à la juridiction normale, ordinaire des tribunaux
institués par la loi, la juridiction privée des arbitres,
dérive tout entier du droit de s'obliger, ou du droit d'aliéner.
On comprend aisément que lorsqu'il s'agit d'un droit
auquel il m'est permis de renoncer gratuitement, à plus
forte raison m'est-il loisible, lorsque ce droit m'est disputé, d'en subordonner la conservation ou la perte à
l'examen que devront faire des particuliers de mon
choix. On comprend que, dans ce cas, pour éviter les
frais, les lenteurs, les inconvénients même que la publicité peut me présenter, je puisse, quand je suis libre
d'aliéner ce droit par ma volonté privée, je puisse, à plus
forte raison, accorder le droit de l'examiner, de le débattre, à des arbitres tout à fait de mon choix (2). »
De ce que le compromis est la mise en œuvre du droit
de s'obliger et d'aliéner, il résulte que les personnes qui
n'ont pas la libre disposition de leurs biens, telles les
mineurs, ne peuvent compromettre, et que nul ne peut
compromettre sur les choses qui ne sont pas dans le
commerce. Les causes de nature à être communiquées au
ministère public notamment, ne sauraient faire l'objet
d'un compromis (3).

Les jugements arbitraux sont rendus exécutoires par
ordonnance du président du tribunal civil (4). Ils sont,

---

(1) Arrêt de Bordeaux du 9 janvier 1832, (Dalloz, *Répertoire*, V° Arbitrage, n° 54, en note). Ajoutons toutefois qu'une jurisprudence à peu
près unanime prohibe la clause compromissoire dans les contrats.

(2) Boitard et Colmet-d'Aage. *Leçons de procédure civile*, t. II,
53° leçon, n° 1177 (12° édition).

(3) Code de procédure civile, art. 1004.

(4) *Ibid.*, art 1020.

sauf renonciation des parties, susceptibles d'appel, quelle que soit la valeur du litige. Si la matière était du ressort du juge de paix, l'appel est porté devant le tribunal d'arrondissement ; si elle était du ressort du tribunal d'arrondissement, l'appel est porté devant le cour d'appel (1).

Le jury d'expropriation doit encore être compté comme une juridiction civile extraordinaire.

Au pouvoir judiciaire se rattache intimement l'institution d'un caractère essentiellement libéral qui s'appelle l'assistance judiciaire. Elle a pour objet de permettre aux plus pauvres de faire valoir leurs droits en justice; les bureaux d'assistance judiciaire ont à apprécier et l'état d'indigence des plaideurs qui s'adressent à eux et les chances de succès que leurs causes peuvent présenter. Ces bureaux comprennent des membres de droit, un délégué du préfet et des membres élus par les corps judiciaires près desquels ils fonctionnent; une certaine hiérarchie est observée entre eux, et les décisions du bureau de première instance peuvent être déférés en appel au bureau près la cour par le procureur général.

Au-dessus de toutes les juridictions tant criminelles que civiles, la Cour de cassation assure la stricte observation des compétences et des formes, ainsi que l'unité d'interprétation de la loi. Elle ne constitue d'ailleurs pas une juridiction proprement dite, en ce sens qu'après avoir cassé un jugement ou arrêt, elle ne retient pas le fond pour y statuer, mais renvoie à une nouvelle cour ou à un nouveau tribunal. Si la cour à laquelle le renvoi a été fait, juge comme la première, il se produit une situation assez délicate, qui a été réglée par la loi du 1ᵉʳ avril 1837. La Cour de cassation doit statuer sur le deuxième

---

(1) Code de procéd. civ., art. 1023.

pourvoi, toutes chambres réunies, et la cour à laquelle le nouveau renvoi est fait doit cette fois se conformer, sur le point de droit, à la décision de la Cour de cassation.

La source la plus abondante des attributions de la Cour de cassation sont les recours contre les décisions en dernier ressort, fondés sur une violation des formes ou de la loi (1). Même après l'expiration des délais imposés aux parties pour se pourvoir, le garde des sceaux peut se pourvoir *dans l'intérêt de la loi* contre tout arrêt ou jugement définitif contraire aux lois ou aux formes de procéder ; dans ce cas, l'arrêt de la Cour de cassation qui intervient ne peut nuire ni bénéficier aux parties.

En tous temps, le procureur général près la Cour de cassation peut lui déférer, en qualité de représentant du garde des sceaux, les actes des juges contenant un excès de pouvoir et les délits commis par eux dans l'exercice de leurs fonctions. La Cour de cassation connaît aussi des règlements de juges entre plusieurs cours ou plusieurs tribunaux ne ressortissant pas à une même cour, des renvois d'un tribunal à un autre pour cause de suspicion légitime, des demandes de prise à partie contre une cour d'appel ou une fraction de cour (2).

(1) Toutefois, il n'y a ouverture à cassation contre les jugements en dernier ressort des juges de paix que pour incompétence ou excès de pouvoir, elle n'existe pas contre les jugements des tribunaux militaires de terre et de mer, si ce n'est partiellement pour cause d'incompétence ou excès de pouvoir, proposé par un citoyen non militaire et non assimilé. (Loi 28 ventôse an VIII, art. 77.)

(2) Le mode de procéder de la Cour de cassation est assez remarquable : elle est divisée en trois chambres, chambre criminelle, chambre civile, chambre des requêtes. Les affaires de la compétence de la chambre criminelle sont portées directement devant elle ; celles de la compétence de la chambre civile vont d'abord devant la chambre des requêtes, qui, ne trouvant pas le pourvoi suffisamment fondé, le rejette définitivement ou, dans le cas contraire, le soumet à l'examen plus approfondi de la chambre civile.

Les prévisions de notre cadre ne permettent pas de donner ici la description purement extérieure des divers organes du pouvoir judiciaire, c'est-à-dire la composition de chaque juridiction, quant au nombre de ses membres et des chambres entre lesquelles ils sont répartis, le rang et le traitement des magistrats ; ce qui touche à la procédure doit être également laissé de côté, et tous ces points, lorsqu'il nous arrive d'être obligé d'y faire allusion, sont supposés connus du lecteur.

Cependant il est assez important de remarquer que le principe de l'incompatibilité des fonctions judiciaires avec les fonctions administratives est rigoureusement observé par la législation ; il n'y a d'exception qu'en faveur des juges suppléants de première instance et des suppléants de juge de paix, qui peuvent revêtir l'écharpe municipale. C'est là une fort mince infraction à la règle de la séparation des pouvoirs.

On ne saurait terminer une revue, si rapide fût-elle, de l'organisation judiciaire française, sans dire un mot du ministère public, à qui Henrion de Pansey a consacré ces graves paroles : « L'établissement d'une partie publique, c'est-à-dire d'un fonctionnaire obligé, par le titre de son office, de surveiller les actions de tous les citoyens, de dénoncer aux tribunaux tout ce qui pourrait troubler l'harmonie sociale, et d'appeler l'attention des juges et la vengeance des lois sur tous les crimes, même sur les moindres délits, est un des plus grands pas que les hommes aient faits vers la civilisation (1). »

Les magistrats du ministère public, qui font partie du corps judiciaire sans faire partie du pouvoir judiciaire, sont l'organe du pouvoir exécutif auprès des tri-

_____

(1) *Autorité judiciaire*, t. I, chap. xiv.

bunaux; ils représentent, à proprement parler, non pas, comme d'autres fonctionnaires, l'intérêt politique dans son actualité, mais l'intérêt social dans sa permanence; c'est au nom de la loi qu'ils agissent, soit qu'ils saisissent les tribunaux de la répression des crimes, délits, contraventions dont ils ont reçu la dénonciation, soit qu'ils éclairent de leurs conclusions les débats des procès civils. C'est en raison de la nature élevée et spéciale de leur mission qui exige, dans les limites d'élasticité du lien hiérarchique, une grande indépendance d'esprit et de caractère, que l'Assemblée constituante avait fait des officiers du parquet des magistrats inamovibles; les mêmes considérations amenaient naguère Odilon Barrot (1) à réclamer en faveur de leur liberté d'action et de décision les garanties les plus étendues. En fait, la vieille maxime encore suivie par le ministère public est : « la plume est serve, la parole est libre, » ce qui signifie qu'un avocat de la République est obligé d'exécuter les ordres reçus de ses supérieurs, pour mettre l'action publique en mouvement on engager un incident de procédure, mais qu'une fois à l'audience il ne relève que de sa conscience et n'a d'autre chose à développer que son opinion personnelle, fondée sur une étude approfondie du sujet à traiter. Ainsi encore, qu'un simple substitut de première instance ait spontanément commencé des poursuites, et le procureur général, le garde des sceaux lui-même, chef de l'action judiciaire, ne pourront pas les arrêter. Le recours hiérarchique n'existe donc pas ici comme en matière d'administration active; cela tient, encore une fois, à ce que, lorsqu'un magistrat du ministère public agit, la loi elle-même est réputée agir par son représentant.

(1) *Op. c°.*, p. 63.

Les attributions du ministère public au criminel et au civil ne sont dissemblables qu'en apparence ; partout c'est le triomphe de la loi qu'il est chargé d'assurer, et c'est méconnaître l'esprit de l'institution que se représenter le ministère public comme le champion de la répression quand même ; non, il est le serviteur de la loi, il a le devoir d'en requérir l'application, mais avec les tempéraments qu'elle comporte ; son seul intérêt est celui de la justice, et lorsque la culpabilité d'un criminel ou d'un délinquant se trouve amoindrie par les conditions qui entourent le fait, ce n'est pas, le plus souvent, uniquement de la barre du défenseur que part l'invocation des circonstances atténuantes. N'entend-on pas même mainte fois, quand un délinquant digne d'indulgence n'a pu ou n'a voulu se procurer un avocat, les arguments de la défense sortir de la même bouche que les arguments de l'accusation ?

Au civil, le ministère public peut prendre la parole dans toutes les affaires, il est tenu de le faire dans les causes qui intéressent l'Etat, les communes, les mineurs, les incapables, etc. Les procédures de ces causes doivent même lui être communiquées avant tout débat. Parfois aussi, il a le droit d'agir directement dans l'intérêt public. Il a en outre, au point de vue de l'administration de la justice civile, des attributions qu'il suffit ici de mentionner en bloc.

Au criminel, le procureur de la République, qui n'est lui-même que le substitut du procureur général, se trouve être le chef naturel, dans son arrondissement, des officiers et agents de police judiciaire, c'est-à-dire des fonctionnaires que la loi charge de la recherche et de la constatation des crimes, délits et contraventions ; un seul d'entre eux échappe à son autorité, c'est le préfet, car le code

d'instruction criminelle (1) autorise le préfet à *faire
personnellement* ou à requérir les officiers de police judiciaire de faire tous les actes nécessaires à l'effet de constater les crimes, délits et contraventions, et d'en livrer les
auteurs aux tribunaux. Cette intrusion d'un fonctionnaire tout politique dans l'œuvre de la justice, mettant
entre ses mains les moyens d'inquiéter les citoyens
et de soutenir son autorité par la crainte, a donné lieu,
dans le cours de nos révolutions, à des abus rares mais scandaleux, et les partisans de la séparation sincère de la justice et de l'administration réclament depuis longtemps
contre cette confusion des deux ordres ; une satisfaction
complète leur est ménagée dans le projet de réforme du code
d'instruction criminelle actuellement soumis au Parlement (2).

Les juridictions commerciales (prud'hommes et tribunaux de commerce) sont les seules près desquelles le ministère public ne soit pas représenté. A la Cour de cassation,
près des cours d'appel et des tribunaux de première instance, les charges du ministère public sont remplies par des
magistrats spéciaux, assimilés, au point de vue hiérarchique, aux divers degrés de la magistrature assise, nommés
par le gouvernement sous certaines garanties de capacité
et révocables par lui. Devant le tribunal de simple police,
le siège du ministère public est occupé par le commis-
saire de police et, à son défaut, par un suppléant du

(1) Art. 9.
(2) Le juge d'instruction qui est, au premier chef, officier de police
judiciaire, n'est pas sous les ordres du procureur de la République, mais
il ne peut, sauf le cas de flagrant délit, être mis en mouvement que
par lui. Il exerce ses fonctions spéciales sous la surveillance du procureur général (art. 57. code d'instruction criminelle).
Les maires sont officiers de police judiciaire ; il était nécessaire que
la police judiciaire eût un représentant dans chaque commune et le
caractère de fonctionnaire politique est bien moins accusé chez eux que
chez le préfet.

juge de paix ou par un maire ou adjoint du canton délégué pour un an par le procureur général.

L'œuvre de la justice s'accomplit avec la collaboration d'un grand nombre d'auxiliaires. Ce sont d'abord les avocats qui mettent, devant les tribunaux, leur parole et leur talent au service de la manifestation de la vérité ; il y a plus d'une raison de les citer ici, car l'éclat de certains barreaux n'est pas indifférent à notre gloire nationale. Les avoués préparent les procédures et représentent les parties à l'audience ; les huissiers notifient les actes de forme et jouent un rôle important dans l'exécution des jugements.

Fonctions essentielles. — La fonction essentielle du pouvoir judiciaire est de juger, et cette formule cesse de paraître trop simple, dès que l'on remarque tout ce qu'elle contient, à savoir que le droit de juger, étant essentiel au pouvoir judiciaire, ne peut être exercé par un autre pouvoir que grâce à une dérogation aux principes. « Le pouvoir judiciaire est le pouvoir qui statue contradictoirement sur l'application de la loi ; ce qui veut dire que la juridiction contentieuse en toute matière et entre toutes parties appartient au pouvoir judiciaire (1). » C'est là une définition claire, que personne ne songe à discuter, qui est absolument conforme à la nature intime des choses, et qui cependant est loin de représenter ce qui se passe en réalité.

Car le législateur, obéissant à des préjugés que des commentateurs complaisants essaient vainement de grouper en une théorie harmonieuse, et violant la règle de la séparation des pouvoirs sous prétexte de la mieux respecter, a détaché de la compétence du pouvoir judiciaire

---

(1) L. Jousserandot, *Op. c°.*, p. 177.

de larges catégories de procès qu'il lui a paru plus avan-
tageux de déférer, à raison de la nature des questions qui
y étaient discutées, au pouvoir administratif. On a réservé
à celui-ci les litiges dans lesquels il est lui-même engagé,
c'est-à-dire ceux où, en dehors de la répression pénale,
l'intérêt public est en jeu ; et le domaine du pouvoir judiciaire s'est trouvé restreint à « reconnaître les droits et les
obligations qui dérivent, pour les particuliers, soit des
règles du droit privé, soit des contrats passés dans les
conditions du droit privé, et, de plus, à appliquer les
peines édictées contre les particuliers qui enfreignent les
lois et les règlements. Aussi dit-on souvent que la vie,
l'honneur, la liberté et la propriété des citoyens sont placés
sous la sauvegarde de l'autorité judiciaire (1) ». Si encore
ces limites étaient fixes et certaines, qu'elles déterminassent
un partage logique et absolu ! Mais non, elles ne sont
tracées par aucun texte législatif précis, elles sont simplement indiquées par les docteurs désireux de donner à un
état de choses aussi singulier un aspect méthodique. En
réalité, la théorie souffre les plus graves exceptions.
Ainsi, les conseils de préfecture prononcent sur le contentieux des domaines nationaux, matière où est engagé au
premier chef le droit de propriété et où l'Etat figure
comme personne morale et non comme puissance publique. Ainsi les mêmes conseils répriment les contraventions de grande voirie et prononcent des amendes, représentatives « des peines édictées contre les particuliers qui
enfreignent les lois et les règlements ». Ainsi, au contraire,
les tribunaux sont compétents sur le contentieux des
contributions indirectes, tandis que le contentieux des contributions directes leur échappe. Quelle raison doctrinale

(1) L. Aucoc, *Op. c*, t. I, p. 199.

donner de ces divergences? Ne faut-il pas convenir que
les démembrements imposés au pouvoir judiciaire au sortir
de la révolution, portent sur les points qui ont le plus
vivement excité les méfiances du législateur à l'égard de
ces juridictions ordinaires qu'il avait cependant organisées
avec un luxe de précautions ne permettant guère au vieil
esprit parlementaire d'y renaître?

Si mutilée que soit dans ses effets l'action du pouvoir
judiciaire, il importe de préciser les conditions dans lesquelles elle se produit. Les principales peuvent se ramener
à trois qui s'enchaînent : 1° le pouvoir judiciaire ne peut
se mettre en œuvre que s'il est régulièrement saisi, soit
par un particulier qui lui soumet une contestation dans
laquelle il est intéressé, soit par le pouvoir social qui
appelle son attention sur une violation de la loi à réprimer ; c'est ce qui le distingue de l'exécutif ; 2° ne
pouvant se saisir de lui-même, il ne peut statuer que sur
ce dont il est saisi, c'est-à-dire sur un cas particulier contesté auquel il y a lieu de faire application de la loi. Le
pouvoir judiciaire ne peut donc disposer par voie de
dispositions générales ; c'est ce qui le distingue du législatif ; 3° le juge ne peut jamais qu'interpréter en conscience
la loi ou les conventions qui sont la loi des parties, et il ne
peut sans forfaire ni refuser d'appliquer la loi ni y substituer sa propre inspiration.

La justice se rend en France sous la protection de deux
garanties qui figurent parmi les bases fondamentales
du droit public : la publicité et la gratuité. Tous les débats
d'un procès doivent être publics, se produire au grand
jour, à tel point que dans les poursuites criminelles qui
ont été l'objet d'une information secrète, cette information
est recommencée à l'audience, de telle sorte que l'opinion
soit en mesure de prononcer sa sentence en même temps

que le tribunal (1). Par extension du principe de la publicité, tout jugement ou arrêt doit être motivé, c'est-à-dire
indiquer la suite du raisonnement qui a conduit le juge de
l'examen des faits à l'application de la loi. En disant que
la justice est gratuite, on n'entend pas exprimer qu'elle se
rend sans frais, mais que les juges n'ont aucune rétribution à attendre des plaideurs. Un traitement fixe et
généralement fort modeste a remplacé depuis la Révolution
les « épices » que les magistrats de l'ancien régime percevaient des justiciables et qui constituaient le revenu de
leur charge. Les abus de ce mode de rétribution, l'abaissement qui en résultait dans la dignité du magistrat,
ont à peine besoin d'être rappelés.

Attributions naturelles. — A entendre les champions
de la séparation des pouvoirs absolue que nous avons eu
déjà l'occasion de condamner, le pouvoir judiciaire ne
devrait posséder aucune attribution quelconque en dehors
de celle qui en fait l'appréciateur des contestations
fondées sur une violation de la loi. Cette proposition est
excessive, et parmi les fonctions secondaires remplies par le
corps judiciaire ou par certains de ses membres individuellement, il s'en trouve beaucoup que le législateur a
été sainement inspiré de leur remettre. On ne saurait
regretter, par exemple, que le préliminaire de concilitation
oblige les plaideurs, souvent téméraires, à réfléchir, avant
de se lancer dans un procès, sur les chances qu'il peut
leur offrir et sur le plus ou moins de fondement de leurs
prétentions. Or, chercher à faire céder ces prétentions,

---

(1) Le principe de la publicité de la justice ne souffre exception que
lorsque les débats pourraient, par leur nature, être préjudiciables aux
mœurs ou à l'ordre. En ce cas, en vertu de l'art. 81 de la constitution
du 4 novembre 1848 encore en vigueur quant à ce, la cour ou le tribunal
peut prononcer le huis-clos, sur les réquisitions du ministère public.

à les accorder avec des prétentions rivales, c'est
déjà les apprécier, c'est se rapprocher du rôle de juge.
Aussi ne faut-il pas s'étonner de ce que le juge et le conciliateur soient empruntés au même pouvoir ; ensemble se
trouvent par là expliquées la mission générale du juge de
paix en matière de conciliation, celle des conseils de
prud'hommes au même point de vue, et celle que remplit
le président du tribunal civil au début de toute instance
en séparation de corps, en tentant de rétablir le bon
accord troublé entre les époux.

Il n'y a pas lieu non plus à objection sérieuse lorsque le
pouvoir judiciaire donne, d'après les prescriptions de la
loi, force exécutoire à quelque mesure prise par une personne dont l'autorité est toute privée, dans la limite de ses
droits. Ainsi, aux termes de l'art. 376 du code civil, le père
peut faire détenir pendant un mois son enfant âgé de
moins de seize ans et n'ayant ni état ni biens personnels.
Le président du tribunal ne peut refuser l'ordre d'arrestation. De même une sentence arbitrale ne devient réellement un document judiciaire que par l'ordonnance
d'*exequatur* du président.

Presque tous les actes de juridiction dite gracieuse (1)
sont aussi faciles à défendre. Dans une foule de circonstances, les tribunaux statuent *sur requête*, c'est-à-dire sans
débat contradictoire, sur des matières qui, quoique n'étant

---

(1) « Nous appelons *juridiction contentieuse* celle qui a pour mission
de décider entre les prétentions rivales de deux parties que la loi met
en présence ; *juridiction gracieuse,* celle qui prononce sur les demandes
d'une partie que la loi autorise à se présenter seule, sans appeler l'adversaire qui pourrait avoir quelque intérêt à la contredire. »

« Dans le premier cas, il y a procès, et la loi reconnaît trois personnes : le demandeur, le défendeur, le juge ; dans le second, il n'y a
que requête, et la loi ne reconnaît qu'un solliciteur, d'une part, et de
l'autre, un pouvoir qui accorde ou refuse. » (Chauveau Adolphe sur
Carré, *Lois de la procédure,* t. I, question 378, 4ᵉ édition).

l'objet d'aucune contestation, touchent aux principes qu'ils sont, dans l'intention du législateur, plus spécialement chargés de sauvegarder. Par exemple, les tribunaux sont considérés comme les protecteurs naturels du droit de propriété et de l'état-civil ; c'est pourquoi ils sont appelés à valider les saisies et à rectifier les actes vicieux. Dans toutes les affaires où un tribunal a à intervenir de cette façon, il y a toujours un contradicteur pour ainsi dire latent, l'ordre public, qui au besoin fait entendre sa voix par l'organe du parquet.

Il est également tout naturel que les tribunaux reçoivent le serment professionnel des agents appelés à verbaliser contre les délinquants. Des considérations tenant à l'ordre public et à l'honneur des familles ont fait remettre au pouvoir judiciaire le droit de consacrer les adoptions.

Dans un ordre d'idées aussi vaste, aussi touffu, nous croyons pouvoir nous borner à un aperçu général ; une énumération limitative n'a sa place que dans les traités de procédure.

Fonctions accessoires. — On peut citer, comme exemple d'attribution accessoire, celle qui est conférée à la Cour de cassation en ces termes par l'art. 86 de la loi du 27 ventôse an VIII : « Le tribunal de cassation enverra, chaque année, au gouvernement une députation pour lui indiquer les points sur lesquels l'expérience lui aura fait connaître les vices ou l'insuffisance de la législation. »

La Cour de cassation, dont le rôle consiste à surveiller et à régulariser le fonctionnement de la loi, est mieux placée que personne pour en constater les inconvénients pratiques et pour appeler l'attention du gouvernement et du législateur sur les progrès à réaliser. Cette compétence de fait appartient, quoiqu'à un moindre degré, à tous les corps judiciaires, et il y est souvent fait un appel officieux : il n'est pas rare que le ministère ou une commission parle-

mentaire cherche à s'éclairer de l'opinion des cours et tribunaux sur l'opportunité ou la rédaction de tel projet de
loi ayant un intérêt technique ou général (1).

Fonctions exceptionnelles. — Nous considérerions volontiers comme une fonction de nature exceptionnelle le
droit de surveillance attribué par l'art. 9 du code d'instruction criminelle aux cours d'appel sur la police judiciaire. Ce droit, visiblement créé pour faire, dans l'exercice de la police judiciaire, contre-poids aux influences
politiques, n'est pas en harmonie avec le principe de la
séparation des pouvoirs, car, en matière criminelle, le
pouvoir judiciaire ne commence à être compétent qu'en
présence d'une inculpation formulée régulièrement et le
plus fréquemment par le ministère public, agent de l'exécutif.

Cette anomalie est aggravée par le texte de l'art. 11 de
la loi du 20 avril 1810, ainsi conçu : « La cour impériale
(cour d'appel) pourra, toutes les chambres assemblées,
entendre les dénonciations qui lui seraient faites par un
de ses membres, de crimes et de délits ; elle pourra mander
le procureur général pour lui enjoindre de poursuivre à
raison de ces faits, ou pour entendre le compte que le procureur général lui rendra des poursuites qui seraient com-
mencées. »

Quoiqu'en léger désaccord avec la rigueur du principe,
la confusion dans la personne du juge de paix des caractères de juge et d'officier de police judiciaire ne présente
aucun inconvénient, et la situation de ce magistrat reste ce

(1) On trouve le germe de cette attribution dans l'art. 12 de la loi des
16-24 août 1790 sur l'organisation judiciaire, ainsi conçu : « Ils (les
juges) ne pourront point faire de règlements, mais ils s'adresseront au
Corps législatif toutes les fois qu'ils croiront nécessaire soit d'interpréter
une loi, soit d'*en faire une nouvelle.* »

qu'elle doit être, tant qu'il n'est appelé à travailler qu'à l'œuvre de la justice.

Quant au juge d'instruction, les devoirs qui lui sont imposés par sa mission de police judiciaire impliquent l'exercice d'une véritable juridiction ne pouvant appartenir qu'à un membre du pouvoir judiciaire. Il est choisi parmi les juges inamovibles du tribunal, et les fonctions de l'instruction lui sont confiées par le gouvernement qui peut les lui retirer. Son indépendance, déjà si grande, apparaîtrait davantage si tous les juges d'un même tribunal étaient désignés successivement par un roulement pour remplir les fonctions de juge d'instruction pendant deux ou trois années.

Tutelle et gestion. — Les corps judiciaires n'exercent aucune gestion, à moins qu'on ne veuille absolument considérer comme telle le droit de disposer des sommes plus que modestes qui sont mises à leur disposition par l'État ou par les départements, pour les menues dépenses de chauffage, frais de bureau, salaires des gens de service, etc.

Mais la direction des intérêts des mineurs, des interdits, des incapables en général, est confiée en grande partie à la sollicitude du pouvoir judiciaire ; considérant les attributions de tutelle comme étrangères au domaine de la souveraineté (1), nous sommes loin de nous en scandaliser (2). Le juge de paix préside le conseil de famille du mineur orphelin ; la plupart des délibérations de ce conseil sont soumises à l'homologation du tribunal d'arrondissement ; les ventes de biens de mineurs se font en justice, l'autorité judiciaire intervient encore dans les partages où des mineurs se trouvent

(1) V. plus haut, p. 315.
(2) *Contrà.* L. Jousserandot, *Op. c°*, p. 26 et suiv.

intéressés; elle doit homologuer les transactions dans lesquelles figure un mineur (1). C'est l'autorité judiciaire qui prononce l'interdiction des majeurs en état habituel d'imbécillité, de demence ou de fureur, et qui pourvoit les prodigues d'un conseil (2). Elle surveille l'administration des biens de l'interdit. Elle supplée, en certains cas, au défaut d'autorisation maritale, afin d'habiliter les femmes mariées à aliéner, à s'obliger, à ester en justice.

La surveillance du pouvoir judiciaire ne se restreint pas aux intérêts des incapables proprement dits, elle s'étend aussi à ceux des personnes qui sont dans l'impossibilité matérielle de défendre ou de faire défendre leurs droits : ainsi des absents (3). C'est également pourquoi le juge de paix a le devoir de poser les scellés au domicile d'un défunt, si tous les cohéritiers ne sont pas présents.

Discipline et recours hiérarchique. — Dans un personnel qui, plus que tout autre, a besoin d'être entouré de la considération générale, nous pouvons dire du respect public, la discipline est, de toute nécessité, fortement et minutieusement organisée. La Cour de cassation est le gardien suprême de l'honneur et de la dignité du corps judiciaire; à elle seule sont déférées les fautes graves commises par un magistrat contre le devoir professionnel; pour des infractions plus légères, la juridiction est moins élevée. Ainsi la Cour d'appel a un certain pouvoir disciplinaire sur ses membres et sur ceux des tribunaux d'arrondissemeat du ressort; les tribunaux d'arrondissement, un certain pouvoir disciplinaire sur leurs membres et sur les juges de paix de l'arrondissement.

Les peines disciplinaires pour les magistrats inamo-

---

(1) Code civil, titre X.
(2) *Ibid.* Titre XI, chap. II et III.
(3) Code civil, titre IV en entier.

vibles sont, outre le simple avertissement, la censure
simple, la censure avec réprimande, la suspension, la
déchéance (1). Le garde des sceaux peut aussi mander
devant lui tout membre de l'ordre judiciaire et réclamer de
lui des explications sur les faits qui lui seraient imputés (2).
Les magistrats du ministère public et les officiers de
police judiciaire, placés sous l'autorité des procureurs
généraux, sont indépendants des corps judiciaires quant
à la discipline.

L'autorité disciplinaire du pouvoir judiciaire s'étend à
tous ses auxiliaires, aux officiers ministériels, y compris
les notaires et commissaires-priseurs, et aux avocats.
Chacune de ces corporations, dans chaque unité judiciaire, organise une chambre de discipline chargée spécialement de réprimer les écarts de ses membres, au
point de vue professionnel. Ces chambres rendent des
décisions empreintes d'un véritable caractère judiciaire et
susceptibles de recours direct devant la Cour de cassation;
mais leur existence ne fait pas obstacle au droit des corps
judiciaires, qui partagent avec elles l'action disciplinaire et
peuvent seuls prononcer la suspension, la plus grave des
peines disciplinaires dont un officier ministériel puisse être
frappé. Il n'y a de rigueur plus forte que la destitution,
qui, considérée comme une mesure de gouvernement, est
prononcée par le président de la république, sur le rapport
du garde des sceaux.

Dans l'ordre judiciaire, le recours hiérarchique se
confond avec le recours régulier d'une juridiction à la
juridiction plus élevée, ou du moins il a lieu dans les
mêmes formes. C'est ainsi que les jugements du tribunal

---

(1) Loi, 20 avril 1810, art. 50 et 59.
(2) *Ibid.* art. 57.

civil prononçant qu'*il y a lieu* ou qu'*il n'y a pas lieu à adoption*, quoique constituant des actes de juridiction purement gracieuse, sont soumis dans le délai d'un mois à la Cour d'appel. Il est même très remarquable que l'appel est de droit en matière d'adoption, qu'il a lieu à la requête de la partie la plus diligente, et que, contrairement à la règle commune, ni le jugement ni l'arrêt n'est motivé, à peine de nullité (1).

Le recours pour incompétence ou excès de pouvoir est ouvert devant la Cour de cassation comme devant le conseil d'Etat. Il y fonctionne même dans des conditions beaucoup mieux déterminées. Devant l'une comme devant l'autre de ces hautes juridictions, ce genre de recours nous paraît avoir une nature mixte, dans laquelle le caractère contentieux n'est pas le plus important ; pour nous, c'est principalement un véritable recours hiérarchique ayant pour objet de permettre à la cour régulatrice de maintenir dans le pouvoir qu'elle domine le respect absolu des compétences ; elle est armée par ce recours comme d'une seconde autorité disciplinaire, portant non plus sur les personnes, mais sur les actes.

. . . .

La première Assemblée constituante, ainsi qu'on l'a vu déjà, n'a rien épargné pour mettre le pouvoir judiciaire hors d'état d'empiéter sur les pouvoirs qui se partagent avec elle la souveraineté. C'est le côté du principe de la séparation des pouvoirs qu'elle a le plus complètement appliqué, et elle a recouru, à l'encontre de la justice ordinaire, à une série de précautions qu'on retrouve dans la législation actuelle. Les bornes imposées au pouvoir judiciaire le séparent définitivement tant du pouvoir législatif que du pouvoir exécutif.

(1) Code civil, art. 356 et 357.

D'abord, en ce qui concerne le premier, les tribunaux ne peuvent s'ingérer dans l'exercice du pouvoir législatif en prononçant, par voie de disposition générale ou réglementaire, sur les causes qui leur sont soumises (1). Cette défense, formulée par l'art. 8 du code civil, est corroborée, par la disposition de l'art. 127 du code pénal qui punit de dégradation civique, outre ce fait, celui commis par les juges, procureurs généraux, officiers du parquet et officiers de police judiciaire, soit en arrêtant ou suspendant l'exécution d'une loi, soit en délibérant sur le point de savoir si les lois seront *publiées* ou exécutées. On ne peut contester que ces prescriptions, sans application aujourd'hui, aient eu leur opportunité à l'époque où elles ont été formulées pour la première fois et où les excès des anciens parlements étaient encore présentes à toutes les mémoires.

Les tribunaux sont tenus, par la nature de leur mandat, d'appliquer la loi toutes les fois qu'ils en sont requis, et, pour l'appliquer, de l'interpréter; ils ne peuvent, sans se rendre coupables de déni de justice, alléguer son obscurité, son silence, son insuffisance, pour se dispenser de dire droit (2).

Mais le droit d'interpréter la loi ne va pas jusqu'à celui de la critiquer et de la censurer; il y aurait dans ce fait une immixtion d'un genre particulier dans l'exercice du pouvoir législatif, qui est formellement interdit aux juges (3). Les tribunaux ne peuvent, en vertu des mêmes

---

(1) Il y a excès de pouvoir de la part d'un tribunal qui fait défense à une partie de s'immiscer dans certaines fonctions, sous peine d'une somme déterminée pour chaque infraction. (Cass. 25 février 1847.) V. encore, Cour de cassation, 12 juillet 1847, 25 juin 1850, 29 juillet 1851, 16 mars 1852, 7 juillet 1852 et Tribunal de la Seine, 16 juillet 1872 (Dall. *pér.*)

(2) Code civil, art. 4, code pénal, art. 185.

(3) Constitution du 3 septembre 1791, chap. v, art. 8.

SÉPARATION DES POUVOIRS.

textes et pour les mêmes raisons, critiquer ou censurer aucun acte du pouvoir législatif (1).

Nous retrouvons ces règles en ce qui concerne la séparation du pouvoir judiciaire et du pouvoir exécutif. Une jurisprudence constante interdit sagement aux juges de se permettre la moindre critique des actes du pouvoir exécutif et la moindre discussion sur leur opportunité. C'est en vertu de ce principe que le tribunal de police n'a pas à apprécier, à propos de l'application d'un règlement, le plus ou moins d'utilité des mesures prescrites ni les inconvénients que présenterait leur exécution; ce genre de réclamation ne peut être présenté qu'à l'autorité supérieure par les intéressés (2).

L'absence de tout droit de contrôle et d'appréciation du pouvoir judiciaire sur le pouvoir exécutif est important à étudier, surtout en ce qui concerne la branche de ce dernier, qui est, par la nature même de ses fonctions, en contact de tous les instants avec le pouvoir judiciaire; nous voulons parler du ministère public. En dehors du droit de surveillance des cours sur la police judiciaire de leur ressort, les juges ne peuvent adresser au ministère public aucune injonction directe (3) ou indirecte (4); ils n'ont, ainsi qu'on l'a déjà dit, aucune action disciplinaire sur les magistrats du parquet (5); ils ne peuvent même censurer ou blâmer en quoi que ce soit les actes ou le langage du

(1) V. arrêt de cassation du 13 juin 1879 annulant les motifs d'un jugement du tribunal de Baugé, qui comprenaient la critique et le blâme d'un ordre du jour de la Chambre des députés. (Dall. *pér.*)
(2) Cour de cass. 10 mars 1860. (Dalloz, *pér.*).
(3) Cour de cassation, 20 décembre 1845, 7 mars 1857, 14 déc. 1867. (Dall. *pér.*)
(4) Arrêt de Montpellier, 24 mars 1851. (*Ibid.*)
(5) Cour de cass. 24 septembre 1824, 15 décembre 1858. (*Ibid.*)

ministère public (1); leur droit se borne à aviser le ministre de la justice ou le procureur général des manquements qui seraient relevés dans la conduite des magistrats du parquet. Une égale réserve doit être observée à l'égard de l'officier du ministère public remplissant une des nombreuses attributions que la loi lui a confiées, fût-ce l'une de celles qui peuvent être considérées comme tout accessoires (2).

La défense faite aux tribunaux de s'immiscer dans les matières administratives (3) est de telle nature qu'ils ne peuvent retenir une demande fondée sur l'inobservation par l'autorité de certaines formalités prescrites par la loi, alors surtout qu'elles ne le sont pas dans l'intérêt des tiers, mais simplement au point de vue du bon ordre des services publics. C'est ce que décide un jugement récent du tribunal des conflits, dont voici le passage principal : « Considérant que l'autorité judiciaire est compétente pour con-

(1) Cour de cass., 12 février 1848, 14 février 1845, 27 mars 1845, 13 novembre 1847, 17 déc. 1847, 16 décembre 1859, 17 février 1865, 24 juin 1864.

(2) V. dans les recueils judiciaires un arrêt récent de cassation, annulant pour excès de pouvoir les motifs d'un jugement du tribunal correctionnel d'Angers, dans lesquels avait été introduite la critique d'un discours prononcé, à l'audience de rentrée de la Cour d'appel, par un substitut du procureur général, conformément à l'art. 34 du décret du 6 juillet 1810.

(3) La Cour de cassation a eu à réprimer quelques tentatives d'immixtion directe des tribunaux dans les matières administratives. Ainsi sa chambre civile a décidé que les tribunaux civils sont incompétents pour prescrire à une commune la réparation ou le rétablissement d'une voie publique et, par exemple, d'un pont; incompétents dès lors pour la condamner à des dommages-intérêts à raison du préjudice, soit éventuel, soit même passé, que peut faire souffrir à des particuliers l'accomplissement de son devoir d'entretenir la voie publique en bon état et de la réparer avec soin (31 août 1867, Dall. pér.)

Elle a décidé encore que le jugement par lequel un tribunal ordonne la suppression de barrières établies par ordre de l'autorité municipale sur une place publique à usage de marché, contient violation du principe de la séparation des pouvoirs (17 juillet 1867, Dall. pér.)

naître des demandes de dommages-intérêts dirigés contre les fonctionnaires publics, lorsque les demandes sont des *faits personnels* à ceux-ci, mais qu'on ne saurait comprendre sous cette dénomination les fautes que les fonctionnaires peuvent commettre dans l'accomplissement d'actes d'administration, par contravention aux règles qui fixent leurs devoirs vis-à-vis de l'autorité supérieure, alors que ces actes ne sont pas prescrits dans l'intérêt de ceux qui se prétendent lésés; que l'appréciation et la répression de ces fautes appartiennent exclusivement aux supérieurs hiérarchiques sous l'autorité desquels sont placés les fonctionnaires qui les ont commises (1). »

Cette décision si sage se rattache à une théorie générale, comprenant des distinctions assez subtiles, sur l'étendue de la compétence du pouvoir judiciaire, relativement à l'application et à l'interprétation des actes du pouvoir exécutif.

Parmi ceux-ci, les actes réglementaires sont hors de question; les tribunaux doivent les interpréter et les appliquer comme la loi même; ils en doivent même vérifier la légalité.

Quant aux actes portant sur des intérêts individuels, ils se divisent d'abord en actes *gouvernementaux* et actes *administratifs*. Les actes gouvernementaux sont considérés comme souverains; ils ne sont susceptibles d'aucun recours devant les tribunaux, ni même devant les juridictions administratives. Ce privilège se défendrait par d'excellentes raisons,

(1) Tribunal des conflits, 17 janvier 1880, annulation d'un jugement du tribunal civil de Baugé qui s'était déclaré compétent sur un appel de justice de paix. Dans l'espèce, une institutrice congréganiste avait intenté à un maire une action en dommages-intérêts, fondée sur ce que ce fonctionnaire n'avait pas *immédiatement* affiché la déclaration qu'elle lui avait faite de son intention d'ouvrir une école libre dans la commune.

s'il était spécial aux actes qui tiennent réellement à la
direction politique de l'Etat; il importe de ne pas laisser
« mettre la couronne au greffe »; mais comme il n'existe
dans le droit écrit aucune définition précise de l'expression
« acte gouvernemental », il peut en être fait l'abus le plus
fâcheux et il nous suffira de rappeler à ce sujet deux exemples célèbres qui ont prouvé, sous le second empire, qu'une
jurisprudence complaisante pouvait aboutir à rétablir le
droit de confiscation, sous le couvert de la souveraineté
des actes gouvernementaux. Le lecteur a déjà désigné la
saisie opérée chez l'éditeur, en 1863, de l'ouvrage de M. le
duc d'Aumale, *Histoire des princes de la maison de
Condé* (1), et le décret octroyant à un favori le titre de duc
de Montmorency, alors que le nom de Montmorency était
porté par une famille encore existante. Si nous assimilons
ce dernier fait à un acte de confiscation, c'est que la propriété d'un nom patronymique, voire celle d'un titre de
noblesse, nous paraît tout aussi respectable que celle d'un
morceau de terre ou d'un objet matériel quelconque.

Parmi les actes d'administration, il y a lieu de distinguer les actes *contractuels* et les actes *administratifs* proprement dits. Les premiers sont ceux auxquels participent
les administrateurs comme représentants des personnes
civiles, Etat, départements, communes, établissements
publics, etc. Ce sont en réalité des actes de la vie civile, et
ils rentrent, comme les actes analogues intervenus entre
particuliers, dans la compétence des tribunaux ordinaires (3).

---

(1) Arrêt de la Cour de cassation (chambre des requêtes), 15 novembre 1865, arrêt du conseil d'Etat, 9 mai 1867. (Dall. *pér.*)

(2) Arrêt de Paris, 8 août 1865, arrêt du conseil d'Etat, 28 mars 1866.
(*Ibid.*)

(3) Ceci sauf les exceptions qui seront indiquées au chapitre suivant.

Il en est tout autrement des actes de *puissance publique* qu'une jurisprudence vaguement fondée sur les principes généraux déposés dans les lois des 16-24 août 1790 et 16 frimaire an III, interdit aux tribunaux d'interpréter, si le sens en est douteux, tandis qu'ils doivent les appliquer si le sens en est clair. Dans le premier cas, l'interprétation doit être demandée à l'autorité même dont émane l'acte ; « on applique ici l'adage : *Ejusdem est interpretari legem cujus condere.* C'est l'autorité dont l'acte émane qui devra faire l'interprétation, car mieux que toute autre elle saura dans quel esprit cet acte a été fait. *Il est vrai que cette considération va précisément à l'encontre de la séparation des pouvoirs législatif et judiciaire,* mais on remarquera que, lorsqu'il s'agit d'un acte individuel, une seule personne étant intéressée, il n'est pas à craindre qu'il y ait des inégalités et de l'arbitraire dans l'interprétation donnée de cet acte (1). » Cette dernière atténuation à une règle proclamée vicieuse n'aurait toute sa valeur que si l'interprétation pouvait toujours être demandée à la *personne* auteur de l'acte, qui, en effet, connaît mieux que quiconque sa propre intention ; mais à supposer que cette personne soit décédée, ait quitté l'administration ou ait simplement changé de fonctions, on ne voit pas bien comment l'interprétation donnée par son successeur offrira plus de garanties contre l'arbitraire que celle qui émanerait, conformément à la distribution rationnelle des pouvoirs, des tribunaux institués pour juger, d'une façon générale, les contestations.

La condition spéciale faite aux tribunaux ordinaires relativement aux actes administratifs est l'origine des

---

(1) Alfred Gautier. *Précis des matières administratives dans leurs rapports avec les matières civiles et judiciaires,* 1879, p. 14.

difficultés les plus délicates. Avant tout, le caractère des actes administratifs n'est pas toujours suffisamment précis pour être reconnu tout d'abord, et la jurisprudence a eu sur ce sujet bien des hésitations (1). De plus, les tribunaux doivent surseoir à statuer lorsqu'un doute s'élève sur l'interprétation d'un acte administratif invoqué devant eux. Mais encore faut-il que la raison de douter soit sérieuse (2). Ils ont donc à apprécier tout au moins la valeur préjudicielle de la contestation soulevée ; qui ne voit combien cette imperceptible limite est difficile à observer ? L'exemple de la chambre des requêtes de la cour de cassation, rendant chaque jour des arrêts de principe sur les points les plus ardus du droit civil n'est-il pas là pour prouver surabondamment que l'examen extérieur est très souvent impossible à dégager de l'examen du fond ?

Lorsque l'interprétation d'un acte administratif est demandée dans les circonstances qui viennent d'être exposées, elle doit être donnée, avons-nous dit, par l'autorité même dont il émane. La décision interprétative est alors susceptible d'un recours contentieux devant les autorités supérieures, parce qu'on considère que l'acte argué d'obscurité, bien qu'appartenant peut-être par lui-même à la juridiction gracieuse et ne constituant en réalité qu'une

---

(1) Ainsi, pour ne prendre que des exemples récents : sont considérés comme actes administratifs échappant à la compétence des tribunaux, les actes de délimitation et de partage d'une terre possédée par indivis avec l'Etat en Algérie. (Cass., 13 juillet 1870. Dall. *périod.*).

La solution contraire a été adoptée pour des délibérations de conseils municipaux relatives au partage de biens communaux indivis. (Cour de cass., req. 22 juin 1868. *Ibid.*)

(2) Cour de cassation, 13 août 1854, 17 août 1858, 25 avril 1860, 25 avril 1866. (Dall. *pér.*)

mesure discrétionnaire, a pu créer des droits qui méritent la sauvegarde des formes quasi-judiciaires employées par les juridictions administratives.

Tels sont, en substance, les principes sur lesquels repose la compétence des tribunaux à l'égard des actes de l'administration ; il nous restera à étudier leur compétence à l'égard de ses agents.

Les moyens extérieurs de maintenir l'autorité judiciaire dans les limites de ses attributions sont nombreux, même en dehors des art. 127, 128 et 129 du code pénal, qu'il suffit de rappeler ici pour mémoire. Le recours pour incompétence ou excès de pouvoir est organisé dans l'ordre judiciaire par les textes les plus précis. L'art. 442 du code d'instruction criminelle autorise le procureur général près la cour de cassation à se pourvoir contre les arrêts et jugements passés en force de chose jugée et susceptibles de cassation, alors même que les parties n'ont pas réclamé dans le délai prescrit ; le procureur général peut agir même après l'expiration de ce délai. Mais si la cassation intervient, les parties ne peuvent s'en prévaloir pour s'opposer à l'exécution du jugement ; c'est ce qu'on appelle le *recours dans l'intérêt de la loi;* le recours du procureur général prend une efficacité plus grande dans le cas de l'art. 441 du même code, l'autorisant à faire annuler, sur l'ordre formel du garde des sceaux, par la *chambre criminelle,* les actes, arrêts et jugements contradictoires à la loi. Il est à remarquer que l'art. 441, plus large que l'article suivant, vise, outre les arrêts et jugements, les simples *actes judiciaires,* et qu'en ce qui concerne les arrêts et jugements, le ministre de la justice n'est pas obligé d'attendre qu'ils soient passés en force de chose jugée.

Au-dessus même de la cour de cassation, se trouve une

juridiction dont nous aurons à parler longuement et qui est spécialement chargée d'assurer, conformément au vœu du législateur, le partage rigoureux des compétences. C'est le tribunal des conflits.

CHAPITRE XXIII.

LES JURIDICTIONS ADMINISTRATIVES.

Le législateur, entraîné au delà de la juste mesure par un mouvement de réaction contre les traditions abusives des anciens corps judiciaires, a cru devoir soustraire aux juridictions ordinaires la connaissance de certains procès dont le seul trait commun est que, s'élevant entre un particulier et l'administration ou ses ayants cause, ils mettent, comme on dit, en présence l'intérêt privé et l'intérêt public ou général. Pénétré, en vertu de considérations peu libérales, de la nécessité de faire prévaloir autant que possible ce dernier, il a constitué juges de ces difficultés soit les représentants mêmes de l'administration active, soit des commissions n'ayant qu'une existence provisoire, soit, pour la plupart des cas, des conseils composés de fonctionnaires essentiellement amovibles, établis près des administrateurs, auxiliaires habituels de leurs travaux et imbus du même esprit.

Telle est la seule définition qu'il soit possible, selon nous, de donner du contentieux administratif. Elle est peu précise, elle n'est surtout pas limitative ; mais à vouloir la perfectionner, on court le danger de la déformer. Aussi les auteurs les plus compétents, les plus distingués, n'arrivent-ils en cette matière à poser une règle qu'en l'entourant d'exceptions : s'ils font du contentieux

administratif, l'ensemble des réclamations élevées contre
les actes administratifs qui lèsent des droits acquis, ils sont
obligés de faire remarquer immédiatement que néanmoins les tribunaux ordinaires statuent sur le contentieux
des contributions indirectes et sur les indemnités d'expropriation, que les actes de gouvernement ne sont susceptibles
d'aucun recours même devant la juridiction administrative, que, dans certains cas, notamment lorsqu'il s'agit
d'établissements incommodes ou insalubres, un simple
intérêt méconnu suffit à fonder un recours contentieux.
S'ils déclarent que l'Etat contractant est soumis comme
toute personne civile à la juridiction ordinaire, ils sont
obligés d'ouvrir de larges parenthèses où viennent
prendre place les questions d'entreprise de travaux publics
et la liquidation des dettes de l'Etat ; s'ils rappellent que le
droit de propriété, avec tout ce qui s'y attache. est sous la
sauvegarde des tribunaux, et que les juges de paix, d'un
autre côté, sont chargés de réprimer les infractions aux
règlements légalement faits en tant qu'il n'y ait pas place
pour l'intervention d'une juridiction plus élevée, il faut
qu'ils exceptent encore le contentieux des domaines
nationaux et les contraventions de grande voirie que les
conseils de préfecture punissent en vertu d'une attribution assez arbitrairement créée par la loi du 28 pluviôse
an VIII.

Il n'y a, du reste, pas lieu de s'étonner de l'impossibilité manifeste de traiter ce sujet méthodiquement, en
la rattachant à quelques principes généraux ; ce sont
précisément les principes qui manquent, les attributions des différentes juridictions administratives sont nées
isolément du texte de loi sans lien commun, recouvrant
souvent une arrière-pensée politique, toutes ces juridictions sont spéciales et on ne saurait se rendre complète-

ment compte de leur nature qu'en énumérant leurs attributions.

Si cette donnée est exacte, s'il n'existe pas de contentieux administratif *par définition*, il est inutile de rechercher, à l'exemple d'un grand nombre d'auteurs, quel
est le juge ordinaire du contentieux administratif, c'est-à-
dire à qui doit revenir la solution de toute affaire administrative contentieuse dont le législateur n'a pas disposé
textuellement en faveur d'une juridiction déterminée.
D'après la plupart des traités les plus consultés de droit
administratif, ce juge ordinaire serait le ministre ; d'après
M. Bouchené-Lefer (qui a consacré à cette question un
opuscule intéressant), ce serait le conseil d'Etat. Enfin
M. Gabriel Dufour, entraîné par l'exposé des motifs de
Rœderer, décidait, dans les premières éditions de son beau
Traité général du droit administratif appliqué, que le juge
ordinaire n'était autre que le conseil de préfecture. Ajoutons qu'il était très soutenable, sous les régimes monarchiques, que le juge ordinaire du contentieux administratif était le souverain. La théorie alors admise de la
Justice retenue conduisait directement à cette solution.

Pour nous qui ne reconnaissons plus qu'une justice
déléguée et qui considérons toutes les compétences administratives comme étant de pure attribution, la recherche
du juge ordinaire administratif est presque oiseuse. Ce juge
se confond avec les juridictions ordinaires de droit commun, et l'existence d'un contentieux administratif rationnel
nous paraîtrait entraîner des conséquences dépassant les
règles auxquelles obéit aujourd'hui la jurisprudence : dans
un pareil état de choses, les tribunaux devraient s'abstenir, non seulement d'interpréter les actes administratifs,
mais même de les appliquer ; ils ne pourraient connaître
d'aucune réclamation contre un fonctionnaire, car une

telle réclamation les amène nécessairement à apprécier un acte de *puissance publique* dénoncé comme violant un droit.

De ce que les ministres ne sont pas les juges ordinaires du contentieux administratif, il ne résulte malheureusement pas qu'ils n'aient point d'attributions contentieuses (1);

(1) Les ministres sont investis par des lois diverses de quelques attributions contentieuses spéciales ; ainsi

Le ministre des cultes statue en premier ressort sur les contestations relatives à la validité des élections des membres des conseils de fabrique catholiques et des consistoires protestants ;

En vertu de la loi du 27 avril 1838, en matière de mines, le ministre des travaux publics statue sur les recours contre les arrêtés préfectoraux ordonnant, dans les cas prévus par les art. 7 et 8, la suspension des travaux ;

La loi du 18 juillet 1860 sur l'émigration confère au ministre du commerce le droit de régler les indemnités dues aux émigrants par les agences, dans le cas où celles-ci n'auraient pas rempli leurs engagements depuis le départ du navire ;

Si une commune (loi du 28 avril 1816, art. 22) se prétend indûment assujettie à un droit d'entrée, sa réclamation est portée devant le ministre des finances avec l'avis du sous-préfet, du directeur des contributions indirectes et du préfet et le rapport du directeur général.

En outre, il est de principe qu'à moins de dispositions légales contraires, toute action tendant à faire déclarer l'Etat débiteur doit être portée devant le ministre au département duquel se rattache l'origine de la créance. Le caractère contentieux de la décision ministérielle intervenant dans ce cas laisse quelques doutes dans notre esprit, mais en rapportant cette formule tirée un peu arbitrairement de l'art. 62 du décret du 31 mars 1862, nous ne faisons que nous conformer à l'avis de la majorité des auteurs et à la jurisprudence du conseil d'Etat. Reste à savoir si cette doctrine ne repose pas sur la confusion de deux faits bien distincts de leur nature : la déclaration du titre et sa liquidation administrative, la création du titre et sa vérification. Il serait à coup sûr plus libéral de reconnaître que des actes contractuels et des décisions judiciaires peuvent constituer l'Etat débiteur sans intervention d'aucun ministre.

Une moindre obscurité ne plane pas sur la compétence ministérielle en matière de marchés de fournitures ; celle-ci ne résulte encore que de la jurisprudence et ne comprend que les fournitures faites à l'Etat ; les fournitures aux départements, communes, établissements publics, demeurent, première anomalie, soumises aux tribunaux ordinaires ; la compétence des ministres ne s'étend même pas à *toutes* les fournitures faites à

ils sont juges et, comme eux, sont juges les préfets, les sous-préfets, les maires. Si restreintes que soient les attributions contentieuses non encore dégagées de l'administration active, elles constituent, et de beaucoup, le côté le plus vicieux de l'organisation actuelle; aux mêmes hommes, aux mêmes agents appartiennent l'action et le jugement; ils sont, dans toute la force du terme, juges et parties.

Bien que la distinction des actes d'autorité et des actes de juridiction soit assez aisée à indiquer en théorie, dans la pratique elle n'est pas sans donner lieu à des difficultés épineuses, et, lorsque les deux pouvoirs sont réunis dans la même main, il faut souvent y regarder à plusieurs fois pour reconnaître si telle ou telle décision est contentieuse. Les écrivains les plus compétents s'y sont trompés. M. Serrigny lui-même (1) admet que certains actes d'autorité par nature peuvent revêtir *a posteriori* un caractère contentieux, en raison des recours auxquels ils sont subordonnés. Cette doctrine est appliquée par ceux qui la soutiennent, principalement dans les cas où il y a lieu à recours devant le conseil d'Etat, et on peut croire

l'Etat, puisque, toujours en vertu de l'usage, les conseils de préfecture statuent sur les marchés pour le service des maisons centrales de détention.

Du reste, les marchés de fournitures constituent l'une des matières les moins claires du droit administratif; journellement se produisent des difficultés sur le point de savoir si tel ou tel marché est un marché de fournitures ou un marché de travaux publics; on n'a, par exemple, jamais pu déterminer au juste dans quelle catégorie doit être classée une convention entre une ville et une compagnie pour l'éclairage au gaz.

Outre ces attributions spéciales il est admis dans la pratique et reçu dans la science que tout acte préfectoral qui lèse un droit peut être déféré au ministre et annulé par lui. M. Bouchené-Lefer (*Traité du droit public-administratif*), dont l'opinion n'a pas prévalu, voit là l'exercice, non pas d'un pouvoir juridictionnel, mais d'un droit de contrôle hiérarchique.

(1) *Traité de l'organisation et de la compétence en matière administrative*, t. III.

qu'elle est fondée sur le désir de faire voir deux degrés de
juridiction dans toute affaire contentieuse ; mais comme
l'existence nécessaire de ce double degré ne résulte d'aucun texte, il faut rejeter la théorie elle-même et s'en tenir
à une vérité plus simple : le droit lésé n'est pas à lui seul
le signe du contentieux. Tout acte administratif peut non
seulement blesser un intérêt, mais méconnaître un droit :
il n'est pas pour cela contentieux, et la phase contentieuse
de l'affaire ne commencera que si le particulier atteint
vient devant la juridiction compétente réclamer, avec les
réparations convenables, l'exercice du droit dont l'administration, indûment suivant lui, l'a privé. En s'en tenant
rigoureusement à ces traits distinctifs, on arrive à restreindre à des cas relativement peu nombreux la compé
tence contentieuse des agents du gouvernement, compétence bien exagérée par certains jurisconsultes, toujours
trop étendue d'ailleurs au point de vue des principes.

Les conseils de préfecture, quoique n'ayant nullement
le caractère de juges ordinaires que Rœderer prétendait
leur appartenir (1), statuent de beaucoup sur le plus grand
nombre des affaires contentieuses. C'est la juridiction du
premier degré la plus occupée.

Les conseils de préfecture sont composés de fonctionnaires essentiellement amovibles, et remplissant, sous l'autorité du préfet, de multiples fonctions d'administration
pure. Même lorsqu'ils statuent comme tribunaux, avec
l'assistance d'un ministère public représenté par le secrétaire général de la préfecture, ils sont sous la présidence
du préfet. La loi du 21 juin 1865 a bien disposé que le
chef de l'Etat désignerait annuellement, dans le sein de
chaque conseil, un vice-président ; mais celui-ci préside

(1) *Loc. c°.*

« en cas d'absence ou d'empêchement du préfet ». D'après l'opinion généralement admise, son droit à la présidence n'existe qu'au cas d'une absence fortuite du préfet, ou si celui-ci, quoique présent au chef-lieu, n'a pas trouvé à propos de prendre place au conseil ; mais le préfet, lorsqu'il quitte momentanément son département en vertu d'un congé régulier, délègue aux termes de lois antérieures pour remplir toutes ses fonctions, y compris la présidence du conseil, un conseiller de préfecture quelconque, ou, le plus souvent, le secrétaire général, qui se trouve alors, dans le même tribunal, président et ministère public.

Nous n'avons pas à insister sur les attributions consultatives et de tutelle conférées aux conseils de préfecture. Quant à leurs attributions contentieuses, les seules qui doivent nous occuper en ce moment, les principales dérivent de la loi du 28 pluviôse an VIII. Les affaires de contributions directes en forment sensiblement la part la plus considérable, puisqu'on voit un conseil de préfecture pris à titre d'exemple juger en 1871-72, 7 806 affaires contentieuses, dont 7 530 questions de contributions (1). La compétence des conseils de préfecture en cette matière porte sur les demandes en *décharge* ou *réduction*, qu'il faut soigneusement distinguer des demandes en *remise* ou *modération* adressées à la juridiction gracieuse de l'autorité administrative ; elle comprend aussi les demandes en mutations de cotes, les demandes en inscription aux rôles et certaines réclamations des percepteurs préoccupés de leur responsabilité personnelle en matière de cotes indûment imposées. Loin de se restreindre aux quatre contributions qui forment nos impôts directs proprement dits, elle s'étend à toutes les taxes y assimilées pour le recouvrement.

(1) E. Dramard. *De la Séparation des pouvoirs*, 1873.

Quoique les tribunaux ordinaires connaissent, en principe, du contentieux des contributions indirectes, les conseils de préfecture ont encore de ce côté une attribution
qu'ils trouvent de rares occasions d'exercer; ils règlent
les contestations entre la régie et les débitants sur le taux
des abonnements substitués aux droits de détail sur les
boissons (1).

La loi du 28 pluviôse a chargé les conseils de préfecture
de prononcer « sur les difficultés qui pourraient s'élever
entre l'administration et les entrepreneurs de travaux publics concernant le sens ou l'exécution des clauses de leurs
marchés, » ainsi que « sur les réclamations des particuliers
qui se plaindraient de torts et dommages procédant du fait
personnel des entrepreneurs, et non du fait de l'admistra-
tion », et, de plus, « sur les demandes et contestations concernant les indemnités dues aux particuliers, à raison de
terrains pris ou fouillés pour la confection des chemins,
canaux et autres ouvrages publics. » Depuis lors, la compétence des conseils de préfecture en matière de travaux
publics n'a pas varié quant aux principes (2), elle a seulement été développée par la jurisprudence ; ainsi sont considérés comme publics, non seulement les travaux faits
pour le compte de l'Etat, mais encore ceux intéressant les
départements, les communes, les établissements publics, et
même les simples particuliers groupés en associations syndicales.

Le contentieux des domaines nationaux est, parmi les
attributions confiées aux conseils de préfecture, celle qui
trahit le plus clairement, de la part du législateur, une
préoccupation politique ; il portait devant une juridiction

___

(1) Loi du 28 avril 1816.
(2) Sauf que depuis 1810 la fixation des indemnités d'expropriation
échappe aux conseils de préfecture.

dépouillée de garanties suffisante des questions de propriété qui, en vertu de tous les principes reçus, devraient être strictement laissées au juge ordinaire. Il « dessaisissait l'ordre judiciaire, toujours moins accessible aux considérations purement politiques, pour investir le conseil de préfecture, magistrature placée sous la main du pouvoir, s'inspirant de son esprit et habituée, *comme c'est son devoir*, à faire prédominer, en cas de doute, l'intérêt du gouvernement *sur l'idée de justice absolue* (1). » Les arrêts sur des questions de domaines nationaux deviennent de plus en plus rares ; M. Aucoc en cite cependant qui ne remontent qu'à 1867 (2).

Les attributions des conseils de préfecture, relatives à la voirie et au roulage se distinguent par la bizarrerie du partage fait entre eux et les tribunaux, et en ce qu'elles font participer la juridiction administrative à la répression des contraventions.

En effet, pour ce qui concerne la voirie vicinale, les conseils de préfecture connaissent des difficultés sur les limites des chemins, des atteintes portées à la largeur déterminée par l'administration par des plantations des propriétaires riverains et de la fixation des subventions à la charge des industriels dont l'exploitation causerait des dégradations habituelles ou temporaires aux chemins vicinaux entretenus à l'état de viabilité. Quant aux anticipations, le conseil peut ordonner la restitution du terrain usurpé, mais il ne peut prononcer l'amende ; c'est au juge de simple police de l'infliger au contrevenant.

Au contraire, sur la grande voirie, les conseils de préfecture ont une compétence à la fois civile et répressive ;

(1) Cabantous et Liégeois. *Répétitions écrites sur le droit administratif*, cinquième édition, p. 592.
(2) *Conférences sur le droit administratif*, t. I, chap. II.

ils connaissent, en vertu de la loi du 29 floréal an X, des contraventions *de nature à porter atteinte au domaine public de la voirie.* C'est encore ce caractère un peu vague qui détermine leur compétence en ce qui touche la police du roulage. En fait, le plus grand nombre des infractions de roulage est poursuivi devant le tribunal de simple police, ou même devant le tribunal correctionnel (délits de fausse plaque, refus d'obtempérer, etc.) (1).

Les conseils de préfecture peuvent infliger des amendes s'élevant jusqu'à 500 fr. (2).

Les conseils de préfecture ont reçu d'autres attributions d'un grand nombre de lois, par exemple en matière forestière (art. 50, 64, 65, 67 du code forestier), de sources minérales (arrêté 3 floréal an VIII), de bacs et bateaux (loi du 6 frimaire an VII), de partage de biens communaux (loi du 10 juin 1793), d'élections aux conseils municipaux et d'arrondissement, de logements insalubres, de servitudes de guerre, de pêche fluviale, de mines, de halles, d'octrois, de marchés de fournitures (dans les limites précédemment indiquées). En matière d'établissements dangereux, insalubres [et incommodes, le conseil de préfecture statue sur les recours des industriels contre les arrêtés du sous-préfet qui ont refusé d'autoriser des ateliers de troisième classe et sur les oppositions des voisins contre les arrêtés du sous-préfet ou du préfet qui ont autorisé des établissements de troisième, de deuxième et de première classe. C'est un exemple, au moins pour le premier cas, d'affaire non contentieuse de sa nature,

(1) V. Loi du 30 mai 1851.
(2) Ainsi que le fait judicieusement remarquer M. A. Gautier (*Op. c°*, p. 136), les conseils de préfecture peuvent même, *en droit*, prononcer la peine d'emprisonnement, en vertu d'anciens édits. Il est vrai que la jurisprudence du Conseil d'Etat paralyse cette attribution entre leurs mains.

devenue contentieuse par la volonté de la loi. Le refus opposé par le sous-préfet blesse, en effet, l'intérêt du pétitionnaire sans léser son droit.

Ce rapide aperçu des fonctions contentieuses des conseils de préfecture aboutit naturellement à la question de savoir s'il est vrai, comme le prétendent les panégyristes de l'institution, qu'en les exerçant les conseils soient très-rarement amenés à connaître des actes des préfets ; non, cet argument, imaginé en vue de dissimuler l'un des vices les plus choquants de l'organisation actuelle, n'a pas de bases sérieuses; M. Boulatignier, dans son savant rapport sur la reconstitution des conseils de préfecture (1), a insisté sur ce point : les réclamations en matière de con-tributions sont en réalité dirigées contre les arrêtés préfec-toraux qui ont rendu les rôles exécutoires, les difficultés en matière d'établissements insalubres portent toutes sur des arrêtés préfectoraux ; les travaux publics, les fouilles et extractions de matériaux mettent constamment le conseil de préfecture en présence du préfet qui en fait partie avec voix prépondérante; or (ce n'est plus nous qui parlons, c'est M. Boulatignier) « il est très possible qu'un fonctionnaire dont l'impartialité ne fléchirait pas en présence d'un intérêt direct et matériel, soit entraîné par l'amour-propre à défendre ses actes avec opiniâtreté et passion. D'ailleurs, l'opinion, dont il faut tenir grand compte dans les choses de justice, n'admet pas ces distinc-tions. »

Les arrêtés du conseil de préfecture sont susceptibles de recours devant le conseil d'Etat, soit pour mal jugé, soit pour incompétence ou excès de pouvoir.

Nous ne pouvons qu'énumérer les autres juridictions contentieuses administratives du premier degré. Les con-

(1) Au conseil d'Etat, en 1851.

seils de revision pour le recrutement de l'armée prononcent souverainement sur les cas d'exemption, de dispense, etc., à moins que la décision à intervenir n'implique
une de ces questions d'état ou de droits civils, que les tribunaux peuvent seuls trancher ; leur décision n'est alors que
conditionnelle. Ils doivent également surseoir si un conscrit
est soupçonné par eux de s'être mutilé volontairement
pour se soustraire aux charges du service militaire (1).
Les décisions des conseils de revision ne peuvent être
attaquées devant le conseil d'Etat que pour incompétence
ou excès de pouvoir ; le ministre de la guerre peut
toutefois se pourvoir contre elles dans l'intérêt de la loi,
sans que l'arrêt à intervenir puisse nuire au conscrit dont
il est question dans l'espèce.

En vertu d'une législation très peu précise, le préfet
maritime connaît seul des difficultés relatives à l'inscription maritime, à charge de recours devant le ministre
de la marine et, au besoin, devant le conseil d'Etat.

Les *commissions de plus-value*, instituées par la loi du
16 septembre 1807 relative *au desséchement des marais*,
ont conservé quelques attributions contentieuses, même
après la loi du 21 juin 1865, sur les associations syndicales,
qui a amoindri le champ de leur action.

Nous citerons encore les conseils établis dans certains
ports près de l'agent spécial de la *police sanitaire ;* ils
ont quelques attributions d'apparence contentieuse, mais
leur importance diminue considérablement en fait, à
mesure que se transforment les idées médicales sur le mode
de propagation des épidémies.

Nous avons expliqué plus haut pourquoi il nous est
difficile de considérer la cour des comptes et les conseils

(1) Art. 63, loi 18 juillet 1872.

universitaires comme de véritables juridictions contentieuses ; nos scrupules sont les mêmes à l'égard du *conseil
des prises maritimes,* que, du reste, certains auteurs, en
particulier M. Cabantous, considèrent comme un corps
purement administratif. Nous refuserons le titre de
juridiction administrative au conseil du sceau des titres
qui n'a, dans les limites de sa compétence, qu'une mission
d'instruction et de préparation. L'administration des
monnaies, composée d'un directeur, d'un sous-directeur et
de deux commissaires, se réunit en comité contentieux
pour statuer : 1° sur le titre et le poids des espèces
fabriquées; 2° sur les difficultés relatives au titre et à la
marque des lingots et ouvrages d'or ou d'argent. Elle
juge en dernier ressort, et le recours pour incompétence
ou excès de pouvoir est seul ouvert contre ses décisions.

Les conseils privés des colonies, établis à la Martinique,
à la Guadeloupe et à la Réunion (1), y tiennent la place
des conseils de préfecture ; ils sont groupés autour du
gouverneur comme ceux-ci autour du préfet. Comme
ceux-ci aussi, ils ont des attributions consultatives, de
tutelle et contentieuses. Toutefois, chose remarquable,
ces conseils sont supérieurs par l'importance et par l'organisation à leurs similaires de la métropole : *ils sont
expressément investis de la généralité du contentieux
administratif,* sur lequel ils ne prononcent qu'avec l'assistance de deux magistrats de l'ordre judiciaire. Les
conseils privés sont subordonnés, en tant que tribunaux
administratifs, au conseil d'Etat, de même que les conseils
de préfecture, sauf dans une matière qui leur est tout-à
fait propre : il s'agit de la répartition entre les colons de
l'indemnité allouée pour atténuer les conséquences de
l'affranchissement des esclaves.

(1) Sénatus-consulte du 3 mai 1854.

Les conseils privés ont encore une attribution très singulière, qui les relie intimement à l'ordre judiciaire : ils connaissent en appel et sauf recours en cassation, bien entendu, des jugements des tribunaux de première instance relatifs aux contraventions aux lois, ordonnances et règlements sur le commerce étranger et sur le régime des douanes.

Chaque conseil privé est composé du gouverneur, président, de l'ordonnateur, du directeur de l'intérieur, du procureur général (grossissant l'élément judiciaire), de deux conseillers et de suppléants nommés par le président de la République.

Dans les colonies où il n'existe pas de conseil privé, un conseil d'administration en tient lieu dans une certaine mesure.

Le conseil d'État est la juridiction administrative suprême ; c'est aussi celle qui se défend le mieux, depuis de longues années, contre les critiques, par l'heureuse composition de son personnel, la solidité de sa jurisprudence et les avantages incontestables de sa procédure.

En matière contentieuse, le conseil d'Etat statue *souverainement*, dit la loi de 1872. Ce mot est toute une révolution, en ce qu'il marque la fin de la justice retenue ; le conseil ne se borne plus à préparer un jugement qui sera rendu par un roi ou un empereur, détenteur de toute puissance judiciaire et administrative. Il a cessé de mériter le reproche que lui adressait Macarel dans son livre excellent sur les *Tribunaux administratifs*. « On ne conçoit pas un tribunal, y est-il dit, dont les délibérations soient soumises à une autre conviction que la sienne » Il est aujourd'hui, au moins sous un rapport, véritablement cour de justice. Nous verrons si ce progrès, très réel dans l'ordre des faits, est absolument conforme à la logique.

Le conseil d'Etat statue au contentieux, 1° en premier et dernier ressort; 2° comme juge d'appel; 3° comme cour de cassation.

En premier et dernier ressort, il connaît des pourvois contre les actes d'autorité du chef du pouvoir exécutif (1) ou des ministres, lorsqu'ils sont fondés sur un droit privé lésé ou sur l'omission des formalités protectrices des droits privés; il statue aussi sur les arrêtés préfectoraux refusant à des industriels l'autorisation d'ouvrir un établissement incommode ou insalubre.

L'art. 21 de la loi du 22 avril 1806 le charge de réprimer les infractions aux lois et règlements qui régissent la Banque de France, et de prononcer sur les contestations relatives à la police et à l'administration intérieure de cet établissement. Certaines difficultés en matière de majorats lui reviennent aussi (2).

Au second point de vue, le conseil d'Etat reçoit les appels des décisions des conseils de préfecture, des conseils privés des colonies, des commissions de plus-value, enfin des membres de l'administration active statuant comme juges du contentieux; les appels de cette dernière catégorie n'arrivent habituellement au conseil qu'après avoir suivi la filière hiérarchique. Que devient ici le principe des deux degrés de juridiction, qu'une théorie fondée sur l'amour de la symétrie a essayé de transplanter de l'ordre civil dans l'ordre administratif?

L'appel des décisions du conseil des prises doit être également cité, si l'on admet que ce conseil soit réellement une juridiction contentieuse.

Comme éléments de la compétence du conseil d'Etat en

---

(1) A l'exception des actes gouvernementaux ou réglementaires.
(2) Décret du 1er mars 1808, art. 41 et 42.

tant que tribunal de cassation, on cite habituellement les
recours contre les arrêts de la cour des comptes, pour
violation des formes ou de la loi (1), et contre les décisions
des conseils de révision (2).

On fait encore rentrer dans la même classe les recours
pour excès de pouvoir et incompétence, auxquels le chapitre qui suit celui-ci est consacré en entier.

Les règlements de compétence à la suite de conflits de
juridiction entre tribunaux administratifs appartient aussi
sans conteste au conseil d'Etat.

. . . .

Telle est la constitution de nos juridictions administratives. Sur quels principes la fait-on reposer et quelle
est la valeur de ces principes?

Aux yeux des partisans de l'état de choses actuel, il
serait la conséquence naturelle de la séparation des
pouvoirs et serait contenu tout entier, en puissance, dans
l'art. 13 de la loi des 16-24 août 1790, dont il n'est pas
inutile de rappeler, une fois de plus, le texte.

« Les fonctions judiciaires sont distinctes et demeureront
toujours séparées des fonctions administratives. Les juges
ne pourront, à peine de forfaiture, troubler de quelque
manière que ce soit les opérations des corps administratifs
ni citer devant eux les administrateurs pour raison de
leurs fonctions. »

Le décret du 19 septembre 1870, abrogeant l'art. 75
de la constitution de l'an VIII, auquel on peut reprocher
l'obscurité de sa rédaction, mais dont on doit reconnaître
les intentions libérales, a enlevé à la seconde des dispositions de l'article précité sa vertu de principe fondamental

---

(1) Loi du 16 septembre 1807, art. 17.
(2) Loi du 27 juillet 1872, art. 30.

de droit public. Mais reconnaissons comme irréprochable la formule qui en compose la première partie. Comment en peut-on faire sortir la création, au sein même de l'un des pouvoirs proclamés séparés par la nature *de leurs fonctions*, d'organes destinés à remplir des *fonctions* identiques à celles de l'autre ?

L'administration, dit-on, doit être tout à fait indépendante de la justice, et pour cela il faut que ses actes ne puissent être soumis à cette justice ; elle aura sa justice à elle, sa justice de famille, qui se réserve de ménager, au besoin, les accommodements nécessaires entre l'intérêt général et la rigueur du droit.

Ramenée à ces termes, la théorie du contentieux administratif apparaît comme profondément illogique, et si des hommes savants, droits, éminents, dépensent leur talent à la soutenir, c'est surtout, croyons-nous, en raison de la puissance des habitudes prises et de cette force de résistance que donne aux institutions le temps qui souvent consolide avant d'user.

Le partage des fonctions judiciaires et des fonctions administratives est, en effet, pure affaire de définition. Que répondre à la formule suivante ? « Le pouvoir législatif doit se borner à faire les lois générales, le pouvoir exécutif doit en assurer l'exécution, et le pouvoir judiciaire seul doit réprimer les infractions aux lois et juger les contestations auxquelles l'application des lois donne naissance (1). » Comment même en contester la rigoureuse exactitude ?

Devant l'administration il ne doit pas y avoir de distinctions de personnes : les juges comme les autres citoyens

---

(1) Lefèvre-Pontalis. *Rapport* à l'assemblée nationale sur la suppression des conseils de préfecture.

doivent obéir aux mesures légalement prises en vue des
intérêts généraux; à l'inverse, devant la Justice, il ne doit
y avoir ni administrateur ni administré, il n'y a que des
justiciables. C'est toute la séparation des pouvoirs, dont
on a pu dire qu'elle assure la liberté, parce qu'elle efface
les privilèges. La destination *propre* de l'administration est
le règlement des intérêts ; il lui appartient, dans les bornes
posées par la loi, de déterminer jusqu'où doivent s'étendre
les concessions de particuliers au bien public. Mais si, dans
son activité, elle heurte non plus un intérêt, mais un droit,
si elle met un citoyen en situation de lui dire, en s'ap-
puyant d'un texte législatif : « Tu n'iras pas plus loin »,
alors la question n'a plus rien d'administratif ; deux
parties demandent que la loi soit appliquée à l'espèce qui
les divise, c'est l'essence de tout procès. L'œuvre du
pouvoir judiciaire commence.

La justice et l'administration, étant chacune un
démembrement de la souveraineté, doivent être souveraines chacune dans sa sphère. Or, on ne peut soutenir
que le pouvoir judiciaire soit souverain dans la sienne,
tant qu'est pratiquée l'hérésie que Portalis a le premier
exposée en ces termes : « L'administration ne cesse pas
d'administrer, même lorsqu'elle statue sur les matières
contentieuses; la juridiction qu'elle exerce est le *complément* de l'action administrative (1). »

L'erreur ainsi lancée dans le monde par un grand esprit
a été aggravée par les commentaires des défenseurs
du régime actuel. Pour ne parler que des derniers venus,
voici quel singulier reproche M. de Pistoye (2) fait à la
commission de l'Assemblée nationale chargée d'examiner la

---

(1) *Rapport* à la Chambre des Pairs, sur le projet de loi concernant le
Conseil d'Etat. 26 janvier 1834.
(2) *La Décentralisation administrative.*

motion de M. Raudot sur la décentralisation : « Trompée par ces mots, qu'il y a un *jugement à rendre,* la commission oublie que ce jugement est le dernier acte de l'action administrative, et qu'à peine d'effacer la séparation fondamentale entre l'administration et l'autorité judiciaire, c'est l'administration qui doit prononcer ce jugement final. »

Le rapprochement de ces deux citations permet de voir par quel enchaînement d'idées une opinion fausse, d'abord isolée, a pu se répandre dans le public, jusqu'au point que la séparation des pouvoirs en fût déclarée responsable. Tout le monde, du reste, ne s'est pas laissé tromper par les apparences, et M. Dareste (1) considère que c'est par dérogation à ce grand principe que le jugement des recours dirigés contre les actes administratifs est laissé à l'administration ; le législateur, ajoute l'éminent magistrat, a obéi surtout à des considérations pratiques ; « en faisant la part de l'un et de l'autre, il s'est guidé par des raisons d'analogie et de convenance bien plus que par des subtilités théoriques. »

La question se trouve ainsi posée dans des conditions nouvelles, nettement, loyalement; la juridiction administrative est fondée sur des analogies, des convenances. Sur ce terrain, elle pourra être défendue avec une certaine force, mais non avec celle qui résulte des vrais principes sainement interprétés.

La meilleure raison d'être des juridictions administratives aux yeux de bien des gens, n'est autre que la nécessité de faire prédominer, contrairement aux tendances habituelles des tribunaux ordinaires, dans les débats où l'administration est partie, l'intérêt général sur les intérêts particuliers,

(1) *Les Juridictions administratives en France,* p. 204.

Cette thèse, à la regarder de près, est pleine de dangers ; c'est déjà un raisonnement tout autoritaire, anti-
libéral au premier chef, que celui qui s'appuie sur un
intérêt général différent de la masse des intérêts particuliers, hostile à ceux-ci au lieu d'en être la résultante. Il y a plus, la justice ne saurait, à moin
de cesser d'être elle-même, prendre en considération
« des intérêts » ; ce mot ne doit jamais retentir dans le
prétoire ; ce sont des droits qui s'y discutent, c'est l'effet
de la loi qu'on y élucide, et l'égalité devant la loi est la
base même de notre état social. Idéalement il ne saurait exister sur la même difficulté juridique deux solutions exactes, l'une favorisant l'intérêt particulier, l'autre
l'intérêt général. Une seule est vraie, conforme à l'intention du législateur et à la justice, et celle-là seule
doit prévaloir ; ce serait faire un éloge maladroit des
juges administratifs que les supposer prêts à tenir
compte d'autre chose que du texte de la loi ; si celui-ci
est obscur, l'unique lumière dont un juge quelconque
puisse s'éclairer, est sa conscience fortifiée par le savoir
juridique.

Ainsi, c'est surtout de l'intérêt général que s'inspirent
les champions de la juridiction administrative ; parmi eux,
les plus remarquables par le talent usent sur ce point d'une
grande modération dans les expressions, se gardant de
laisser voir le côté faible de leurs prétentions; mais cette
cause, comme tant d'autres, a des soutiens plus zélés que
prudents dont il est bon aussi de connaître le sentiment.
Ainsi, il est difficile de trouver contre la juridiction
administrative quelque chose de plus fort que la citation
suivante empruntée à un de ses chauds partisans : « On
comprend qu'il n'y a que des juges dépendants et amovibles qui puissent intervenir comme amiables compo-

siteurs entre l'intérêt général et les intérêts particuliers, en faisant quelquefois fléchir la rigueur du principe en vue du salut public, d'après le principe féodal que *de suzerain à vassal il n'y a pas de juge fors Dieu* (1). »

En dehors même de ces imprudences de langage, il reste bien établi que l'administration tient à « être régie d'après des principes différents de ceux qui sont appliqués par la justice civile, sous prétexte qu'elle représente l'intérêt public, ce qui est, sous l'apparence des mots, une manière de dire qu'il y a toujours, en faveur de l'administration, présomption d'infaillibilité » (2). À ce reproche se relie, de la façon la plus étroite, celui que M. Lefèvre-Pontalis (3) fait reposer sur « une raison d'honnêteté publique, c'est à savoir que nul ne peut être juge et partie dans sa propre cause. »

A cette apostrophe, on répond qu'elle n'est pas fondée, parce que « l'administration n'agit que dans un intérêt général, elle ne saurait avoir d'intérêt personnel (4), » ou qu'elle est empreinte d'exagération, parce que le législateur de l'an VIII a séparé les pouvoirs à sa manière, en distinguant l'administration contentieuse de l'administration active.

Le lecteur sait à quoi s'en tenir sur cette prétendue distinction : ce n'est pas assez que des maires, des préfets, des préfets maritimes soient juges au contentieux, qu'on ait pu soutenir que les ministres en étaient les juges ordinaires, mais les conseillers de préfecture eux-mêmes sont mêlés personnellement à une foule d'actes d'administration active, et c'est précisément sur leur participation au

(1) Arnault de Praneuf, *Traité des Juridictions administratives*, p. 31.
(2) E. Dramard, *Op. c⁰*, p. 18.
(3) *Loc. c⁰*.
(4) S. Migneret. *De la Suppression des conseils de préfecture*, p. 7.

maniement des affaires qu'on compte pour leur inspirer, dans l'exercice de leur juridiction, le sentiment de la prédominance de l'intérêt public sur les droits particuliers. Le conseil d'État, de son côté, statue journellement sur des décisions qu'il a prises lui-même en assemblée générale ou en section.

Les juges administratifs sont amovibles, à la discrétion du gouvernement; ils offrent donc, comme indépendance, moins de garanties que les juges de droit commun; ce point de vue surtout a frappé certains réformateurs qui, à la suite de Cormenin (1), de Macarel (2), de MM. Dubois (3), Poitou (4), etc. (5), considéreraient comme un progrès suffisant la transformation des conseillers de préfecture et des membres de la section du contentieux au conseil d'État en magistrats inamovibles.

Le progrès serait assurément précieux pour les justi_ ciables, mais cette mesure serait beaucoup plus fâcheuse pour le gouvernement que la pure et simple attribution du contentieux administratif au pouvoir judiciaire, car les magistrats de ces cours spéciales, étant nécessairement recrutés parmi les fonctionnaires actifs, auraient des idées préconçues, des partis-pris qu'ils chercheraient à faire prévaloir, sans se soucier d'entraver l'œuvre de leurs successeurs dans la direction des affaires; issus en majo- rité d'une politique qui pourrait ne plus être celle du mi- nistère, pratiquant l'opposition « en détail » à l'abri de l'inamovibilité, ils pourraient être portés à user de leurs pouvoirs à l'encontre de l'administration d'une façon beau- coup plus gênante que les juges de droit commun, que les

(1) *Droit administratif.*
(2) *Tribunaux administratifs.*
(3) *Le Contentieux administratif en Italie.*
(4) *La Liberté civile en France.*
(5) V. encore H. Pascaud, p. 29 et suiv. *Op. c°.*

mêmes considérations professionnelles ne sauraient émou-
voir.

D'ailleurs, à quoi bon ce double emploi? Si les deux
juridictions devaient être organisées de même, pourquoi ne
pas les fondre ensemble? Il faut, en cette matière, remon-
ter aux principes et restituer au pouvoir judiciaire presque
tout le contentieux administratif; et cela sans qu'un texte
étendu soit nécessaire, puisque « dire le droit » est l'office normal de la justice. L'administration conservera les
affaires qui n'ont été qualifiées de contentieuses que
par extension, telles que celles qui concernent les établissements incommodes et insalubres. Le conseil d'État,
surtout, gardera les recours pour excès de pouvoir, qui
garantissent le maintien d'une sorte de police intérieure
nécessaire au sein du pouvoir exécutif.

Qu'on ne craigne pas de surcharger par là les tribunaux.
Les questions de contributions qui encombrent en apparence les conseils de préfecture, se jugent en trois mi-
nutes, et, le plus fréquemment, l'arrêt a été préparé par
l'administration des contributions. Toute réclamation,
dans notre système, devrait être soumise d'abord à l'administration et portée devant la justice au cas seulement
où elle aurait été repoussée dans ce préliminaire de conciliation (1). De même, les décisions des conseils de révision
sur des questions légales seraient exécutoires si, dans un
délai très court, le conscrit intéressé ne s'était pas
adressé aux tribunaux; ces conseils resteraient souverains
en ce qui touche l'aptitude physique au service militaire.

D'ailleurs, nous ne pouvons, sur les détails de la ré-

_____

(1) V. plus loin (chapitre XXVII) ce qui concerne le contentieux administratif en Autriche.

forme, que renvoyer le lecteur aux projets de loi élaborés par la commission extra-parlementaire de décentralisation organisée en 1870 et par la commission de l'Assemblée nationale qui avait choisi, grâce à une heureuse
inspiration, M. Lefèvre-Pontalis pour rapporteur. Nous
avons encore à examiner rapidement quelques objections
avancées contre la compétence de la magistrature en matière de contentieux administratif.

Après avoir incriminé ses tendances, trop favorables,
assure-t-on, aux droits des particuliers, on conteste ses
lumières; le droit administratif, dit-on, est une science
difficile, confuse, spéciale, qu'on n'acquiert point en
pratiquant le droit civil.

Nous sommes d'avis que des garanties de savoir plus
sérieuses que celles aujourd'hui demandées, seraient exigées avec avantage pour le public, des candidats à la magistrature. Mais, en définitive, le diplôme de licencié est
le même pour tous, et ce n'est pas parce qu'un jeune
homme sera nommé juge suppléant ou conseiller de
préfecture, qu'il saura plus ou moins de droit administratif. Si l'on veut parler des connaissances à acquérir
dans le cours de la carrière, nous ne voulons rien dire
qui puisse froisser personne, mais ne serait-il pas au
moins superflu de rechercher de quel côté les habitudes de
travail sont le plus développées? lequel apportera le plus
de zèle à l'étude, de celui qui a voué sa vie à la profession
judiciaire, ou de celui qui ne voit, la plupart du temps,
dans ses fonctions actuelles, qu'un acheminement vers
une sous-préfecture ou tout autre poste où les qualités à
déployer n'auront rien de commun avec la science du
droit?

Du reste, les lois administratives sont appliquées tous
les jours par les tribunaux ordinaires, c'est le résultat

tout simple du défaut de précision si remarquable dans
la fixation des compétences respectives. Les juges, qu'on le
croie bien, n'ignorent pas, en général, ces lois-là plus que
les autres, et, en somme, elles ne sont pas d'une intelligence si peu accessible qu'il faille une grâce d'état spéciale pour en aborder l'étude et l'interprétation.

Un autre argument est tiré contre nous de la procédure qui est beaucoup plus rapide et plus économique
devant les conseils de préfecture et le conseil d'Etat que
devant les tribunaux de tous les degrés. Il y a du vrai
dans cette affirmation, mais tout ne l'est pas. Ainsi, les
affaires qui exigent des enquêtes, des expertises et
surtout des contre-expertises, atteignent facilement et
dépassent la durée moyenne des procès civils. Lorsque
les parties appellent d'un arrêté de conseil de préfecture
devant le conseil d'Etat, le voyage qu'elles sont souvent
obligées de faire pour suivre leurs intérêts à Paris leur
procure une économie des plus problématiques et, à
supposer qu'elles habitent le fond du Midi, elles préfé-
reraient sans doute être jugées par la cour d'appel la plus
voisine. Les questions de compétence que l'organisation
actuelle suggère à chaque instant, entraînent des lenteurs désespérantes et de gros frais ; il en est de même
de l'enchevêtrement des questions principales et préjudi-
cielles : une question de propriété se trouve mêlée à une
question de travaux publics, un acte administratif est à
interpréter à propos d'un procès quelconque. Alors des
renvois d'une juridiction à une autre deviennent nécessaires et l'argent des justiciables se dépense avec leur
temps.

Mais retenons la part de vérité que comporte l'objection : qui empêcherait de traiter devant les tribunaux les
affaires enlevées aux conseils de préfecture comme affaires

sommaires, de les soumettre aux modes de procédure déjà usités en matière d'enregistrement et d'expropriation? Qui empêcherait même de substituer pour une forte part, devant les tribunaux, la procédure écrite pratiquée au conseil d'Etat, aux errements suivis à l'heure qu'il est? Le code de procédure a bien des progrès à réaliser et il n'y aurait aucune raison pour ne pas conserver, des juridictions supprimées, ce qu'elles ont pu avoir de bon.

On paraît redouter beaucoup, aussi, que l'intervention des cours d'appel ne préjudicie à l'unité de la jurisprudence sur les matières administratives. Le conseil d'Etat étant à la fois juge du fait et du droit, d'appel et de cassation, est, dit-on, en situation de maintenir cette unité mieux que notre cour suprême.

Il y a beaucoup à décompter avec cette prétendue unité de jurisprudence. Le conseil d'Etat a donné sur un grand nombre de questions le spectacle de revirements subits, et il paraît difficile qu'il en puisse être autrement chaque fois que son personnel, essentiellement amovible, se trouvera renouvelé brusquement presque en entier, sous l'influence d'une nécessité ou tout au moins d'une préoccupation politique. Ensuite nous ne saurions comprendre comment on exige, dans l'appréciation des faits, une fixité qui n'existe pas dans les faits eux-mêmes ; la seule chose indispensable, *unum necessarium*, c'est que le droit soit appliqué toujours de la même façon, et la cour de cassation n'a pas d'autre rôle que d'assurer ce résultat.

En résumé, l'école libérale a depuis longtemps placé la suppression des juridictions administratives dans les premières lignes de son programme, et cette réforme s'impose par de trop bonnes raisons pour que l'avenir ne la

voie pas se réaliser. Dans les circonstances présentes est-
elle mûre, est-elle urgente, est-elle même opportune?
C'est sur quoi nous n'avons pas à prononcer, mais
nous affirmons, comme conclusion des développements
qui précèdent, que la séparation des pouvoirs ne sera
complète en France que lorsqu'il n'y aura qu'une justice, de même qu'il n'y a qu'une loi.

CHAPITRE XXIV

On a vu déjà que les recours pour incompétence ou
excès de pouvoir permettent au conseil d'Etat de maintenir les juridictions contentieuses, l'administration active
et jusqu'aux corps délibérants relevant de l'administration, dans le respect du principe de la séparation des
pouvoirs ; il y a là un frein utile qu'il était intéressant
de connaître, et comme ce genre de recours est pratiqué
également devant la cour de cassation(1), relativement aux
actes judiciaires, il n'est pas sans importance de constater
dans quelles conditions il en est usé d'un côté et de
l'autre.

Devant la cour de cassation, le recours pour incompétence ou excès de pouvoir ne peut être exercé, en général,
que par le ministère public, mais cette restriction n'est
qu'apparente, car les expressions d'excès de pouvoir et
d'incompétence rentrent dans la formule plus large de violation des formes et de la loi, qui indique les cas de recours
en cassation mis à la disposition du public. L'art. 441 du
code d'instruction criminelle ne fait donc que suppléer à

---

(1) Constitution du 5 fructidor an III, art. 262, code du 3 brumaire
an IV, art. 456, n° 6, loi du 27 ventôse an VIII, art. 80 et 88, code
d'instruction criminelle, art. 441.

la négligence possible des parties en armant le garde des sceaux et son subordonné, le procureur général près la cour de cassation, des moyens de réclamer contre les juges qui s'écarteraient des limites de leurs attributions, un énergique et efficace rappel à l'ordre ; il permet aussi d'atteindre tous les *actes* judiciaires, tandis que le recours des parties peut s'attaquer seulement aux juge- ments et arrêts passés en force de chose jugée. On com- prend dès lors que la cour de cassation ait été amenée à donner aux mots *incompétence* et *excès de pouvoir* une interprétation très restrictive, puisque les cas exclus par sa jurisprudence rentraient facilement dans les prévisions de recours d'un autre ordre, et que, notamment, le recours *dans l'intérêt de la loi* organisé par l'art. 442 du code d'instruction criminelle fournit au ministère public le moyen de ne laisser subsister dans les jugements et arrêts aucune illégalité quelconque, lors même que les délais normaux du pourvoi seraient expirés. De l'en- semble des arrêts de la cour de cassation sur cette matière et de l'opinion des auteurs résulte que l'on doit entendre par *incompétence* le fait par un juge d'avoir empiété sur les attributions d'un tribunal autre que le sien, par excès de pouvoir, le fait d'avoir empiété sur le pouvoir législatif ou le pouvoir exécutif, ou simplement d'avoir mésusé, en les dénaturant, des pouvoirs qui sont les siens.

Le conseil d'Etat, *utilitatis causa*, a donné aux mots : incompétence et excès de pouvoir, une signification bien plus large. Il faut remarquer qu'il n'était point arrêté comme la cour de cassation par des textes précis. Bien au contraire, jusqu'à la loi de 1872, qui, par son art. 9, le charge de « statuer souverainement sur les demandes d'annulation pour excès de pouvoirs formées contre les

actes des diverses autorités administratives, » ses attributions en cette matière étaient une pure création de sa jurisprudence, fondée vaguement sur l'art. 3 de la loi du
7-14 octobre 1790 (1). « La théorie du recours pour excès
de pouvoir, dit M. Aucoc (2), est encore plus (que la
théorie du contentieux administratif) une création dans
le sens propre du mot. Il ne s'agissait plus ici de donner
le commentaire d'un texte, il s'agissait à peu près de
faire sortir ce texte du néant, et on y a réussi. »

Le conseil d'Etat s'est donc proposé d'étendre la faculté
du recours devant lui pour incompétence ou excès de
pouvoir, de manière à englober toutes les espèces qui
donnent ouverture au recours ordinaire en cassation,
dans l'ordre de la justice de droit commun ; ses efforts
ont abouti à ce que les mots « excès de pouvoir » et
« incompétence » sont considérés comme à peu près syno-
nymes dans le langage administratif, qu'il y a excès de
pouvoir, non seulement dans toute usurpation par un
agent du gouvernement d'une fonction dépendant du
pouvoir législatif ou judiciaire ou même d'une autre
autorité administrative, mais aussi lorsque le fonctionnaire auteur de l'acte incriminé a usé de son pouvoir
discrétionnaire pour un cas ou pour des motifs autres que
ceux en vue desquels ce pouvoir lui avait été attribué.
On voit que le conseil d'État s'est armé à l'égard de toutes
les autorités administratives d'un droit d'un contrôle
presque universel.

De la nature même des actes sur lesquels s'exerce la
censure du conseil d'État résulte que les effets d'une annu-

_____

(1) « Les réclamations d'incompétence contre les corps administratifs
ne sont, en aucun cas, du ressort des tribunaux et doivent être portées
au roi, chef de l'administration générale. »

(2) *Des Recours pour excès de pouvoir.* (Ouvrage déjà cité.)

lation prononcée par lui ou par la cour de cassation ne sont point identiques. Quand cette dernière annule une décision judiciaire, son arrêt participe à l'essence de cette décision, elle n'en fait disparaître que les effets restreints au litige pendant; au contraire, le recours devant le conseil d'État peut porter sur un acte administratif atteignant un grand nombre de personnes étrangères à celle qui se pourvoit; il peut être dirigé même contre un acte réglementaire. Si le conseil d'État reconnaît fondée la réclamation qui lui est soumise, il annule l'acte attaqué, lequel disparaît tout entier, tant à l'égard du tiers qu'à l'égard du réclamant.

Sur la marche à suivre après une annulation pour excès de pouvoir, lorsqu'il s'agit d'un acte de juridiction, le conseil d'État ne se croit pas lié par des règles formelles, comme la cour de cassation. Le renvoi devant une juridiction de même ordre que celle d'où émanait l'acte annulé n'est de droit que s'il s'agit d'une décision contentieuse en dernier ressort. Dans les autres cas, ce renvoi est seulement facultatif, et le conseil se réserve d'adopter diverses solutions ; ainsi, il annule purement et simplement, l'acte et toutes ses conséquences sont réputés inexistants, il n'en est plus question; ou bien, si la mesure frappée d'annulation est susceptible de lui être soumise par voie d'appel normal, il retient le fond ; ou encore il renvoie les intéressés à se pourvoir devant une autorité qu'il désigne et qui est souvent celle-là même dont l'acte vient d'être cassé.

Il existe une controverse sur le point de savoir si la voie du recours pour excès de pouvoir est ouverte *de plano* même contre les actes qui sont susceptibles d'un appel normal devant une juridiction inférieure ou du moins intermédiaire. En matière judiciaire, la question vient

d'être tranchée par l'arrêt précité du 13 juin 1879 ;
il a été décidé que le pourvoi devant la cour de cassation pouvait être formé même avant l'expiration des
délais d'appel qu'il laisse, d'ailleurs et naturellement,
courir. Cette jurisprudence nous semble d'accord avec
le texte même de l'art. 441 du code d'instruction criminelle, car si un jugement n'est pas tout à fait un jugement avant d'avoir force de chose jugée, c'est tout au
moins un *acte judiciaire*.

L'affirmative nous paraît devoir prévaloir également en
matière administrative, par considération des résultats
différents que peuvent produire l'appel et le recours pour
excès de pouvoir. Une décision nouvelle en appel ne peut
bénéficier qu'à l'appelant, l'annulation par le conseil d'État
bénéficiera en outre à tous les tiers lésés par l'acte attaqué ; le premier moyen aboutit à la protection d'un intérêt particulier, le second importe à l'ordre public ; ces
deux idées ne sauraient s'exclure. La jurisprudence du
conseil d'État paraît s'acheminer vers cette solution, quoiqu'elle soit encore très hésitante.

Le conseil d'État, en maintenant sévèrement le bon
ordre dans les rangs de l'administration, qu'il domine
hiérarchiquement, soulage la responsabilité ministérielle,
à laquelle, à défaut d'un recours organisé, on devrait
naturellement s'en prendre à propos des écarts des
agents du gouvernement dans leurs actes. Lorsqu'il
annule des mesures prises par des administrateurs,
contrairement à leurs droits, il exerce, suivant nous,
plutôt encore un haut et indispensable contrôle intérieur
qu'il ne rend une décision contentieuse. Aussi, dans le
cas où tout le reste du contentieux administratif devrait
être un jour déféré aux tribunaux ordinaires, il serait
sage au législateur de laisser et même de fortifier entre

les mains du conseil d'Etat la salutaire attribution dont l'esquisse vient d'être présentée, et cela sans crainte de se mettre en contradiction avec le principe de la séparation des pouvoirs.

CHAPITRE XXV

DE LA RESPONSABILITÉ DES FONCTIONNAIRES

L'article 75 de la constitution de l'an VIII, reproduisant une prohibition empruntée au droit antérieur, s'exprimait dans les termes suivants : « Les agents du gouvernement autres que les ministres ne peuvent être poursuivis pour faits relatifs à leurs fonctions qu'en vertu d'une autorisation du conseil d'Etat ; en ce cas, la poursuite a lieu devant l'autorité judiciaire. »

Cette disposition, par un miracle d'équilibre juridique, était restée debout au milieu des ruines de la constitution dont elle faisait partie et avait survécu à toutes les révolutions jusqu'au décret-loi du 19 septembre 1870, ainsi conçu : « L'art. 75 de la constitution de l'an VIII est abrogé. Sont également abrogées toutes les dispositions de loi générales ou spéciales ayant pour objet d'entraver les poursuites contre les fonctionnaires de tout ordre. »

C'est là une de ces réformes généreuses dont un gouvernement nouveau jette sur le papier les traits généraux, au lendemain de son avénement, pour donner satisfaction aux longues récriminations de l'opinion publique. Mais on ne fait pas ainsi disparaître d'un trait de plume les conséquences d'un principe anciennement et fortement installé dans une législation ; il y faut plus de temps et de soins ; l'application du décret précité, malgré ses intentions toutes simples et toutes libérales, donne naissance aux difficultés les plus sérieuses ; s'il fallait considérer comme définitive et absolument fondée la jurisprudence du tribunal des conflits, les réclamations des particuliers contre les agents de l'Etat, qui étaient frappées sous le régime de l'art. 75 d'une inefficacité relative, seraient aujourd'hui frappées d'une inefficacité absolue.

Un seul point ressort clairement de la rédaction du décret de 1870. C'est que le ministère public et les particuliers recouvrent la liberté de poursuivre, devant les juridictions de droit commun, les fonctionnaires à raison de crimes, délits et quasi-délits commis par eux à l'occasion de leurs fonctions : « En général, les fonctionnaires publics sont replacés sous l'empire des règles de droit commun. Ainsi, les faits reprochés aux fonctionnaires sont-ils prévus par la loi pénale, le ministère public en suit la répression devant la juridiction de grand criminel et le tribunal correctionnel, sans être astreint, comme par le passé, à demander une autorisation préalable. Jadis le juge d'instruction procédait à une information préliminaire qui permettait au conseil d'Etat d'apprécier s'il devait accorder l'autorisation; il ne pouvait, même au cas de flagrant délit, suivant quelques auteurs, considérer l'agent incriminé comme inculpé ; il ne pouvait décerner contre lui aucun mandat, ni lui faire subir aucune interrogation. Cette inviolabilité a cessé. Le magistrat est remis en possession de toutes les armes que la loi lui donne pour découvrir la vérité, et il n'est plus soumis aux dispositions des articles 127 et 129 du code pénal (1). »

Mais c'est au moment où le tribunal est saisi que

(1) Paul Bernard. *De la Responsabilité des fonctionnaires publics sous l'empire du décret du 19 septembre* 1870, p. 41 (1871).

l'embarras commence et, suivant le parti à prendre, la réforme que le gouvernement de la Défense nationale a voulu faire, peut être efficace ou se réduire à rien. Le tribunal voit devant lui un fonctionnaire public poursuivi à raison d'un acte fait dans l'exercice ou à l'occasion de l'exercice de ses fonctions, c'est-à-dire d'un acte administratif. Va-t-il pouvoir, afin de rendre son jugement en connaissance de cause, interpréter cet acte, ou seulement vérifier sa légalité? Le tribunal des conflits ne l'admet pas (1). Il prend pour point de départ de sa théorie que la séparation des pouvoirs administratif et judiciaire se manifestait, avant 1870, par deux principes : 1° interdiction pour les tribunaux de connaître des actes de l'administration ; 2° interdiction pour les particuliers et pour le ministère public de poursuivre au criminel ou au civil des fonctionnaires publics à raison de leurs fonctions. Le décret du 19 septembre 1870, toujours d'après la haute juridiction dont nous citons l'opinion, n'aurait fait disparaître que la seconde de ces prohibitions, la première survivrait dans toute sa force, et elle aurait pour conséquence nécessaire le renvoi à l'examen de l'autorité administrative (le plus souvent du fonctionnaire poursuivi lui-même) de l'acte incriminé. Il n'est pas difficile de faire sortir de ce raisonnement, comme conséquence forcée, l'impunité absolue des agents du gouvernement (2).

_____

(1) Arrêt du 30 juillet 1873. (*Pelletier, C. de Ladmirault et autres.*) 28 novembre 1874, 26 juillet 1876, 5 mai 1877, 24 novembre 1877, 8 décembre 1877, 15 décembre 1877, 29 décembre 1877, 12 janvier 1873. (Dall. *pér.*)

(2) La jurisprudence du tribunal des conflits admet la compétence des tribunaux ordinaires sur les *faits personnels* des fonctionnaires. Mais combien rares seront ces faits personnels commis par les fonctionnaires dans l'exercice ou à l'occasion de l'exercice de leurs fonctions et qui ne constitueraient pas, dans une mesure quelconque, des actes administratifs !

Mais il n'est pas difficile de trouver par où pèche le raisonnement lui-même : le législateur de 1870 n'a pu avoir l'intention d'exagérer la garantie de l'art. 75 au profit des fonctionnaires ; la situation des réclamants et celle des tribunaux doivent être aujourd'hui *de plano*, dès le début des poursuites, ce qu'elles étaient naguère après l'autorisation du conseil d'Etat. Or, il n'est pas contesté qu'avant le décret le pouvoir d'appréciation interdit en principe aux tribunaux, par suite de la défense de juger les agents du gouvernement, à raison de faits relatifs à leurs fonctions, leur appartenait exceptionnellement lorsque le conseil d'Etat, en permettant les poursuites, leur avait donné par là même la liberté d'appréciation des actes de la fonction. Cette liberté ne saurait avoir disparu, du fait du décret du 19 septembre 1870. C'est ce que soutiennent les partisans de la juriprudence de la cour de cassation sur ce point (1). Depuis longtemps, d'ailleurs, les employés des contributions indirectes peuvent être poursuivis sans aucune autorisation spéciale, et on n'a jamais mis en doute le droit des tribunaux d'apprécier leurs actes.

Il faut donc reconnaître, avec M. Reverchon (2), que le décret du 19 septembre 1870 « *a porté une atteinte incontestable au principe de la séparation des pouvoirs,* » ou du moins aux conséquences excessives que la loi des 16-24 août 1790 en avait tirées ; mais il ne faut pas aller trop loin dans l'estimation de la portée de l'exception faite à la règle traditionnelle de la séparation des compétences. Il n'est point du tout nécessaire, pour que le vœu des

(1) Arrêts du 3 juin 1872, 25 janvier 1873, 20 juin 1873, 8 février 1876.

V. aussi arrêts de la Cour d'appel d'Alger, 7 juillet 1873, (Dall. *pér.*)

(2) Conclusions à la chambre des requêtes avant l'arrêt précité du 3 juin 1872.

auteurs du décret de 1870 s'accomplisse, que le droit soit
reconnu au pouvoir judiciaire de faire obstacle à un acte
administratif, d'en apprécier l'opportunité ou de l'interpréter. Après comme avant le décret, lorsqu'un agent du
gouvernement sera en mesure de répondre au tribunal
devant lequel il est poursuivi à raison de ses fonctions :
« *Jure feci,* » et prouver son dire, ce tribunal ne pourra
que le renvoyer indemne des fins de la plainte, sans pousser plus loin son examen. Il sera même fort rare qu'un
tribunal ait besoin d'interpréter en pareil cas un acte administratif ; car ce n'est guère sur un acte ambigu qu'on
fonde des poursuites ; la prudence la plus élémentaire
commande d'en discuter d'abord la portée.

Tout ce qui importe au tribunal, c'est le droit de
vérifier la *légalité* de l'acte incriminé, de reconnaître si
le masque d'acte administratif ne recouvre pas un simple
abus d'autorité (1). Au besoin, le tribunal doit pouvoir
distinguer dans un acte administratif ce qui est légal et
ce qui ne l'est pas, par exemple déclarer abusives des
imputations diffamatoires insérées dans un arrêté préfectoral dont il respecte d'ailleurs absolument le dispositif et
dont il ne discute point le bien fondé (2).

Cette doctrine n'offrirait qu'un inconvénient, assez
mince d'ailleurs : celui d'inciter les particuliers qui
auraient à se plaindre d'un acte administratif à le déférer,
contrairement aux règles habituelles de la compétence,
aux tribunaux ordinaires. La vigilance de ceux-ci
saurait se tenir en garde contre de pareils pièges, et
c'est précisément pour prévenir le développement de cette

---

(1) Arrêt de Dijon du 15 décembre 1876 (Dall. *pér.*)
(2) Arrêts d'Angers, 7 novembre 1871 ; Orléans, 28 juin 1872 ; Conseil d'Etat, 7 mai 1871 ; Cour de cassation, 25 janvier 1874. (Dall. *pér.*)

tendance dans le public, que le décret de 1870 menace, par son article 2, de peines civiles, les plaideurs téméraires qui engageraient à la légère des poursuites envers les fonctionnaires.

Mais tout cela est de la théorie pure. La jurisprudence du tribunal des conflits est très ferme; elle est absolument souveraine en cette matière, et elle fait du décret de 1870 une simple promesse, qui attend sa réalisation ; si l'on ne veut pas que cette promesse reste un « leurre pour le public (1) », il est urgent qu'une législation nettement formulée, reposant sur des principes certains et tenant compte de tous les éléments de la question, vienne régler en France, d'une manière définitive, les rapports entre les administrateurs et les administrés devant la justice.

Le décret du 19 septembre 1870 déclare abrogées, outre l'art. 75 de la constitution de l'an VIII, « toutes autres dispositions des lois générales ou spéciales, ayant pour but d'entraver les poursuites dirigées contre les fonctionnaires publics de tout ordre. » On doit dès lors considérer comme abrogés : l'art. 121 du code pénal en ce qui concerne les conseillers d'Etat (2); les articles 6, 7, 8 de la loi organique du 18 germinal an X (en tant qu'à la suite d'une déclaration d'abus, les tribunaux ne pouvaient

---

(1) Th. Ducrocq, *Op. c°*, t, I, n° 689.

(2) « ART. 121. Seront, comme coupables de forfaiture, punis de la dégradation civique, tout officier de police judiciaire, tous procureurs généraux ou impériaux, tous substituts, tous juges qui auront provoqué, donné ou signé un jugement, une ordonnance ou un mandat tendant à la poursuite personnelle ou accusation, soit d'un ministre, soit d'un membre du Sénat, du Corps législatif *ou du Conseil d'Etat*, sans les autorisations prescrites par les lois de l'Etat ; ou qui, hors les cas de flagrant délit ou de clameur publique, auront, sans les mêmes autorisations, donné ou signé l'ordre ou le mandat de saisir ou arrêter un ou plusieurs ministres, ou membres du Sénat, du Corps législatif *ou du Conseil d'Etat.* »

.être saisis que par un renvoi du conseil d'Etat, de poursuites contre un ecclésiastique); l'ordonnance du 1er août 1824 (art. 7 et 39) relative aux agents des forêts; les arrêtés du 9 pluviôse an X, relatifs aux agents des postes et de l'enregistrement; l'arrêté du 10 floréal an X relatif aux percepteurs des contributions directes; l'arrêté de 19 thermidor an X relatif aux préposés d'octroi.

Mais la jurisprudence, contrairement à l'opinion de quelques jurisconsultes (1), décide que le décret de 1870 n'a pas innové en ce qui touche à la procédure de la prise à partie. L'art. 410 du code de procédure civile continue à couvrir les juges, en ce sens qu'ils ne peuvent être pris à partie, sans permission préalable du tribunal devant lequel la prise à partie doit être portée.

Cette procédure de la prise à partie est organisée pour assurer, quand cela est nécessaire, la responsabilité pénale et civile du juge (2). Elle permet à la partie d'obtenir la réparation du préjudice que lui cause la faute du juge ; nous disons la *faute* et non l'*erreur*, car le code de procédure civile (3), en vertu de considérations déjà développées ici, limite très étroitement les cas où il peut être demandé compte au juge de ses jugements, de ses actes et de son inaction ; ce sont les cas de dol, de fraude ou de concussion, ceux de déni de justice qui se rattachent par l'art. 4 du code civil au principe de la séparation des pouvoirs, les cas où la prise à partie serait expressément prononcée par la loi et les cas extrêmement rares où la loi déclare les juges responsables à peine de dommages-intérêts.

(1) Notamment MM. Paul Bernard (*Op. c°* p. 101 et suiv.) et Glasson (*Revue critique*, t. III, 1873-74, p. 380 et suiv.)
(2) Les officiers du ministère public peuvent aussi être pris à partie.
(3) Titre III.

La prise à partie est portée contre les juges de paix, les tribunaux de première instance et de commerce ou quelques-uns de leurs membres, et contre un magistrat de la cour d'appel, devant cette cour ; contre les cours d'appel elles-mêmes ou l'une de leurs chambres, contre les cours d'assises, elle est portée devant la cour de cassation, qui statue encore sur la prise à partie contre un de ses membres.

Les membres de l'ordre judiciaire, s'ils venaient à commettre des crimes ou délits de droit commun, participeraient à ce qu'on appelle, d'un mot qui reproduit mal l'idée, un *privilège de juridiction*. Ainsi les juges de paix, les membres des tribunaux de première instance, les magistrats du ministère public, sont directement justiciables pour leurs délits, de la première chambre de la cour d'appel, aux termes de l'art. 479 du code pénal. Les art. 480, 481 et 482 du même code, l'art. 10 de la loi du 20 avril 1810 consacrent des dérogations analogues aux règles du droit commun, et cette dernière disposition les étend même à des dignitaires ou à de hauts fonctionnaires ne tenant en rien à l'ordre judiciaire. Les membres des cours d'appel et du parquet de ces cours ne peuvent être jugés qu'après leur renvoi par la cour de cassation devant la juridiction compétente (1).

(1) Art. 482 précité du code d'instruction criminelle.

CHAPITRE XXVI

Lorsque plusieurs juridictions existent côte à côte, si bien réglée que soit leur compétence respective, il est impossible que l'une n'empiète pas quelquefois sur l'autre : tout y pousse, l'ambiguïté de certaines questions, la complication des espèces, l'obscurité des textes, l'esprit d'envahissement naturel à tout détenteur d'une fraction quelconque de l'autorité.

Il peut arriver aussi qu'animées l'une envers l'autre d'un sentiment de réserve, deux juridictions saisies successivement de la même contestation se déclarent incompétentes, ce qui équivaudrait à un déni de justice pour les parties.

Dans ces deux hypothèses, si les deux juridictions supposées appartiennent au même ordre, leur départiteur naturel est la juridiction supérieure commune. Aussi, dans l'ordre judiciaire, la cour de cassation est-elle chargée des *règlements de juges* ; le conseil d'Etat remplit un rôle analogue dans l'ordre des juridictions administratives.

Mais si la difficulté de compétence, à laquelle on donne alors le nom de *conflit* positif ou négatif, s'élève entre deux juridictions d'ordre différent, par exemple entre un tribunal civil et un conseil de préfecture, qui fera rentrer chacune d'elles dans ses attributions ? La raison répond encore : l'autorité supérieure commune.

Dès lors, si l'on admet, avec la doctrine moderne, que les autorités judiciaire et administrative, quoique devant toujours rester rigoureusement séparées, sont néanmoins deux branches de pouvoir exécutif, c'est le chef de ce pouvoir qui doit régler les conflits. Cette solution, fortifiée par la thèse de la *justice retenue*, a été longtemps en vigueur dans la pratique. Depuis qu'il y a un conseil d'Etat, excepté pendant la période dominée par la constitution de 1848, il a été chargé, jusqu'en 1872, de préparer les décisions sur conflits, non pas à titre de juridiction, mais comme auxiliaire du souverain et préparateur de ses décrets les plus importants.

En 1849, comme naguère en 1872, la question se posa sous un nouveau jour : l'union intime du chef de l'Etat et du conseil se trouvait rompue. Le dernier était investi en matière contentieuse d'un pouvoir propre, il était constitué en tribunal presque indépendant dont les arrêts puisaient toute leur force en eux-mêmes et n'attendaient pour être exécutoires l'approbation de personne.

La position du législateur ne laissait pas que d'être embarrassante : il ne voulait pas remettre à l'arbitraire d'un personnage politique, fût-ce du président de la République, le jugement des conflits ; il ne croyait pas pouvoir le laisser au conseil d'Etat, qui cessait de planer dans une région supérieure à toutes les juridictions, qui était désormais cantonné dans la sienne pour y devenir maître suprême.

Le législateur échappa à ce dilemme en créant un tribunal mixte, emprunté moitié au corps judiciaire, moitié à la justice administrative. D'après l'art. 25 de la loi du 24 mai 1872, le tribunal des conflits se compose, sous la présidence du garde des sceaux : 1° de trois conseillers d'Etat en service ordinaire, élus par les conseillers en service ordinaire ; 2° de trois conseillers à la cour de cassation élus par leurs collègues ; 3° de deux membres et de deux suppléants élus par les sept personnes qui viennent d'être désignées. Le mandat de tous, indéfiniment renouvelable, n'est valable que pour une durée de trois ans. Le ministère public près le tribunal des conflits se compose de deux maîtres des requêtes et de deux avocats généraux à la cour de cassation, désignés l'un et l'autre par le président de la République pour un an.

Nous avons essayé tout à-l'heure de donner une idée générale et purement théorique du conflit. Mais on se méprendrait sur l'esprit de nos institutions, en supposant que les droits de la justice à l'encontre de l'administration soient aussi étendus que ceux de l'administration à l'encontre de la justice (1). Non, à celle-ci seule appartient l'initiative ; elle seule a le droit d'élever le conflit devant les tribunaux de tous les degrés et de réclamer ce qu'elle croit lui appartenir.

La loi de 1872 a diminué, dans une proportion très faible, cette inégalité, en autorisant les ministres à revendiquer au profit du tribunal des conflits les affaires portées devant la section du contentieux, et qui n'appartiendraient pas en effet au contentieux administratif. On voit que la revendication est confiée à des membres du gouvernement et non aux représentants attitrés de la *justice*. Les commentateurs ne dissimulent pas, du reste (2), que cette faculté a principalement pour objet la protection des franchises de

---

(1) V. ci-dessus, p. 410.
(2) Cabantous et Liégois, *Op. c*°, n° 1036.

l'administration active et devait servir de correctif à la trop grande indépendance des conseillers d'Etat, qui étaient élus, au début, par l'assemblée.

Le conflit peut toujours être élevé contre les cours d'appel et les tribunaux civils ; contre les tribunaux correctionnels dans deux cas seulement : 1° lorsque la répression du délit est attribuée par une disposition législative à l'autorité administrative ; 2° lorsque le jugement à rendre par le tribunal dépend d'une question préjudicielle dont la connaissance appartient à l'autorité administrative en vertu d'une disposition législative. Dans ce dernier cas, le conflit ne peut être élevé que sur la question préjudicielle (1). Des textes et de l'interprétation résulte l'impossibilité du conflit contre la cour de cassation, les *juridictions criminelles*, les tribunaux correctionnels en dehors des exemples donnés, les tribunaux de simple police et les juges de paix au civil.

Le conflit peut être élevé en tout état de cause jusqu'à ce qu'un jugement en dernier ressort ou un arrêt définitif soit intervenu.

La procédure du conflit est assez compliquée. Ce sont les préfets seuls qui ont le droit d'élever le conflit contre les tribunaux situés dans leur département ; ils sont encore compétents pour l'élever contre la cour d'appel en ce qui concerne les affaires provenant de ces tribunaux.

Lorsque le préfet estime qu'une affaire pendante devant un tribunal ou une cour est de la compétence de l'autorité administrative, il fait connaître son appréciation au procureur général ou au procureur de la République, au moyen d'un mémoire appelé *déclinatoire* ; celui-ci est soumis à la cour ou au tribunal, avec les conclusions du

_____

(1) Ordonnance du 1er juin 1828, art. 2.

ministère public, lequel, en cette matière comme en toute autre, est absolument maître de son opinion à l'audience. La cour ou le tribunal statue, et, dans un délai de cinq jours, le parquet transmet au préfet expédition de l'arrêt ou jugement. Si le déclinatoire a été rejeté, le préfet a quinze jours pour prendre un *arrêté de conflit*; s'il a été admis par une cour, tout est terminé, de même que s'il a été admis par un tribunal et qu'il n'y ait pas appel. L'appel, au contraire, remet tout en question, et s'il est interjeté, le délai de quinze jours accordé au préfet ne part que de la signification de l'acte d'appel.

L'arrêté de conflit est déposé au greffe et communiqué en chambre du conseil au tribunal ou à la cour; le ministère public l'appuie cette fois de ses réquisitions conformes à l'art. 27 de la loi du 21 fructidor an III et tendant à ce qu'il soit sursis à toute procédure judiciaire.

L'arrêté et les pièces jointes sont après cela rétablis au greffe, où les parties et leurs avoués peuvent les consulter pendant quinze jours. Ils font, s'ils le jugent à propos, leurs observations sur la question de compétence, et le dossier est enfin transmis par le ministère public au garde des sceaux, à charge de récépissé (1).

Dans les cinq jours de l'arrivée du dossier à la chancellerie, il est communiqué au ministre qui a dans ses attributions le service auquel se rapporte le conflit. Quinze jours sont accordés à ce haut fonctionnaire pour fournir ses observations, après quoi les pièces sont déposées au tribunal des conflits, et les avocats des parties sont reçus à en prendre communication au secrétariat.

Toute affaire entrant au tribunal des conflits est distribuée à un rapporteur pris dans son sein; le rapport doit

_____

(1) Toutes ces règles de procédure préparatoire subissent quelques modifications de détail quand il s'agit d'un conflit élevé en Algérie.

être déposé dans les vingt jours, et, lorsque l'affaire est
appelée, il est lu en séance publique. Les avocats au
conseil d'Etat et à la cour de cassation, que les parties ont
pu constituer, sont admis à présenter des observations
orales complétant le mémoire qu'ils ont dû produire. On
entend, en dernier lieu, les conclusions du ministère
public, qui est nécessairement représenté par un maître des
requêtes si le rapporteur est un membre de la cour de
cassation, et inversement, si c'est un conseiller d'Etat, par
un avocat général.

La délibération a lieu, la décision est rendue, et, si elle
est conforme au déclinatoire, elle consomme le dessaisissement de la juridiction dont l'incompétence a été reconnue.
La décision doit être motivée sur le vu des pièces principales et des dispositions législatives appliquées et contenir
les noms des parties ainsi que leurs conclusions, s'il y a
lieu. La minute est signée du président, du rapporteur et
d'un fonctionnaire spécial attaché au tribunal des conflits
en qualité de secrétaire.

La décision du tribunal des conflits doit être prononcée
au plus tard dans les deux mois depuis la réception des
pièces au ministère de la justice, auxquels s'ajoute un
délai d'un mois pour la notification à faire au tribunal ou
à la cour saisie primitivement de l'affaire sur laquelle le
conflit avait été élevé.

Les arrêts sur conflit ne sont susceptibles d'aucun
recours, même par la voie d'opposition. On considère que
les parties ne sont qu'accessoirement engagées dans le
débat spécial du conflit ; la question d'ordre public en jeu
domine toute autre considération.

Les conflits négatifs obéissent à des formes un peu moins
compliquées que celles qui viennent d'être exposées ; ils
diffèrent profondément des conflits positifs en ce que

l'intérêt public y cède le pas à l'intérêt des parties à la recherche d'un tribunal compétent, devant lequel elles ne soient exposées ni à de nouveaux refus ni à de nouveaux frais. Aussi le recours devant le tribunal des conflits n'est-il plus exercé par le préfet, mais par les parties elles-mêmes, au moyen d'une requête introduite par un avocat au conseil d'Etat (1).

Le tribunal des conflits est appelé à statuer, exceptionnellement, en dehors de ses attributions normales, sur les recours en incompétence ou excès de pouvoir interjetés contre des arrêts de la cour des comptes.

La solution moyenne qui a été donnée, par l'institution du tribunal des conflits, à un état de choses difficile à régler, est, en somme, la plus satisfaisante qu'on pût obtenir sans engager de graves questions de principes. Cette solution n'a cependant pas rencontré l'assentiment unanime des esprits libéraux ; on lui reproche de n'être qu'un expédient. M. Emile Flourens (2), s'autorisant de l'exemple de la Belgique, qui a le bonheur de pouvoir se passer d'un pareil tribunal, dit qu'il faut, pour être logique, de deux choses l'une : ou bien subordonner le règlement des conflits à la responsabilité ministérielle, ou bien « renoncer à instituer le conflit d'attributions et laisser se poursuivre, à la diligence des parties, le règlement des compétences entre les juridictions administratives et judiciaires, comme il se poursuit entre les juridictions criminelles et civiles, civiles et commerciales. »

(1) Décret du 26 octobre 1849, art. 17.
(2) *Organisation judiciaire et administrative de la France et de la Belgique*, p. 361.

CINQUIÈME PARTIE

LEGISLATIONS ÉTRANGÈRES

CHAPITRE XXVII.

Grande-Bretagne. — C'est d'Angleterre que nous vient
la séparation des pouvoirs, ou plutôt c'est sur l'exemple de
la constitution anglaise que Montesquieu s'est appuyé
pour prouver l'excellence de ce principe. Lors même qu'il
n'aurait pas dissimulé à dessein les ombres du tableau
qu'il présentait, on comprendrait qu'il eût pu considérer
les institutions de nos voisins comme un idéal en les
opposant à un régime dans lequel les excès de la monarchie absolue n'étaient atténués, à l'aveugle, que par les
excès des corps judiciaires; mais pour notre génération,
séparée de Montesquieu par bien des révolutions et placée
en présence d'un monde entièrement renouvelé au point
de vue politique, dans lequel l'Angleterre presque seule
entre les nations n'a pas rompu avec ses précédents
historiques, la valeur relative des choses a changé. Ce
n'est plus la Manche, c'est l'Atlantique qu'il faut traverser
pour trouver la séparation des pouvoirs complète (exagérée
même) et ce qui paraît le plus frappant aujourd'hui dans
l'état politique anglais, c'est non pas la séparation, mais
plutôt l'intime cohésion, la fusion à peu près complète des
pouvoirs législatif et exécutif. Ils en sont venus à constituer comme une seule masse, suivant docilement, mais
sans sauts brusques et sans inégalités, l'impulsion d'une

33

volonté nationale que l'amour du passé empêche de se
précipiter dans les ténèbres de l'avenir sans avoir d'abord
éclairé sa marche.

Il importe toutefois de ne pas pousser cette idée jusqu'aux exagérations que nous avons eu déjà occasion de
relever dans les *Etudes sur l'Angleterre* de Léon Faucher (1). L'unité des pouvoirs est, en Angleterre, bien
plus de fait que de droit. La couronne abdique toute
politique personnelle ; elle n'en a d'autre que celle de son
cabinet, qui est lui-même guidé par les inspirations du
Parlement ; mais cette situation consentie n'entame pas ses
droits, qui, constitués sous le nom de *prérogative*, suffiraient
à assurer l'indépendance et même la suprématie de la couronne, sans que leur exercice puisse entraîner aucune responsabilité directe. « La prérogative, dit M. Fischel (2),
est absolue, en tant qu'elle n'est pas légalement restreinte ;
en d'autres termes, le souverain, dans les limites où la
loi ne lui impose pas de restrictions, peut faire tout ce qui
lui plaît, n'ayant au-dessus de lui que la loi seule. Le
mauvais usage qu'il pourrait faire de sa prérogative n'*inva-
liderait* aucun de ses actes, mais toute la responsabilité
en retomberait sur ses conseillers. »

Cette divergence entre la théorie constitutionnelle et
la réalité se fait remarquer partout, et en premier lieu
dans l'organisation du pouvoir législatif ; on ne peut pas
dire que le gouvernement anglais soit, au moins en la
forme, purement représentatif, puisque, outre que la cou-

---

(1) V. ci-dessus, p. 175 et suiv. L. Faucher paraît d'ailleurs avoir
fait dans cette partie défectueuse d'un bel ouvrage, une confusion qui,
à elle seule, ôte beaucoup de valeur à ses déductions : il parle de la
séparation des pouvoirs, comme s'il s'agissait de séparer — non pas le
législatif, l'exécutif et le judiciaire — mais la Chambre haute, la
Chambre basse et la couronne.

(2) *Op. c°*, t. II, L. II, chap. II.

ronne est héréditaire, et que le roi fait partie du Parlement, la Chambre des lords ne représente qu'elle-même (1).
Et cependant, malgré ces apparences, il n'y a pas de nation
qui se gouverne aussi réellement elle-même que les Anglais;
c'est un mot anglais, *self-government,* que tous les peuples
emploient pour exprimer la plus large application des
idées libérales. Cela tient à ce que tous les pouvoirs sont,
sinon désignés, du moins soutenus par la confiance populaire qui voit dans la Chambre des lords, à défaut de ses
délégués, comme la personnification d'une histoire nationale chère à tout bon patriote ; la royauté puise aux mêmes
sources les éléments de sa popularité. De leur côté, les
pouvoirs n'ont pas de plus chère préoccupation que de
s'inspirer dans leurs actes des vœux du pays. La royauté
s'efface, dans les limites que sa dignité lui permet d'atteindre, devant un cabinet recruté dans les Chambres et
suivant leur direction ; de plus, bien que les deux Chambres aient constitutionnellement des attributions égales,
la Chambre des lords s'est depuis longtemps cantonnée
dans un office de contrôle et de révision, et il est reçu en
usage invariable que la Chambre des communes seule
provoque les crises ministérielles et dirige effectivement la
politique courante.

Du reste, la Chambre des communes elle-même est loin
de constituer une représentation nationale telle que l'en-
tendraient les Français, avec leurs idées méthodiques,
parfois même facilement systématiques à l'excès. Les
Iles Britanniques ne possédent pas le suffrage universel, et la
propagande dont celui-ci y est l'objet n'a obtenu jusqu'ici

---

(1) De Lolme disait déjà : « Les lords sont membres de la législation
en vertu d'un droit inhérent à leur personne et censés assister au Parlement pour leur propre compte et pour le soutien de leurs intérêts propres.»
(*Constitution de l'Angleterre,* tome Ier, p. 221, édition de Genève, 1787.)

que des succès fort médiocres. L'électorat ne repose pas sur des conditions uniformes, et les membres de la Chambre basse y entrent avec des pouvoirs reposant sur des titres fort inégaux. Les uns représentent des comtés, les autres des villes, des bourgs, les autres des universités (1) ; ils sont nommés par des électeurs dont le cens est très variable, suivant que dans les bourgs ceux-ci sont francs-bourgeois (*freemen*), locataires simples ou locataires en garni, dans les comtés suivant la nature de leur *tenure ;* dans une même catégorie, le droit de vote n'est pas assis sur les mêmes bases en Angleterre, en Ecosse et en Irlande. Dans les universités, ce sont les grades et non le cens qui confèrent l'électorat, mais les règles suivies ne sont pas identiques à Oxford, à Cambridge et à Dublin.

Malgré cet apparent désordre, le pays accepte la Chambre des communes pour sa représentation exacte;

(1) Nous empruntons à M. J. Charbonnier (*Organisation électorale et représentative de tous les pays civilisés*), l'état de la composition de la Chambre des communes :

Angleterre :	Pour 40 comtés	171 membres.
	Pour l'île de Wight	1 —
	Pour 184 villes et bourgs	282 —
	Pour 3 universités	5 —
	Total	459 —
Principauté de Galles :	Pour 12 comtés	15 membres.
	Pour 14 villes et 45 bourgs payant l'impôt	15 —
	Total	30 —
Ecosse :	Pour 33 comtés	32 membres.
	Pour 7 cités et villes	11 —
	Pour 19 districts et bourgs	15 —
	Pour 4 universités	2 —
	Total	60 —
Irlande :	Pour 32 comtés	64 membres.
	Pour 31 cités et bourgs	37 —
	Pour l'université	2 —
	Total	103 —
	Total général	652 membres

peu d'Anglais, du moins, songeraient à se plaindre de ce que le mandat législatif ne fût pas conféré suivant des règles plus satisfaisantes pour la raison.

Il y a un petit nombre d'années que le Parlement a coupé court à d'autres désordres, en établissant le scrutin secret dans les élections (1).

La composition de la Chambre des lords n'est pas empreinte d'une moindre diversité : elle se compose « de lords siégeant, soit en vertu d'un droit héréditaire, ou comme appelés par la couronne (*by summons from the crown*), ou tenant la pairie de leur office (les évêques) ; soit par suite d'une nomination viagère, comme les pairs irlandais, ou enfin d'une simple délégation pour la durée d'un parlement, comme les pairs écossais (2). »

La supériorité pratique de la Chambre basse sur la Chambre haute, quant à leur action sur la marche générale du gouvernement, n'implique pas le moins du monde que les Anglais se détachent de leur disposition historique à remettre la direction des affaires à l'aristocratie. D'abord, les lords ont individuellement une grande influence dans les élections des Communes, et celles-ci sont peuplées de nobles. Les idées démocratiques ont jusqu'ici peu prospéré en Angleterre, parce qu'il n'existe aucune antipathie entre des classes qui ne sont point séparées par des barrières infranchissables, ni par des privilèges exorbitants. Dès lors que l'aristocratie est ouverte, chacun peut nourrir l'espoir d'y entrer et d'obtenir un rang social dont la stabilité est chère au caractère national, remarquable d'ailleurs par ses instincts respectueux (3).

La Chambre basse a dans le Royaume-Uni, en matière

---

(1) *Act* du 18 juillet 1872.
(2) Ch. Fischel, *Op. c°.*, t. II, chap. III, (Livre VII).
(3) W. Bagehot, *Op. c°* chap. VI.

de finances, quelques prérogatives admises aujourd'hui dans tous les régimes sincèrement parlementaires ; le budget offre cette particularité d'être divisé en deux parties, dont l'une, reposant sur les revenus ordinaires, est permanent, et l'autre, reposant sur les revenus extraordinaires, est seule susceptible d'un vote annuel.

Le pouvoir exécutif, représenté par la reine et exercé par le cabinet, intervient de plusieurs manières dans l'œuvre propre du pouvoir législatif. Il est armé du droit d'initiative (1), du droit de *veto* absolu, du droit de dissolution de la Chambre des communes et du droit de nommer des pairs sans limitation de nombre, ce qui lui permettrait, au besoin, de changer par une « fournée » opportune la majorité parlementaire. Il peut le faire par l'institution de pairs héréditaires ou de pairs à vie ; mais cette dernière faculté a été si rarement employée, que chaque fois qu'il est, de près ou de loin, question d'en restaurer l'exercice, il se trouve nombre de gens pour soutenir qu'elle est abrogée par désuétude.

En revanche, le Parlement exerce sur le pouvoir exécutif, par la pratique du grand principe de la responsabilité ministérielle, une action si puissante que nulle part ailleurs le « gouvernement de cabinet » ne fonctionne avec plus de vérité et d'efficacité.

Les limites des fonctions législatives et des fonctions exécutives sont peu précises, ou plutôt mal tracées. Le Parlement est chargé, de par d'antiques usages, de pourvoir à quantité d'aff.ires indignes de lui, et il n'est pas un commentateur de la constitution anglaise qui ne soit amené à formuler à cet égard des critiques fort justifiées.

Les services administratifs, dans le Royaume Uni,

---

(1) En concurrence avec les membres des Chambres.

n'ont pas cette forte organisation que donne la centralisation. Les attributions les plus importantes sont entre les mains des administrations locales, qui fonctionnent dans une grande indépendance de l'autorité centrale.

L'organisation judiciaire mérite toute notre attention, quant aux idées générales du moins, car nous ne saurions ici entrer dans la description des rouages extrêmement compliqués de la justice anglaise. Il nous suffira de rappeler, en ce qui touche à la situation du juge, qu'elle est absolument inamovible et entourée de toutes les garanties d'indépendance possibles, ainsi que d'un grand prestige. En dehors des juges de paix, les cours de justice des divers degrés se distinguent en cours de *common law*, appliquant le droit contumier, *cours d'équité* et cours spéciales, régies par des lois spéciales. En général, dans la plupart des juridictions de droit commun ou autres, le jury apporte son concours aux membres de l'ordre judiciaire. Cependant, même en Angleterre, la pratique du jury civil n'est pas sans révéler quelques inconvénients : « Quels que puissent être les avantages du jury en matière civile, il faut bien reconnaître que beaucoup de procès, par leur nature même, échappent à sa compétence ; aussi n'est-on pas surpris de voir que la cour de chancellerie s'est peu à peu emparée de la plupart des affaires qui ne se prêtent pas à la distinction du fait et du droit ou à la position de questions simples pouvant être l'objet d'un débat oral devant le jury. La pratique constante de la cour de chancellerie et la pratique ordinaire des autres cours supérieures a été, jusqu'à ce jour, de faire trancher par le juge seul toutes les questions de fait et de droit. Au surplus, même devant les cours de droit commun, les plaideurs sont souvent forcés de reconnaître que certaines affaires ne peuvent être soumises au jury, et d'en confier la décision entière, soit aux magistrats, soit à des arbitres. Aussi le nombre des procès où un jury est appelé à résoudre les questions est moins considérable qu'on pourrait l'imaginer (1). »

Par une anomalie que le principe de la séparation des pouvoirs réprouve absolument, la Chambre des lords est armée d'une compétence judiciaire étendue (2) ; cette compétence, qui a ses racines dans les couches les plus profondes de l'histoire, avait été supprimée en 1873 ; elle a été restaurée en 1876 (3) et organisée à nouveau, de manière à ce que la juridiction des lords ne fût exercée en fait que par ceux d'entre eux dont le passé présenterait des garanties d'aptitude suffisantes. La Chambre des lords reçoit, pour y statuer en dernier ressort, les appels de la cour d'appel d'Angleterre et de « toute cour d'Ecosse ou d'Irlande dont les décisions seront susceptibes d'appel devant la Chambre des lords en vertu de la coutume ou des lois en vigueur au moment où le présent acte deviendra exécutoire (4). » On voit que la juridiction de la Chambre des lords est très vaste et qu'elle n'a rien de commun avec « les causes des nobles » dont Montesquieu croyait convenable de remettre la solution à la Chambre haute.

Au contraire, le pouvoir judiciaire est, de l'autre côté de la Manche, à l'abri de tout empiétement de la part de l'administration. Il est compétent aussi bien sur le droit

(1) A. Ribot. Sur l'établissement d'une cour suprême de justice. *Annuaire de législation étrangère*, 1874.

(2) Bagehot disait, avant les dernières réformes : « Je ne compte pas les fonctions judiciaires de la Chambre des lords au nombre de ses fonctions subsidiaires, d'abord parce qu'elle ne les exerce pas en réalité, ensuite parce je désire qu'on les lui enlève même en théorie. » *Op. c⁰*, chap. v.

(3) *Act* du 16 août.

(4) *Ibid.*, art. 8.

public que sur le droit privé. Si, nous autres Français, nous avons parfois quelque peine à bien saisir dans toute sa complexité le fonctionnement des juridictions anglaises, un Anglais, de son côté, n'entendra que grâce à une grande application, les distinctions subtiles sur lesquelles repose notre théorie du contentieux administratif. En Angleterre, tout citoyen qui se croit lésé par le fait d'un agent quelconque de l'autorité, d'un ministre ou du seul représentant du pouvoir exécutif qui occupe un rang plus élevé, peut recourir au juge ordinaire; ce juge ne partage avec personne le droit d'examiner et de décider si l'action est recevable ou non.

Les Anglais ont donc tenu à ne laisser à l'administration aucune action sur la justice. Ils n'ont pas vu le même danger à placer des pouvoirs administratifs entre les mains des représentants du pouvoir judiciaire, et les juges de paix sont investis dans les comtés de fonctions purement administratives importantes.

Fonctionnant paisiblement, se développant régulièrement en rattachant tous les progrès accomplis à un point de départ fixe, les institutions anglaises trouvent leur grande force dans leur caractère historique, elles sont comme le complément naturel et inséparable de l'histoire nationale. C'est pourquoi elles sont d'une imitation si difficile. S'il est possible aux autres peuples de s'en inspirer avec profit, c'est un rêve de songer à les copier dans un milieu tout différent. L'arbre adulte que l'on transplante est destiné à une fin prochaine, si l'on n'a pu déplacer avec lui la motte de terre dans laquelle ses racines se sont nourries.

Belgique. — En nous rapprochant de la frontière, nous abordons un régime politique fondé sur nos habitudes d'esprit et, par suite, plus facile à saisir dans l'ensemble et à analyser, que les institutions qui protègent la prospérité de nos sages voisins d'outre-Manche. La Belgique a une constitution écrite (1), qui organise la monarchie parlementaire à peu près dans les conditions où elle a fonctionné en France, mais en faisant une plus large part encore à l'élément représentatif, puisque les deux Chambres sont électives.

La constitution proclame (2) que tous les pouvoirs résident dans la nation ; elle les distingue ensuite en trois, le législatif, l'exécutif et le judiciaire, et en règle le mode d'exercice. Aux termes de l'art. 26, le pouvoir législatif s'exerce collectivement par le roi, la Chambre des représentants et le Sénat ; les commentateurs de la constitution belge (3) s'appliquent, par des arguments plus subtils que topiques, à démontrer que l'ingérence du roi dans l'œuvre législative est exactement conforme au principe de la séparation des pouvoirs. En fait le roi partage avec les membres des Chambres le droit d'initiative : il a, de plus, la sanction des lois, qui met en ses mains un droit de *veto* absolu ; enfin, il est armé du droit de dissolution contre l'une et l'autre Chambres.

L'électorat politique est fondé sur le cens (4). Le Sénat est nommé par les mêmes électeurs que la Chambre des représentants ; le congrès national, auteur de la constitution, avait cependant bien l'intention de donner à chacune des Chambres un caractère différent. A ses yeux, le Sénat

(1) En date du 7 février 1831.
(2) Art. 25.
(3) V. J.-J. Thonissen, *la Constitution belge annotée*, deuxième édition, nos 163 et suiv.
(4) 20 florins, soit 42 fr. 32 d'impôt direct.
Toutes les dispositions relatives à l'électorat, à l'éligibilité, aux listes électorales et aux élections ont été fondues dans la loi du 16 mai 1878, qui a pris le nom de *Code électoral*.

était destiné « à opposer une barrière au progrès mal entendu, aux réformes intempestives, aux innovations peu
réfléchies qu'on pourrait être tenté d'introduire. Or, pour
que le Sénat offre toutes les garanties nécessaires aux
principes d'ordre et de conservation, pour qu'il remplisse
convenablement le rôle que la constitution lui attribue, il
n'est nullement indispensable qu'il soit une émanation du
pouvoir royal ou une représentation des intérêts aristocratiques. Le but peut être parfaitement atteint en res-
treignant, d'une part, le choix des électeurs aux grands
propriétaires, et en exigeant, de l'autre, pour première
condition d'éligibilité, un âge où la raison a acquis toute
sa maturité, où les passions l'emportent rarement sur
l'intérêt bien entendu (1). » Ainsi, c'est uniquement dans
les conditions d'éligibilité qu'on a cherché les garanties qui
devaient faire du Sénat le corps conservateur par excellence. On a, en outre, donné aux pouvoirs des sénateurs
une durée double de celle des pouvoirs des représentants
(huit ans au lieu de quatre). Chaque Chambre (2) valide
les pouvoirs de ses membres et chacun de ceux-ci jouit
d'immunités parlementaires semblables à celles qui existent en France.

Les attributions des deux Chambres sont d'ailleurs
identiques, sauf que les lois de finances doivent être d'a-
bord votées par la Chambre des députés, ainsi que les lois
fixant le contingent de l'année.

La révision de la constitution est entourée, en Belgique,
des précautions les plus sérieuses. Au pouvoir législatif
seul revient le droit de déclarer qu'il y a lieu à révision
d'une disposition constitutionnelle spécialement désignée.

---

(1) Les deux Chambres peuvent être dissoutes, soit séparément, soit
simultanément.

(2) Thonissen, *Op. c°*, n° 237.

Cette grave déclaration entraîne de plein droit la dissolution des deux Chambres. Celles qui les remplacent statuent alors, *de commun accord avec le roi,* sur la réforme
proclamée utile, nul changement ne peut être adopté s'il
ne réunit au moins les deux tiers des suffrages.

Le chef du pouvoir exécutif est le roi, qui se trouve disposer comme tel à peu près des mêmes attributions que
le président de la République française ; elles sont déterminées *limitativement* (1) par la constitution et les lois.
De sa personne, il est inviolable et irresponsable, mais à
côté de lui la responsabilité ministérielle est très fortement
organisée. Elle est considérée en Belgique, non seulement
comme une garantie politique, mais comme une véritable
garantie sociale. « Sans cette garantie nécessaire, dit M. de
Kerchove (2), les citoyens ne pourraient exercer leurs
droits constitutionnels que pour autant qu'il plaise au
gouvernement de les respecter, et il eût été impossible
d'inscrire dans notre pacte fondamental ce grand principe
de l'inviolabilité de la personne du roi. » L'art. 134 de la
constitution tranche d'une manière claire, sinon entièrement satisfaisante, une question qui, chez nous, reste pendante (3), sur la responsabilité pénale des ministres.

L'organisation judiciaire belge, quant à l'échelle et à la
constitution des juridictions, est calquée sur la nôtre, ou
plutôt c'est la même qui, depuis la séparation des deux

---

(1) Art. 78 de la *Constitution belge* : « Le roi n'a d'autres pouvoirs
que ceux que lui attribuent formellement la constitution et les lois particulières portées en vertu de la constitution même. »

(2) *Op. c°*, p. 53.

(3) ART. 134. Jusqu'à ce qu'il y soit pourvu par une loi, la Chambre
des représentants aura un pouvoir discrétionnaire pour accuser un
ministre, et la Cour de cassation pour le juger, en caractérisant le délit
et en déterminant la peine. Néanmoins la peine ne pourra excéder celle
de la réclusion, sans préjudice des cas expressément prévus par la loi
pénale. »

pays, n'a été modifiée en Belgique que sur un petit nombre de points. On s'est préoccupé d'entourer le recrutement du personnel judiciaire de plus de garanties de capacité et d'indépendance. Ainsi les juges de paix, les juges des tribunaux de première instance et les membres du ministère public sont les seuls magistrats que le roi puisse choisir librement parmi les candidats présentant les conditions requises par une loi organique assez exigeante. Les conseillers des cours d'appel, les présidents et vice-présidents des tribunaux de première instance doivent être pris sur deux listes présentées, l'une par la cour dans laquelle la vacance s'est produite, l'autre par le « conseil provincial » de l'une des provinces comprises dans ce ressort. Les conseillers à la cour de cassation sont obligatoirement choisis parmi les candidats portés sur deux listes doubles proposées, l'une par le Sénat, l'autre par la cour de cassation elle-même.

Les présentations sont rendues publiques au moins quinze jours avant la nomination.

Les cours élisent elles-mêmes dans leur sein leurs présidents et vice-présidents.

Les traitements de la magistrature sont notablement plus larges en Belgique qu'en France.

La cour de cassation, là comme ici, ne statue pas en principe sur le fond des affaires; elle est cependant chargée, par exception, du jugement des ministres.

Les tribunaux belges sont chargés, par la constitution même, de connaître de la *légalité* des actes administratifs, mais ils ne sont pas admis à n'appliquer les lois qu'autant qu'ils les jugent conformes à la constitution. « Au magistrat qui assumerait ce rôle, on pourrait justement faire ce reproche que d'Argentré adressait aux juges de son temps : *Cur de lege judicas, qui sedes ut secundum leges judices* (1) ? »

On voit par là même que notre théorie du contentieux administratif n'a pas pas poussé de longues racines dans le sol politique de ce pays. Les matières composant chez nous ce contentieux sont remises aux tribunaux ordinaires; par exception, les réclamations sur les contributions directes et les taxes assimilées, ainsi que les difficultés sur les opérations électorales (2), sont jugées, non pas par des fonctionnaires dépendant du gouvernement, mais par les représentants des électeurs, par la députation du conseil provincial ; il faut entendre par là quelque chose de très analogue à notre commission départementale, prise au sein du conseil général.

La députation statue tantôt en premier et dernier ressort, tantôt sauf recours au roi, tantôt à charge d'appel devant l'autorité judiciaire.

Les dettes de l'Etat sont liquidées par la cour des comptes belge, qui a plus d'autorité que la nôtre, puisque les ordonnateurs eux-mêmes sont soumis à son contrôle, mais qui est beaucoup moins chargée de détails ; cette cour est, comme le dit M. Flourens (3), une véritable émanation du Parlement ; elle se compose d'un président et six conseillers nommés pour six ans par la Chambre des représentants et révocables par elle. Dans ses attributions rentre la surveillance du grand livre de la dette publique et du registre des pensions.

---

(1) J.-J. Thonissen, *Op. c⁰*. n° 499·

(2) La compétence de la Délégation comprend même les réclamations relatives aux listes électorales qui, en France, sont soumises au juge de paix.

(3) *Op. c⁰*, deuxième partie, titre II, chap. III et IV ; titre III, chap. I, II, III et IV.

Sauf ces exceptions peu graves, les affaires que nous ferions rentrer dans le contentieux administratif suivent, de l'autre côté de la frontière, la filière naturelle des tribunaux belges et aboutissent, s'il y a lieu, comme toute autre affaire, à la cour de cassation.

La Belgique n'a d'ailleurs pas de conseil d'Etat, et si quelques-uns de ses publicistes envient à la France cette institution, est-il besoin de dire que ce n'est pas comme tribunal, mais comme corps consultatif, [comme centre de l'impulsion administrative et comme précieux auxiliaire du Parlement?

Pays-Bas.— La Belgique avait déjà connu, alors qu'elle était confondue avec les Pays-Bas sous une même monarchie, les bienfaits du régime parlementaire, sauf certaines réserves, car depuis 1830 les deux peuples ont fait dans le sens libéral de notables progrès ; les Hollandais sont restés, en matière constitutionnelle, un peu en retard sur les Belges. « Le caractère réfléchi et particulièrement conservateur des Hollandais, leur attachement à ce qui est ancien et à ce qui existe, se fait aussi remarquer dans la pratique des droits constitutionnels ; les idées libérales et réformatrices ne sont admises que lentement (1). »

Aux termes de la « loi fondamentale des Pays-Bas », telle qu'elle résulte de sa dernière révision sous la date du 14 octobre 1848, le roi est associé aux États-Généraux dans la composition du pouvoir législatif ; ces Etats sont divisés en deux Chambres : la deuxième (Chambre basse) composée de membres élus directement par les électeurs censitaires (2), pour quatre ans et renouvelables par moitié ; la première (Chambre haute), composée de

(1) Charles Bidermann : *Les Systèmes représentatifs avec élections populaires* (trad⁰ⁿ S. Leportier, 1864, p. 151).

(2) Le *minimum* constitutionnel du cens est le même qu'en Belgique.

membres nommés par les conseils provinciaux, qui tiennent leurs propres pouvoirs des mêmes électeurs que
la deuxième Chambre. Là, comme ailleurs, les projets de
loi concernant le budget doivent être présentés d'abord à
la Chambre basse, mais celle-ci est dépouillée du droit
d'initiative, exercé exclusivement par le roi et par la
Chambre haute, qui peut seule, d'un autre côté, introduire des amendements aux projets présentés par le gouvernement. Le roi a la sanction des lois, c'est-à-dire le
droit de *veto* absolu ; il a aussi le droit de dissoudre les
Chambres simultanément ou séparément. Les formes de
la révision de la loi fondamentale sont les mêmes qu'en
Belgique.

Le roi possède des prérogatives très étendues, surtout
en matière administrative, et l'importance de sa personne
dans la constitution est affirmée par des expressions légèrement surannées (1) ; les ministres sont, il est vrai, responsables, mais les conditions de leur responsabilité ne
sont pas déterminées d'une manière précise. Le gouvernement est assisté d'un conseil d'Etat, corps purement
consultatif placé sous la présidence du roi.

La justice est rendue au nom du roi, sous la garantie
de l'inamovibilité ; les juges de canton, *aliàs* juges de paix,
sont eux-mêmes inamovibles (2). La loi fondamentale
organise une Haute-Cour, qui est appelée à juger les
membres des Etats-Généraux, les ministres et autres
grands fonctionnaires. Le jury criminel n'existe pas en

_____

(1) Ainsi la notification de la solution donnée par les Etats-Généraux
aux projets présentés par le gouvernement, commence par cette phrase
sacramentelle :

« Les Etats-Généraux témoignent au roi leur reconnaissance du zèle
qu'il met à veiller aux intérêts du royaume, etc. »

(2) Loi du 9 avril 1877.

Hollande; d'après M. Godefroi (1), l'esprit public n'est pas jusqu'ici favorable à cette institution. Les juges sont nommés par le roi, et une loi récente (2) a supprimé le système des présentations pour les places vacantes dans les cours, qui était jusque-là suivi comme en Belgique. Des présentations sont faites, au contraire, pour les vacances dans les tribunaux.

L'art. 148 de la loi fondamentale pose en principe que toute contestation sur la propriété ou les droits qui en dérivent, sur les créances ou autres droits civils, ainsi que les droits politiques (3), appartient exclusivement à la connaissance de l'autorité judiciaire; il reste donc peu de questions susceptibles d'alimenter la compétence de tribunaux spéciaux. En fait, les états provinciaux ont un pouvoir juridictionnel sur un petit nombre d'objets, notamment en matière d'impôt direct, de recrutement de l'armée, de voirie et d'élections (4).

Le roi se réserve de connaître des conflits entre le pouvoir judiciaire et l'administration.

Suède. — Réunies sous le même sceptre, la Suède et la Norwège ont des organisations politiques tout à fait distinctes et très dissemblables. Les institutions de la Suède sont assez compliquées. Le roi y partage le pouvoir législatif avec la Diète, dont la composition a conservé longtemps son caractère gothique et son antique division en quatre ordres. Depuis 1866, elle se compose de deux Chambres. Les membres de la première sont élus pour neuf années par les assemblées provinciales ou par les conseils muni-

(1) *Notice sur les travaux législatifs pendant l'année* 1875, par M. Godefroi, député à la seconde Chambre des Etats-Généraux, ancien ministre de la justice (*Annuaire de législation étrangère, cinquième année,* 1876).
(2) 10 novembre 1874.
(3) Quant à ceux-ci, sauf exceptions à régler par la loi.
(4) V. *Travaux de la conférence Tocqueville en* 1875.

cipaux (1), et astreints à un cens d'éligibilité assez élevé ;
la seconde Chambre est élue directement par le suffrage
restreint ; ses pouvoirs durent trois ans : *le mandat
législatif n'est accessible qu'aux personnes appartenant au
culte protestant*. L'art. 1er de la loi sur la représentation,
du 22 juin 1866, dispose expressément que les deux
Chambres ont, dans toutes les questions, la même compétence et la même autorité. Le droit de contrôle de la
Diète sur les pouvoirs exécutif et judiciaire se manifeste
par une institution qui ne se retrouve dans aucun autre
pays : au début de chaque session, la Diète nomme un
procureur général de la Diète chargé de surveiller l'application de la loi par les juges et fonctionnaires et de
poursuivre devant les juridictions compétentes, et dans les
formes prévues par la loi, ceux d'entre eux qui se seraient
rendus coupables d'illégalités.

La personne du roi, qui doit professer la *pure doctrine
évangélique*, est « sacrée et vénérée ». Il gouverne au
moyen de ministres pris dans le sein du conseil d'État et
responsables. Il est armé de droit du *veto* absolu et du
droit de dissolution.

Les juges suédois sont inamovibles ; le roi a le droit de
siéger dans le *Tribunal suprême,* où il a deux voix. Les
tribunaux inférieurs fonctionnent avec le concours d'assesseurs qui n'appartiennent pas au corps judiciaire.

Norwège. — La *loi fondamentale* de Norwège ne considère pas le roi comme faisant partie du pouvoir législatif.
Celui-ci est exercé par une sorte d'assemblée nationale
(*Storthing*), composée de membres élus au suffrage
restreint (2), à deux degrés. Par suite de combinaisons

_____

(1) L'électorat est considéré comme identique avec le droit de bourgeoisie.
(2) Dans les villes qui ne prennent pas part aux assemblées provinciales.

dans le détail desquelles nous ne saurions entrer, la représentation des campagnes se trouve toujours maintenue
double de celle des villes. Lorsque le *Storthing* est assemblé, les députés désignent le quart d'entre eux pour
former le *Lagthing* ; les autres composent la seconde
Chambre ou *Odelsthing*. Ce parlement offre cette particularité, de ne se réunir en session ordinaire que tous les
trois ans. Le roi ne peut le dissoudre, et il n'a, à l'égard de
ses résolutions, qu'un droit de *veto* suspensif. Après deux
refus de sanction sur le même projet, celui-ci devient
exécutoire, nonobstant l'opposition royale. Tous les projets sont soumis au *Odelsthing* d'abord, et si les deux
Chambres ne peuvent tomber d'accord sur une mesure
à prendre ou une rédaction à adopter, elles se réunissent en une assemblée plénière où la majorité nécessaire est des deux tiers des votes. Les modifications à la
constitution ne peuvent être discutées que dans la session qui suit celle dans laquelle elles ont été proposées.

Le roi gouverne au moyen d'un vice-roi, entouré d'un
conseil d'État responsable.

Les membres du *Lagthing* et les ministres qui se sont
mis dans le cas d'être poursuivis en justice, sont jugés en
première instance par le *Risgret*, juridiction composée des
membres du Lagthing et de ceux du *tribunal suprême*.

Aucun emploi public ne peut être confié qu'à un
luthérien.

Les affaires mixtes, susceptibles d'intéresser à la fois la
Suède et la Norwège, sont soumises à une réglementation
spéciale.

Danemark. — Le Danemark est en possession du
suffrage universel ; tous les Danois âgés de plus de vingt-
cinq ans élisent directement les membres du *Folkething*
(Chambre du peuple) et indirectement ceux du *Landthing*

(Chambre du territoire); les deux Chambres, qui ont une durée normale de huit ans, composent le *Rigsdag* ou Parlement. Le roi peut les dissoudre; il a le droit fort remarquable de faire, à condition de ne pas sortir des limites posées par la constitution, des lois provisoires qui sont présentées dans la session suivant leur mise en vigueur, à la ratification du Rigsdag. Au roi appartient la sanction des lois ordinaires (1). Il partage avec les deux Chambres l'initiative législative.

Les ministres sont responsables. La magistrature est inamovible ; le gouvernement a toutefois le droit de mettre à la retraite les magistrats dès qu'ils ont atteint l'âge de soixante-cinq ans. Le *Risgret* a la même composition et les mêmes attributions qu'en Norwège.

La constitution danoise insiste sur la séparation de la justice et de l'administration. Tout particulier atteint par un acte administratif doit s'y conformer provisoirement, mais il lui est loisible de recourir aux tribunaux et de faire préciser par eux les bornes de l'autorité dont il croirait avoir à se plaindre.

Grèce. — En Grèce (2), le pouvoir législatif est partagé entre le roi et la Chambre des députés, élue par le suffrage universel. Le droit d'initiative appartient à l'un et à l'autre, en principe, mais au roi est réservée l'initiative des « propositions relatives à l'augmentation des dépenses publiques pour l'établissement des traitements et des pensions, ou en général pour tout intérêt personnel. Les députés sont élus pour quatre ans ; leur mandat est absolument incompatible avec les emplois publics salariés. Le roi sanctionne les lois et a par là même un droit de *veto* absolu auquel s'ajoute le droit de dissolution. Il est

(1) Il peut même, en certains cas, suspendre l'exécution des lois.
(2) Constitution du 28 novembre 1864.

inviolable et irresponsable, mais ses ministres sont responsables et justiciables, à raison de leurs fonctions, d'une haute cour composée exclusivement de magistrats. La loi du 10 décembre 1876 est un véritable code, fort détaillé, de la responsabilité ministérielle. Un conseil d'État assiste les ministres.

Les membres des corps judiciaires grecs sont inamovibles, à l'exception des juges de paix et des officiers du ministère public. Le jury criminel fonctionne en Grèce.

Le contentieux administratif appartient aux tribunaux ordinaires, qui le jugent *d'urgence*, ce qu'il faut soigneusement remarquer. Les conflits d'attributions sont soumis à la cour de cassation.

Italie. — L'Italie nous présente un type de monarchie constitutionnelle différent de ceux qui viennent d'être décrits. Le principe représentatif y est mitigé par cette circonstance que le pouvoir exécutif nomme les membres de l'une des Chambres, de la Chambre haute, du Sénat qui est recruté par le roi dans des catégories déterminées de fonctionnaires et de personnages. Les députés sont élus pour cinq ans par des électeurs censitaires, avec une timide adjonction de capacités. Les sénateurs sont, naturellement, nommés à vie. L'initiative appartient au roi et aux Chambres, sauf la réserve faite dans tous les régimes parlementaires sérieux au profit de la Chambre basse, quant aux lois de finances.

Le roi sanctionne les lois et peut dissoudre la Chambre des députés. Ses ministres sont responsables; ils peuvent être mis en accusation par les Chambres des députés et jugés par le sénat.

Parmi les juges qui sont tous à la nomination du roi, les juges de district sont amovibles. Tous les autres sont inamovibles *au bout de trois ans d'exercice*. Une cour de cassation est établie à Rome, à titre provisoire, et paraît devoir remplacer définitivement les quatre cours de cassation qui existaient dans les territoires composant aujourd'hui le royaume.

On ne s'étonnera pas de nous voir ici consacrer quelques développements à la loi qui a rattaché à la compétence des tribunaux ordinaires le contentieux administratif.

En Italie, l'idée qui consiste à faire du contentieux administratif une classe d'affaires à part et à en remettre le jugement à des tribunaux fonctionnant en dehors des conditions générales de l'organisation judiciaire, s'appelle encore la *théorie française*; elle a été pratiquée pendant plusieurs années dans toute sa pureté, et, après 1815, les divers états de l'Italie en ont gardé des traces plus ou moins sensibles dans les institutions qu'ils se sont données après leur délivrance du joug étranger. Les législations particulières étaient très variées, lorsque s'est produit le grand fait de l'unification italienne ; le législateur avait donc à fondre des systèmes dissemblables, et il a préféré les remplacer tous par un système meilleur.

La loi du 20 mars 1865 sur le *contentieux administratif* prononce « l'abolition des tribunaux spéciaux actuellement investis de la juridiction du contentieux administratif, tant en matière civile qu'en matière pénale ; » mais cette disposition n'a pas un effet aussi absolu qu'on peut le supposer d'abord; il faut bien prendre garde que les corps administratifs chargés de juger le contentieux sont abolis *en tant que tribunaux*, non en tant que corps. L'Italie possède encore des conseils de préfecture réduits, il est vrai, à leur rôle naturel de donneurs d'avis et d'auxiliaires de l'administration. Il faut remarquer, en outre, que la juridiction de la cour des comptes et du conseil d'Etat en matière de comptabilité et de pensions, est maintenue, et qu'aux termes de l'art. 2C, « il n'est rien innové aux attributions contentieuses d'autres corps ou collèges dérivant de lois spéciales et différentes de celles qu'exerçaient les *juges ordinaires* du contentieux administratif. »

Il n'y a donc, en somme, que les juges *ordinaires* du contentieux qui soient dépossédés ; ces juges étaient, dans la majeure partie de l'Italie, les conseils du gouvernement (devenus conseils de préfecture) en première instance, le conseil d'Etat en appel ; par ce point, les législations italiennes étaient déjà supérieures à notre loi du 28 pluviôse an VIII, qui ne fait des conseils de préfecture que des tribunaux d'attribution.

Enfin, les tribunaux n'héritent pas de l'intégralité du contentieux administratif, même une fois la part faite aux corps et collèges spéciaux. Ils reçoivent tous les procès pour contraventions. Le législateur italien a fait revivre ce principe primordial qu'aucune peine ne peut être prononcée que par un juge inamovible. En dehors de là, les tribunaux statueront sur les « matières dans lesquelles est mis en question un droit civil ou politique. » Le reste du contentieux tombe aux mains des propres agents de l'autorité administrative, auxquels reviennent ainsi des attributions importantes.

Les questions réservées aux tribunaux ordinaires seront résolues par eux seuls, dit l'art. 2, « de quelque façon que puisse y être intéressée l'administration et nonobstant les mesures prises à ce sujet par le *pouvoir exécutif* ou l'autorité administrative » ; ainsi peu importe que celle-ci ait agi comme partie ou comme pouvoir, le gouvernement lui-même ne pourra se soustraire au juge sous prétexte de raison d'Etat.

Les art. 4 et 5 réalisent le principe de la séparation des pouvoirs en prescrivant aux tribunaux placés en présence d'un acte administratif, de se borner à connaître des effets de cet acte par rapport à l'objet du procès. L'autorité administrative peut seule le réformer ou le modifier sur un nouveau recours. Les tribunaux n'appliqueront d'ailleurs les actes administratifs comme les règlements, qu'en tant qu'ils les estimeront conformes aux lois.

L'art. 10 rend obligatoires pour les affaires administratives les voies de procédure les plus rapides et les moins coûteuses.

La loi du 30 mars, partageant, comme on vient de le voir, le contentieux administratif en deux, entre les tribunaux et l'administration active, laisse la porte ouverte aux conflits. « Une loi nouvelle, adoptée par la Chambre, remet à la cour de cassation temporaire de Rome la connaissance des conflits d'attribution. Aux termes de cette loi, l'administration ne peut plus élever le conflit, si elle est partie au procès, qu'au cours de la première instance ; si elle n'est pas partie, elle peut l'élever en tout état de cause, mais à la condition qu'il n'ait point été rendu une solution d'incompétence passée en force de chose jugée (1). »

Espagne. — La constitution de l'Espagne manque absolument de stabilité depuis un certain nombre d'années. Le dernier texte constitutionnel porte la date du 30 juin 1876. Il organise la monarchie au profit de don Alphonse XII de Bourbon, avec deux Chambres et la responsabilité ministérielle. Le sénat se compose de sénateurs de droit et de sénateurs nommés par le roi dans des catégories déterminées, dont le nombre ne peut dépasser cent quatre-vingts, et de sénateurs élus au nombre fixe de cent

---

(1) Ferdinand Dreyfus. *Notice générale sur les travaux du Parlement italien pendant la session de* 1876. — *Annuaire de législation étrangère, sixième année,* 1877.

quatre-vingts. L'élection de ces derniers est faite pour
cinq ans par « les corporations de l'Etat (1) et les plus haut
imposés (2) ; » ils sont choisis nécessairement dans les
mêmes catégories que les sénateurs nommés par le
roi.

Les députés sont élus pour cinq ans par les « juntes »
électorales (3). La réunion des deux Chambres porte le
nom de *Cortès* ; elles ont l'une et l'autre les mêmes droits,
sauf que les lois sur les contributions et le crédit public
sont d'abord présentées à la Chambre des députés. Le roi
partage l'initiative avec les deux Chambres, il a la sanction
des lois d'une manière absolue, peut dissoudre la Chambre
des députés et la partie élective du sénat. Le roi est inviolable et irresponsable.

La justice est rendue, au nom du roi, par des juges inamovibles. L'art. 76 de la constitution dispose que « aux
tribunaux et aux juges appartient exclusivement le pouvoir
d'appliquer les lois dans les jugements criminels et civils,
sans qu'ils puissent exercer d'autres fonctions que les
fonctions de juger et de *faire exécuter les jugements* ».

Un décret du 13 octobre 1868, conçu dans un esprit
libéral et progressiste, avait transféré aux tribunaux ordinaires la connaissance des affaires contentieuses administratives. Un décret du 20 janvier 1875, intervenu
pendant que le nouveau roi gouvernait dictatorialement
en l'absence des Cortès, a rétabli l'ancien état des choses,
sous le prétexte de restaurer le principe de la séparation
des pouvoirs : une section du contentieux a été rétablie
en conséquence au sein du conseil d'Etat espagnol.

(1) V. loi électorale du Sénat, du 8 février 1877.
(2) Art. 20.
(3) Electorat censitaire avec adjonction de capacités. V. loi électorale
du 20 juillet 1877.

Ce conseil d'Etat, qui a porté le nom de *Conseil Royal*, est juge d'appel en matière administrative ; c'est lui qui statue sur les conflits, mais au nom du roi, sans pouvoir propre.

Portugal. — Des Cortès comprenant deux Chambres, un roi inviolable et des ministres responsables, tels sont également les éléments essentiels de la charte constitutionnelle octroyée au Portugal le 29 avril 1826 et modifiée par l'acte additionnel du 5 juillet 1852. Mais la Chambre des pairs portugaise ne comprend même pas, comme le sénat espagnol, une portion élective. La dignité de pair est héréditaire, et le roi peut nommer des pairs en nombre illimité ; son pouvoir arbitraire en cette matière est toutefois arrêté par l'obligation de choisir les pairs dans des catégories déterminées de personnes (1). Le cens exigé des électeurs qui nomment les députés pour quatre ans est fort élevé ; il y a de plus un cens d'éligibilité.

La charte portugaise, qui est fort longue, n'est pas sans prétentions théoriques ; elle proclame que « la division et l'harmonie des pouvoirs est (*sic*) le principe conservateur des droits des citoyens, et le plus sûr moyen de rendre effectives les garanties que la constitution leur assure (2). » Mais les trois pouvoirs habituellement admis ne suffisent pas aux Portugais. L'article 11 énumère quatre pouvoirs ; le quatrième, dit *modérateur*, est cumulé par le roi avec l'exécutif. C'est la pure théorie de Benjamin Constant ; elle est aussi inutile, selon nous, dans les textes officiels que dans la doctrine abstraite. Nous en avons dit plus haut les raisons (3).

---

(1) V. loi du 3 mai 1878.
(2) Art. 10. V. E. Laferrière et A. Batbie, *Les Constitutions d'Europe et d'Amérique.*
(3) V. ci-dessus, p. 245.

Quoi qu'il en soit, le pouvoir législatif *appartient* aux Cortès, sous réserve de la sanction du roi (1). L'initiative réside dans les deux Chambres et dans le *pouvoir exécutif* (2).

La Chambre des députés « a seule l'initiative : 1° en matière d'impôt ; 2° en matière de recrutement (3). » D'autre part, l'article 36 du document que nous analysons porte : « pareillement on soumettra d'abord à la Chambre des députés : 1° l'examen de l'administration passée et la réforme des abus par elle introduits ; 2° la discussion des propositions faites par le pouvoir exécutif ; » c'est la Chambre des députés qui peut mettre les ministres et *conseillers d'Etat* en accusation devant la Chambre des pairs. En dehors de ces différents points, les attributions des deux branches des Cortès sont identiques.

Le roi *sanctionne* et promulgue les lois ; de là découle son droit de *veto* absolu (4). Le refus de sanction se formule ainsi : « Le roi désire méditer sur le projet de loi se décider en son temps. » A quoi la Chambre qui a voté la dernière est obligée *par la Charte* de répondre qu'elle « remercie Sa Majesté de l'intérêt qu'elle prend pour la nation. » Le roi est armé du droit de dissolution de la Chambre basse ; il peut décréter des amnisties dans les cas urgents (5).

La charte énumère les faits qui donnent ouverture à la responsabilité pénale des ministres (6). Quant aux conseillers d'Etat, ils sont responsables « à raison des conseils qu'ils donneraient contraires aux lois et à l'intérêt de

(1) Art. 13.
(2) Art. 46.
(3) Art. 35.
(4) Art. 58.
(5) Art. 74, n° 8.
(6) Art. 103.

l'Etat, ou qui seraient manifestement perfides (*dolosos*).

L'organisation judiciaire comporte le jury au civil et au criminel ; il y a néanmoins deux degrés de juridiction, et, au-dessus des cours de provinces, un tribunal suprême qui accorde ou refuse la révision dans les cas et selon le mode fixés par la loi, et qui prononce sur les conflits de juridiction et de compétence entre les cours provinciales. Il est, en outre, armé de pouvoirs disciplinaires importants sur les membres du pouvoir judiciaire et du corps diplomatique. Les juges (*juizes de direito*) sont inamovibles, « ce qui toutefois n'implique pas qu'ils ne puissent être déplacés pour le temps et d'après le mode fixés par la loi » (1). Toutefois les juges inférieurs ou *ordinaires* sont nommés par le gouvernement pour trois ans, sur la présentation de trois noms par le président du tribunal de seconde instance (2).

Brésil. — La plupart des institutions dont le Portugal est aujourd'hui doté, ont été importées du Brésil par don Pedro. On comprend donc facilement que même après la rupture entre les deux pays, il subsiste dans leur organisation politique plus d'un trait commun. Les grandes lignes sont les mêmes ; on retrouve dans la constitution brésilienne du 25 mars 1854 les mêmes déclarations de principes, la même théorie des quatre pouvoirs. La rédaction de presque tous les articles est identique, sauf qu'on lit « empereur» au lieu de « roi » ; que les deux Chambres, au lieu de constituer les Cortès, constituent « l'Assemblée générale ». La haute Chambre ou sénat est toutefois recrutée dans des conditions un peu plus libérales qu'en Portugal. Les membres en sont nommés à vie par l'empereur, sur des

(1) Art. 120.
(2) Loi du 16 août 1874.

listes triples issues d'élections provinciales. Chaque province de l'empire fournit un nombre de sénateurs égal à la moitié du nombre de ses députés, et au minimum à l'unité.

L'élection de la Chambre des députés se fait au suffrage à deux degrés (1).

Autriche-Hongrie. — Le *dualisme* austro-hongrois est plus embarrassant pour le commentateur que la simple juxtaposition politique de la Suèdeet de la Norwège ; car il nécessite la description, d'une part, des organes particuliers à la *Cisleithanie* et à la *Transleithaniè*, et, d'autre part, de ceux qui ont pour objet, aux termes du *compromis* du 21 décembre 1867 (2), la gestion des affaires communes.

Le Parlement de l'empire d'Autriche (*Reichsrath*) se compose de deux Chambres : la haute Chambre ou Chambre des seigneurs comprend des membres de droit et des membres nommés à vie par l'empereur ; mais la grande majorité est composée de membres détenant leur titre héréditairement, en vertu d'une institution originaire émanant de l'empereur et ne pouvant porter que sur « les chefs majeurs de la noblesse indigène, considérables par leurs propriétés foncières situées dans les royaumes et pays que représente le *Reichsrath*.

La Chambre des députés est nommée à l'élection. — Les électeurs sont « en règle générale » les citoyens autrichiens du sexe masculin jouissant de leurs droits civils, ayant accompli leur vingt-quatrième année ; néanmoins *des femmes* peuvent être électeurs ; expliquons-

---

(1) V. Décret du 20 octobre 1875 portant réforme de la législation électorale.

(2) Adopté d'abord pour dix ans et renouvelé provisoirement le 20 décembre 1877, puis, le 27 juin 1878, jusqu'au 31 décembre 1887.

nous : les électeurs sont divisés en plusieurs catégories, procédant diversement à l'exercice de leurs droits. Une catégorie est composée des grands propriétaires fonciers ou plus imposés, le droit de vote y est attaché plutôt au domaine qu'à la personne, et si le propriétaire est une femme âgée de plus de vingt-quatre ans et non privée de ses droits électoraux, son sexe ne constitue aucun empêchement ; les grands propriétaires peuvent aussi voter par mandataires. Ajoutons qu'en fait l'exercice des droits électoraux est subordonné au paiement d'un cens assez minime, à la vérité, et qui trouve un équivalent dans l'exercice de certaines professions. Les plus haut imposés nomment directement les députés, les autres catégories également, sauf celle des communes rurales où le vote est à deux degrés. La durée du mandat de député est de sept ans.

La compétence du Reichsrath est bornée, à un double point de vue ; elle ne porte pas sur les affaires communes à l'empire et au royaume de Hongrie, et les *Diètes* locales continuent à exercer le pouvoir législatif sur un grand nombre de matières ; c'est une conséquence de la formation historique et fort artificielle de l'empire d'Autriche.

Dans ces limites, le Reichsrath fonctionne d'après des conditions communes au plus grand nombre des monarchies constitutionnelles. L'empereur partage, avec chacune de ses branches, le droit d'initiative ; il a le droit de *veto* absolu, par défaut de sanction, et le droit de dissolution de la Chambre des députés. De plus, dans l'intervalle des sessions, le gouvernement peut prendre, par simple ordonnance, des mesures législatives qui doivent être ratifiées par le Reichsrath et qui sont rendues sous la responsabilité collective des ministres. Ceux-ci sont d'ailleurs soumis à une responsabilité générale, soigneusement or-

ganisée par une loi du 25 juillet 1867. A raison des infractions de droit commun, ainsi qu'au civil, ils peuvent
être poursuivis devant les tribunaux ordinaires. A l'égard
des faits connexes à leurs fonctions politiques, la poursuite a lieu devant la Haute-Cour instituée à cet effet.

La justice se rend au nom de l'empereur; les juges
sont inamovibles. L'échelle des juridictions est dominée par
une cour suprême de justice et de cassation siégeant à
Vienne. Le jury est admis en matière criminelle (1) et de
presse (2).

La séparation des autorités judiciaire et administrative
est réglée en Autriche par des textes qui méritent d'être
rappelés et qui se rapprochent sensiblement de la théorie
la plus saine sur cette délicate matière. Ainsi, les tribunaux qui ne sont pas juges de la validité des lois *régulièrement publiées,* peuvent, au contraire, apprécier la validité des ordonnances (3). La justice et l'administration
sont séparées à tous les degrés de juridiction (4), et dans
tous les cas où une autorité administrative est, d'après
les lois, appelée à statuer sur des contestations entre particuliers, la partie qui serait lésée dans ses droits par la
décision administrative, est libre de recourir contre son
adversaire par les voies judiciaires de droit commun (5).
La législation autrichienne réalise donc l'un des *desiderata*
indiqués plus haut, à propos des tribunaux administratifs,
l'administration ne rend entre les particuliers que des décisions de juridiction gracieuse, et les tribunaux ordinaires
sont nécessairement saisis de toutes les discussions con-

(1) Loi du 9 mars 1869.
(2) V. code d'instruction criminelle du 23 mai 1873.
(3) Loi du 21 décembre 1867 sur le pouvoir judiciaire, art. 7.
(4) *Ibid.,* art 14.
(5) *Ibid.,* art. 15.

tentieuses. Cette règle a été, non pas atténuée, mais corroborée par la création d'une *cour de justice administrative*,
devant laquelle peuvent être portés les recours des personnes qui se prétendraient lésées dans leurs droits par
une décision ou une mesure d'une autorité administrative,
et par cette dernière expression il faut entendre aussi
bien l'ensemble des agents de l'autorité centrale que les
administrations provinciales, départementales et municipales. Par le fait, cette cour est appelée à recevoir ce qui
s'appelle chez nous les recours pour *excès de pouvoir*. La
cour de justice administrative se borne à annuler, s'il y
a lieu, les actes qui lui sont soumis, sans évoquer le fond,
et les autorités administratives sont tenues de prendre
toutes mesures ultérieures pour la suite de l'affaire, en se
conformant aux principes qui ont servi de base à la sentence de la cour.

Les conflits de juridiction sont amenés, suivant les cas,
devant des tribunaux différents.

Soulevés entre les autorités judiciaires ordinaires et administratives, ils sont jugés par le *Tribunal d'Empire*, qui
statue d'ailleurs souverainement sur la question de savoir
si telle affaire déterminée est de sa compétence : *Prœtoris
est œstimare an sua sit juridictio;* ses décisions excluent
tout recours ultérieur et tout emploi des voies judiciaires (1). La loi du 22 octobre 1875 admet cependant
qu'un conflit peut naître entre le Tribunal d'Empire et la
cour de justice administrative ; il est alors vidé par une
commission composée de quatre membres de chacune
de ces hautes juridictions, départagée et présidée par le
président de la cour suprême.

Pour l'administration de la Hongrie, l'empereur est

_____

(1) Loi constitutionnelle du 21 décembre 1867.

assisté d'un ministère spécial et responsable. Il partage le pouvoir législatif avec une *Diète* composée de deux Chambres, les *magnats* et les *députés*. La Chambre haute se compose de grands fonctionnaires, de membres de droit et de princes, comtes et barons, nommés légalement par le roi et agréés par leurs collègues, auxquels s'ajoutent deux délégués de la diète de Croatie. Les députés sont élus pour trois ans au suffrage restreint (1). Le roi a le droit de sanction, impliquant le *veto* absolu ; il peut dissoudre la Diète.

L'organisation judiciaire repose, en Hongrie comme en Autriche, sur l'inamovibilité des juges ; mais ce principe a été dernièrement suspendu pour faciliter la reconstitution des tribunaux. Il existe aussi des tribunaux électifs, et l'incohérence, la vétusté des institutions judiciaires est actuellement dans le pays même l'objet de nombreuses réclamations.

Les affaires communes aux deux monarchies sont les relations extérieures, l'armée et la marine, ainsi que les questions financières ayant trait à ces services ; l'Autriche participe aux dépenses pour 70 et la Hongrie pour 30 %. Quant à ces affaires communes, le pouvoir législatif est exercé par des délégués de chacune des deux Chambres de chacun des deux grands Etats. D'après leur origine, ces délégués se répartissent tout naturellement en Chambre haute et Chambre basse. Le mandat est annuel et la même personne ne peut en être chargée deux années de suite. Les

---

(1) Le cens est de 100 florins ou 212 fr. 50 de revenu foncier ou mobilier, ou de son équivalent en propriété foncière, soit, d'après la législation existante, une valeur immobilière de 300 florins (212 fr. 50).

Nous devons noter, au point de vue de la séparation des pouvoirs, une loi du 10 janvier 1875 qui, en réglant très sévèrement les incompatibilités parlementaires, est appelée à réagir gravement sur la composition de la Chambre des députés.

Délégations ont, dans les limites de leur compétence, les mêmes attributions que le Reichsrath, et leurs rapports tant avec le roi qu'avec le ministère responsable accrédité près d'elle, n'appellent aucune observation nouvelle.

Indépendamment des affaires communes qui rentrent dans le domaine exclusif des Délégations, il y a des affaires qui doivent être traitées d'après des principes communs. La loi constitutionnelle du 21 décembre 1837 en donne l'énumération.

Empire d'Allemagne. — Si nous ne considérions que le caractère national et la disposition naturelle d'un peuple à s'incliner devant la volonté d'un seul homme, nous classerions le jeune empire allemand parmi les états où l'absolutisme est en vigueur, mais force nous est de constater que si les Allemands, oublieux des traditions de leurs premiers ancêtres, ne savent plus être libres, la faute en est à eux plus qu'à leurs institutions, qui renferment la plupart des éléments constitutifs d'une monarchie tempérée ; nous en entreprenons l'esquisse, rendue plus difficile par les textes hypocrites qui conservent à certains états annexés une apparence d'indépendance, vestiges prêts d'ailleurs à disparaître sous la pression de l'unitarisme militaire.

Le pouvoir législatif de l'empire se compose du conseil fédéral (*Bundesrath*) et de la diète de l'empire (*Reichstag*). Le Bundesrath se compose uniquement de délégués choisis dans chaque Etat par son gouvernement, il est placé sous la présidence du chancelier de l'empire. Il se compose d'un ensemble de 58 voix, réparties entre tous les états de l'empire proportionnellement à leur importance relative. Chaque état peut envoyer autant de délégués qu'il a de voix, en envoyer moins, n'en envoyer même qu'un seul qui dispose alors de toutes les voix de son état.

Il y a ceci de remarquable dans la manière de voter, que les suffrages d'un même état ne peuvent se diviser ; ils sont tous comptés dans le même sens, qui résulte de la formation d'une majorité parmi les délégués du même état.

Le Reichstag se compose de 396 députés, répartis entre tous les états, à raison de un pour 100,000 habitants (1). Ils sont élus pour trois ans par le suffrage universel direct.

La même personne ne peut être à la fois membre du Bundesrath et du Reichstag. C'est la seule incompatibilité parlementaire prévue par la législation allemande.

La constitution du 16 avril 1871 énumère les objets rentrant dans les affaires communes sur lesquelles les assemblées impériales doivent légiférer (2). Leur accord est suffisant pour faire la loi ; l'empereur n'intervient dans leur œuvre que par certains privilèges accordés à son chancelier au sein du Bundesrath. Il n'a ni sanction ni veto et ne peut dissoudre le Reichstag que sur l'avis favorable du Bundesrath. Ce mode d'exercice du droit de dissolution se rapproche sensiblement de ce qui se passe en France ; mais notre Sénat présente bien plus de garanties d'indépendance que le Bundesrath, qui est à la nomination du pouvoir exécutif.

La constitution ne parle pas de responsabilité ministérielle.

En vue des matières non réservées au Parlement central de l'empire, chacun des vingt-cinq états composant l'empire

___

(1) Un excédant de 50.000 habitants donne droit à un député de plus.

(2) Il est inutile d'insister sur ce point que le pouvoir central a la surveillance de la manière dont se comporte le service militaire dans tous les États de l'empire.

Les matières communes s'étendent tous les jours ; l'énumération donnée par la constitution a déjà été agrandie par une loi du 20 décembre 1873.

a son pouvoir législatif particulier; l'organisation en est fort diverse (1).

(1) En voici un aperçu :

Duchés de Mecklembourg-Strélitz et Mecklembourg-Schwérin. — L'omnipotence des ducs régnants est à peu près absolue. Ils sont assistés d'une diète composée de deux ordres : les chevaliers (*Ritter*) propriétaires de biens nobles et les bourgmestres des villes réunies pour composer le *Landschaft*.

Duché de Saxe Meiningen. — Le pouvoir législatif est exercé par le duc régnant, avec le concours de la diète composée de membres nommés par le duc et de représentants de la grande propriété, des villes et des campagnes.

Duché de Saxe-Altenbourg. — Le pouvoir législatif est exercé concurremment par le duc régnant et par une Chambre unique, comprenant des membres élus par les nobles, des membres élus par les villes, d'autres par les campagnes, d'autres par le commerce et l'industrie.

Duché de Saxe-Weimar. — Le pouvoir législatif est exercé concurremment par le duc et par une Chambre unique ou diète élue par catégories qui nomment leurs représentants, les unes directement, les autres par le suffrage à deux degrés.

Duchés de Saxe-Cobourg-Gotha. — Il existe une diète pour Cobourg et une diète pour Gotha ; elles sont élues directement par les contribuables. Une diète commune, se recrutant par délégations dans les deux autres, gère les affaires communes. Le grand duc participe au pouvoir législatif ; il a les droits de sanction et de dissolution.

Grand duché d'Oldenbourg. — Le pouvoir est partagé entre le grand duc et la diète ne comprenant qu'une Chambre élue au suffrage à deux degrés par tous les contribuables. Le grand duc a les droits de sanction et de dissolution.

Duché de Brunswick. — Une Chambre unique est élue à temps et composée de membres représentant : 1° le clergé ; 2° les habitants des villes ; 3° ceux des campagnes ; 4° les plus imposés. L'électorat est sans condition de cens. Le duc régnant participe au pouvoir législatif par la sanction des lois, impliquant le *veto* absolu et le droit de dissolution.

Duché d'Anhalt. — La diète est composée de membres à vie et de membres à temps, tous élus au suffrage restreint ; le duc régnant participe au pouvoir législatif.

Royaumes de Prusse, de Bavière, grands duchés de Bade et de Hesse. L'organisation politique est presque identique dans ces quatre Etats ; elle repose sur un *Landstag* composé de deux Chambres, celle des *seigneurs* et celle des *députés*. La première comprend des membres de droit, des membres élus par la noblesse et d'autres membres élus par le souverain. La Chambre basse est élue à temps par le suffrage universel ou plutôt, il suffit, pour être électeur, de figurer sur les rôles des contribu-

L'administration judiciaire, distincte auparavant dans chaque état souverain, a été rattachée par la loi du 27 janvier 1877 à l'empire et partout unifiée. D'après les principes actuellement en vigueur, les juges sont inamovibles, les conditions d'admission dans la magistrature comprennent un stage et deux examens. La justice civile est rendue au nom du souverain : par les *tribunaux de bailliage*, composés d'un seul juge et statuant sur les affaires de minime importance; les *tribunaux de district*, comprenant des chambres ou sénats de trois membres. Ils sont compétents pour toutes les affaires ne ressortissant pas au tribunal de bailliage. Ils peuvent avoir une chambre spéciale de commerce, dont les membres sont comme tous

---

tions. Le prince participe au pouvoir législatif. En Prusse, il a le droit de *veto* absolu et celui de dissolution.

Royaume de Wurtemberg. — C'est à peu près la même organisation qu'en Prusse, sauf que la Chambre des députés comprend des membres de droit (ecclésiastiques) et que les autres représentent la noblesse, les villes et les campagnes.

Royaume de Saxe. — La Saxe possède également deux Chambres. La Chambre haute est composée de membres de droit, de membres élus par leurs pairs et de membres nommés par le roi qui participe d'ailleurs au pouvoir législatif. Le cens exigé des électeurs de la Chambre basse est très modéré.

Ex-villes libres de Brême, Hambourg et Lubeck. — Quoique faisant aujourd'hui partie d'un empire, ces cités ont conservé leur organisation républicaine et parlementaire. Les pouvoirs législatif et exécutif sont exercés, soit directement soit par délégation, par deux conseils locaux, la *Bourgeoisie* et le *Sénat.* A Brême, la Chambre basse ou *Bourgeoisie* est élue à temps par des électeurs censitaires divisés en corporations et groupes votant à part. Les sénateurs sont élus à vie par la collaboration du Sénat lui-même et de la Bourgeoisie. Le Sénat détient l'exécutif à Hambourg, une partie de la Bourgeoisie y est élue au suffrage universel direct ; enfin à Lubeck, le principe démocratique est encore plus largement appliqué : les deux conseils reçoivent leur investiture du suffrage universel direct; les sénateurs sont nommés à vie et les membres de la Bourgeoisie à temps.

Les petites principautés de *Lippe, Schaumbourg-Lippe, Schwartzbourg-Rudolstadt, Scharwbourg-Sonderhausen* et *Waldeck* ont des diètes locales.

les magistrats nommés par le gouvernement. Des *tribunaux
supérieurs* jugent, au civil, les appels des tribunaux de
district et les pourvois en cassation ; ils siègent au nombre
de cinq juges. Le *tribunal fédéral* juge, par sept membres
au moins, les pourvois et oppositions contre les jugements
des tribunaux supérieurs.

Au criminel, le juge du bailliage, secondé par deux
assesseurs, constitue le *tribunal d'Echevins* qui statue sur
les infractions de minime importance. Pour les délits plus
graves, le sénat criminel du tribunal de district, porté à
un minimun de cinq juges, est seul compétent, sauf appel
au tribunal supérieur (sénat criminel). Enfin les *tribunaux de jurés*, composés d'un président, deux assesseurs
et douze jurés, connaissent des crimes punis d'une peine
supérieure à celle de cinq ans de maison de force.

L'organisation judiciaire tout entière est dominée par le
Tribunal fédéral, dont nous venons d'indiquer les attributions au civil, et qui, au criminel, reçoit les pourvois
contre les arrêts des tribunaux de jurés. Comme haute
Cour de justice, il prononce sur les crimes de trahison
contre l'empire et l'empereur. Chaque chambre se compose de sept juges au moins.

Le titre 11 de la loi du 27 janvier 1877 renferme un
article qui fait disparaître les juridictions d'exception ;
mais, dans l'intention du législateur, rien n'est changé
par là aux combinaisons que chaque état souverain avait
pu adopter au point de vue du contentieux administratif.
Et, d'abord, la loi du 27 janvier elle-même réserve formellement que la mise en jugement des fonctionnaires
pourra être [subordonnée à la décision de l'autorité administrative, qui sera chargée de reconnaître si
un abus de pouvoir a été commis par le fonctionnaire
attaqué.

Ce droit d'appréciation préjudicielle appartient, en Bavière, à la cour de justice administrative. L'art. 8 de la loi du 8 août 1878 énonce les matières relevant du contentieux administratif ; elles sont beaucoup plus étendues qu'en France et comprennent notamment les droits civils et politiques. En dehors de cette énumération. la législation antérieure faisait déjà rentrer dans la compétence administrative une foule de questions qu'on est à bon droit étonné d'y voir figurer. M. Batbie cite comme exemple les contestations entre maîtres et domestiques, dont connaît la *chambre de l'intérieur*, juridiction administrative de premier ressort qui n'est, dans chaque cercle, qu'une section du comité de gouvernement (*Kreisregierung*) (1).

La cour administrative, unique pour tout le royaume, est composée de membres *inamovibles*, jouissant des droits et prérogatives reconnus à la magistrature et assimilés, pour le rang et le traitement, aux juges du tribunal régional supérieur ; un ministère public est organisé près d'elle. La cour exerce sur tous les fonctionnaires un contrôle disciplinaire étendu ; mais elle est incompétente (2) : 1° sur les affaires qui sont du ressort des tribunaux civils et criminels ; 2° sur la valeur des mesures provisoires et des décisions d'administration prises par les tribunaux dans les limites de leurs attributions légales ; 3° sur les questions que les autorités administratives ont le droit de trancher souverainement.

Les conflits de juridictions relèvent d'un tribunal mixte.

En Prusse, la juridiction administrative a été créée en 1872 ; elle a été mise en harmonie, par une loi du

(1) *Op. c°*, n° 231.
(2) Art. 13.

26 juillet 1876, avec les remaniements réalisés dans l'administration intérieure. « L'idée fondamentale de la nouvelle législation est celle-ci : distinguer dans les affaires
administratives celles qui relèvent de l'administration pure
et celles qui appartiennent au contentieux administratif.
Les premières sont attribuées aux autorités administratives
proprement dites, c'est-à-dire tant aux conseils administratifs qu'aux agents du gouvernement. Les secondes
sont dévolues aux tribunaux administratifs (1). »

Toutefois, dans la circonscription administrative inférieure qui est le *cercle,* le *comité* fait fonctions à la fois de
conseil administratif et de tribunal administratif de
premier degré. Le *district* a un conseil et un tribunal
administratif distincts; au-dessus de lui se trouve l'administration de la *province.* Enfin le *tribunal administratif supérieur* domine toutes les juridictions contentieuses administratives. A côté du recours contentieux,
le recours hiérarchique est clairement organisé par la
loi.

Les membres du tribunal administratif supérieur sont
nommés *à vie* (2) par le roi. Le tribunal de district
comprend cinq membres, dont deux nommés à vie par le
roi, et trois élus pour trois ans par la députation provin-
ciale. Le comité du cercle se compose du *Landrath* ou
sous-préfet et de six membres élus à temps par l'assemblée
du cercle (3). Les matières administratives, fort étendues,

---

(1) F. R. Dareste. *Notice* sur la loi prussienne du 26 juillet 1876.
Annuaire de législation étrangère, sixième année 1877.

(2) Il faut remarquer, d'ailleurs, que tous les fonctionnaires allemands
sont, en principe, nommés à vie. V. loi de l'empire du 31 mars 1873,
relative aux droits et devoirs des fonctionnaires. Cette simple observation enlève toute raison d'être à l'admiration de certains publicistes
disposés à citer en modèles les tribunaux administratifs prussiens.

(3) Lois du 13 décembre 1872 et 3 juillet 1875. V. H. Pascaud, *Op. c*,
p. 41.

sont déterminées par la loi. Les conflits sont organisés, en Prusse, non pas entre les juridictions administratives et ordinaires, mais seulement entre l'administration active et les tribunaux administratifs (V. loi précitée, art. 83).

Le Wurtemberg a également, sur le contentieux administratif, sa loi organique portant la date du 16 décembre 1876. Le contentieux administratif comprend, d'une manière générale, les contestations susceptibles de s'élever sur les droits publics. La loi les indique énonciativement. Il y a deux degrés de juridiction : le degré inférieur est occupé par la *régence de cercle,* à côté de laquelle fonctionnent quelques juridictions spéciales; au degré supérieur se trouve placée la *cour de justice administrative.*

CHAPITRE XXVIII.

Suisse. — «Entre les Etats fédératifs et les fédérations d'Etats, dit M. Batbie (1), il y a une différence considérable. Dans les premiers, les attributions du pouvoir central sont importantes ; les Etats particuliers aliènent une partie de leur souveraineté pour constituer l'autorité fédérale et lui conférer, en certains points, le droit de commandement direct sur les sujets de chaque partie du territoire. Dans les fédérations d'Etats, au contraire, chacun des fédérés conserve son indépendance et sa souveraineté ; le lien entre les parties de la fédération est généralement très faible, et l'on pourrait définir cette situation : *un traité permanent d'alliance offensive et défensive.* » La Suisse se rattache, par ses origines historiques, au second de ces deux types, mais les tendances de son droit public la ramènent rapidement au premier, et la constitution fédérale du 27 juin 1874, renchérissant sur la constitution du 12 septembre 1848, est un grand pas vers la centralisation politique. Elle débute par un exposé des droits qui compètent aux Suisses par le fait seul de leur nationalité générale, et des garanties assurées à tous les cantons contre

(1) *Op. c°*, tome III, n° 449.

les actions extérieures qui pourraient menacer leur indépendance. Puis vient l'énumération des nombreuses attributions réservées au pouvoir fédéral, comprenant tout
d'abord ce qui touche au service militaire et à l'organisation de la force publique, ainsi qu'aux relations
diplomatiques. L'autorité fédérale est constituée en
pouvoirs législatif, exécutif et judiciaire, étroitement
reliés entre eux, sortant l'un de l'autre et appuyés sur la
large base du suffrage universel. Deux assemblées sont
placées au sommet : le Conseil national, dont les membres
sont élus à raison de un par 20,000 habitants, et le Conseil des Etats, composé de deux membres par canton. La
représentation est donc numérique dans l'une des Chambres et territoriale dans l'autre. Tous les législateurs sont
élus à temps. L'art. 85 énumère les affaires qui sont de
la compétence des deux Conseils, et c'est là surtout que
se manifestent les progrès rapides de l'idée centralisatrice
en Suisse.

Les deux Chambres sont investies du droit d'initiative ;
leur accord suffit à la perfection des lois fédérales ; celles-
ci doivent néanmoins être soumises à la ratification populaire, si la demande en est faite par 30 000 citoyens actifs
ou par huit cantons.

Le pouvoir exécutif fédéral est confié à un comité de sept
membres (conseil fédéral) élu pour trois ans par les conseils
réunis. Il est présidé par le *Président de la Confédération*,
que nomme directement *pour une année* l'assemblée fédérale. Les affaires du conseil fédéral sont réparties par
« départements » entre ses membres. Mais c'est là une
simple mesure d'ordre ; toutes les décisions sont prises
sous la responsabilité du conseil fédéral. Près de celui-ci
fonctionne une « chancellerie fédérale ».

Sur les matières fédérales classées peuvent s'élever des

contestations; elles sont confiées à un *tribunal fédéral* nommé par l'assemblée fédérale et assisté, pour les affaires pénales, d'un jury. Les neuf membres titulaires du tribunal et leurs neuf suppléants sont élus à temps.

La connaissance des conflits de juridiction est partagée entre le tribunal fédéral et l'assemblée fédérale elle-même.

La révision de la constitution fédérale est soumise' à des formes particulières et toujours subordonnée à la ratification populaire.

Les vingt-deux cantons de la Suisse, constituant, à cause des subdivisions des cantons de Bâle, Unterwalden et Appenzel, vingt-cinq états souverains, vivent, quant à leur administration particulière, sous des organisations extrêmement variées. Dans vingt-trois des constitutions locales, le pouvoir législatif est délégué, avec plus ou moins d'étendue, à une assemblée unique, grand-conseil, *Landrath* ou *Kantonsrath*. Les constitutions d'Unterwald-Haut et de Glaris admettent deux Chambres, que domine l'assemblée générale des citoyens du canton. Dans quelques cantons, en effet, les décisions du pouvoir législatif sont obligatoirement soumises à l'assemblée générale du peuple. Là les magistrats et le président cantonal sont élus par le peuple. Dans la plupart des cantons, la direction exécutive appartient à un *conseil d'État* nommé par le grand conseil. A Genève, toutefois, le conseil d'Etat est nommé par le peuple.

Partout où le Conseil d'Etat existe, il nomme les membres des tribunaux locaux(1). Ailleurs, ceux-ci reçoivent leur mandat directement du grand conseil (2). Il en est

(1) V. loi du 3 mai 1876 sur l'organisation du pouvoir judiciaire dans le canton de Genève.

(2) V. loi du 1er février 1875 sur l'organisation judiciaire pour le canton de Bâle-Ville.

ainsi dans le canton de ¡Neufchâtel, où les électeurs nomment seulement les juges de paix de leur ressort. De
même, dans le Valais, les *juges de communes* sont nommés par l'assemblée primaire des communes ; les juges
supérieurs, par le grand conseil.

Le même canton a aussi orné son organisation judiciaire
d'une *Cour des conflits*, composée du président du grand
conseil, de celui du conseil d'Etat et de celui de la cour
d'appel. Les trois pouvoirs concourent donc au règlement
contentieux des compétences.

Les indications que nous venons de donner sont nécessairement brèves et incomplètes, car l'exubérance du
mouvement législatif dans les divers cantons de la Suisse
est loin d'être proportionnée à son intérêt pratique.

Etats-Unis d'Amérique. — Les premiers émigrants qui
étaient venus chercher dans l'Amérique du Nord des
aliments pour leur activité et la liberté pour leurs cons-
ciences, y avaient apporté avec eux les habitudes politiques de la vieille Angleterre ; les conditions d'égalité
réelle qu'établissaient entre eux un niveau de culture
intellectuelle à peu près uniforme, l'inflexibilité d'une loi
d'exil définitif acceptée par tous et enfin les difficultés de
même nature contre lesquelles chacun d'eux avait à lutter, tout cela les préparait à une organisation franchement
démocratique. Aussi ne saurait-on s'étonner qu'il se soit
fait « une étroite alliance entre la démocratie et les institutions libres. C'est de cette alliance que sortit enfin la
République. Elle existait dans les mœurs nationales avant
qu'elle ne reçût sa forme définitive ; et ceux qui la pro-
clamèrent ne firent que reconnaître un état de choses déjà
ancien (1). »

---

(1) Adolphe de Chambrun. *Le Pouvoir exécutif aux Etats-Unis.*

Aux États-Unis, toutes les institutions reposent sur la souveraineté du peuple. Elle est directe, effective, et tous les pouvoirs en sortent immédiatement. « En Amérique, dit Tocqueville, le principe de la souveraineté du peuple n'est point caché et stérile, comme chez certaines nations ; il est reconnu par les mœurs, proclamé par les lois, il s'étend avec la liberté et atteint sans obstacle ses dernières conséquences (1). » Ce dogme vivant se manifeste dans la vie locale, dans l'organisation de l'administration, de la commune et du comté, où nous n'avons pas à l'étudier, et dans le droit public. Dans les États particuliers, le pouvoir législatif est divisé en deux Chambres, électives l'une et l'autre. Le nombre des membres de la Chambre basse ou des représentants est calculé proportionnellement à la population, celui des membres du Sénat est déterminé d'après les divisions territoriales. Le Sénat participe plus ou moins, suivant les divers états, à l'exercice du pouvoir exécutif, notamment en concourant à la nomination des fonctionnaires ; il pénètre parfois aussi dans le pouvoir judiciaire, en prononçant sur certains délits politiques, ou même en statuant sur des procès civils (2).

Le pouvoir exécutif a pour chef nominal le gouverneur, magistrat qui, lui aussi, est élu à temps. Mais son action hiérarchique est très restreinte, en présence d'une autorité locale fortement constituée et d'un corps de fonctionnaires indépendant de lui. Il est commandant des milices et chef de la force armée.

Le pouvoir judiciaire est organisé et s'exerce dans des

(1) *Démocratie en Amérique*, tome Ier, chap. IV.

(2) Constitution de l'état de New-York, article cinquième. Les accusations politiques (*trials by impeachment*) et les procès relatifs à la correction des erreurs (*correction of errors*) sont déférés à un tribunal composé du président du Sénat, de sénateurs, du chancelier et de juges du tribunal suprême.

conditions fort remarquables qui ont plus d'une fois déjà retenu notre attention. S'il est, dans chacun des États de l'Union, absolument indépendant du pouvoir exécutif, il est mêlé, presque aussi intimement que nos anciens parlements, aux choses de la politique. Ce n'est pas seulement parce que l'origine élective des juges en fait les représentants du mouvement général de l'opinion, mais parce que seul dans le monde il est armé du droit de refuser d'appliquer les lois comme inconstitutionnelles ; il est donc le ministre de la constitution avant d'être le ministre de la loi, et il peut, pratiquement, réduire la loi à n'être qu'un principe abstrait et inefficace. Un pareil état de choses, qui serait intolérable dans les vieux états de l'Europe, est une garantie de liberté, de l'autre côté de l'Atlantique : « Resserré dans ces limites, le pouvoir accordé aux tribunaux de prononcer sur l'inconstitutionnalité des lois, forme encore une des plus puissantes barrières qu'on ait jamais élevées contre la tyrannie des assemblées politiques (1). »

Les fonctionnaires publics sont responsables criminellement et civilement devant les tribunaux, sans qu'aucune garantie préjudicielle couvre leurs actes. Ils sont aussi, comme les ministres des monarchies constitutionnelles d'Europe, responsables politiquement devant le pouvoir législatif. Là comme ailleurs, la mise en accusation appartient à la Chambre basse et le jugement à la Chambre haute (2). Les seules peines en vigueur sont la destitution et l'interdiction des fonctions publiques.

Le gouvernement fédéral s'appuie lui-même sur les principes communs au gouvernement des États particuliers. Le *Congrès* se compose d'un sénat, représentant plus

_____

(1) Tocqueville. *Op. c°.* t. I, chap. vi.
(2) En fait, le jugement est rendu, dans certains états, par un tribunal mixte composé de sénateurs et de magistrats de l'ordre judiciaire.

spécialement l'individualité territoriale des États, et
d'une Chambre des représentants qui administre plus
particulièrement les intérêts collectifs de la confédération.
Ces deux assemblées possèdent ensemble la *plénitude* du
pouvoir législatif, tandis que le président de la République
est le chef indépendant du pouvoir exécutif. Il n'est responsable devant le congrès que pour des cas très rares,
et sa responsabilité devant le pays ne s'affirme que tous
les quatre ans à sa réélection. Il est nommé par un corps
électoral spécial, qui en fait l'élu du suffrage universel à
deux degrés.

Les ministres sont nommés par le président, responsables devant lui au point de vue politique, et ils n'ont
pas entrée dans les Chambres. Ainsi se trouve consacrée
la séparation des pouvoirs législatif et exécutif ; elle est
absolue, systématique et opposée aux idées pratiquées
dans la vieille Europe, où les constitutions les plus perfectionnées, tout en maintenant les pouvoirs séparés, comptent
sur leur union et sur leur action réciproque pour faire du
principe de la souveraineté populaire une réalité toujours
efficace.

De même qu'il y a un pouvoir législatif fédéral et un
pouvoir exécutif fédéral, il existe aussi une organisation
judiciaire fédérale chargée d'appliquer les lois de l'Union.

Exceptionnellement, la cour suprême des États-Unis et
les tribunaux inférieurs qu'on lui a adjoints sont composés
de membres inamovibles ; ils ont le droit de fixer leur
propre compétence. Les attributions de la cour fédérale
pour le maintien et l'interprétation de la constitution sont
de la plus haute importance.

Républiques de l'Amérique du Sud. — Les nombreux
états de la République du Sud vivant sous la forme républicaine : *Chili, Bolivie, Pérou, Colombie, Costa-Rica,*

Confédération argentine, Equateur, Guatemala, Mexique, Honduras, Paraguay, Uruguay, Salvador, Venezuéla, etc. paraissent, à ne consulter que les textes de leurs constitutions, posséder les éléments principaux de la liberté politique. Et cependant les déchirements intérieurs qui ensanglantent si souvent quelques-uns de ces beaux pays ne permettent pas d'étudier leurs institutions avec l'espoir d'y trouver, sinon des arguments, du moins des constatations sérieuses appuyées sur une application féconde et régulière des grands principes du droit public. A quelles raisons rapporter une situation si triste? C'est M. Hippolyte Passy (1) qui nous fournira la réponse : « Ainsi s'explique, dit-il, le contraste des résultats produits sur le sol américain par des institutions fondées sur les mêmes principes. C'est que ces institutions ne rencontrèrent pas partout un terrain également favorable à leur installation. Aucune des qualités morales et intellectuelles qu'en exige la pratique ne manquait aux populations d'origine anglaise lorsqu'elles arrivèrent à l'indépendance ; presque toutes, au contraire, manquaient aux populations sur lesquelles avait pesé le joug de l'Espagne. Elles n'avaient ni les lumières, ni les sentiments que réclame la vie républicaine. Une longue servitude, en les maintenant dans l'ignorance des devoirs que l'intérêt commun impose à tous, avait laissé aux penchants égoïstes une puissance excessive. Les avantages attachés à la possession du pouvoir apparurent aux forts comme une proie dont ils avaient droit de se saisir, et, à en juger par le passé, le temps est loin encore où des sociétés en lutte avec l'anarchie auront définitivement surmonté les obstacles qui s'opposent à ce qu'elles recueillent les bienfaits de la liberté politique. »

(1) *Des Formes de Gouvernement*, p. 371.

Cette conclusion sévère n'est que l'application d'un principe général éloquemment posé dans les termes suivants par M. Jules Simon : « Quel est le moyen de rendre un pays libre? Est-ce de lui donner une constitution libérale? Non ; c'est de lui donner les mœurs de la liberté. Il y a deux choses impossibles : fonder la liberté dans un peuple qui ne la comprend pas ou la détruire dans un peuple qui la comprend (1). »

(1) *La Liberté civile*, préface.

CHAPITRE XXIX

LES MONARCHIES ABSOLUES.

Russie. — Nous n'avons naturellement garde de nous attarder sur ce qui concerne l'organisation politique, judiciaire et gouvernementale de la Russie. Ce vaste empire n'a eu à sa tête jusqu'ici qu'une monarchie administrative, et si la bureaucratie, la police et les tribunaux y ont reçu (1) une ferme organisation, si même les institutions représentatives commencent à se faire jour dans la sphère des intérêts locaux (2), c'est par application du principe, d'une portée exclusivement pratique, de la division du travail. La séparation des pouvoirs n'y est impliquée en rien. L'empereur reste législateur unique, souverain maître de la justice, chef irresponsable de l'armée, des pouvoirs civils et de la religion nationale (3).

(1). Anatole Leroy-Beaulieu. *L'Empire des tzars et les Russes.*

(2) V. notamment ukase du 27 juin 1874 sur l'organisation des institutions locales chargées des affaires des paysans.

(3) La réorganisation judiciaire de 1864 avait séparé la justice de l'administration, avait institué au-dessus des juges de paix et des « tribunaux de paysans » électifs, une magistrature inamovible quant aux grades et non quant à la résidence ; enfin le jury criminel avait été établi dans tout l'empire. Presque tous les bienfaits de cette réforme se trouvent aujourd'hui neutralisés par les mesures d'exception qu'ont provoquées les récentes agitations politiques : « Des grands principes proclamés par la réforme, dit M. Leroy-Beaulieu, — séparation du pouvoir administratif et du pouvoir judiciaire, égalité devant la loi

L'aurore d'un régime plus moderne se laisse de temps à autre apercevoir dans le ciel de l'empire des tzars ; puis elle est presque immédiatement obscurcie par les fumées sanglantes que les folies d'un parti ultra-révolutionnaire et anti-social font sortir du sol. Plus que jamais se trouve vérifiée cette prophétie de Charles de Rémusat : « L'absolutisme n'a de nos jours préservé que la Russie des révolutions, et s'il est une forme de gouvernement qui les appelle d'une manière spéciale, ce pourrait être celle qui, amoncelant tout sur une seule tête, centralise la monarchie en l'exaltant à sa plus haute puissance, et la faisant maîtresse de tout, responsable de tout, la compromet dans les plus petites choses comme dans les plus grandes, et l'accable sous le fardeau du pouvoir universel et illimité (1). »

Sans que la Russie soit bien avancée encore dans la voie libérale, les progrès réalisés sous le présent règne frappent tous les yeux. La liberté politique peut attendre beaucoup de l'union d'un peuple aux instincts droits et généreux, avec un souverain qui a déjà tant fait pour la liberté civile et qui semble réaliser cet « accident heureux » que les peuples soumis à la monarchie absolue voient si rarement se produire à leur tête. N'est-ce pas ainsi qu'on a appelé l'avénement d'un auto-

publicité de la justice, indépendance des tribunaux et du jury, — presque aucun n'est sorti intact de cette période de tâtonnements et de recul. Le statut judiciaire qui fait l'honneur du règne n'a pas été révoqué, les nouveaux tribunaux, la nouvelle procédure sont demeurés debout, peut-être parce qu'en Russie, comme en tout pays, il est difficile de reprendre les franchises une fois accordées. Les nouvelles institutions ont seulement été réglementées par des ukases impériaux ou des arrêtés ministériels qui, avant même les derniers attentats et les derniers décrets, en avaient notablement modifié l'esprit primitif et rétréci la sphère. » (*Op. c°*, septième partie, chap. III.)

(1) *Op. c°*, p. 373.

crate de génie et d'intentions sympathiques à son peuple ?

Turquie. — Quelque temps avant que les conseils de l'Europe se fussent réunis pour régler les conditions territoriales et la situation diplomatique de la Turquie dans des termes qui sont, pour une puissance, presque ceux d'un acte de décès, ce pays s'était flatté d'arrêter sa propre décadence par une constitution, sous la date du 23 décembre 1876, qui devait être « le *couronnement de l'édifice*, dont le *Khatt-i-chékit* de Gulkhanéh du 3 novembre 1839 avait jeté les premières assises (1). » Cette constitution était calquée sur les documents similaires les plus libéraux de l'Occident. Egalité des Ottomans devant la loi, liberté de la presse, chambres électives, responsabilité ministérielle, rien n'y manquait ; mais :

« Chassez le naturel, il revient au galop. »

De la grande révolution pacifique turque, il ne reste que le souvenir d'un projet trop ambitieux ; et plus que jamais sur les rives de Bosphore, dans les crises de la politique intérieure, c'est au cordon de soie ou à la prison perpétuelle qu'est réservé « le dernier mot » (2).

(1) A. Ubicini. *La Constitution ottomane.*
(2) La Turquie possède un Conseil d'Etat juge du contentieux administratif.

CONCLUSION

CONCLUSION.

Le lecteur qui aura bien voulu suivre avec nous le principe de la séparation des pouvoirs dans ses origines et son développement historique, dans les théories de droit public, dans ses applications à la législation française et aux constitutions étrangères, — le lecteur comprend maintenant que nous avons pu présenter, en commençant, la saine interprétation pratique de ce principe nécessaire comme la meilleure mesure du progrès politique ; et si le résultat atteint ne trompe pas trop nos efforts, nous sommes parvenu, sur un point déterminé, à cette démonstration que promettait par de chaudes paroles, au début d'un cours, l'un nos maîtres vénérés : « Il est, disait le regrettable Ortolan (1), une loi glorieuse de l'humanité, la loi du progrès. Je démontrerai l'existence et l'accomplissement de cette loi ; je vous en donnerai la conviction intime, non par de vaines paroles, mais par l'évocation des grands faits historiques. C'est cette loi qui nous porte constamment du mal au bien, du bien au mieux. »

Aucune étude ne pouvait mieux que celle à laquelle nous venons de nous livrer, permettre de vérifier l'existence de cette loi jusqu'au sein des difficultés où se confondent le droit et la politique, la raison et la passion.

(1) *De la Souveraineté du peuple,* 1848.

NOTE

La partie historique du présent travail avait seule été présentée à l'Académie des sciences morales et politiques presqu'en l'état où elle se retrouve ici ; elle n'a, en effet, subi que de légères retouches. Mais le reste de l'ouvrage, à partir du chapitre XVI doit être considéré comme entièrement nouveau.

ANNEXES

ANNEXE nᵒ 1.

CIRCULAIRE DU GARDE DES SCEAUX.

Paris, le 27 avril 1842.

Monsieur le procureur général, l'intégrité, l'attachement aux saines doctrines, l'instruction et l'amour du travail sont les seuls titres à la faveur desquels on puisse trouver accès dans la carrière de la magistrature et y obtenir de l'avancement. Prétendre à recueillir ces avantages par des conventions pécuniaires, au moyen desquelles on obtient des démissions conditionnelles, c'est à la fois tenter de porter atteinte au libre choix du roi et rabaisser le carac. tère judiciaire au niveau des professions les moins honorées (1). On ne peut trafiquer sans honte, je pourrais presque dire sans crime, de ce qui n'a pas de prix, de ce qui est l'apanage exclusif de la vertu et du talent. De pareils traités couvrent d'une égale ignominie tous ceux qui y figurent, soit pour les souscrire, soit pour les conseiller, soit pour les autoriser.

Après vous avoir fait connaître ma pensée tout entière sur ces marchés flétrissants, je voudrais pouvoir ajouter que je ne vous l'ai manifestée que par excès de prévoyance et seulement dans l'appréhension de voir naître un abus jusqu'ici sans exemple.

Malheureusement il n'en est pas ainsi. Je suis informé que dans plusieurs cours et tribunaux on a passé, ou l'on se prépare à passer des pactes de cette nature.

Je suis résolu à ne pas les tolérer.

Il est de votre devoir, monsieur le procureur général, de seconder mes intentions à cet égard ; l'autorité royale et la dignité de la

_____

(1) Passage éminemment flatteur pour MM. les officiers ministériels !

magistrature y sont intéressées ; c'en est assez pour que je compte entièrement sur votre vigilance et votre fermeté.

Ainsi toutes les fois qu'un magistrat de première instance ou un juge de paix vous fera passer sa démission ou sa demande à fin d'admission à la retraite, vous voudrez bien prendre les informations les plus scrupuleuses pour découvrir si cette démission ou cette demande de retraite n'est pas intéressée. Je dois observer que j'entends par là non seulement la démission ou la demande de retraite achetée moyennant une somme d'argent, mais encore celle qui est donnée sous la promesse d'une rente viagère ou d'une pension, quels que puissent en être le taux et le prétexte.

Si vous acquérez des preuves ou des indices de l'existence d'un traité pécuniaire, vous me le ferez connaître avec détail et exactitude, en m'envoyant la démission ou la demande de retraite. J'attends de vous, à cet égard, une véracité absolue.

Je me réserve non seulement de rejeter les démissions ou les demandes de retraite qui porteront ce caractère de réprobation, mais encore de proposer au roi la révocation des magistrats amovibles qui auront conclu de telles conventions, et à l'égard des magistrats inamovibles, de vous charger de provoquer contre eux telles peines de discipline qu'il appartiendra.

Vous voudrez bien m'accuser réception de cette circulaire, la communiquer à votre cour, en envoyer un exemplaire à chacun de vos substituts, les inviter à en donner connaissance aux tribunaux près lesquels ils exercent leurs fonctions, et leur adresser les instructions nécessaires pour en assurer l'exécution.

Recevez, monsieur le procureur général, l'assurance de ma considération très distinguée.

Le garde des sceaux,
ministre secrétaire d'Etat au département de la justice,

Signé : DE PEYRONNET.

ANNEXE N° 2.

Il y a dans chaque État trois sortes de pouvoirs : la puissance législative, la puissance exécutrice des choses qui dépendent du droit des gens, et la puissance exécutrice de celles qui dépendent du droit civil.

Par la première, le prince ou le magistrat fait des lois pour un temps ou pour toujours, et corrige ou abroge celles qui sont faites. Par la seconde, il fait la paix ou la guerre, envoie ou reçoit des ambassades, établit la sûreté, prévient les invasions. Par la troisième, il punit les crimes ou juge les différends des particuliers. On appellera cette dernière la puissance de juger ; et l'autre, simplement la puissance exécutrice de l'État.

La liberté politique, dans un citoyen, est cette tranquillité d'esprit qui provient de l'opinion que chacun a de sa sûreté ; et, pour qu'on ait cette liberté, il faut que le gouvernement soit tel qu'un citoyen ne puisse pas craindre un autre citoyen.

Lorsque dans la même personne ou dans le même corps de magistrature la puissance législative est réunie à la puissance exécutrice, il n'y a point de liberté, parce qu'on peut craindre que le même monarque ou le même sénat ne fasse des lois tyranniques pour les exécuter tyranniquement.

Il n'y a point encore de liberté si la puissance de juger n'est pas séparée de la puissance législative et de l'exécutrice. Si elle était jointe à la puissance législative, le pouvoir sur la vie et la liberté des citoyens serait arbitraire ; car le juge serait législateur. Si elle était jointe à la puissance exécutrice, le juge pourrait avoir la force d'un oppresseur.

Tout serait perdu si le même homme, ou le même corps des principaux, ou des nobles, ou du peuple, exerçait ces trois pouvoirs : celui de faire des lois, celui d'exécuter les résolutions publiques, et celui de juger les crimes ou les différends des particuliers.

Dans la plupart des royaumes de l'Europe, le gouvernement est modéré, parce que le prince, qui a les deux premiers pouvoirs, laisse à ses sujets l'exercice du troisième. Chez les Turcs, où ces trois pouvoirs sont réunis sur la tête du sultan, il règne un affreux despotisme.

Dans les républiques d'Italie, où ces trois pouvoirs sont réunis, la liberté se trouve moins que dans nos monarchies. Aussi le gouvernement a-t-il besoin, pour la maintenir, de moyens aussi violents que le gouvernement des Turcs : témoin les inquisiteurs d'État et le tronc où tout délateur peut, à tous les moments, jeter avec un billet son accusation.

Voyez quelle peut être la situation d'un citoyen dans ces républiques. Le même corps de magistrature a, comme exécuteur des lois, toute la puissance qu'il s'est donnée comme législateur. Il peut ravager l'État par ses volontés générales; et, comme il a encore la puissance de juger, il peut détruire chaque citoyen par ses volontés particulières.

Toute la puissance y est une ; et, quoiqu'il n'y ait point de pompe extérieure qui découvre un prince despotique, on le sent à chaque instant.

Aussi les princes qui ont voulu se rendre despotiques ont-ils toujours commencé par réunir en leur personne toutes les magistratures ; et plusieurs rois d'Europe, toutes les grandes charges de leur État.

Je crois bien que la pure aristocratie héréditaire des républiques d'Italie ne répond pas précisément au despotisme de l'Asie. La multitude des magistrats adoucit quelquefois la magistrature; tous les nobles ne concourent pas toujours aux mêmes desseins: on y forme divers tribunaux qui se tempèrent. Ainsi, à Venise, le grand conseil a la législation; le pregadi, l'exécution; les quaranties, le pouvoir de juger. Mais le mal est que ces tribunaux différents sont formés par des magistrats du même corps; ce qui ne fait guère qu'une même puissance.

La puissance de juger ne doit pas être donnée à un sénat permanent, mais exercée par des personnes tirées du corps du peuple, dans certains temps de l'année, de la manière prescrite par la loi, pour former un tribunal qui ne dure qu'autant que la nécessité le requiert.

De cette façon, la puissance de juger, si terrible parmi les hommes, n'étant attachée ni à un certain état, ni à une certaine profession, devient, pour ainsi dire, invisible et nulle. On n'a point continuellement des juges devant les yeux; et l'on craint la magistrature, et non pas les magistrats.

Il faut même que dans les grandes accusations le criminel, concurramment avec la loi, se choisisse des juges; ou, du moins, qu'il en puisse récuser un si grand nombre que ceux qui restent soient censés être de son choix.

Les deux autres pouvoirs pourraient plutôt être donnés à des magistrats ou à des corps permanents, parce qu'ils ne s'exercent sur aucun particulier, n'étant, l'un, que la volonté générale de l'État, et l'autre, que l'exécution de cette volonté générale.

Mais, si les tribunaux ne doivent pas être fixes, les jugements doivent l'être à un tel point qu'ils ne soient jamais qu'un texte précis de la loi. S'ils étaient une opinion particulière du juge, on vivrait dans la société sans savoir précisément les engagements que l'on y contracte.

Il faut même que les juges soient de la condition de l'accusé, ou ses pairs, pour qu'il ne puisse pas se mettre dans l'esprit qu'il soit tombé entre les mains de gens portés à lui faire violence.

Si la puissance législative laisse à l'exécutrice le droit d'emprisonner des citoyens qui peuvent donner caution de leur conduite, il n'y a plus de liberté, à moins qu'ils ne soient arrêtés pour répondre sans délai à une accusation que la loi a rendue capitale; auquel cas ils sont réellement libres, puisqu'ils ne sont soumis qu'à la puissance de la loi.

Mais si la puissance législative se croyait en danger par quelque conjuration secrète contre l'État, ou quelque intelligence avec les ennemis du dehors, elle pourrait, pour un temps court et limité, permettre à la puissance exécutrice de faire arrêter les citoyens suspects, qui ne perdraient leur liberté pour un temps que pour la conserver pour toujours.

Et c'est le seul moyen conforme à la raison de suppléer à la tyrannique magistrature des éphores, et aux inquisiteurs d'État de Venise, qui sont aussi despotiques.

Comme dans un État libre tout homme qui est censé avoir une âme libre doit être gouverné par lui-même, il faudrait que le peuple en corps eût la puissance législative ; mais comme cela est impossible dans les grands États, et est sujet à beaucoup d'inconvénients dans les petits, il faut que le peuple fasse par ses représentants tout ce qu'il ne peut faire par lui-même.

L'on connaît beaucoup mieux les besoins de sa ville que ceux des autres villes, et on juge mieux de la capacité de ses voisins que de celle de ses autres compatriotes. Il ne faut donc pas que les membres du corps législatif soient tirés en général du corps de la nation, mais il convient que, dans chaque lieu principal, les habitants se choisissent un représentant.

Le grand avantage des représentants, c'est qu'ils sont capables de discuter les affaires. Le peuple n'y est point du tout propre : ce qui forme un des grands inconvénients de la démocratie.

Il n'est pas nécessaire que les représentants, qui ont reçu de ceux qui les ont choisis une instruction générale, en reçoivent une particulière sur chaque affaire, comme cela se pratique dans les diètes d'Allemagne. Il est vrai que de cette manière la parole des députés serait plus l'expression de la voix de la nation ; mais cela jetterait dans des longueurs infinies, rendrait chaque député le maître de tous les autres ; et, dans les occasions les plus pressantes, toute la force de la nation pourrait être arrêtée par un caprice.

Quand les députés, dit très bien M. Sidney, représentent un corps de peuple comme en Hollande, ils doivent rendre compte à ceux qui les ont commis : c'est autre chose lorsqu'ils sont députés par des bourgs, comme en Angleterre.

Tous les citoyens, dans les divers districts, doivent avoir droit de donner leur voix pour choisir le représentant, excepté ceux qui sont dans un tel état de bassesse qu'ils sont réputés n'avoir point de volonté propre.

Il y avait un grand vice dans la plupart des anciennes républiques : c'est que le peuple avait droit d'y prendre des résolutions actives, et qui demandent quelque exécution ; chose dont il est entièrement incapable. Il ne doit entrer dans le gouvernement que pour choisir ses représentants ; ce qui est très à sa portée. Car, s'il y a peu de gens qui connaissent le degré précis de la capacité des hommes, chacun est pourtant capable de savoir en général si celui qu'il choisit est plus éclairé que la plupart des autres.

Le corps représentant ne doit pas être choisi non plus pour prendre quelque résolution active, chose qu'il ne ferait pas bien, mais pour faire des lois, ou pour voir si l'on a bien exécuté celles qu'il a faites, chose qu'il peut très bien faire, et qu'il n'y a même que lui qui puisse bien faire.

Il y a toujours dans un État des gens distingués par la naissance, les richesses ou les honneurs ; mais s'ils étaient confondus parmi le peuple, et s'ils n'y avaient qu'une voix comme les autres, la liberté commune serait leur esclavage, et ils n'auraient aucun intérêt à la défendre, parce que la plupart des résolutions seraient contre eux. La part qu'ils ont à la législation doit donc être proportionnée aux autres avantages qu'ils ont dans l'État : ce qui arrivera s'ils forment un corps qui ait droit d'arrêter les entreprises du peuple, comme le peuple a droit d'arrêter les leurs.

Ainsi la puissance législative sera confiée, et au corps des nobles, et au corps qui sera choisi pour représenter le peuple, qui auront chacun leurs assemblées et leurs délibérations à part, et des vues et des intérêts séparés.

Des trois puissances dont nous avons parlé, celle de juger est en quelque façon nulle. Il n'en reste que deux ; et, comme elles ont besoin d'une puissance réglante pour les tempérer, la partie du corps législatif qui est composée de nobles est très propre à produire cet effet.

Le corps des nobles doit être héréditaire. Il l'est premièrement par sa nature ; et d'ailleurs il faut qu'il ait un très grand intérêt à conserver ses prérogatives, odieuses par elles-mêmes, et qui, dans un État libre, doivent toujours être en danger.

Mais, comme une puissance héréditaire pourrait être induite à suivre ses intérêts particuliers et à oublier ceux du peuple, il faut que dans les choses où l'on a un souverain intérêt à la corrompre, comme dans les lois qui concernent la levée de l'argent, elle n'ait de part à la législation que par sa faculté d'empêcher et non par sa faculté de statuer.

J'appelle *faculté de statuer* le droit d'ordonner par soi-même, ou de corriger ce qui a été ordonné par un autre. J'appelle *faculté d'empêcher* le droit de rendre nulle une résolution prise par quelque autre : ce qui était la puissance des tribuns de Rome. Et quoique celui qui a la faculté d'empêcher puisse avoir aussi le droit d'approuver, pour lors cette approbation n'est autre chose qu'une déclaration qu'il ne fait point d'usage de sa faculté d'empêcher, et dérive de cette faculté.

La puissance exécutrice doit être entre les mains d'un monarque, parce que cette partie du gouvernement, qui a presque toujours besoin d'une action momentanée, est mieux administrée par un que par plusieurs; au lieu que ce qui dépend de la puissance législative est souvent mieux ordonné par plusieurs que par un seul.

Que s'il n'y avait point de monarque, et que la puissance exécutrice fût confiée à un certain nombre de personnes tirées du corps législatif, il n'y aurait plus de liberté, parce que les deux puissances seraient unies; les mêmes personnes ayant quelquefois et pouvant toujours avoir part à l'une et à l'autre.

Si le corps législatif était un temps considérable sans être assemblé, il n'y aurait plus de liberté. Car il arriverait de deux choses l'une : ou qu'il n'y aurait plus de résolution législative, et l'État tomberait dans l'anarchie; ou que ces résolutions seraient prises par la puissance exécutrice, et elle deviendrait absolue.

Il serait inutile que le corps législatif fût toujours assemblé. Cela serait incommode pour les représentants, et d'ailleurs occuperait trop la puissance exécutrice, qui ne penserait point à exécuter, mais à défendre ses prérogatives et le droit qu'elle a d'exécuter.

De plus, si le corps législatif était continuellement assemblé, il pourrait arriver que l'on ne ferait que suppléer de nouveaux députés à la place de ceux qui mourraient; et dans ce cas, si le corps législatif était une fois corrompu, le mal serait sans remède. Lorsque divers corps législatifs se succèdent les uns aux autres, le peuple, qui a mauvaise opinion du corps législatif actuel, porte avec raison ses espérances sur celui qui viendra après; mais, si c'était toujours le même corps, le peuple, le voyant une fois corrompu, n'espérerait plus rien de ses lois : il deviendrait furieux, ou tomberait dans l'indolence.

Le corps législatif ne doit point s'assembler lui-même : car un corps n'est censé avoir de volonté que lorsqu'il est assemblé; et, s'il ne s'assemblait pas unanimement, on ne saurait dire quelle partie serait véritablement le corps législatif; celle qui serait assemblée, ou celle qui ne le serait pas. Que s'il avait droit de se proroger lui-même, il pourrait arriver qu'il ne se prorogerait jamais ; ce qui serait dangereux dans le cas où il voudrait attenter contre la puissance exécutrice. D'ailleurs, il y a des temps plus convenables les uns que les autres pour l'assemblée du corps législatif : il faut donc que ce soit la puissance exécutrice qui règle le temps de la tenue et de la durée de ces assemblées, par rapport aux circonstances qu'elle connaît.

Si la puissance exécutrice n'a pas le droit d'arrêter les entreprises du corps législatif, celui-ci sera despotique ; car, comme il pourra se donner tout le pouvoir qu'il peut imaginer, il anéantira toutes les autres puissances.

Mais il ne faut pas que la puissance législative ait réciproquement la faculté d'arrêter la puissance exécutrice ; car l'exécution ayant ses limites par sa nature, il est inutile de la borner ; outre que la puissance exécutrice s'exerce toujours sur des choses momentanées. Et la puissance des tribuns de Rome était vicieuse, en ce qu'elle arrêtait non seulement la législation, mais même l'exécution : ce qui causait de grands maux.

Mais si, dans un État libre, la puissance législative ne doit pas avoir le droit d'arrêter la puissance exécutrice, elle a droit, et doit avoir la faculté d'examiner de quelle manière les lois qu'elle a faites ont été exécutées ; et c'est l'avantage qu'a ce gouvernement sur celui de Crète et de Lacédémone, où les *cosmes* et les *éphores* ne rendaient point compte de leur administration.

Mais, quel que soit cet examen, le corps législatif ne doit point avoir le pouvoir de juger la personne, et par conséquent la conduite de celui qui exécute. Sa personne doit être sacrée, parce qu'étant nécessaire à l'État pour que le corps législatif n'y devienne pas tyrannique, dès le moment qu'il serait accusé ou jugé, il n'y aurait plus de liberté.

Dans ces cas l'État ne serait point une monarchie, mais une république non libre. Mais comme celui qui exécute ne peut rien exécuter mal sans avoir des conseillers méchants et qui haïssent les lois comme ministres, quoiqu'elles les favorisent comme hommes, ceux-ci peuvent être recherchés et punis. Et c'est l'avantage de ce gouvernement sur celui de Gnide, où, la loi ne permettant point d'appeler en jugement les *amymones* même après leur administration, le peuple ne pouvait jamais se faire rendre raison des injustices qu'on lui avait faites.

Quoique en général la puissance de juger ne doive être unie à aucune partie de la législative, cela est sujet à trois exceptions fondées sur l'intérêt particulier de celui qui doit être jugé.

Les grands sont toujours exposés à l'envie ; et, s'ils étaient jugés par le peuple, ils pourraient être en danger, et ne jouiraient pas du privilège qu'a le moindre des citoyens dans un État libre, d'être jugé par ses pairs. Il faut donc que les nobles soient appelés, non pas devant les tribunaux ordinaires de la nation, mais devant cette partie du corps législatif qui est composée de nobles.

Il pourrait arriver que la loi, qui est en même temps clairvoyante et aveugle, serait, en de certains cas, trop rigoureuse. Mais les juges de la nation ne sont, comme nous avons dit, que la bouche qui prononce les paroles de la loi, des êtres inanimés qui n'en peuvent modérer ni la force ni la rigueur. C'est donc la partie du corps législatif que nous venons de dire être, dans une autre occasion, un tribunal nécessaire, qui l'est encore dans celle-ci ; c'est à son autorité suprême à modérer la loi en faveur de la loi même, en prononçant moins rigoureusement qu'elle.

Il pourrait encore arriver que quelque citoyen, dans les affaires publiques, violerait les droits du peuple, et ferait des crimes que les magistrats établis ne sauraient ou ne voudraient pas punir. Mais, en général, la puissance législative ne peut pas juger ; et elle le peut encore moins dans ce cas particulier, où elle représente la partie intéressée, qui est le peuple. Elle ne peut donc être qu'accusatrice. Mais devant qui accusera-t-elle ? Ira-t-elle s'abaisser devant les tribunaux de la loi, qui lui sont inférieurs, et d'ailleurs composés de gens qui, étant peuple comme elle, seraient entraînés par l'autorité d'un si grand accusateur ? Non : il faut, pour conserver la dignité du peuple et la sûreté du particulier, que la partie législative du peuple accuse devant la partie législative des nobles, laquelle n'a ni les mêmes intérêts qu'elle ni les mêmes passions.

C'est l'avantage qu'a ce gouvernement sur la plupart des républiques anciennes, où il y avait cet abus, que le peuple était en même temps juge et accusateur.

La puissance exécutrice, comme nous avons dit, doit prendre part à la législation par sa faculté d'empêcher ; sans quoi, elle sera bientôt dépouillée de ses prérogatives. Mais si la puissance législative prend part à l'exécution, la puissance exécutrice sera également perdue.

Si le monarque prenait part à la législation par la faculté de statuer, il n'y aurait plus de liberté. Mais comme il faut pourtant qu'il ait part à la législation pour se défendre, il faut qu'il y prenne part par la faculté d'empêcher.

Ce qui fut cause que le gouvernement changea à Rome, c'est que le sénat, qui avait une partie de la puissance exécutrice, et les magistrats qui avaient l'autre, n'avaient pas, comme le peuple, la faculté d'empêcher.

Voici donc la constitution fondamentale du gouvernement dont nous parlons. Le corps législatif y étant composé de deux parties, l'une enchaînera l'autre par sa faculté mutuelle d'empêcher. Toutes les deux seront liées par la puissance exécutrice, qui le sera elle-même par la législative.

Ces trois puissances devraient former un repos ou une inaction. Mais, comme par le mouvement nécessaire des choses elles sont contraintes d'aller, elles seront forcées d'aller de concert.

La puissance exécutrice ne faisant partie de la législative que par sa faculté d'empêcher, elle ne saurait entrer dans le débat des affaires. Il n'est pas même nécessaire qu'elle propose, parce que, pouvant toujours désapprouver les résolutions, elle peut rejeter les décisions des propositions qu'elle aurait voulu qu'on n'eût pas faites.

Dans quelques républiques anciennes, où le peuple en corps avait le débat des affaires, il était naturel que la puissance exécutrice les proposât et les débattît avec lui ; sans quoi, il y aurait eu, dans les résolutions, une confusion étrange.

Si la puissance exécutrice statue sur la levée des deniers publics autrement que par son consentement, il n'y aura plus de liberté, parce qu'elle deviendra législative dans le point important de la législation.

Si la puissance législative statue, non pas d'année en année, mais pour toujours, sur la levée des deniers publics, elle court risque de perdre sa liberté, parce que la puissance exécutrice ne dépendra plus d'elle, et quand on tient un pareil droit pour toujours, il est assez indifférent qu'on le tienne de soi ou d'un autre. Il en est de même si elle statue, non pas d'année en année, mais pour toujours, sur les forces de terre et de mer qu'elle doit confier à la puissance exécutrice.

Pour que celui qui exécute ne puisse pas opprimer, il faut que les armées qu'on lui confie soient peuple, et aient le même esprit que le peuple, comme cela fut à Rome jusqu'au temps de Marius. Et, pour que cela soit ainsi, il n'y a que deux moyens : ou que ceux que l'on emploie dans l'armée aient assez de bien pour répondre de leur conduite aux autres citoyens, et qu'ils ne soient enrôlés que pour un an, comme il se pratiquait à Rome ; ou, si on a un corps de troupes permanent, et où les soldats soient une des plus viles parties de la nation, il faut que la puissance législative puisse le casser sitôt qu'elle le désire ; que les soldats habitent avec les citoyens, et qu'il n'y ait ni camp séparé, ni casernes, ni places de guerre.

L'armée étant une fois établie, elle ne doit point dépendre immédiatement du corps législatif, mais de la puissance exécutrice ; et cela par la nature de la chose, son fait consistant plus en action qu'en délibération.

Il est dans la manière de penser des hommes que l'on fasse plus de cas du courage que de la timidité, de l'activité que de la prudence, de la force que des conseils. L'armée méprisera toujours un sénat et respectera ses officiers. Elle ne fera point cas des ordres qui lui seront envoyés de la part d'un corps composé de gens qu'elle croira timides, et indignes par là de lui commander. Ainsi, sitôt que l'armée dépendra uniquement du corps législatif, le gouvernement deviendra militaire. Et si le contraire est jamais arrivé, c'est l'effet de quelques circonstances extraordinaires ; c'est que l'armée y est toujours séparée ; c'est qu'elle est composée de plusieurs corps qui dépendent chacun des capitales de leurs provinces particulières ; c'est que les villes sont des places excellentes, qui se défendent par leur situation seule, et où il n'y a point de troupes.

La Hollande est encore plus en sûreté que Venise : elle submergerait les troupes révoltées, elle les ferait mourir de faim. Elles ne sont point dans les villes qui pourraient leur donner la subsistance ; cette subsistance est donc précaire.

Que si, dans le cas où l'armée est gouvernée par le corps législatif, des circonstances particulières empêchent le gouvernement de devenir militaire, on tombera dans d'autres inconvénients : de deux choses l'une : ou il faudra que l'armée détruise le gouvernement, ou que le gouvernement affaiblisse l'armée.

Et cet affaiblissement aura une cause bien fatale : il naîtra de la faiblesse même du gouvernement.

Si l'on veut lire l'admirable ouvrage de Tacite sur les mœurs des Germains, on verra que c'est d'eux que les Anglais ont tiré l'idée de leur gouvernement politique. Ce beau système a été trouvé dans les bois.

Comme toutes les choses humaines ont une fin, l'État dont nous parlons perdra sa liberté, il périra. Rome, Lacédémone et Carthage ont bien péri. Il périra lorsque la puissance législative sera plus corrompue que l'exécutrice.

Ce n'est point à moi à examiner si les Anglais jouissent actuellement de cette liberté, ou non. Il me suffit de dire qu'elle est établie par leurs lois, et je n'en cherche pas davantage.

Je ne prétends point par là ravaler les autres gouvernements, ni dire que cette liberté politique extrême doive mortifier ceux qui n'en ont qu'une modérée. Comment dirais-je cela, moi qui crois que l'excès même de la raison n'est pas toujours désirable, et que les hommes s'accommodent presque toujours mieux des milieux que des extrémités ?

Harrington, dans son *Oceana,* a aussi examiné quel était le plus haut point de liberté où la constitution d'un État peut être portée. Mais on peut dire de lui qu'il n'a cherché cette liberté qu'après l'avoir méconnue et qu'il a bâti Chalcédoine ayant le rivage de Byzance devant les yeux.

ANNEXE N° 3.

OPINIONS DE QUELQUES PUBLICISTES ET JURISCONSULTES FRANÇAIS
CONTEMPORAINS SUR LA SÉPARATION DES POUVOIRS.

M. Jules Simon :

« Le pouvoir public a deux fonctions principales : faire les lois,
les appliquer, et cette dernière fonction se divise encore en deux
branches parfaitement distinctes, selon qu'il s'agit de diriger ou de
réprimer. Le pouvoir social se divise donc en trois pouvoirs distincts : le pouvoir législatif, le pouvoir exécutif et le pouvoir
judiciaire.

« Toute société dans laquelle la garantie des droits n'est pas
assurée, ni la séparation des pouvoirs déterminée, n'a point de
constitution (1). »

« Nous avons vu que le peuple doit retenir le pouvoir législatif,
parce que la loi, pour être juste et en même temps pour être forte
à une époque rationaliste, doit être l'expression de la volonté
commune. Le peuple fait donc la loi par ses représentants. Il est
aussi la source du pouvoir exécutif et du pouvoir judiciaire; mais
ici, comme il ne s'agit plus de faire la loi, qui doit suivre dans ses
développements successifs les volontés et les intérêts populaires,
mais de l'appliquer quelle qu'elle soit avec une régularité uniforme,
le peuple confie ses droits, non à des représentants, mais à des
délégués. Cette distinction entre les représentants et les délégués
du peuple est fondée sur ce que la législation a besoin d'être mobile,
tandis que l'administration a besoin d'être stable. Le pouvoir
exécutif et le pouvoir judiciaire sont établis par le peuple pour ne
dépendre que de la loi ; le pouvoir législatif est établi par le peuple

---

(1) Const. du 14 décembre 1791, déclaration des droits, art. 16.

pour exprimer dans la loi, à chaque législature, les volontés et les besoins du peuple (1). »

Duvergier de Hauranne, parlant des travaux préparatoires de la constitution de 1791 :

« Il est un dogme politique auquel les deux écoles avaient également foi, le dogme de la division des pouvoirs ; mais elles ne l'interprétaient pas de la même manière. Pour l'école abstraite, la division des pouvoirs équivalait à la séparation absolue. Le problème politique consistait donc à distinguer, à définir, à délimiter rigoureusement chacune des fonctions, ou, pour parler comme Siéyès, chacune des procurations dont la nation investissait ses agents, puis à tracer nettement la ligne de leurs devoirs ; enfin, à élever entre elles des barrières, ou, mieux encore, des murailles qui les empêchent non seulement de se rencontrer, mais presque de se parler et de se voir. Cette opération faite, il devenait physiquement et moralement impossible qu'un conflit pût s'élever entre les pouvoirs. En vain s'efforçait-on de démontrer à Siéyès et à ses disciples qu'une séparation aussi rigoureuse, aussi absolue était impraticable ailleurs que dans leur tête ou sur le papier ; en vain leur demandait-on si, en excluant le pouvoir exécutif de toute participation à la législation, on ne lui donnait pas la tentation de fausser, d'altérer, dans leur exécution, des lois faites contre son gré et contre son intérêt ; si, d'un autre côté, une assemblée législative, renfermée dans la limite de ses attributions spéciales, pourrait voir de sang-froid le pouvoir exécutif user de ses moyens d'action contrairement aux opinions, aux vœux, aux intérêts du pays tels qu'elle les comprenait ; à toutes les objections Siéyès et ses disciples répondaient par des formules abstraites ou par des comparaisons. La plus accréditée de ces comparaisons était celle-ci : La société doit être organisée sur le modèle du corps humain ; or, dans le corps humain il y a la tête qui pense et qui veut, le bras qui agit et qui exécute, sans que l'un empiète jamais sur les fonctions de l'autre. Dans l'organisation sociale, le pouvoir législatif est la tête, le pouvoir exécutif est le bras ; il serait absurde et monstrueux de les confondre. »

« Ceux à qui cette comparaison paraissait concluante oubliaient une seule chose, c'est que dans le corps humain la tête et les bras

---

(1) *Liberté politique,* chap. III, n° 3.

font partie d'un être unique, d'un être tellement organisé que la tête ne peut pas exécuter ses volontés sans l'intermédiaire du bras, ni le bras refuser d'obéir aux ordres de la tête. Il n'en est pas tout à fait de même dans le corps politique, où la tête et le bras sont des êtres distincts, doués également de la faculté de vouloir et d'agir, et entre lesquels, par conséquent, la nature ne s'est point chargée de rendre les conflits impossibles. »

« Les hommes éminents de l'école anglaise ne tombaient pas dans de telles erreurs ; ils voulaient que les pouvoirs fussent divisés, afin qu'ils pussent s'éclairer, se contrôler, se modérer réciproquement ; ils savaient que la monarchie constitutionnelle et représentative est de tous les gouvernements le plus favorable à la liberté, parce que c'est un gouvernement de transaction, d'équilibre. Mais peut-être ne comprenaient-ils pas suffisamment à quelles conditions on peut opérer cette transaction et maintenir cet équilibre. C'est surtout dans Montesquieu et dans Delolme qu'ils avaient étudié la constitution anglaise. Or, ils avaient lu dans Montesquieu que la séparation des pouvoirs est la condition nécessaire de la liberté, et que tout serait perdu, si le même homme ou le même corps pouvait faire la loi et l'exécuter. Ils avaient lu dans Delolme que la liberté serait compromise, si ceux en qui le peuple place sa confiance avaient part au pouvoir exécutif. Prenant ces formules au pied de la lettre, ils ne se demandaient pas si telle était vraiment la constitution anglaise, et si quelque ressort caché n'en régularisait pas le jeu. L'idée de la division absolue des pouvoirs pesait donc aussi sur leur esprit, et comme, à la différence de leurs adversaires, leur bon sens se refusait à en admettre toutes les conséquences, ils se trouvaient conduits à des contradictions dont on profitait contre eux, et qui les affaiblissaient (1). »

Henrion de Pansey :

« La monarchie est tempérée lorsque la puissance absolue, si redoutable, si désastreuse lorsqu'elle repose sans limitation dans la main d'un seul, est réglée de manière que le prince ne peut en user arbitrairement, si ce n'est dans des cas extrêmement rares ; que, dans tous les autres, elle est modifiée par des lois fondamentales, et que la puissance législative et le pouvoir exécutif sont

(1) *Hist. du gouv. parl.*, t. Ier, p. 47.

assujettis à des règles qui garantissent la sagesse et la stabilité des lois, la sûreté des propriétés et la liberté des personnes (1).»

Bonjean :

« Cette séparation systématique des pouvoirs sociaux n'est pas demeurée à l'état de theorie scientifique : elle a fait invasion dans l'ordre pratique ; elle a été acceptée comme base essentielle et fondamentale, et a présidé, dans presque toutes les constitutions modernes, à la distribution et à l'organisation de la puissance publique. Non seulement on a évité de concentrer ces divers pouvoirs en une seule main, mais on a fait, au contraire, de leur séparation un principe fondamental d'ordre, un palladium de liberté (2). »

M. Tissot :

« Si le pouvoir exécutif était législatif, il pourrait faire des lois pour légitimer tous les actes qu'il médite, en sorte que ses volontés seraient toute la loi. La loi pourrait donc être l'expression de la volonté du prince, au lieu que sa volonté doit être conséquence de la loi. Et comme la liberté ne peut se défendre contre la force que par la légalité, elle se trouverait abandonnée à la discrétion de son adversaire naturel. »

« Il ne serait guère moins dangereux que le juge pût faire la loi, ou du moins la tenir pour non avenue, ou bien encore l'interpréter si librement qu'il la dénaturât, car il serait par le fait tout puissant sur les choses en litige, et personne ne pourrait plus compter sur le respect de ses droits. »

« D'un autre côté, si le législateur se chargeait lui-même de l'exécution des lois administratives, de leur application aux affaires particulières, il cesserait d'inspirer toute confiance, par cela seul qu'il aurait à chaque instant la faculté de modifier, d'interpréter et d'abroger la loi (3). »

Laferrière :

« Tout gouvernement porte en soi le germe de trois pouvoirs, *législatif, exécutif* et *judiciaire,* et la différence qui sépare l'absolutisme de la liberté tient à la confusion ou à la distribution de ces éléments. Réunis en un seul homme ou en une seule assemblée, soit aristocratique, soit populaire, ils constituent la monarchie

(1) *De l'autorité judiciaire,* ch. I.
(2) *Traité des actions,* t. 1, liv. I, chap. I, n° 17.
(3) *Principes de droit public,* 1° partie, L. I, n° 5.

absolue, l'absolutisme de l'ancienne Venise ou de la Convention. Séparés et contrebalancés par les autres, ils deviennent le gouvernement libre, monarchie représentative, comme en Angleterre, en France, en Espagne, en Belgique, etc., ou république, comme aux Etats-Unis (1). »

M. Cabantous :

« La division des pouvoirs, depuis Montesquieu, a toujours été considérée comme la première base d'un gouvernement libre, comme la plus sûre garantie des citoyens (2). »

M. Aucoc :

« On voit naître de la force même des choses la division du pouvoir législatif et du pouvoir exécutif. Une analyse plus subtile a distingué encore, dans le pouvoir exécutif, l'application que l'autorité publique fait spontanément des lois et l'application qui en est faite en cas de contestation ; elle a placé dans le domaine de deux autorités différentes ces deux modes d'exécution : l'autorité gouvernementale et administrative d'une part, l'autorité judiciaire de l'autre (3). »

MM. Faustin Hélie et Chauveau Adolphe :

« Le pouvoir social se subdivise en plusieurs branches qui s'élèvent, parallèles les unes aux autres, sans se confondre et sans se nuire. Ces grandes divisions ont pris le nom de pouvoir législatif, exécutif et judiciaire. Leur indépendance mutuelle est l'un des fondements de la liberté publique : si leur action se confondait, si des envahissements réciproques réunissaient leur puissance, l'Etat serait dominé par le despotisme ou l'anarchie Les articles 127 et suivants du code pénal sont destinés à réprimer cette usurpation.

« On doit remarquer, d'abord, que le législateur n'a réservé des peines qu'aux excès et aux luttes de la magistrature et de l'administration : le pouvoir législatif, par sa nature complexe et par sa souveraineté, échappe à la puissance de la loi elle-même ; s'il franchit ses limites constitutionnelles, il n'y a plus de juges qui

(1) *Cours de droit public et administratif*, chap. I, section i^{re}. Ce passage a été intercalé sans aucun changement dans le *Traité de droit public et administratif* de M. Batbie, tome III, chap. XVII, n° 289. Nous considérons comme une bonne fortune de pouvoir citer d'un seul trait de plume deux autorités de cette valeur.
(2) *Droit administratif*, notions préliminaires.
(3) *Conférence de droit administratif*, t. I, n° 21.

le puissent réprimer : il n'est responsable de ses actes et des maux qu'ils peuvent entraîner que devant la souveraineté nationale.

« Les premières prévisions de la loi pénale se sont portées sur l'usurpation de la puissance législative. C'est qu'en effet cette usurpation est la plus dangereuse : empiéter sur cette puissance, c'est envahir la souveraineté elle-même, c'est une violation de la constitution » (1).

(1) *Théorie du Code pénal*, tome II, chap. XXI, passag. IV, n° 456 (quatrième édition).

ANNEXE N° 4.

TRADUIT SUR L'OUVRAGE DE F. J. STAHL, INTITULÉ : *Philosophie du Droit*, 2° partie. *La Science de l'Etat*, CINQUIÈME CHAPITRE.

LE GOUVERNEMENT.

§ 53.

En tant que puissance de l'ordre moral et intellectuel, l'État est l'expression réelle et libre de la souveraineté, reposant toutefois sur les règles de la morale et de la raison. Sa puissance comprend un double élément : *l'autorité ou gouvernement* (imperium) (1), c'est-à-dire le pouvoir exercé par des hommes, et la *loi* (lex). Celle-là est la manifestation d'une volonté personnelle (soit d'une personnalité naturelle, d'un prince, soit d'une personnalité morale, d'une assemblée constituée); celle-ci est l'idée permanente qui doit servir de principe à une véritable volonté personnelle, « l'Éthos » de l'État (Niebuhr), ainsi qu'il résulte de la définition de la vie nationale (§ 3); elle ne peut, conformément à la nature de l'État qui n'est qu'une institution extérieure, se manifester que par des règles extérieures. Par ces deux attributs l'activité de l'État a donc le plein caractère d'une *activité personnelle* (2).

La loi et le gouvernement ont entre eux le même rapport que dans chaque homme (I, § 39 à 41) la pensée (charakter) et la volonté (faculté de décision. — *Kraft des Entschlusses*). La loi est

(1) Les mots autorité (*Obrigkeit*) et gouvernement (*Staatsgewalt*) désignent la même chose, la première plutôt au point de vue personnel et moral, le dernier plutôt au point de vue organique et mécanique.

(2) Ce n'est pas que l'activité de l'Etat soit dirigée par une personne humaine, et qu'elle repose sur l'idée de cette personne humaine, mais il faut entendre que l'autorité de l'Etat est personnelle et repose sur l'idée de l'Etat.

le fondement et le principe du gouvernement; c'est par elle qu'il existe (lois sur la forme du gouvernement, succession au trône); elle est tantôt la limitation, tantôt le motif déterminant de ses actes, il n'a pas le droit de la transgresser et il doit la mettre à exécution. Sous un autre point de vue, le gouvernement est, à l'inverse, le fondement et le principe de la loi. — Elle lui emprunte sa force, le gouvernement a le pouvoir de la modifier et de la faire progresser, et commande en libre maître en une très large mesure dans le domaine de la loi. Il existe entre la loi et le gouvernement, comme dans une personne (I, § 3) et dans les êtres organisés, une dépendance et une influence réciproques, et cependant chacun d'eux a sa propre sphère d'action. Il suit de là, contrairement à la thèse de l'absolutisme politique (Hobbes, Rousseau, § 41) où l'on considère le gouvernement qui serait le peuple souverain (volonté générale) comme le principe unique et la loi comme son produit, qu'il y a lieu de reconnaître également en celle-ci un pouvoir primordial et supérieur.

§ 54.

La puissance de l'État est essentiellement une, comme toute personne, comme toute volonté. Elle ne peut être divisée en plusieurs pouvoirs et en plusieurs sujets, mais elle constitue un seul sujet, une seule personne (prince ou assemblée constituée ou les deux composant ensemble un seul sujet). C'est dans cette unité que consiste la *souveraineté* (suprématie de l'État, intégralité du pouvoir). Mais en pratique elle est soumise à des conditions diverses et a au-dessous du souverain différents organes plus ou moins indépendants de lui. Cette diversité provient des relations de ses actes ou avec la loi prise en tant que pouvoir indépendant dans l'État, ou avec le droit des individus. La souveraineté notamment change ou émet la loi — c'est le pouvoir législatif, ou elle commande en vertu de la loi et en se conformant à la loi — c'est le pouvoir exécutif, ou elle porte la main dans la sphère du droit des individus pour rétablir l'empire de la loi violée — c'est le pouvoir judiciaire. Là-dessus se fonde la *séparation des pouvoirs*. Toutefois, ce ne sont guère que des manifestations de la puissance unique qui réside dans le souverain, et il est mal à propos de les traiter en pouvoirs distincts.

Le principe de la séparation de la souveraineté ne peut porter que sur ces éléments constitutifs de son activité. Au contraire, une séparation relative à ses différents organes (par laquelle il faudrait sous-distinguer un pouvoir du roi — *pouvoir royal*, les ministres, les états, les communes, l'élément militaire), ou aux formes extérieures de son activité (où l'on devrait reconnaître le pouvoir de réglementer, de décider, de délibérer, d'empêcher, de soumettre, d'exécuter, de surveiller, de communiquer, de choisir) n'est généralement pas praticable, parce qu'elle s'attacherait uniquement à des choses évidentes, et serait inutile et oiseuse.

§ 55.

La souveraineté est donc le pouvoir primordial, causal et suprême, déterminant et comprenant tous les organes et toutes les fonctions ; elle leur donne des limites, soit positives, soit tout au moins négatives (1). C'est la volonté dominante, l'omniprésence efficace de l'État, sa personnification intime. Le souverain *représente* à cause de cela l'État au dedans et au dehors. Lui seul en délègue les fonctions et désigne les titulaires, au moins les plus élevés, de celles-ci ; à ces derniers il donne leur *valeur* et leur *autorité; il conserve sur eux la haute direction.* Mais ce n'est pas moins lui qui assigne à ces organes leurs attributions, sous la restriction des limites qui peuvent lui être imposées à lui-même (2).

(1) La souveraineté est ainsi non seulement le pouvoir suprême, la puissance élevée au-dessus des autres, comme serait, par exemple, le tribunal d'appel (*Obergericht*) au-dessus du tribunal d'instance (*Untergericht*), la Confédération germanique au-dessus des États confédérés: mais aussi le pouvoir causal, qui comprend et détermine les autres. Ainsi, par exemple, après le concile de Sardies et sa confirmation par Valentinien, le pape avait le pouvoir suprême (*primatus juridictionis*) dans l'Eglise, puisqu'on pouvait appeler devant lui des conciles provinciaux, mais il n'avait en aucune façon la souveraineté. Car les évêques et les conciles provinciaux ne dérivaient pas de sa toute-puissance et de son investiture. Il obtint cette suprématie beaucoup plus tard.

(2) Dans la monarchie c'est le roi qui exerce tout cela en personne, dans la république c'est l'assemblée nationale, autant que c'est possible. C'est précisément un défaut de la constitution républicaine que maints droits qui appartiennent à la souveraineté ne puissent être exercés par elle-même, par exemple l'initiative, la surveillance suprême et surtout le gouvernement. La souveraineté qui, selon sa nature, doit être indivisible, y est cependant partagée en différents degrés entre l'Assemblée nationale et la magistrature.

Une souveraineté, consistant dans le pouvoir illusoire résultant d'un droit d'impulsion et d'autorisation tout apparent (par exemple, celui de B. Sieyès, grand électeur de l'empire), est un non-sens, comme une volonté qui ne pourrait rien vouloir de déterminé. Ces limites imposées au souverain peuvent consister en ce qu'il a seulement le droit d'adhérer à des mesures réellement prises en dehors de lui, en ce qu'il doit employer pour l'exécution des délégués à attributions fixes (fonctionnaires), abandonner à certains d'entre eux (les juges) l'application de la règle aux cas isolés, sans y intervenir en rien. Mais, d'autre part, il ne peut être contraint à rien, et il ne saurait exister aucune autorité qui, en dehors du souverain, pût quelque chose sur l'ensemble du gouvernement (1).

§ 56.

La législation (gesetzgebung) est la détermination des principes du droit (règles des rapports juridiques, lois privées). Elle ne précède nullement le gouvernement, ni dans le temps ni dans l'enchaînement des notions ; l'une ne doit pas passer avant l'autre. Il est vrai que les lois doivent être supérieures au gouvernement ; mais les lois existent sans la législation et longtemps avant elle par la coutume et l'usage comme droit traditionnel. Au contraire la législation suppose l'existence bien antérieure et le complet exercice du droit et des autres fonctions du gouvernement ; elle n'intervient elle-même que lorsque leurs véritables bases ont été ébranlées. Elle est toutefois la première par la puissance et par l'action, en ceci qu'elle limite les autres pouvoirs, sans être limitée par eux, elle est la manifestation souveraine de l'État (2). C'est pourquoi elle est l'attribution du souverain lui-même ; dans la république, c'est l'assemblée populaire directement (et non la magistrature) qui est le législateur, dans la monarchie c'est le prince lui-même (et non les fonctionnaires). — Les lois comme principes

---

(1) Les Etats limitent seulement les droits du souverain (négativement), ils ne peuvent rien faire (positivement) contre la volonté du roi (par exemple en Angleterre le *veto* royal est absolu), et les juges n'ont aucune action sur l'ensemble du gouvernement. C'est ainsi qu'à Athènes les tribunaux pouvaient casser les décisions de l'assemblée souveraine du peuple, mais ne pouvaient lui en imposer aucune autre.

(2) C'est au point que Kant la confond avec la souveraineté.

du droit, il faut cependant le remarquer, ont leur origine maté
rielle et leur siége dans la conscience nationale, le souverain leur
donne leur valeur formelle. (V. plus haut, II, § 23.) Elles forment
la base unique sur laquelle reposent la communauté morale et
intellectuelle et l'autorité gouvernementale. C'est pourquoi la
législation est l'affaire non seulement du souverain, mais aussi du
peuple. Dans la démocratie, ceux-ci se confondent ; dans la monarchie perfectionnée (entwickelt), les lois prennent leur principe
dans la décision de la représentation nationale, dans la monarchie
absolue elle-même, elles ont besoin pour le moins de l'assentiment
populaire ; le prince, tout en étant comme souverain le détenteur
du pouvoir législatif, doit cependant accorder les lois au sentiment
public. — Souvent dans la pratique la législation exige un examen
plus approfondi, en raison de l'importance des matières traitées,
soit pour assurer la maturité de la délibération, soit pour garantir
le respect des lois existantes et des intérêts. Cet examen résulte
avant tout des discussions parlementaires elles-mêmes et dans
beaucoup d'états de l'étude préalable faite par le conseil d'État ; à
Athènes, les lois existantes étaient défendues devant les nomothètes.

§ 57.

Le gouvernement (Regierung) est ce qui soutient directement et
effectivement l'ordre de choses existant. C'est aussi la manifestation (Verrichtung) de l'autorité publique, celle qui doit agir
toujours et sans interruption, qui suffit à son activité normale,
tandis que les autres n'entrent en mouvement que dans des
occasions spéciales, la justice si une illégalité est tentée, la législation s'il y a désaccord entre la loi et les mœurs. Pour soutenir
l'ordre de choses existant, le gouvernement emploie nécessairement un grand nombre d'organes subordonnés les uns aux autres
et recevant l'impulsion d'un point central qui est le souverain ;
cela constitue la hiérarchie des fonctionnaires ; il se repose sur
ceux ci pour l'appréciation des espèces concrètes et pour la transmission de l'action concentrique ; le gouvernement est donc
l'affaire d'une personnalité, et non celle du sentiment public. Aussi
est-il exercé par le prince ; dans la république il est l'attribut de

la magistrature suprême et n'appelle que dans les cas extraordinaires l'assentiment du peuple ; on fait bien de laisser aux fonctionnaires leur indépendance dans une limite convenable. La sphère du gouvernement est déterminée par la loi et, par suite, les organes de son action trouvent leurs devoirs dans la loi ; la nature et l'importance de ces devoirs se règlent d'après les principes de la subordination.

Quant aux détails, le gouvernement consiste en ceci : d'abord le fonctionnement des lois existantes (maniement de la constitution et des autres lois à l'exclusion de l'administration de la justice) — c'est l'*exécution* (Vollziehnung) ; ensuite dans la faculté d'aviser aux choses qui ne sont pas prévues par la loi (par exemple un projet de maison d'école, une ordonnance de poste ou de voirie) — c'est le *gouvernement* dans le sens étroit du mot. La première de ces attributions est déterminée positivement par la loi, qui ne fait que limiter négativement la seconde. Celle-ci peut être intermittente, sans donner lieu à des griefs légitimes ; la première doit s'exercer d'une manière continue. La double tâche du gouvernement consiste, tantôt à prendre des décisions, tantôt à les faire observer ; tantôt à régler passagèrement des cas particuliers, tantôt à édicter des ordonnances permanentes et générales. Il se manifeste donc par des projets, par des décisions, par des décrets.

De là résulte dans la science politique et le droit public la distinction si importante entre la loi (Gesetz, Law, Statute) et l'ordonnance (Verordnung, Proclamation). Elle repose sur la nature même de l'État et se reproduit par conséquent sous toutes les formes de gouvernement, mais elle se présente avec toute sa clarté et toute son importance sous la monarchie constitutionnelle. Les ordonnances, notamment, qui sont de simples actes du gouvernement et n'ont par suite besoin d'aucune approbation des chambres, sont en réalité comme règles générales aussi valables que les lois. Elles diffèrent toutefois essentiellement de celles-ci ; car celles-ci posent les principes du droit, tandis que les ordonnances ne font que diriger l'activité commune vers un but déterminé. Dans le domaine de la loi réside ce qui a en soi-même un caractère de nécessité, soit comme partie intégrante des principes du droit public, soit comme garantie du droit des personnes ; au contraire, dans le domaine de l'ordonnance ne rentre que ce qui peut être considéré comme un moyen vers un but et porte en soi la possibilité de recevoir des solutions différentes, suivant que l'opportunité change en raison des circonstances. Les matières relatives à la constitution et à l'administration de la justice doivent naturellement être régies la plupart du temps par des lois; au contraire, les matières de police de finances, d'organisation militaire, la plupart du temps par des ordonnances (1). Conformément à ce qui précède, les lois sont généralement permanentes, les ordonnances plus sujettes à changer. Car la durée est conforme à la nécessité essentielle qui est le caractère de la loi, tandis que la mobilité d'un effort constant vers une condition meilleure et plus prospère est le caractère du gouvernement. Mais les ordonnances ne sont en aucune façon limitées à servir de commentaires à la loi, comme on l'enseigne généralement. Car ce n'est là qu'un côté de l'action gouvernementale ; l'essence du gouvernement proprement dit est au contraire de produire, indépendamment de la loi, quelque chose de neuf, de positif, résultant de son activité libre et originale, de faire progresser le régime existant. Ses manifestations (à l'exception de l'exécution proprement dite) sont l'accomplissement, non pas de la loi, mais de desseins extérieurs à la loi. Un simple coup d'œil impartial sur le contenu de la plupart des ordonnances qui sont publiées pour le développement de l'agriculture, de l'industrie, du commerce, de l'éducation, pour la sécurité publique, la santé publique, les dangers d'inondation et d'incendie, les choses de commodité et d'embellissement, etc., ce coup d'œil convaincra qu'elles ne sont pas destinées à servir à l'application de la loi, mais appropriées à une fin et à un résultat dans la vie pratique, et aux moyens d'y arriver, selon que les circonstances le réclament ; il convaincra en outre que la tâche propre du gouvernement consiste à poursuivre ces buts, que son activité propre consiste dans ce libre choix.

---

(1) Nous donnons le motif de la division; quant aux distinctions d'espèces, elles appartiennent naturellement au droit positif. (Tradition, pratique des affaires, analogie). En ce qui concerne le droit constitutionnel allemand, comp. ci-dessous, chap. XII.

§ 58.

La Justice (pouvoir judiciaire) est le redressement d'une illégalité commise contre un individu par une atteinte à son droit, redressement déterminé soit par la nécessité de maintenir ce droit lésé, soit par égard pour la loi elle-même. Son activité propre a son principe dans l'idée de justice absolue ; aussi est-elle mise en mouvement d'un côté par les exigences de l'inviolabilité de la loi, d'un autre par le droit indépendant et sacré de la personne, qui doit être observé en dehors de toute considération de bien public. Car la nature d'un droit indépendant comprend le pouvoir de le faire prévaloir. La souveraineté comme justice ne peut donc point statuer purement et simplement d'après son estimation des droits personnels, mais seulement après avoir entendu la défense de celui contre lequel il y a à statuer (1). C'est là ce qui constitue la procédure, et celle-ci est spéciale à la justice, à l'exclusion de toute autre expression de la souveraineté. La justice, par conséquent, consiste à interpréter la loi et les droits privés qui, comme on vient de le dire, se font valoir eux-mêmes ; elle comprend la sentence et l'exécution qui entrent ensemble dans sa définition (2). Ce n'est pas un intermédiaire entre le pouvoir législatif et le pouvoir exécutif, mais une manifestation particulière et spécifique de la souveraineté, se produisant au même rang que le pouvoir exécutif. Ils concourent à la chose publique (bien de l'état et de la communauté) ; la justice plus spécialement en assujettissant l'individu à l'accomplissement de la loi au moyen des tribunaux. D'après ce caractère, la justice ne considère jamais qu'une personne (naturelle ou morale) déterminée et isolée et un fait accompli, elle ne s'applique qu'au redressement d'un manquement au droit. Les

---

(1) Il est indifférent ici de distinguer si l'action est intentée au nom de l'Etat ou par l'initiative d'une autre partie. (Justice criminelle ou civile).

(2) On peut très bien séparer par la pensée l'adaptation à la loi et les réalités de la procédure (nécessité de se défendre et moyen d'y arriver) ainsi que l'exécution (à Rome, pour ainsi dire, le *prætor* était chargé de la première partie, le *judex* de la seconde); mais es deux sont nécessaires pour composer l'idée complète de la justice, car l'adaptation (subsumption) doit être, non seulement logique, mais effective.

commandements et les décisions ayant une portée générale, l'exposition et l'interprétation pour l'avenir d'une règle juridique ne sont point de son domaine. De plus, elle pénètre jusqu'à la personne dans la sphère même de son droit indépendant, de sa liberté corporelle ou de ses biens, qui sont cependant inviolables et garantis contre les immixtions de l'autorité publique. Mais le redressement de toute désobéissance ou de toute infraction à la loi, si ce droit n'était reconnu, ne serait pas possible aux juges, non plus que l'adaptation (*subsumption*) de chaque espèce à la loi pour aboutir à ce redressement ou à toute autre application de la loi. La justice n'a sa place marquée que dans le cercle de la détermination du droit. — La justice ne se laisse diriger que par la règle immuable de la loi, et non par aucune puissance personnelle arbitraire. Ayant en main le droit des personnes privées, elle a besoin de conserver une pleine indépendance entre elles et l'Etat. Aussi doit-elle être exercée en dehors du souverain par des intermédiaires ne devant obéissance qu'à la loi. Ceci n'est pas contraire au principe de l'unité de la puissance publique, puisque la justice s'applique toujours à une espèce et à une personne déterminées (1), et qu'elle constitue un pouvoir subordonné, dépendant notamment du législatif qui lui trace ses préceptes.

§ 59.

La première et vraiment complète dissertation sur la séparation (Eintheilung) des pouvoirs, envisagée comme criterium des constitutions, se trouve dans Aristote (2). L'étude des constitutions grecques l'avait amené à distinguer les pouvoirs en délibératif (assemblée du peuple ou de l'aristocratie), exécutif (magistrats) et judiciaire ; il comprenait dans le premier le jugement des crimes capitaux et considérait le pouvoir exécutif comme entièrement subordonné au délibératif. — Dans les temps modernes l'examen

---

(1) Si les juges posaient des règles pour l'avenir, ce serait certainement une violation des droits de la souveraineté et une chose contraire à la nature du pouvoir judiciaire. Aussi le parlement d'Angleterre se plaignait-il autrefois avec raison de ce que les principes de la monarchie et de la constitution fussent définis par les juges.

(2) Politique, IV, 14 et suiv.

de cette question a mis en lumière sa grande importance pratique. *Locke* et après lui *Montesquieu* ont enseigné et proclamé la distinction des pouvoirs législatif et exécutif, comme le fondement nécessaire de la liberté politique, et étendu ainsi à la monarchie cette thèse abstraite de la République d'Aristote. Grâce à eux, la séparation en pouvoirs législatif, judiciaire et exécutif est devenue une théorie scolaire. Cette séparation est à plusieurs égards erronée.

D'abord elle n'indique pas avec assez de précision ce qu'elle renferme, puisqu'elle prend pour bases les formes extérieures de l'activité, — règle, — application (subsumption) et exécution, au lieu de sa nature intime, car l'idée interne du pouvoir législatif n'est pas qu'il donne des règles, mais qu'il détermine l'état juridique (Rechtszustand) ; celle du pouvoir judiciaire n'est pas qu'elle applique, mais qu'elle fixe les controverses juridiques (1). Autrement, on devrait compter, par exemple, comme appartenant par nature au pouvoir législatif, une défense de fumer dans les lieux publics, tout comme la loi qui punit l'assassinat ; on devrait de même mettre à la charge du pouvoir judiciaire la répartition des mpôts, le choix par le concours des candidats aux emplois ou la réprimande d'un agent de police, s'il devait assurer la transition convenable des règles générales aux cas spéciaux, au même titre qu'un procès criminel ou civil, on devrait considérer l'exécution d'une sentence judiciaire comme la manifestation du pouvoir exécutif et l'assigner par conséquent, non aux juges, mais aux souverains et aux ministres. Qu'on s'en rende compte ou non, on est amené par cette division tripartite à identifier la souveraineté avec les termes d'un syllogisme (majeure, mineure et conclusion) (2). Alors dans tout acte public, comme dans tout syllogisme, les trois termes, les trois pouvoirs devraient se ranger dans la même subordination, c'est-à-dire que partout la loi devrait par-

---

(1) La séparation anglaise en pouvoirs législatif et exécutif prend sans doute pour point de départ la distinction élémentaire et indéniable de la force (macht) déale de la règle et de la force réelle d'une exécution effective. Mais ce n'est pas autre chose que la distinction donnée plus haut de a loi et du gouvernement; dans l'application, à l'organisation du gouvernement lui-même en dehors des principes indiqués, elle n'est ni complète, ni suffisamment marquée. Locke admet, outre les pouvoirs législatif et exécutif, un *federative power,* c'est-à-dire le droit de paix et de guerre et d'alliance, qu'il est toutefois obligé lui-même de reconnaître pour identique à l'exécutif.

(2) C'est ce qui se trouve expressément dans la Science du droit de Kant (S. 165, § 45).

venir à l'exécution par le moyen de la justice, tandis que, dans la réalité, à l'exception de l'administration de la justice, les pouvoirs suivent des voies parallèles ; spécialement toutes les lois et en particulier les lois constitutionnelles sont appliquées sans l'intervention de la justice, et presque toute l'administration s'exerce en dehors de la loi. Ce n'est pas dans la logique (étude de la nature de la pensée) qu'on peut trouver le principe de la séparation des pouvoirs, mais seulement dans l'Etat et dans sa nature spécifique, car le gouvernement forme un règne (Reich) à part agissant d'après des règles par l'intermédiaire d'une personne sur d'autres personnes (1).

Cette théorie abandonne en outre toute la libre et individuelle activité gouvernementale à l'exécutif, qui n'est que l'exécuteur de la loi existante. Ceci a dans la pratique actuelle des Etats constitutionnels cette conséquence fâcheuse qu'on considère comme matière législative et qu'on soumet à l'assentiment des chambres toute mesure permanente qui ne devra pas être prise en vertu d'une loi antérieure, par exemple un règlement scolaire. L'État apparaît alors comme une grande machine à lois, dont tous les rouages ne se mettraient en mouvement que pour faire des lois et débiter celles qui sont faites. Il en résulte alors, ou que les ordonnances sont prises pour des lois, ou qu'au contraire elles n'ont aucune valeur indépendante des lois. Cet état de choses est clairement exprimé par les textes constitutionnels allemands, car on y voit ranger dans les attributions du prince « le soin de prendre les ordonnances nécessaires pour l'exécution et le fonctionnement des lois » (2).

La séparation des pouvoirs supprime l'unité du gouvernement,

---

(1) Cette même objection atteint la distinction que fait Hegel dans sa logique en pouvoir législatif, pouvoir exécutif et pouvoir du prince servant de lien aux deux précédents, réalisant à la fois leur séparation et leur unité. Cette théorie a, il est vrai, sur celles émises avant elle, le grand avantage de maintenir l'unité de la souveraineté, mais par là même elle omet cette division si essentielle en pouvoirs judiciaire et exécutif ou administratif.

(2) V. par exemple *Constitution Wurtembergeoise*, ch. ii, § 89, *Hessoise*, § 95. Même la constitution de 1814 ne confère pas au roi comme son attribut personnel le pouvoir gouvernemental, mais le pouvoir exécutif seulement. Les légistes ont au contraire toujours judicieusement séparé les choses du gouvernement des choses de la justice. Dans la science politique contemporaine, la notion du pouvoir gouvernemental se substitue à bon droit à celle du pouvoir exécutif.

puisqu'elle exclut absolument l'idée de souveraineté et part de là pour distribuer le législatif et l'exécutif entre deux sujets (subjekte), la représentation nationale et le roi. Ce dernier, en effet, au lieu d'être le souverain, n'est que le détenteur, ou plus exactement l'organe du pouvoir exécutif. Ce principe est le centre de la théorie dite constitutionnelle, qui est quelque chose de tout autre que le vrai gouvernement constitutionnel. Montesquieu, qui l'a fait prévaloir sur le continent, grâce aux vues pratiques inspirées par l'exemple de l'Angleterre, a tout au moins concédé au prince une influence négative sur la législation. Mais cela paraît dans sa théorie comme un hors-d'œuvre, tandis que l'idée du prince n'y a rien de commun avec celle de la législation, mais au contraire y est opposée en tant que représentant le pouvoir exécutif. Les conséquences de cette doctrine vont plus loin ; elles aboutissent à l'expulsion complète du prince de la législation, qui a d'ailleurs été présentée comme l'idéal par des publicistes politiques postérieurs (par exemple v. la *Dyarchie* de Behr) et tentée dans l'application et par la révolution française (intentionnellement en 1795, par le fait depuis 1791) et par les cortès espagnoles (1812). Mais on doit considérer comme impossible une séparation d'après laquelle le pouvoir exécutif, complètement dépouillé de toute participation au législatif, cesserait d'être un pouvoir et deviendrait simplement l'instrument docile de celui-ci. Les développements de la thèse de la séparation arrivent à faire disparaître le point de vue originaire de ses partisans, à savoir les garanties résultant pour le citoyen de deux'pouvoirs indépendants et se pondérant mutuellement. Ce qu'elle produit, c'est exactement ce que veut Rousseau, l'adversaire déclaré de la doctrine de la séparation. Car lui aussi demande que l'exécution (gouvernement) et la législation (souveraineté) soient remises à des mains différentes, seulement il n'accepte pas que la première soit un pouvoir au même titre que la seconde. En définitive, la conséquence pratique est ici tout uniment la transformation de la monarchie en démocratie. Car il est implicitement admis dès le principe que l'on considère les députés de la nation comme étant le pouvoir législatif. Les publicistes français plus récents (Clermont-Tonnerre, Benjamin Constant) cherchent à obvier à cet inconvénient en intercalant un *pouvoir royal*, un droit de décision suprême par oui ou non ; mais ceci n'est encore qu'un nouveau pouvoir à côté des autres, ce n'est pas le lien de l'unité gouvernementale. Au contraire, Hobbes a mis en pleine lumière cette unité gouvernementale ou plutôt l'idée de la souveraineté, et en a fait valoir toutes les garanties, quoiqu'il y ait mêlé l'erreur du gouvernement absolu. Rousseau le suit en cela (sauf cependant la divergence incidente sur la doctrine de la séparation). Toutefois Rousseau, se plaçant à un point de vue bien inférieur à celui de Hobbes, n'entend pas comme celui-ci par souveraineté, l'État ordonné (geordent Staat), (rex ou concilium), mais la masse confuse, ou plutôt la majorité (1). C'est dans ce dernier sens que les hommes de la Révolution parlent de l'unité et de l'indivisibilité de la souveraineté qui appartient au peuple. La séparation des pouvoirs est donc une idée indéterminée, sur laquelle on peut essayer de faire reposer aussi bien la représentation nationale formant un gouvernement unitaire, qu'une séparation dans le sens de Siéyès ; bien plus elle a cet inconvénient que, d'après toutes les constitutions, la foule révolutionnaire domine de haut l'autorité organisée.

Mais cette grande vérité a été conquise par Locke et Montesquieu, et c'est leur gloire immortelle que la participation au fonctionnement du gouvernement de trois éléments différents (peuple, fonctionnaires, juges) assure, par leur séparation, la liberté civile et surtout politique, et qu'au contraire là où un sujet unique (prince ou assemblée populaire) est investi de toutes les fonctions, le despotisme apparaît comme une conséquence inévitable. Ainsi en est-il dans les états orientaux, où le prince fait la loi, gouverne et juge comme bon lui semble. Ce n'est pas mieux lorsque tout est à la disposition d'une assemblée populaire démocratique. D'autre part, ces auteurs ont pris à tort ce qui n'est que la participation de sujets distincts au maniement du gouvernement au-dessous du souverain (ou si l'on veut du détenteur collectif de la souveraineté), pour un partage du gouvernement lui-même entre des sujets distincts, dont le prince n'est plus qu'un et peut-être celui qui est subordonné aux autres. La première idée, c'est le développement et la vie du gouvernement d'après un principe originaire et persis-

(1) Déjà dans le même sens le *Two Treatises of government* de Locke, § 149. D'après lui, le détenteur du pouvoir exécutif, qui a une part dans la législation, peut bien, à la vérité, être appelé *pouvoir suprême*, mais seulement pour l'exécution de la loi, « acted by the will of the society, declared in its law, and thus he has no will no power but that of law ».

tant d'unité, la dernière n'est qu'un assemblage tout mécanique.

Il y a plus, la liberté est assurée en réalité, non seulement parce que des sujets divers prennent part aux manifestations de la puissance publique qui viennent d'être indiquées, mais aussi parce qu'ils sont en même temps positivement des éléments de nature dissemblable. Sont-ils pris tous dans le même élément, alors la liberté est moins sûrement garantie. Même, là où un élément populaire unique (comme par exemple dans l'Amérique du Nord) alimente l'assemblée législative, le sénat, le jury et l'opinion publique, l'individu et la minorité sont exposés à l'oppression (Tocqueville). Et ici s'apprécie l'incomparable supériorité d'un régime vraiment constitutionnel, dans lequel des éléments de nature distincte, — royauté, aristocratie territoriale, justice indépendante, fonctionnaires inamovibles, peuple et opinion publique — ont part au pouvoir et à l'influence. C'est précisément en quoi la liberté constitutionnelle manque son but, car elle n'a l'intelligence ni de la vraie royauté, ni de la vraie noblesse territoriale ; pour elle le roi n'est qu'un individu chargé du pouvoir exécutif ; la pairie qu'un contrepoids à l'assemblée législative, et tous les participants à la puissance arrivent à se confondre en un élément unique.

ERRATA

P. 20, ligne 1, au lieu, d' « êtrè » lisez « *être* ».

P. 23, ligne 26, au lieu de « lui-même » lisez « *d'ailleurs* ».

P. 26, ligne 22, au lieu de « 'histoire » lisez « *l'histoire* ».

P. 33, ligne 18, au lieu de « enfants » lisez « *esclaves.* »

P. 44, ligne 31, au lieu de « acception » lisez « *acceptation* ».

P. 48, ligne 18, au lieu de « le hasard seule » lisez : *le hasard seul.* »

P. 51, ligne 11, au lieu de « aux les détails » lisez « *aux détails* ».

P. 60, ligne 1, au lieu de « légués » lisez : « *relégués.* »

P. 66, ligne ?4, au lieu de « scaræ » lisez « *sacræ* ».

P. 68, ligne 18, au lieu de « dissimilarum » lisez : « *dissimilimarum.* »

P. 131, ligne 1, au lieu de « conditions déterminées d'âge et de stage après examen » lisez « *conditions déterminées d'âge et de stage et n'être nommés qu'après examen.* »

P. 164, ligne 1, au lieu de « tisan » lisez « *partisan* ».

P. 172, note 1, au lieu de « G. Cornewall Levois » lisez « *G. Cornewall Lewis* ».

P. 179, note 1, au lieu de « queque » lisez : « *quelque* ».

P. 211, ligne 4, au lieu de « tribunaux, si contraires » lisez « *tribunaux si contraires* ».

Ibid., lignes 6 et 7, au lieu de « Convention » lisez : « *Constituante.* »

P. 217, ligne 22, la citation attribuée à tort au Premier Consul est de Rœderer.

P. 226, ligne 5, au lieu de « centre du gouvernement, du consulat et de l'empire » lisez : « *centre du gouvernement du consulat et de l'empire.* »

P. 232, ligne 21, supprimez « encore ».

P. 239, ligne 11, au lieu de : « le nom seul » lisez « *le mot seul* ».

Ibid., ligne 16, au lieu de « pour pouvoir » lisez « *pour qu'elle puisse* ».

P. 268, ligne 12, au lieu de « pouvoirs politiques des conseils généraux, dont » lisez « *pouvoirs politiques, des conseils généraux dont* ».

P. 268, ligne 25, au lieu de « la commentaire » lisez : « *le commentaire.* »

P. 274, ligne 27, au lieu de « écrite ont » lisez « *écrite en ont* ».

P. 277, au lieu de « au pouvoir législatif », lisez : « *du pouvoir législatif.* »

P. 285, ligne 19, au lieu de « l'executif, » lisez : « *l'exécutif;* »

P. 301, ligne 20, au lieu de « drolt, » lisez « *droit* ».

P. 322, ligne 1, au lieu de « l'usage, facile à pousser à l'excès des missions » lisez « *l'usage facile à pousser à l'excès, des missions* ».

P. 328, ligne 3, au lieu de « rouble, » lisez « *trouble* ».

P. 325, en titre, au lieu de « vérifications des pouvoirs, « lisez « *vérifications de pouvoirs* ».

P. 327, en note, au lieu de « J. Poudron » lisez « *J. Poudra* ».

P. 330, en note, au lieu de « partis » lisez « *parties* ».

P. 331, ligne 15, au lieu de « les secondes » lisez : « *les seconds* ».

Ibid., ligne 23, au lieu de « de longue date sans interruption » lisez : « *de longue date et sans interruption.* »

P. 334, ligne 19, au lieu de « l'absence de budget, qui ne peut exister » lisez « *l'absence du budget qui ne peut exister* ».

P. 338, ligne dernière, au lieu de « constitution de l'an VII, « lisez « *constitution de l'an VIII* ».

P. 341, ligne 22, au lieu de « se rattacher » lisez « *se rallier* ».

P. 375, ligne 28, au lieu de « au caprice arbitraire illimité » lisez « *au caprice, à l'arbitraire illimité* ».

P. 375, ligne 24, au lieu de « fonctionarisme » lisez fonctionnarisme. »

P. 377, ligne 9, au lieu de « néanmoinst, » lisez « *néanmoins* ».

P. 387, ligne 14, au lieu de « sons » lisez « *sous* ».

P. 430, ligne dernière, au lieu de « de principes », lisez « *doctrinale.* ».

P. 431, ligne 16, au lieu de « dérision » lisez *décision.*

Ibid. ligne 17, au lieu de « absolu » lisez « *absolue.* »

P. 443, ligne 26, au lieu de « amendes, représentatives » lisez « *amendes représentatives* ».

P. 453, ligne 5, au lieu de « corroborée, par » lisez « *corroborée par* ».

Ibid., ligne 15, au lieu de « présentes » lisez : « *présents* ».

P. 456, ligne 1, au lieu de « dirigés » lisez « *dirigées* ».

Ibid., ligne 2 *in fine*, ajoutez « *fondés sur* ».

P. 459, ligne 2, au lieu de « administratifs » lisez : « *administratifs.* »

P. 481, ligne 6, au lieu de « à moin » lisez « *à moins* »

P. 486, ligne 31, au lieu de « qui empêcherait » lisez « *qu'est-ce qui empêcherait.* »

P. 487, ligne 3, même correction.

P. 499, ligne 7, au lieu de « et prouver » lisez « *et de prouver.* »

P. 521, ligne 17, au lieu de « de fonctions » lisez « *d'attributions* ».

P. 530, l'ordre des deux notes a été interverti.

P. 539, ligne 17, *in fine*, ajoutez « *pour* ».

P. 545, note 1, ligne 3, au lieu de « 212 fr. 50, » lisez : « 637 *fr*.50. »

P. 558, lignes 8 et 9, au lieu de « la vie locale » lisez : « *les groupes locaux.* »

TABLE DES CHAPITRES

TABLE ALPHABÉTIQUE DES MATIÈRES

INDEX DES AUTEURS CITÉS

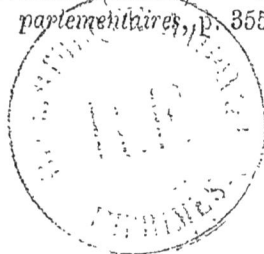

CHEZ LE MÊME ÉDITEUR

CODES FRANÇAIS ET LOIS USUELLES, décrets, ordonnances et avis du Conseil d'État, qui les complètent ou les modifient, conformes aux textes officiels, avec une conférence des articles basés principalement sur la jurisprudence et annotés des arrêts de la Cour de cassation et des circulaires ministérielles, par H. F. Rivière, avocat général à la Cour de cassation, avec le concours de MM. Faustin Hélie, membre de l'Institut, vice-président du Conseil d'État, et Paul Pont, membre de l'Institut, conseiller à la Cour de cassation. 1880. 6e édition, revue et augmentée. Un très fort vol. gr. in-8 jésus. — Prix : broché 25 fr. ; relié 28 fr. Le même ouvrage relié en 2 vol. 31 fr.

LES MÊMES CODES FRANÇAIS ET LOIS USUELLES, suivis des textes de l'ancien droit mis en rapport avec la législation en vigueur, format in-32. Prix broché, 6 fr. ; relié, 7 fr. 50.

LES CODES CRIMINELS interprétés par la jurisprudence et la doctrine, par M. Rolland de Villargues, conseiller à la Cour d'appel de Paris. 5e édition revue, corrigée, entièrement refondue et mise au courant de la législation et de la jurisprudence. *Le tome Ier comprend* : les Codes d'instruction criminelle et pénal, interprétés par la jurisprudence et la doctrine, suivis du formulaire de la Chambre des mises en accusation et de la Cour d'assises. *Le tome II comprend* : les lois pénales spéciales, annotées de toutes les décisions de la Cour de cassation, le Code de la presse interprété par la doctrine et la jurisprudence, et le Code de l'organisation judiciaire annoté de toutes les décisions et instructions ministérielles, avis du Conseil d'État, arrêts de la Cour de cassation, suivi des tarifs des frais en matière civile et criminelle également annotés. 1877. 2 beaux et forts volumes in-8 jésus, sur 2 colonnes. 40 fr.

LES CONSTITUTIONS DE LA FRANCE, ouvrage contenant toutes . tutions, les principales lois relatives au culte, à la magistratu élections, à la liberté de la presse, de réunion et d'association, . ganisation des départements et des communes, AVEC UN COMMENTAIRE, par M. Faustin-Adolphe Hélie, juge au tribunal civil de la Seine, ancien sous-chef de bureau au Ministère de l'intérieur, ancien secrétaire en chef du parquet de la Cour de cassation. 1880. 1 très-fort vol. in-8, contenant les matières de 3 vol. ordinaires. 18 fr.

L'INSTRUCTION CRIMINELLE INQUISITORIALE ET SECRÈTE, par J. Munier-Jolain, avocat à la Cour d'appel de Nancy, avec une préface de M. Emile de Girardin. 1880. 1 vol. in-18 jésus. 2 fr. 50

PRINCIPES DE DROIT CIVIL FRANÇAIS par F. Laurent, professeur à l'Université de Gand. 3e édition, 33 vol. in-8 (ouvrage terminé).

LE DROIT CIVIL INTERNATIONAL par F. Laurent, professeur à l'Université de Gand (Complément des principes de droit civil par le même auteur). L'ouvrage formera 6 à 8 vol. in-8; le tome Ier est en vente.

DES REQUISITIONS MILITAIRES (Examen de la loi du 3 juillet 1877), par J. Couchard, procureur de la République à Périgueux. 1880. 1 vol. in-8.

MELANGES DE DROIT, DE JURISPRUDENCE ET DE LEGISLATION, de A. Valette, membre de l'Institut, professeur à la Faculté de droit de Paris, avocat à la Cour d'appel de Paris, représentant du peuple aux assemblées nationales de 1848 et 1849, recueillis et publiés par les soins de MM. Herold, sénateur, préfet de la Seine, et Ch. Lyon-Caen, agrégé à la Faculté de droit de Paris. L'ouvrage complet formera 2 beaux volumes in-8. Il sera publié à part une notice sur la vie et les travaux de M. Valette, avec un portrait gravé à l'eau-forte. Prix : 20 fr. Le 1er volume est en vente; le tome II paraîtra dans le courant de 1880, en même temps que la notice et le portrait.

www.ingramcontent.com/pod-product-compliance
Lightning Source LLC
Chambersburg PA
CBHW060829220326
41599CB00017B/2292